Anmerkung: Dies stellt den dritten Band unserer Matrix of Destiny-Reihe dar. Möge er ein größtmöglicher Beitrag für viele Menschen sein.

Publisher: BoD · Books on Demand GmbH, In de Tarpen 42, 22848 Norderstedt, bod@bod.de
Printed: Libri Plureos GmbH, Friedensallee 273, 22763 Hamburg

Lektorat: Sandra Wallrafen

Umschlag & Layout: Tobias Wolf & Tatjana van Eeden

Copyright: 2025 Tobias Wolf & Tatjana van Eeden

Homepage: https://changeyourmatrix.com

ISBN: 978-3-8391-9897-1

TOBIAS WOLF
&
TATJANA VAN EEDEN

MATRIX OF DESTINY

CHAKREN

ÖLE & 10 CODES

DIE 10 PORTALE DER

BEWUSSTSEINSALCHEMIE

Danksagung

An meine Familie

In beiden Büchern zuvor wurde Menschen gedankt, die uns unterstützen oder aus Tatjanas Familie kommen. Nun soll an dieser Stelle Raum für drei der wichtigsten Menschen in meinem Leben sein. Zum einen ist da meine Mutter. Eine ruhige, fürsorgliche Frau, die in den allermeisten Situationen sofort weiß, was zu tun ist, die nie ihre Probleme an anderen auslässt, die aber leider nicht weiß, welches riesige Potenzial in ihr schlummert. Wenn du das wüsstest, die Welt wäre ein anderer, besserer Ort. Ich habe ja nicht den normalen Weg eingeschlagen, sondern bin auf Umwegen auf meinen eigenen Weg gekommen, den ich heute beschreite, und der wohl meiner Vorsehung entspricht. Du hast mich sicher in einer anderen Position sehen wollen, als ich es im Moment bin, aber ich danke dir, dass du mir keine Vorwürfe machst, sondern an mich und die meinigen Möglichkeiten glaubst.

Viel Potenzial ist auch bei meinem Stiefvater. Mit deinen vielen Neunen und Achtzehnen ist da so viel Magie, doch der Ingenieur in ihm sagt, dass es sowas nicht gibt. Erfolg kommt nur durch harte Arbeit. Wir sind oft aneinander geraten, weil für mich oft die Dinge so nicht stimmten und mit dem heutigen Stand sowieso nicht mehr, und ich sowas nicht im Raum stehen lassen wollte. Dir fielen viele Dinge zu, die du als selbstverständlich sahst, weil du deinen Matrix-Chart nicht kanntest. Heute kenne ich das Chart und kann viele deiner Aussagen einordnen. Dein Erfolg war nicht nur harte Arbeit, sondern auch ein ganzer Teil unbewusster Magie geschuldet. Ich hatte auch dank dir eine schöne Kindheit und Jugend, wurde aber trotzdem auf das Leben vorbereitet und kann deinetwegen, lieber großer böser Wolf, die beiden Energien 4 und 5 auf A und B auch geballt im Negativen handeln. Ich bin wohl der einzige, der bei dir nicht einknickt. Und wenn mir diese Energien im Minus da draußen begegnen, weiß ich damit umzugehen. Wo andere mich fragen wie ich das mache, wie ich da so ruhig bleiben kann ... nun, dank dir kann ich es in meine Dynamik umwandeln.

Und dann ist da meine Oma. Die Wissens-Sammlerin und Vermittlerin. Zu griechischen Sagen hatte ich früh einen Zugang, Englisch lernen war kein Problem und alles spielerisch. Gut, da war meine 9 sicher auch der passende Wissensstaubsauger auf der anderen Seite, der alles genau wissen wollte. Mit Sätzen wie „Das lernst du noch in der Schule" kam auch niemand so leicht weg bei mir. Inzwischen bist du im Heim, wo ich diese Zeilen schreibe, und da verblüffst du Leute mit deiner Steh Auf-Mentalität und scheinbar unmöglichen Dingen, die du tust. Andere wären mit deinen gesundheitlichen Themen schon zig mal dahingeschieden. Du stehst einfach wieder auf, als gäbe es nichts anderes als Bewegung und los geht's. Das macht mich ungeheuer stolz. Ich wusste immer, dich sollte man nicht abschreiben und inzwischen werden es die anderen wissen und auf niemanden passt der Spruch besser: Lache nie jemanden aus, der einen Schritt zurück macht, er könnte Anlauf nehmen.

Meinen tiefsten Dank an euch drei besondere Menschen.

Liebe Sandra,

wir möchten dir von Herzen für deine wertvolle Unterstützung bei unserem Buch und für das Lektorat danken. Deine Expertise und dein Engagement haben unser Projekt enorm bereichert. Es ist immer eine Freude, mit dir zusammenzuarbeiten.

Dein scharfes Auge für Details und deine Leidenschaft machen dich zu einem entscheidenden Teil unseres kreativen Prozesses. Wir schätzen deine Hilfe sehr und freuen uns auf viele weitere gemeinsame Projekte.

Vielen Dank für alles, was du für uns getan hast! Deine Freundlichkeit und positive Energie inspirieren uns immer wieder. Ohne dich wäre unser Buch nicht dasselbe, und wir sind glücklich, dich an unserer Seite zu wissen. Wir hoffen, dass unsere Zusammenarbeit weiterhin so erfolgreich und harmonisch bleibt.

Mit großer Dankbarkeit und Vorfreude auf zukünftige Vorhaben senden wir dir unsere herzlichsten Grüße. Dein Einsatz hat nicht nur unser Buch bereichert, sondern auch unser Vertrauen in die Kraft der Zusammenarbeit gestärkt. Wir hoffen, dass du ebenso viel Freude an diesem Projekt hattest wie wir und die Anerkennung erhältst, die dir gebührt.

Auf viele weitere kreative Abenteuer und eine erfolgreiche Zukunft! Wir sind dankbar, dich in unserem Team zu haben und blicken optimistisch nach vorn. Bleib so, wie du bist, und lasse weiterhin dein Licht durch deine großartige Arbeit erstrahlen. Herzliche Grüße und alles Gute!

Haftungsausschluss

Dieses Buch ist ausschließlich zu Informations- und Bildungszwecken gedacht und ersetzt nicht die Beratung, Diagnose oder Behandlung durch qualifizierte Fachkräfte hinsichtlich körperlicher, psychischer oder mentaler Gesundheitsprobleme. Die im Buch dargestellten Ansichten und Meinungen des Autors/der Autorin dienen ausschließlich der Bildung und sind nicht als verbindliche Empfehlungen zu interpretieren.

Der Autor/die Autorin hat sämtliche Informationen nach bestem Wissen und Gewissen zusammengestellt, übernimmt jedoch keine Verantwortung für deren Richtigkeit, Vollständigkeit oder Aktualität. Die Anwendung der in diesem Buch beschriebenen Techniken und Informationen erfolgt auf eigene Verantwortung.

Es wird ausdrücklich darauf hingewiesen, dass die enthaltenen Informationen keine medizinische Therapie oder Diagnose ersetzen können. Bei gesundheitlichen Problemen sollte immer ein Arzt oder ein anderer qualifizierter Gesundheitsdienstleister konsultiert werden. Der Autor/die Autorin distanziert sich von jeglichen Heilaussagen. Alle gesundheitsbezogenen Angaben sind ausschließlich zur Information und Selbsterkenntnis gedacht.

Eine Haftung für Personen-, Sach-, Vermögens- oder sonstige Schäden, die durch die Nutzung der Informationen entstehen, wird ausgeschlossen.

INHALTSVERZEICHNIS

Einleitung

Die Matrix of Fate & die Chakrenkarte

Die Matrix of Fate ist wie ein energetischer Bauplan, der dir zeigt, welche Potenziale, Herausforderungen und Stärken in deinem Leben angelegt sind. Sie gibt dir Aufschluss darüber, welche Energien und Programme auf dich einwirken und wie diese mit den verschiedenen Bereichen deines Lebens verbunden sind. Die Matrix enthüllt, was du in deinem Leben zu meistern hast und welche verborgenen Kräfte in dir schlummern.

Ein essenzieller Bestandteil der Matrixarbeit ist die Chakrenkarte. Sie spiegelt die energetischen Zentren deines Körpers wider und ist unterteilt in Emotion, Energie und Physik. Diese drei Bereiche stehen für die emotionale, energetische und physische Ebene, die zusammen dein gesamtes Wohlbefinden und deine Entwicklung bestimmen.

In der Matrix of Fate arbeiten wir mit den Chakren nicht isoliert, sondern sehen sie in Verbindung mit den Archetypen, die durch dein Geburtsdatum bestimmt werden, sowie den 10 neuen Programmen, die tief in die energetischen Muster eingreifen. Jede dieser Ebenen ist miteinander verknüpft, und durch die Arbeit mit der Matrix kannst du lernen, diese Verbindungen zu nutzen, um dein Ungleichgewicht zu lösen und dein volles Potenzial zu entfalten.

Emotionen

Hierbei geht es um deine emotionalen Zustände und wie die Chakren und Emotionen sich gegenseitig beeinflussen. Emotionen sind oft der Schlüssel, um tiefere Themen in der Matrix zu entschlüsseln.

Energie

Deine Lebensenergie und Vitalität hängen davon ab, wie frei die Chakren fließen. Stagnationen auf dieser Ebene können deine körperliche und geistige Stärke beeinträchtigen.

Physik

Diese Ebene umfasst die physischen Auswirkungen, die durch emotionale und energetische Ungleichgewichte entstehen. Gesundheitliche Themen können auf ein Ungleichgewicht in bestimmten Chakren hinweisen.

Die Rolle der Archetypen und Programme in der Matrix

Die Archetypen spielen eine zentrale Rolle in der Matrix. Sie repräsentieren tief verankerte Energien, die dein Verhalten, deine Entscheidungen und deine Lebenswege beeinflussen. Jeder Archetyp ist in der Matrix festgelegt und korrespondiert mit bestimmten Chakren. Durch die Arbeit mit den Archetypen kannst du besser verstehen, warum du bestimmte Muster in deinem Leben wiederholst und wie du sie transformieren kannst.

Kapitel 1

DIE ENERGETISCHE REISE DURCH DIE SIEBEN TORE

CHAKREN, AURASCHICHTEN & IHRE TRANSFORMATIVE KRAFT

Die Aura – ein energetischer Tanz des Bewusstseins

Stell dir vor, du bist von einem unsichtbaren, schimmernden Energiefeld umgeben, das so lebendig ist wie du selbst. Es schwingt, dehnt sich aus und zieht sich zusammen – reagiert auf jede deiner Erfahrungen, Gedanken und Gefühle. Dieses Energiefeld nennt man Aura. Doch es ist weit mehr als nur eine Hülle um deinen Körper – es ist ein dynamisches, lebendes Abbild deiner inneren Welt.

Die Aura ist wie ein Spiegel, der jede Schwingung deines Seins reflektiert. Sie enthält deine Freuden und Ängste, deine tiefsten Sehnsüchte und ungelösten Konflikte. Und noch viel mehr – sie enthält den Schlüssel zu deiner Heilung, deiner Transformation und deinem Wachstum.

Doch wie oft hast du dich gefragt, was eigentlich alles in dieser schimmernden Energiehülle passiert? Was wäre, wenn du lernen könntest, deine Aura bewusst zu lenken und zu heilen?

Die Aura ist die Summe all deiner Energie. Sie umfasst verschiedene Schichten, die sich auf der emotionalen, mentalen und spirituellen Ebene erstrecken. Im Grunde genommen ist die Aura der Ausdruck deines Bewusstseins, und je mehr du über sie weißt, desto bewusster kannst du das für dich nutzen.

Ein Tanz aus Energie und Schwingung

Wusstest du, dass die Aura ständig in Bewegung ist? Sie verändert ihre Farben und Muster je nach deinen Gedanken, Gefühlen und den Menschen, die dich umgeben. Wie das leise Plätschern eines Flusses, so fließt und strömt die Energie in der Aura – manchmal ruhig, manchmal stürmisch.

Wenn du gut geerdet bist und dein Leben im Gleichgewicht lebst, dann ist auch die Aura klar, kräftig und leuchtend. Doch wenn du aus der Balance gerätst, zeigen sich in deiner Aura dunkle, dichte Stellen – Bereiche, in denen die Energie stagniert.

Dieses energetische Feld funktioniert wie ein Spiegel deines inneren Zustands. Es ist aber auch ein aktiver Teil des Quantenfelds, das alles durchdringt. Die moderne Quantenphysik zeigt uns, dass das gesamte Universum aus Schwingungen besteht – jede Zelle, jeder Gedanke und jede Emotion sendet eine spezifische Frequenz aus.

Deine Aura ist also mehr als nur ein persönliches Energiefeld; sie ist ein Teil des universellen Netzwerks, das alles miteinander verbindet. Die Frequenzen, die du in deiner Aura ausstrahlst, kommunizieren ständig mit dem Quantenfeld, das uns umgibt, und beeinflussen, was du in dein Leben ziehst. Dieses Wechselspiel zwischen dir und dem Universum ist ein nie endender Tanz.

Die Aura bildet einen Torus, eine energetische Form, die wie ein Donut aussieht, mit einem kontinuierlichen Energiefluss von innen nach außen und außen nach innen. Diese toroidale Bewegung ist eine zentrale Struktur im Universum und kann auf allen Ebenen des Lebens gefunden werden – von der DNA-Struktur über das Magnetfeld der Erde bis hin zu Galaxien. Deine Aura funktioniert nach demselben Prinzip - die Energie fließt in dich hinein, wird in deinem energetischen Zentrum verarbeitet und strahlt dann wieder nach außen, um dich zu umgeben und zu schützen.

Doch dieser Fluss ist empfindlich. Negative Gedanken, emotionales Ungleichgewicht oder äußere Einflüsse können diesen Torus verzerren. Stell dir vor, die Energie in deiner Aura beginnt sich zu verlangsamen oder an bestimmten Stellen zu stocken – das passiert des Öfteren, wenn wir uns gestresst, ängstlich oder emotional überfordert fühlen. Die Frequenzen, die du dann aussendest, sind chaotischer und ungleichmäßiger, und das Quantenfeld reagiert darauf, indem es dir Erfahrungen zurückspiegelt, die diesen niedrigeren Schwingungen entsprechen.

Die Schwingungen und Frequenzen deiner Aura sind also direkt mit deinen Chakren und deinem Wohlbefinden verbunden. Hohe, klare Frequenzen signalisieren Harmonie und Gesundheit, während niedrige, unstimmige Schwingungen auf Disharmonie und Verschiebungen hinweisen. Wenn du deine Frequenzen anhebst – durch positive Gedanken, bewusste Atmung, Meditation oder das Arbeiten mit ätherischen Ölen – beginnt die Aura wieder zu leuchten und im Einklang mit dem universellen Energiefeld zu schwingen. Dies erzeugt nicht nur ein Gefühl der inneren Ruhe und Klarheit, sondern zieht auch neue, harmonische Erfahrungen in dein Leben.

Wenn du an das Weltall denkst, erkennst du, dass auch dort alles in harmonischer Schwingung ist. Planeten, Sterne und Galaxien sind Teil eines gigantischen kosmischen Tanzes, der nach denselben Prinzipien von Frequenzen und Energieflüssen funktioniert, die auch deine Aura regieren. Das Licht, das von den Sternen zu uns gelangt, trägt energetische Informationen, die durch Raum und Zeit reisen. In gewisser Weise bist du – durch die Frequenzen, die du aussendest – ein Teil dieses universellen Musters.

Was wäre, wenn du lernen könntest, deine Aura bewusst zu steuern und zu harmonisieren, um deine Schwingung auf die Frequenz des universellen Wohlstands, der Liebe und des Friedens anzuheben?

Die Aura ist nicht nur dein energetisches Schutzfeld, sondern auch dein Zugangstor zu den tieferen Geheimnissen des kosmischen Bewusstseins. Indem du dich auf die Schwingungen deiner Aura einstimmst und lernst, sie zu beeinflussen, kannst du deine Verbindung zum Universum vertiefen und das Leben gestalten, dass du dir wünschst.

Dieser energetische Tanz der Aura ist also weit mehr als eine rein persönliche Angelegenheit. Es ist deine aktive Teilnahme am größeren kosmischen Gefüge, das durch Schwingung und Frequenz existiert. Deine Aura ist der Schlüssel dazu.

Was wäre, wenn du deine Rolle in diesem Universum bewusst übernehmen könntest?

Die unsichtbaren Fäden des Lebens

Vielleicht denkst du gerade: *„Das klingt alles wunderbar, aber was hat das mit meinem täglichen Leben zu tun?"* Die Aura ist nicht nur ein spirituelles Konzept – sie ist tief mit deinem Alltag verbunden. Jeder Gedanke, jede Entscheidung und jede Begegnung beeinflusst deine Aura.

Negative Gedanken, Stress oder Ängste können die Aura trüben und schwächen, während positive Emotionen, Freude und Dankbarkeit sie stärken und aufhellen.

Stell dir deine Aura vor wie eine Schutzschicht, die dich umgibt. Diese Schutzschicht reagiert auf alles, was du erlebst – sie filtert die Energien, die in dein System gelangen, und reflektiert auch, wie du auf die Welt um dich herum reagierst. Ist deine Aura stark, bist du emotional und energetisch geschützt. Ist sie geschwächt, fühlst du dich vielleicht verletzlicher, schneller erschöpft oder aus dem Gleichgewicht.

Doch hier kommt das Faszinierende: Deine Aura kommuniziert ständig mit den Auren der Menschen um dich herum. Oft nehmen wir unbewusst die Energien anderer Menschen in unserer Aura auf. Das ist die Sprache der Aura.

Hast du jemals bemerkt, dass du dich in der Gegenwart bestimmter Menschen schwer und ausgelaugt fühlst, während andere dich erfrischen und inspirieren?

Dein Werkzeug zur Transformation

Die Arbeit mit der Aura ist nicht nur eine Reise zu dir selbst, sondern auch ein kraftvolles Werkzeug zur Transformation. Indem du dich auf deine Aura konzentrierst, kannst du das Ungleichgewicht erkennen, alte Muster auflösen und deine Energie ins Fließen bringen. Und nein, das ist kein Hexenwerk – es ist ein natürlicher Prozess, der dir hilft, bewusster und klarer mit deinem Leben umzugehen.

Du kannst deine Aura stärken und reinigen, indem du dich mit positiven Gedanken, Meditation, Atemtechniken und Bewegung beschäftigst. Vielleicht hast du schon mal erlebt, wie erfrischend es ist, in der Natur zu sein oder bewusst zu atmen – diese einfachen Dinge haben die Kraft, deine Aura zu klären und neu zu beleben.

Und was wäre, wenn du die Farben und Schwingungen deiner Aura bewusst beeinflussen könntest? Farben haben eine starke Wirkung auf deine Energie, und in deiner Aura schwingen sie je nach deinem Bewusstseinszustand mit.

Dunkle und trübe Farben können ein Zeichen für stagnierende oder ungelöste Emotionen sein, während helle, leuchtende Farben auf Harmonie und innere Klarheit hinweisen.

Eine Einladung zur Selbsterkenntnis

Deine Aura ist nicht statisch – sie ist lebendig und in ständigem Wandel. Sie ist eine Einladung, tiefer in deine eigene Energie einzutauchen und dich selbst besser kennenzulernen. Vielleicht spürst du bereits die Sehnsucht, mehr über deine Aura zu erfahren und ihre Geheimnisse zu entschlüsseln.

Was wäre, wenn du lernen könntest, deine Aura als dein persönliches Energieinstrument zu nutzen?
Wie würde es dein Leben verändern, wenn du wüsstest, dass du durch die bewusste Arbeit mit deiner Aura die Kraft hast, emotionale Verletzungen zu heilen, dein Energieniveau zu erhöhen und dein spirituelles Wachstum voranzutreiben?

Es ist an der Zeit, die unsichtbaren Fäden zu erkennen, die dein Leben lenken – Fäden, die in deiner Aura zu finden sind. Und es ist an der Zeit, bewusst mit deiner Energie zu arbeiten, um ein Leben zu gestalten, das im Einklang mit deinem wahren Selbst steht.

Die Aura ist nicht nur ein Konzept – sie ist deine Lebensenergie in Bewegung, eine Manifestation deiner Seele, die dich auf jedem Schritt deiner Reise begleitet. Wenn du deine Aura achtest, pflegst und bewusst mit ihr arbeitest, kannst du das volle Potenzial deiner Energie entfalten.

Wie wäre es, wenn du dich darauf einlässt?

Die grundlegende Schicht der Aura – der physische Körper

Hast du jemals darüber nachgedacht, wie viel mehr dein Körper ist als nur eine Sammlung von Organen und Knochen?

Dein physischer Körper ist die Grundlage all deiner Energie, das Fundament, auf dem alles aufbaut. Er ist nicht einfach nur das Mittel, durch das du dein tägliches Leben lebst – er ist ein energetisches Wunderwerk. Ohne ihn gäbe es keine greifbare Form für all die Magie, die in dir steckt.

Der Körper als energetisches Zentrum

Dein physischer Körper ist ein vibrierendes Zentrum von Energie, das ständig mit der Welt um dich herum kommuniziert. Jede Zelle, jedes Organ und jeder Muskel strahlt Energie aus und empfängt sie gleichzeitig. Er ist wie eine große Antenne, die auf die Schwingungen der Umgebung reagiert und sich anpasst. Und wenn du es wirklich spürst, wirst du bemerken, wie kraftvoll und lebendig dein Körper ist – er gibt dir die Basis für alles, was du in deinem Leben tust.

Krankheiten und Unwohlsein beginnen oft nicht im Körper selbst, sondern in den energetischen Schichten, die ihn umgeben. Dieses Ungleichgewicht wandert von der Aura in den physischen Körper, wo es sich schließlich als Symptom zeigt. Und das bedeutet, dass du durch das Pflegen deiner Aura viel für deine körperliche Gesundheit tun kannst, noch bevor du überhaupt etwas merkst.

Der Körper als Spiegel deiner inneren Welt

Kennst du das Gefühl, wenn dein Körper dir sagt, dass etwas nicht stimmt, bevor du es selbst verstehst?

Jeder Gedanke und jedes Gefühl hinterlässt Spuren in deinem Körper. Stress, Sorgen und negative Emotionen können sich in Verspannungen, Schmerzen oder Erschöpfung manifestieren. Dein Körper ist unglaublich intelligent und spricht die ganze Zeit zu dir. Wenn du lernst, auf ihn zu hören, wirst du tiefer in Kontakt mit dir selbst kommen.

Dein Körper ist ein Spiegel deines inneren Zustands. Wenn du Freude erlebst, fühlst du dich leicht und energiegeladen. Wenn du belastet bist, zeigt sich das oft in Müdigkeit oder Unwohlsein. Es ist wie ein sanfter Hinweis darauf, dass du dich um dich selbst kümmern darfst – emotional, energetisch und körperlich, und hier greift die Gesundheits- und Chakrenkarte.

Der Körper als Empfänger aller Sinne

Dein Körper ist unglaublich fein abgestimmt, wenn es um die Wahrnehmung geht. Wir kennen die klassischen fünf Sinne – Sehen, Hören, Riechen, Schmecken und Fühlen. Aber da gibt es noch so viel mehr! Nach Rudolf Steiner, dem Begründer der Anthroposophie, haben wir zwölf Sinne. Da wären der Lebenssinn, der Bewegungssinn, der Gleichgewichtssinn – sie alle sind in deinem Körper aktiv. Sie helfen dir, dich selbst zu spüren und die Welt um dich herum auf so viele unterschiedliche Arten wahrzunehmen.

Diese zusätzlichen Sinne eröffnen dir neue Ebenen des Bewusstseins. Sie verbinden dich nicht nur mit der physischen, sondern auch mit der energetischen und spirituellen Welt. Dein Körper ist mehr als nur ein Werkzeug zur Fortbewegung – er ist ein komplexes, feinstoffliches Instrument, das Schwingungen und Frequenzen auf tiefen Ebenen wahrnimmt.

Der Körper als Gefährt des Bewusstseins

Und dann gibt es noch diesen wunderschönen Aspekt: Dein Körper, der ein Teil deines Wesens ist, ist das Vehikel des Bewusstseins. Durch ihn erlebst du das Leben in all seinen Facetten. Er ist dein Tor zur Welt. Bewusstsein bedeutet, alles zu empfangen, ohne zu bewerten. Dein Körper bewertet nicht, er nimmt einfach wahr – all die kleinen und großen Dinge, die dir im Alltag begegnen.

Durch deinen Körper kannst du erleben, wie es ist, in Harmonie mit deinem Bewusstsein zu leben. Du kannst in jedem Moment wählen, ob du dir und deinem Körper Aufmerksamkeit schenkst oder ob du ihn ignorierst.

Die Verbindung zu deinem Körper herzustellen, ist eine der stärksten Möglichkeiten, um in Einklang mit dir selbst zu kommen und deine Wahrnehmung zu erweitern. Dein Körper ist ein Geschenk, das dir erlaubt, die Welt bewusst zu erfahren – nicht als Hindernis, sondern als Unterstützung auf deiner Reise.

Der Körper als Tor zum energetischen Bewusstsein

Der Körper öffnet dir auch die Tür zu tieferen Schichten des Bewusstseins. Er ist der Punkt, an dem du mit den energetischen und spirituellen Ebenen in Berührung kommst. Alles, was du körperlich wahrnimmst, ist ein Hinweis auf das, was energetisch und spirituell in dir vorgeht. Es gibt viele Schichten und Tiefen des Bewusstseins, die du durch deinen Körper erfahren kannst. Die subtilen Signale deines Körpers sind der Schlüssel zu einem tieferen Verständnis deiner selbst und der Welt um dich herum.

In dieser Verbindung zwischen Körper und Bewusstsein liegt ein riesiges Potenzial. Dein Körper ist der Anker, der dich in der physischen Welt hält, während du gleichzeitig in die unendlichen Weiten deines Bewusstseins eintauchst. Durch das bewusste Erleben deines Körpers kannst du dein gesamtes energetisches Feld aktivieren und in Harmonie bringen.

DIE ERSTE SCHICHT DER AURA –
DER ÄTHERKÖRPER & DIE BLAUPAUSE

Die Verbindung zum Wurzelchakra

Der Ätherkörper ist die erste energetische Schicht, die den physischen Körper umgibt und durchdringt. Er ist das energetische Fundament, das die Vitalität und die Lebensenergie des Körpers aufrechterhält. Wenn du dir deinen physischen Körper als das sichtbare und greifbare Zentrum deines Seins vorstellst, dann ist der Ätherkörper die unsichtbare Ebene, die ihn unterstützt, schützt und ihm seine Vitalität verleiht.

Der Ätherkörper reicht etwa 3 bis 5 Zentimeter über die physische Form hinaus und ist eine exakte energetische Kopie deines physischen Körpers. Er ist eng mit dem Wurzelchakra verbunden, das die Grundlage für Sicherheit, Erdung und physische Vitalität darstellt. Die Energie, die im Ätherkörper fließt, bestimmt maßgeblich, wie gesund, energiegeladen und widerstandsfähig du dich fühlst.

Der Ätherkörper als energetisches Fundament

Stell dir den Ätherkörper als das energetische Netz vor, das deinen physischen Körper durchzieht und ihn mit Lebenskraft versorgt. Diese Schicht sorgt dafür, dass alle Organe und Zellen des Körpers energetisch versorgt werden, damit sie optimal funktionieren. Das Wurzelchakra spielt dabei eine entscheidende Rolle: Es leitet die Erdenergie in den Ätherkörper und stellt sicher, dass du sowohl physisch als auch energetisch stabil und geerdet bist.

Der Ätherkörper ist also der energetische „Klebstoff", der die physischen Prozesse am Laufen hält. Wenn er gesund und ausgeglichen ist, spürst du eine tiefe innere Kraft und Vitalität. Doch wenn der Ätherkörper geschwächt ist, wirkt sich das direkt auf deine physische Gesundheit aus. Du kannst dich müde, erschöpft oder sogar krank fühlen, ohne dass eine offensichtliche Ursache erkennbar ist.

Diese Ebene der Aura ist besonders empfänglich für äußere Einflüsse. Stress, emotionale Belastungen und Umweltfaktoren können den Energiefluss im Ätherkörper stören und so den Weg für körperliche Beschwerden bereiten. Es ist also wichtig, den Ätherkörper bewusst zu pflegen und zu stärken, um das energetische Fundament deines Körpers zu unterstützen.

Die Blaupause – Dein energetischer Bauplan

Der Ätherkörper enthält die sogenannte Blaupause, eine energetische Vorlage deines physischen Körpers. Diese Blaupause ist wie ein perfekter Entwurf, der die ideale Form und Funktion deines Körpers darstellt. So wie dein genetischer Code den Bauplan deiner physischen Struktur enthält, ist die Blaupause die energetische Entsprechung dazu.

Was wäre, wenn du wüsstest, dass dein Körper sich immer wieder an diesen perfekten Zustand erinnern kann? Die Blaupause enthält alle Informationen, die dein Körper benötigt, um sich zu regenerieren und zu heilen. Wenn es energetische Störungen oder Verschiebungen im Ätherkörper gibt, zeigt sich das oft in Form von Krankheit oder Unwohlsein. Doch die Blaupause bleibt intakt und kann dir helfen, wieder zu deinem optimalen Zustand zurückzukehren.

Diese Blaupause kann sogar durch spezielle Hochfrequenzfotografie sichtbar gemacht werden. Sie zeigt sich als feines energetisches Feld, das deinen physischen Körper umgibt und durchdringt. Spirituelle Heiler arbeiten oft mit dieser Blaupause, um den natürlichen Fluss der Lebensenergie wiederherzustellen und dich energetisch zu stärken.

Schwingungen, Frequenzen und das Quantenfeld

Der Ätherkörper schwingt auf einer höheren Frequenz als der physische Körper, und diese Schwingungen beeinflussen direkt, wie wir uns körperlich und energetisch fühlen. Er reagiert auf feine Energien, die aus deinem Umfeld, deinen Gedanken und Gefühlen stammen. Diese Schicht der Aura kann auf Frequenzen und Schwingungen des Quantenfelds reagieren – dem energetischen Feld, das alles im Universum miteinander verbindet.

Das Torusfeld, ein dynamischer Energiefluss, das deinen Körper wie eine energetische Spirale umgibt, ist ebenfalls eng mit dem Ätherkörper verknüpft. Es wirkt wie ein Portal, das kosmische Energien in deinen Körper leitet und den Fluss der Lebensenergie unterstützt. Wenn das Torusfeld und der Ätherkörper im Einklang sind, fühlst du dich geerdet, vital und mit dem Universum verbunden.

Der Ätherkörper und das Weltall

Der Ätherkörper ist nicht nur auf den physischen Raum begrenzt, sondern steht in direkter Verbindung mit den kosmischen Energien des Universums. Planetenbewegungen, kosmische Zyklen und Schwingungen des Weltalls beeinflussen diesen feinstofflichen Körper. Astrologische Einflüsse und unsere kosmischen Archetypen-Energien können den Ätherkörper stärken oder schwächen, je nachdem, wie diese Energien in dein System einfließen.

Diese Verbindung zum Universum zeigt, wie tief die Interaktion zwischen deinem energetischen System und den Kräften des Kosmos reicht. Wenn du dir vorstellst, dass die Schwingungen des Universums durch den Ätherkörper und das Torusfeld fließen, wird deutlich, wie umfassend die Wirkung dieser Schicht ist.

Pflege und Stärkung des Ätherkörpers

Um den Ätherkörper gesund und stark zu halten, ist es wichtig, regelmäßig energetische Praktiken anzuwenden. Meditation, energetische Atmung oder sanfte Bewegungsformen wie Yoga oder Qi Gong helfen, den Energiefluss zu harmonisieren. Auch der Aufenthalt in der Natur und eine bewusste Verbindung zur Erde können den Ätherkörper unterstützen und stabilisieren.

Es geht darum, ein Gleichgewicht zwischen den physischen, emotionalen und energetischen Ebenen herzustellen. Wenn du auf deinen Körper hörst und die energetischen Signale wahrnimmst, kannst du den Ätherkörper als Grundlage für deine Vitalität stärken und den Fluss der Lebensenergie fördern.

Die zweite Schicht der Aura – der emotionale Körper

Die Verbindung zum Sakralchakra / Sexualchakra

Nachdem wir den Ätherkörper und die Blaupause, die als energetische Grundlage für den physischen Körper dienen, betrachtet haben, tauchen wir nun in die zweite Schicht der Aura ein – den emotionalen Körper. Diese Ebene deiner Aura ist unmittelbar mit deinen Gefühlen und Emotionen verbunden. Sie ist wie ein farbenfrohes Energiefeld, das in ständiger Bewegung ist und sich entsprechend deiner inneren Welt verändert. Der emotionale Körper spiegelt deine emotionale Verfassung wider und spielt eine zentrale Rolle in deiner Energiearbeit.

Die emotionale Welt in deiner Aura

Der emotionale Körper ist der Bereich der Aura, der die tiefsten und intimsten Gefühle speichert. Jede Emotion, die du erlebst – sei es Liebe, Freude, Angst, Wut oder Trauer – hat eine energetische Entsprechung in dieser Schicht. Man könnte sich diese Ebene wie ein fließendes Wasser vorstellen, das sanft oder stürmisch sein kann, je nach deinem inneren Zustand. Im Gegensatz zum Ätherkörper, der mehr strukturiert und stabil ist, ist der emotionale Körper dynamisch und kann sich schnell verändern.

Diese Schicht der Aura ist stark mit deinem Sakralchakra (Svadhisthana) verbunden, dem energetischen Zentrum, das für deine Emotionen, deine Kreativität, Sexualität, Empfangen von allem und deine Lebensfreude verantwortlich ist. Es ist der Ort, an dem du nicht nur deine Gefühle erlebst, sondern auch deine Beziehungen zu anderen Menschen formst. Das Sakralchakra ist wie ein energetisches Portal, durch das deine emotionalen Energien fließen, und es beeinflusst direkt den Zustand deines emotionalen Körpers.

Wenn dein Sakralchakra im Gleichgewicht ist, zeigt sich das in deinem emotionalen Körper als Harmonie, Leichtigkeit und Freude. Doch wenn es unausgeglichen ist, können emotionale Turbulenzen entstehen, die sich in Form von Unruhe, Traurigkeit oder Wut in deiner Aura manifestieren.

Die Farben des emotionalen Körpers

Die zweite Schicht der Aura ist ein lebendiges, schillerndes Feld aus Farben, das sich ständig verändert. Jede Farbe steht für eine bestimmte Emotion oder einen emotionalen Zustand. Helle, klare Farben wie Gelb, Rosa oder Blau deuten auf positive Gefühle wie Liebe, Freude und innere Harmonie hin. Wenn du in einem Zustand von Glück oder innerem Frieden bist, fließen diese Farben harmonisch durch deinen emotionalen Körper.

Dunklere oder trübe Farben hingegen, wie Grau, Braun oder Grün, weisen auf ungelöste emotionale Konflikte hin. Diese emotionalen Konflikte können sich in deinem emotionalen Körper festsetzen, besonders wenn du alte Gefühle wie Trauer oder Wut unterdrückst. Es ist daher wichtig, diese Schicht der Aura bewusst wahrzunehmen und regelmäßig zu klären, um emotionale Balance zu schaffen.

Was viele Menschen nicht wissen: Der emotionale Körper ist nicht nur ein passiver Spiegel deiner Gefühle, sondern auch ein aktives Energiefeld, das auf äußere Einflüsse reagiert. Du kannst ihn also aktiv beeinflussen, indem du dich um deine emotionale Gesundheit kümmerst und dein inneres Ungleichgewicht löst.

Emotionen und das Sakralchakra

Das Sakralchakra, das mit dem Element Wasser verbunden ist, steht in enger Verbindung mit der zweiten Auraschicht. Emotionen sind wie Wasser – sie fließen, bewegen sich und verändern ihre Form. Wenn du deinen Gefühlen freien Lauf lässt, kann das Sakralchakra seine volle Energie entfalten, und der emotionale Körper kann harmonisch fließen. Blockierst du jedoch deine Gefühle oder unterdrückst sie, kann es zu Stagnation in dieser Schicht kommen.

Das Sakralchakra regelt nicht nur deine emotionalen Energien, sondern auch deine kreativen Fähigkeiten und deine sinnliche Wahrnehmung. Deine Beziehungen – ob romantisch, freundschaftlich oder familiär – werden maßgeblich von diesem Chakra beeinflusst. Jeder emotionale Austausch, den du mit anderen Menschen hast, hinterlässt eine Spur in deinem emotionalen Körper. Deshalb ist es so wichtig, dass dieses Chakra im Einklang ist und die Energien frei fließen können.

Die Schwingungen und Frequenzen des emotionalen Körpers

Der emotionale Körper schwingt auf einer sehr feinen Frequenz, die von deinen Gefühlen beeinflusst wird. Emotionen haben eine direkte Auswirkung auf die Schwingungen dieser Auraschicht, und die Frequenz dieser Schwingungen bestimmt, wie du dich fühlst und wie du mit der Welt um dich herum in Beziehung trittst.

Wenn du dich in einem Zustand der Freude oder des inneren Friedens befindest, steigt die Schwingungsfrequenz deines emotionalen Körpers an, und du fühlst dich leicht und befreit. Doch negative Emotionen wie Angst oder Wut können die Frequenz senken und zu einem Gefühl der Schwere oder Stagnation führen.

Diese Schicht ist auch besonders empfänglich für äußere Schwingungen, die durch deine Umgebung oder andere Menschen auf dich einwirken. Wenn du dich in einem Raum mit intensiven emotionalen Energien befindest, kann dein emotionaler Körper diese Schwingungen aufnehmen und in deinem Feld speichern. Aus diesem Grund ist es wichtig, sich bewusst von negativen energetischen Einflüssen abzugrenzen und die eigene Aura regelmäßig zu reinigen.

Der emotionale Körper als Schlüssel zur Transformation

Eine der faszinierendsten Eigenschaften des emotionalen Körpers ist seine Fähigkeit zur Transformation. Emotionen sind nicht statisch – sie kommen und gehen, verändern sich und können transformiert werden. Durch die bewusste Arbeit mit deinem emotionalen Körper kannst du das emotionale Ungleichgewicht auflösen und alte Muster loslassen, die dich in deinem Leben einschränken.

Der emotionale Körper ist ein mächtiger Schlüssel zur persönlichen Transformation. Indem du lernst, deine Emotionen anzunehmen und sie durch dich fließen zu lassen, kannst du tiefere Schichten deines Selbst transformieren und befreien. Es geht nicht darum, negative Emotionen zu unterdrücken oder zu vermeiden, sondern sie bewusst zu fühlen und zu integrieren.

Auf diese Weise bringst du deinen emotionalen Körper wieder in Einklang und öffnest dich für mehr Freude, Kreativität und Liebe in deinem Leben.

Die Verbindung zwischen der Auraschicht und dem Sakralchakra

Der emotionale Körper und das Sakralchakra sind untrennbar miteinander verbunden. Während das Sakralchakra die Quelle deiner emotionalen Energien ist, bildet der emotionale Körper die Bühne, auf der diese Energien sich entfalten. Beide Ebenen beeinflussen einander wechselseitig und sind entscheidend für dein emotionales Wohlbefinden und deine Kreativität.

Wenn du dich um dein Sakralchakra kümmerst und lernst, deine Emotionen bewusst zu verarbeiten, kannst du auch den emotionalen Körper harmonisieren. Das regelmäßige Arbeiten mit deinen Gefühlen und das bewusste Loslassen von emotionalem Ballast sind essenzielle Schritte, um diese zweite Schicht der Aura in Balance zu halten.

DIE DRITTE SCHICHT DER AURA
– DER MENTALE KÖRPER

Die Verbindung zum Solarplexus-Chakra

Nachdem wir die emotionale Ebene der Aura erkundet haben, gelangen wir zur dritten Schicht – dem mentalen Körper. Diese Ebene deiner Aura ist unmittelbar mit deinem Denken, deinem Verstand und deiner mentalen Klarheit verbunden. Der mentale Körper ist die Quelle deiner Gedanken, Überzeugungen und geistigen Muster, die dein tägliches Leben prägen und beeinflussen.

Der mentale Körper – Deine Gedankenwelt

Der mentale Körper ist wie ein unsichtbares Feld, das alle Gedanken und Überzeugungen enthält, die du über dich selbst, andere Menschen und die Welt hast. Diese Schicht ist viel feiner und strukturierter als der emotionale Körper, da sie auf der geistigen Ebene wirkt. Sie wird oft als strahlendes, goldenes Licht beschrieben, das den Bereich um deinen Kopf und deinen Oberkörper umgibt und sich über deinen physischen Körper hinaus erstreckt.

Jeder Gedanke, den du denkst, hinterlässt eine energetische Spur im mentalen Körper. Positive, klare und strukturierte Gedanken erzeugen ein harmonisches Energiefeld, das deinen Geist beruhigt und dir mentale Klarheit schenkt. Negative oder chaotische Gedanken hingegen können den mentalen Körper stören und zu Unruhe, Zweifeln oder Verwirrung führen.

Diese dritte Schicht der Aura ist eng mit deinem Solarplexus-Chakra (Manipūra) verbunden – dem energetischen Zentrum, das für deinen Willen, dein Selbstbewusstsein und deine persönliche Kraft verantwortlich ist. Dein mentaler Körper und dein Solarplexus arbeiten zusammen, um dein inneres Feuer zu entfachen und dir den Mut zu geben, deine Entscheidungen und Handlungen bewusst zu treffen.

Der mentale Körper und das Solarplexus-Chakra

Das Solarplexus-Chakra, dessen Element das Feuer ist, ist der Sitz deines Selbstbewusstseins und deiner inneren Stärke. Wenn du einen klaren Geist und eine starke mentale Ausrichtung hast, zeigt sich dies in deinem Solarplexus-Chakra als Selbstvertrauen, Entschlossenheit und Willenskraft. Diese Energien fließen dann in den mentalen Körper und helfen dir, deine Gedanken und Überzeugungen in positive Handlungen umzusetzen.

Der mentale Körper ist stark mit deinem inneren Dialog verbunden – dem Gespräch, das du ständig mit dir selbst führst. Dieser innere Dialog beeinflusst, wie du dich fühlst, was du tust und wie du auf die Welt reagierst. Wenn dein Solarplexus-Chakra in Balance ist, fühlst du dich mental stark und klar. Deine Gedanken fließen harmonisch, und du kannst klare Entscheidungen treffen. Doch wenn dein Solarplexus-Chakra niedrig schwingt, kann sich dies in Form von Selbstzweifeln, Unsicherheit und einem überaktiven Verstand äußern.

Gedanken, die von Unsicherheiten oder Ängsten geprägt sind, stören den mentalen Körper und schwächen die Energie in deinem Solarplexus-Chakra. Umgekehrt kann ein starkes Solarplexus-Chakra den mentalen Körper klären und dir helfen, negative Gedankenmuster aufzulösen.

Die Struktur des mentalen Körpers

Während der emotionale Körper ein fließendes, sich ständig veränderndes Feld ist, hat der mentale Körper eine klarere, strukturiertere Form. Stell dir vor, dein mentaler Körper wäre wie ein Netzwerk aus goldenen Lichtfäden, das all deine Gedanken und Überzeugungen miteinander verknüpft. Je klarer deine Gedanken sind, desto stabiler und geordneter erscheint dieses Netzwerk.

Der mentale Körper agiert wie ein Filter, der deine geistigen Muster speichert und durch den du die Welt wahrnimmst. Wenn du negative Überzeugungen über dich selbst hast – zum Beispiel den Glauben, nicht gut genug zu sein – werden diese Überzeugungen im mentalen Körper gespeichert und beeinflussen deine Gedanken und Handlungen. Diese Überzeugungen wirken wie Programme, die sich auf dein gesamtes Leben auswirken.

Umgekehrt können positive, unterstützende Gedankenmuster deinen mentalen Körper stärken und dich zu größerer Klarheit und Weisheit führen. Ein gut gepflegter mentaler Körper hilft dir, deine geistigen Ressourcen optimal zu nutzen und die Herausforderungen des Lebens mit einem klaren Kopf zu meistern.

Schwingungen und Frequenzen des mentalen Körpers

Der mentale Körper schwingt auf einer höheren Frequenz als der emotionale Körper, da Gedanken schneller und flüchtiger sind als Gefühle. Die Frequenzen deines mentalen Körpers beeinflussen, wie klar oder chaotisch dein Geist arbeitet. Je höher die Schwingungen deines mentalen Körpers, desto leichter fällt es dir, neue Ideen zu entwickeln, kreative Lösungen zu finden und eine positive geistige Ausrichtung zu bewahren.

Wenn deine Gedanken jedoch von Sorgen, Ängsten oder negativen Überzeugungen geprägt sind, senken sich die Schwingungen deines mentalen Körpers, und es kann zu geistiger Unruhe und Verwirrung kommen. Diese Unausgeglichenheit beeinflusst dann auch dein Solarplexus-Chakra, und du fühlst dich vielleicht mental erschöpft oder hast Schwierigkeiten, dich zu konzentrieren.

Der mentale Körper und die Verbindung zur Realität

Der mentale Körper ist wie ein energetischer Spiegel deiner geistigen Ausrichtung. Deine Gedanken haben eine direkte Wirkung auf deine Realität – sie beeinflussen nicht nur deine geistige Verfassung, sondern auch die äußeren Umstände in deinem Leben. Was du denkst, beeinflusst, wie du handelst, und deine Handlungen formen deine Realität.

Der mentale Körper ist also nicht nur eine passive Reflexion deiner Gedanken, sondern auch ein aktives Werkzeug, um deine innere und äußere Welt zu gestalten. Wenn du dich bewusst darauf konzentrierst, positive, unterstützende Gedanken zu denken, kannst du deinen mentalen Körper klären und stärken, was wiederum dein Solarplexus-Chakra aktiviert und deine persönliche Kraft freisetzt.

Die Verbindung zum Solarplexus-Chakra & die Transformation

Das Solarplexus-Chakra ist der Sitz deines persönlichen Willens und deiner Macht. Wenn du lernst, deinen mentalen Körper bewusst zu pflegen, kannst du die Energie dieses Chakras aktivieren und nutzen, um deine mentale Klarheit und Selbstsicherheit zu stärken. Indem du negative Gedankenmuster auflöst und durch positive Überzeugungen ersetzt, stärkst du nicht nur deinen mentalen Körper, sondern auch deine innere Kraft.

Der mentale Körper ist also ein Schlüssel zur Transformation. Deine Gedanken beeinflussen dein Energielevel, deine Gefühle und sogar deinen physischen Zustand. Indem du achtsam mit deinen Gedanken umgehst und den mentalen Körper klärst, öffnest du den Weg zu größerer Selbstsicherheit, mentaler Klarheit und innerem Frieden.

Die vierte Schicht der Aura
– der kausale Körper (Mentales Feld)

Die Verbindung zum Herzchakra

Auf unserer Reise durch die Auraschichten betreten wir nun die vierte Schicht, den kausalen Körper, der auch als mentales Feld bekannt ist. Diese Ebene ist besonders tiefgründig, da sie deine mentale Wahrnehmung, deine Überzeugungen und dein Verständnis der Welt widerspiegelt. Es ist der Raum, in dem dein Verstand die Realität formt, Gedankenmuster erschafft und dein Verhalten steuert.

Das mentale Feld – Deine innere Struktur des Verstandes

Das mentale Feld ist wie ein feingewobenes Netz, das sich aus Gedanken und Überzeugungen zusammensetzt, die ständig in Bewegung sind. Es ist verantwortlich für die Art und Weise, wie du die Welt verstehst und wie du deine Erfahrungen in logische Muster übersetzt. In dieser Schicht werden all deine mentalen Prozesse gesammelt – von den tiefsten Überzeugungen bis zu den täglichen Gedanken, die du hegst.

Stell dir das mentale Feld vor wie eine große Bibliothek, in der jede deiner Erfahrungen als mentales Buch abgelegt wird. Deine Gedanken sind die Seiten, auf denen die Geschichte deines Lebens geschrieben steht. Diese Geschichten, also die Gedankenmuster, beeinflussen, wie du auf Situationen reagierst, wie du Probleme löst und wie du neue Herausforderungen bewältigst.

Das Herzchakra – Die Brücke zur mentalen Ebene

Die vierte Schicht der Aura steht in enger Verbindung mit deinem Herzchakra. Während das mentale Feld auf einer intellektuellen Ebene operiert, bringt das Herzchakra emotionale Tiefe und Mitgefühl in diese Schicht. Diese Verbindung ermöglicht es dir, nicht nur rational zu denken, sondern auch deine Gefühle mit deinen Gedanken zu verknüpfen.

Wenn dein Herzchakra im Einklang ist, fließt diese emotionale Intelligenz in dein mentales Feld und lässt dich mit einem offenen Herzen denken. Du verstehst, dass jeder Gedanke eine emotionale Resonanz hat und dass es die Liebe ist, die den Verstand klärt und das mentale Ungleichgewicht auflöst. Wenn dein Herzchakra jedoch geschlossen ist, können sich negative Gedankenmuster festsetzen, die dich in starren Denkweisen gefangen halten. Betreten wir nun die vierte Schicht, den kausalen Körper, der auch als mentales Feld bekannt ist. Diese Ebene ist besonders tiefgründig, da sie deine mentale Wahrnehmung, deine Überzeugungen und dein Verständnis der Welt widerspiegelt. Es ist der Raum, in dem dein Verstand die Realität formt, Gedankenmuster erschafft und dein Verhalten steuert.

Das Mentale Feld – Deine innere Struktur des Verstandes

Das mentale Feld ist wie ein feingewobenes Netz, das sich aus Gedanken und Überzeugungen zusammensetzt, die ständig in Bewegung sind. Es ist verantwortlich für die Art und Weise, wie du die Welt verstehst und wie du deine Erfahrungen in logische Muster übersetzt. In dieser Schicht werden all deine mentalen Prozesse gesammelt – von den tiefsten Überzeugungen bis zu den täglichen Gedanken, die du hegst.

Stell dir das mentale Feld vor wie eine große Bibliothek, in der jede deiner Erfahrungen als mentales Buch abgelegt wird. Deine Gedanken sind die Seiten, auf denen die Geschichte deines Lebens geschrieben steht. Diese Geschichten, also die Gedankenmuster, beeinflussen, wie du auf Situationen reagierst, wie du Probleme löst und wie du neue Herausforderungen bewältigst.

Das Herzchakra – Die Brücke zur mentalen Ebene

Die vierte Schicht der Aura steht in enger Verbindung mit deinem Herzchakra. Während das mentale Feld auf einer intellektuellen Ebene operiert, bringt das Herzchakra emotionale Tiefe und Mitgefühl in diese Schicht. Diese Verbindung ermöglicht es dir, nicht nur rational zu denken, sondern auch deine Gefühle mit deinen Gedanken zu verknüpfen.

Wenn dein Herzchakra im Einklang ist, fließt diese emotionale Intelligenz in dein mentales Feld und lässt dich mit einem offenen Herzen denken. Du verstehst, dass jeder Gedanke eine emotionale Resonanz hat und dass es die Liebe ist, die den Verstand klärt und das mentale Ungleichgewicht auflöst. Wenn dein Herzchakra jedoch geschlossen ist, können sich negative Gedankenmuster festsetzen, die dich in starren Gedanken gefangen halten.

Das Mentalsystem – Struktur und Sinn

Im mentalen Feld deiner Aura entstehen die Strukturen, die dein Verhalten prägen. Diese Schicht formt die mentalen Regeln, nach denen du dein Leben führst. Diese Regeln leiten dich bei jeder Entscheidung und beeinflussen, wie du die Welt ordnest und wie du auf Veränderungen reagierst. Doch nicht nur äußere Informationen, sondern auch deine inneren Glaubenssätze formen dieses Feld.

Ein Beispiel: Wenn du als Kind gelernt hast, dass Fehler schlecht sind, wird dieses Glaubensmuster in deinem mentalen Feld gespeichert. Es beeinflusst, wie du in deinem erwachsenen Leben mit Fehlern umgehst. Doch diese Glaubenssätze sind nicht in Stein gemeißelt. Du kannst sie verändern, indem du bewusst neue Denkweisen kultivierst, die dir mehr Raum für Wachstum geben.

Schwingungen und Frequenzen des Mentalfeldes

Die Schwingungen des mentalen Feldes sind feiner und schneller als jene der emotionalen oder physischen Ebene. Wenn dein Verstand klar ist, schwingt das mentale Feld in hoher Frequenz, was dir ermöglicht, Informationen schnell zu verarbeiten und kreative Lösungen zu finden. Doch wenn dein mentales Feld durch negative Gedanken blockiert ist, verlangsamen sich die Schwingungen und es entsteht geistige Enge. Du fühlst dich festgefahren und findest keinen Ausweg aus deinen Gedanken.

Dein mentales Feld reagiert auch stark auf äußere Einflüsse. Stress oder mentale Überstimulation können die Schwingungen in dieser Schicht stören. Es ist daher wichtig, dein mentales Feld regelmäßig zu reinigen und zu pflegen, um Klarheit und Leichtigkeit zu bewahren.

Transformation des Mentalfeldes – Der Schlüssel zur Veränderung

Die Veränderung deiner Gedanken beginnt im mentalen Feld. Wenn du lernst, negative Gedankenmuster zu erkennen und zu transformieren, veränderst du nicht nur deine geistige Einstellung, sondern auch deine Wahrnehmung der Realität.

Das mentale Feld bietet dir die Möglichkeit, bewusst neue Denkmuster zu erschaffen, die dir erlauben, dein Verhalten in eine positive Richtung zu lenken.

Diese Transformation ist eng mit der Kraft des Herzchakras verbunden. Wenn du dein Herz öffnest, kannst du die mentalen Barrikaden auflösen und liebevolle Gedanken in dein Mentalsystem einladen. Diese Veränderung beeinflusst nicht nur dein mentales Feld, sondern auch deine gesamte Aura und sogar deinen physischen Körper.

DIE FÜNFTE SCHICHT DER AURA - DER SPIRITUELLE KÖRPER (ÄTHERISCHE VORLAGE)

Die Verbindung zum Halschakra

Mit der fünften Schicht der Aura – auch bekannt als ätherische Vorlage – treten wir in einen Bereich, der die reine Essenz deines spirituellen Bauplans verkörpert. Hier befinden sich die Informationen über deine tiefste spirituelle Wahrheit und dein höheres Selbst. Diese Schicht ist nicht mehr nur auf die physische Welt beschränkt, sondern beginnt, sich mit den höheren Dimensionen zu verbinden – mit der Welt des Raumes, des freien Ausdrucks und des Halschakras.

Ein Tanz aus Raum und Wahrheit

Die fünfte Schicht der Aura ist wie ein unendlicher Raum – ein Raum, in dem deine Gedanken, Überzeugungen und deine spirituelle Wahrheit geformt werden. Hier schwingt alles in Harmonie mit dem universellen Bewusstsein. Es ist, als ob du dich in einem kosmischen Tanz befindest, in dem jede Bewegung, jedes Gefühl und jede Absicht das große Ganze beeinflusst.

Dein Halschakra spielt eine zentrale Rolle in dieser Schicht, denn es ist das Zentrum des Ausdrucks und der Kommunikation. Alles, was du fühlst, denkst und weißt, will über dieses Chakra in die Welt hinausfließen. *Doch wie oft halten wir uns zurück, aus Angst, missverstanden zu werden?* In der ätherischen Vorlage liegt die Weisheit, dass jede Wahrheit ihren eigenen Raum verdient.

Die astralen Felder – Eine Reise durch die höheren Dimensionen

Kommen wir zu den astralen Feldern – den Ebenen deines erweiterten Selbst. Diese Felder sind wie der Fluss des universellen Bewusstseins, der alles umgibt und durchdringt. Sie enthalten tiefere Wahrheiten, die weit über das Persönliche hinausgehen. In diesen Feldern lernst du, dass es nicht nur darum geht, eine Pflanze zu lieben, sondern die Schönheit aller Pflanzen, die Liebe zu allem Lebendigen.

Das Besondere an den astralen Feldern ist ihre Fähigkeit, sich vom physischen Körper zu lösen. In außerkörperlichen Erfahrungen oder Nahtod-Erlebnissen berichten viele Menschen davon, sich außerhalb ihres Körpers wahrgenommen zu haben. Es ist, als ob du durch die astralen Felder in eine höhere Dimension eintauchen kannst, während dein physischer Körper weiterhin fest mit der Erde verbunden bleibt. Eine Art energetische Nabelschnur hält beide miteinander verbunden und erlaubt dir, dich in beiden Welten gleichzeitig zu bewegen.

Das astrale Emotionalfeld – Emotionen in höherer Frequenz

Das astrale Emotionalfeld geht noch einen Schritt weiter als das emotionale Feld der unteren Schichten. Hier werden nicht nur deine persönlichen Gefühle, sondern auch universelle Emotionen gespeichert. Emotionen, die über das Individuelle hinausgehen – wie die bedingungslose Liebe zum Leben selbst, die tief empfundene Dankbarkeit für das Sein oder die Sehnsucht nach Verbundenheit mit allem, was ist.

In dieser Schicht kannst du auf emotionale Erinnerungen zugreifen, die mit deinen früheren Leben verbunden sind. Du beginnst zu erkennen, dass deine emotionalen Reaktionen nicht nur aus deinem aktuellen Leben stammen, sondern Teil eines viel größeren kosmischen Plans sind.

Das astrale Mentalfeld – über dein Wesen hinaus

Im astralen Mentalfeld findest du nicht nur Gedanken und Überzeugungen, die du in diesem Leben entwickelt hast, sondern auch Programme, die aus vergangenen Inkarnationen stammen. Hier begegnen dir philosophische und religiöse Strukturen, die über Generationen hinweg weitergegeben wurden und tief in deinem Unterbewusstsein verankert sind.

Doch in dieser Schicht hast du die Möglichkeit, diese Programme zu hinterfragen und zu verändern. Du kannst beginnen, die Denkweisen, die dich nicht mehr unterstützen, aufzulösen und neue, unterstützende Gedankenmuster zu entwickeln.

Der astrale Engelskörper und das Goldnetz – die höchste Form der Verbindung

Eines der schönsten Felder in der fünften Schicht der Aura ist der astrale Engelskörper. Dieses Feld verbindet dich mit deinem höheren Selbst und dem universellen Bewusstsein. Es ist, als ob du in diesem Moment die Hand des Göttlichen spürst, die dich durch das Goldnetz führt – ein energetisches Netz, das all deine Erinnerungen und Erfahrungen speichert.

Das Goldnetz ist ein Netz aus leuchtendem Licht, das die Verbindung zu deiner Urseele herstellt – dem ewigen Teil von dir, der all deine Erfahrungen in sich trägt. Hier bist du nicht mehr nur du selbst, sondern ein Teil des großen Ganzen, der das Universum in sich trägt.

Die Schwingungen und Frequenzen des Universums

In dieser Schicht der Aura sind die Schwingungen und Frequenzen besonders fein und hoch. Sie verbinden dich direkt mit dem Quantenfeld – dem Raum, in dem alle Möglichkeiten existieren. Hier fließen die Energien des Universums ungehindert und du kannst beginnen, dich mit diesen Schwingungen zu synchronisieren.

Stell dir vor, dass dein spiritueller Körper ein Teil dieses universellen Tanzes ist. Die Energien des Universums durchströmen dich, und du bist gleichzeitig der Tänzer und der Tanz, die Welle und das Meer. In dieser Schicht beginnst du zu verstehen, dass alles, was du bist, eine Manifestation des kosmischen Bewusstseins ist.

DIE SECHSTE SCHICHT DER AURA – DER HIMMLISCHE KÖRPER (EMOTIONALE BLAUPAUSE)

Die Verbindung zum Stirnchakra (Drittes Auge)

Mit der sechsten Schicht der Aura betreten wir die höchste emotionale Ebene, die oft als der himmlische Körper oder die emotionale Blaupause bezeichnet wird. Diese Schicht ist tief mit deinem Stirnchakra oder Dritten Auge (Ājñā) verbunden und stellt die Verbindung zu höheren Bewusstseinsebenen her. Hier geht es nicht mehr um die alltäglichen Emotionen, sondern um die tiefere, spirituelle Wahrnehmung von Einheit, Verbundenheit und bedingungsloser Liebe.

Der himmlische Körper – Der Raum des göttlichen Bewusstseins

Die emotionale Blaupause ist eine Ebene der Aura, in der die reinen Emotionen wohnen – Gefühle, die über persönliche Erfahrungen hinausgehen und einen universellen Charakter haben. In dieser Schicht empfindest du nicht mehr nur Liebe für bestimmte Menschen oder Dinge, sondern entwickelst eine tiefe Liebe für alles, was existiert. Es ist die Schicht der universellen Verbundenheit.

Hier verschmelzen dein individueller Geist und deine Emotionen mit den Energien des kosmischen Bewusstseins. In dieser Ebene beginnt die Seele, die Welt aus einer höheren Perspektive wahrzunehmen. Du erkennst, dass alle Lebewesen miteinander verbunden sind und dass jeder Gedanke und jede Handlung Wellen im Universum auslöst.

Die Verbindung zum Stirnchakra – Die Tür zur spirituellen Vision

Das Stirnchakra, auch bekannt als das Dritte Auge, ist das energetische Zentrum, das für Intuition, spirituelle Vision und erweitertes Bewusstsein verantwortlich ist. Es ist der Ort, an dem du das Unsichtbare sehen und die tieferen Schichten der Realität wahrnehmen kannst. Diese Fähigkeit, hinter den Schleier des Materiellen zu blicken, ist eng mit der sechsten Schicht deiner Aura verbunden.

Wenn das Stirnchakra aktiv ist und in Harmonie schwingt, öffnet sich dein Zugang zu höheren spirituellen Dimensionen, und du kannst Einsichten und Weisheiten empfangen, die über die gewöhnliche Realität hinausgehen. Diese spirituellen Wahrnehmungen fließen durch die emotionale Blaupause und ermöglichen es dir, deine Emotionen auf einer universellen Ebene zu verstehen.

Die emotionale Blaupause und das Quantenfeld der Liebe

In der sechsten Schicht der Aura schwingt die Energie in hohen, feinen Frequenzen, die oft als Schwingung der bedingungslosen Liebe beschrieben werden. Hier spürst du nicht nur die Liebe auf einer persönlichen Ebene, sondern trittst in Kontakt mit der Quantenebene der Liebe, die das gesamte Universum durchzieht.

Dieses Quantenfeld der Liebe ist nicht gebunden an Bedingungen oder Erwartungen. Es ist die reine, essenzielle Energie, die allem zugrunde liegt. Wenn du mit dieser Schicht in Einklang kommst, erkennst du, dass Liebe nicht nur eine Emotion ist, sondern eine universelle Wahrheit, die in jeder Faser des Seins verankert ist.

Schwingungen und Frequenzen der emotionale Blaupause

Die Schwingungen dieser höheren Schicht der Aura sind extrem fein und subtil. Es ist der Raum, in dem Frequenzen der Liebe, des Mitgefühls und der Einheit schwingen. Diese Frequenzen beeinflussen deine Wahrnehmung von Realität und lassen dich die Welt aus einem Zustand des inneren Friedens und der Harmonie betrachten.

Wenn du mit deiner Blaupause im Einklang bist, wirst du in der Lage sein, dein emotionales Ungleichgewicht auf tiefer Ebene zu lösen und dein Leben aus einer höheren Perspektive zu betrachten. Du wirst erkennen, dass jedes Gefühl und jede Erfahrung Teil eines größeren Plans ist und dass selbst schmerzhafte Emotionen zu deinem spirituellen Wachstum beitragen.

Die Rolle der emotionale Blaupause bei der Transformation

Diese Schicht der Aura ist entscheidend für deine emotionale Heilung und spirituelle Transformation. In der emotionalen Blaupause werden nicht nur die Essenzen deines aktuellen Lebens gespeichert, sondern auch die Erfahrungen und Emotionen aus früheren Leben. Hier hast du die Möglichkeit, alte emotionale Muster und Verletzungen zu transformieren, die über das aktuelle Leben hinausreichen.

Während du an deinem Stirnchakra arbeitest und die Schwingungen dieser Schicht klärst, öffnest du den Raum für spirituelle Einsichten und tiefe emotionale Heilung. Du wirst lernen, dich nicht länger von negativen Emotionen oder Mustern leiten zu lassen, sondern deine Gefühle in den Dienst deiner spirituellen Entwicklung zu stellen.

Der Torus der Emotionen – Der energetische Fluss des Universums

In dieser sechsten Schicht erkennen wir auch den Einfluss des Torus, eines energetischen Feldes, das in ewiger Bewegung ist und die Energie der Emotionen zirkulieren lässt. Dieser Torus steht in Verbindung mit der universellen Liebe und der Erkenntnis, dass Emotionen nicht stagnieren sollten, sondern in einem ständigen Fluss bleiben müssen.

Wenn die Emotionen frei durch den Torus fließen, erfährst du tiefe spirituelle Erfüllung. Geblockte Emotionen hingegen können den Fluss des Torus stören und zu energetischen Stagnationen führen, die sich sowohl auf dein emotionales als auch auf dein spirituelles Wohlbefinden auswirken.

Transformation durch das Dritte Auge und die emotionale Blaupause

Die Arbeit mit dieser Schicht und dem Stirnchakra ist ein Schlüssel zur tiefen spirituellen Transformation. Durch die Öffnung deines Dritten Auges kannst du beginnen, die tieferen emotionalen Muster zu verstehen, die dich auf deiner spirituellen Reise begleiten. Diese Einsichten ermöglichen es dir, alte emotionale Wunden zu heilen und dich mit der universellen Liebe zu verbinden, die in der sechsten Schicht deiner Aura schwingt.

Wenn du dein Herz öffnest und dein Stirnchakra aktivierst, wirst du eine tiefe emotionale und spirituelle Harmonie erfahren, die dein ganzes Sein durchdringt. Diese Harmonie führt dich zu einem Zustand, in dem du mit den höchsten Schwingungen des Universums in Resonanz trittst und die Kraft der bedingungslosen Liebe in dein Leben integrierst.

Die siebte Schicht der Aura – der ketherische Körper (spirituelle Blaupause)

Die Verbindung zum Kronenchakra

In der siebten Schicht der Aura betreten wir den Bereich der höchsten spirituellen Ebene, den ketherischen Körper, der auch als spirituelle Blaupause bezeichnet wird. Diese Schicht ist direkt mit deinem Kronenchakra (Sahasrāra) verbunden und stellt den Übergang zu reinem Bewusstsein dar. Es ist das Feld, in dem die Verbindung zu deinem höheren Selbst und zu den kosmischen Energien des Universums am stärksten spürbar wird.

Der ketherische Körper – Das Tor zur spirituellen Vollkommenheit

Die spirituelle Blaupause ist die Ebene, auf der du den Plan deiner Seele und die tiefe Verbindung zu deiner göttlichen Bestimmung findest. In dieser Schicht liegt die Essenz deines Seins verborgen – das, was dich als spirituelles Wesen in den Kreislauf von Leben, Tod und Wiedergeburt führt. Sie wird oft als der Raum beschrieben, in dem du erkennst, dass du nicht nur ein physisches, sondern auch ein ewiges Wesen bist.

Diese siebte Schicht ist wie der kosmische Speicher all deiner Lebenserfahrungen. Sie ist der Ort, an dem du mit dem universellen Bewusstsein verbunden bist und in dem du die Tiefe deiner spirituellen Reise verstehst. Hier findest du Antworten auf die Fragen nach dem Warum deiner Existenz, nach deiner Rolle im Universum und nach dem größeren Plan, der dein Leben durchzieht.

Die Verbindung zum Kronenchakra – Das Tor zum universellen Bewusstsein

Das Kronenchakra ist das Zentrum der Erleuchtung und der spirituellen Erkenntnis. Es befindet sich an der Krone deines Kopfes und ist der Ort der Verbindung zwischen deinem physischen Körper und dem universellen Bewusstsein. Hier löst sich das individuelle Ego auf, und du kannst das Gefühl der Einheit mit allem erfahren.

Das Kronenchakra ist der Zugangspunkt zur göttlichen Weisheit. Es ist der Ort, an dem du die Trennung zwischen dir und dem Universum überwindest und die unbegrenzte Kraft des kosmischen Bewusstseins wahrnimmst. Wenn dieses Chakra geöffnet ist, fließen spirituelle Einsichten und tiefe Weisheiten in dein Leben, und du beginnst zu verstehen, dass du ein Teil des universellen Ganzen bist.

Die spirituelle Blaupause und das Quantenfeld des Bewusstseins

In der spirituellen Blaupause beginnt die Verschmelzung mit dem Quantenfeld des Bewusstseins. Hier wird die Idee des Ichs aufgelöst, und du trittst in den Raum der universellen Wahrheit ein. Das Quantenfeld repräsentiert die unendlichen Möglichkeiten und Potenziale, die im gesamten Universum existieren und die mit deinem eigenen Bewusstsein verbunden sind.

Dieses Feld ist nicht mehr durch Zeit und Raum begrenzt, sondern befindet sich in einem Zustand der ewigen Gegenwart. In der siebten Auraschicht spürst du die Weite des Universums und erkennst, dass dein Bewusstsein nicht nur auf die physische Realität beschränkt ist, sondern in höheren Dimensionen existiert.

Schwingungen und Frequenzen des ketherischen Körpers

Die Schwingungen der spirituellen Blaupause sind die höchsten Frequenzen, die in deiner Aura vorhanden sind. Sie schwingen auf einer Ebene, die nur durch reine Energie und reines Bewusstsein erreicht werden kann. Diese Schwingungen sind feiner als jede andere Ebene deiner Aura und tragen die Frequenzen des universellen Wissens und der göttlichen Wahrheit in sich.

Wenn der ketherische Körper im Gleichgewicht ist und dein Kronenchakra offen ist, wirst du in der Lage sein, die göttliche Führung zu empfangen und deine spirituelle Mission klar zu erkennen. Du wirst spüren, dass dein ganzes Wesen in harmonischer Schwingung mit dem Kosmos steht und dass du ein wichtiger Teil des universellen Plans bist.

Die Bedeutung der spirituellen Blaupause für deine spirituelle Entwicklung

Die spirituelle Blaupause ist der Schlüssel zu deinem spirituellen Erwachen. Sie enthält den göttlichen Plan deines Lebens, die spirituellen Lektionen, die du in jeder Inkarnation lernen sollst, und die Weisheiten, die du durch deine spirituelle Reise gewinnst. Wenn du Zugang zu dieser Schicht deiner Aura erhältst, beginnst du, die Tiefe deines Seins zu verstehen und die wahre Natur deiner spirituellen Bestimmung zu erkennen.

Die Arbeit mit der spirituellen Blaupause bedeutet, dass du nicht nur deine persönlichen Ziele verfolgst, sondern dich auch mit den höheren Kräften des Universums verbindest. Du erkennst, dass alles, was du tust, Teil eines größeren Plans ist und dass dein Leben tief in den Rhythmus des Kosmos eingebunden ist.

Der Torus des Bewusstseins – Die Energie des Universums

In dieser letzten Schicht der Aura erkennen wir die Präsenz des Torus des Bewusstseins, der das gesamte Universum durchzieht. Dieser energetische Fluss ist eine sich ständig bewegende Spirale, die in sich selbst zurückkehrt und alle Energie im Kosmos zirkulieren lässt. Der Torus des Bewusstseins verbindet dein individuelles Bewusstsein mit der unendlichen Weite des Universums.

Wenn du dich mit dem Torus des Bewusstseins verbindest, beginnst du zu verstehen, dass dein Bewusstsein nicht isoliert existiert, sondern in ständiger Interaktion mit dem Quantenfeld und den Schwingungen des Universums steht. Diese Erkenntnis führt zu einer tiefen spirituellen Transformation und ermöglicht es dir, die Muster deines Lebens auf einer höheren Ebene zu erkennen und zu verändern.

Transformation durch die spirituelle Blaupause & Kronenchakra

Diese ermöglicht es dir, tief in die höchsten spirituellen Ebenen einzutauchen und die Verbindung zu deinem höheren Selbst und dem universellen Bewusstsein zu stärken. Die Transformation führt zu einem Zustand der spirituellen Erleuchtung, in dem du die universelle Wahrheit erkennst und die Einheit mit dem Kosmos erfährst.

Durch die Öffnung des Kronenchakras und die Klärung der spirituellen Blaupause wirst du fähig, alte spirituelle Vernetzungen zu lösen und deine Seelenmission mit Klarheit und Weisheit zu erfüllen. Du wirst erkennen, dass alles, was du bist und tust, Teil eines göttlichen Plans ist, der dich auf deiner spirituellen Reise unterstützt und führt.

Abschluss

Wenn wir uns mit den Schichten der Aura und den Chakren beschäftigen, wird deutlich, dass wir es mit Systemen zu tun haben, die weit über die bekannten sieben Ebenen hinausgehen. Die sieben Chakren, die wir oft als Grundlage des menschlichen Energiefelds betrachten, sind lediglich der Anfang einer viel tieferen, umfassenderen Reise. Hinter diesen bekannten Ebenen verbergen sich noch subtilere Schichten und energetische Dimensionen, die uns weit über die materielle Welt hinausführen.

Die Aura-Schichten reichen von den physischen, emotionalen und mentalen Feldern bis hin zu höheren spirituellen Ebenen, die unser Wesen in größere kosmische Zusammenhänge einbinden. Jenseits der sieben Chakren existieren weitere Energiezentren, die uns mit dem Quantenfeld, dem galaktischen Bewusstsein und den universellen Kräften des Kosmos verbinden.

Erweiterte Felder wie der monadische Körper, die göttliche Schicht und der ketherische Körper heben uns in Bereiche, in denen das individuelle Ego transzendiert wird und wir eins werden mit der universellen Wahrheit.

Das Überseelen-Feld führt uns zu einem Verständnis unserer multidimensionalen Existenz, in der alle Aspekte unseres Seins über verschiedene Leben und Zeitlinien hinweg miteinander verknüpft sind.

Der Torus des Bewusstseins, der das Universum durchzieht, zeigt uns, dass unser eigenes Bewusstsein in ständiger Interaktion mit den Schwingungen des Kosmos steht.

In der Matrix of Fate gehen wir noch tiefer in diese komplexen energetischen Systeme. Die Chakren und Auraschichten sind nicht nur Energiezentren – sie sind Tore zu tiefen spirituellen Einsichten, die weit über das physische Dasein hinausreichen. Wenn du mit der Matrix arbeitest, wirst du erkennen, dass es um mehr geht als um die Balance der sieben Chakren. Es geht darum, dich mit den höchsten Schichten deines Seins zu verbinden, die kosmischen Frequenzen zu integrieren und die verborgenen Potenziale deiner Seele zu erwecken.

Dieser Weg ist endlos, und mit jedem Schritt tiefer in die Chakren und Auraschichten entdeckst du neue Dimensionen deiner eigenen Wahrheit, deines eigenen Bewusstseins. Du öffnest dich für die unendlichen Weiten des Universums – und erkennst, dass du selbst Teil dieses grenzenlosen, fließenden Energiefeldes bist.

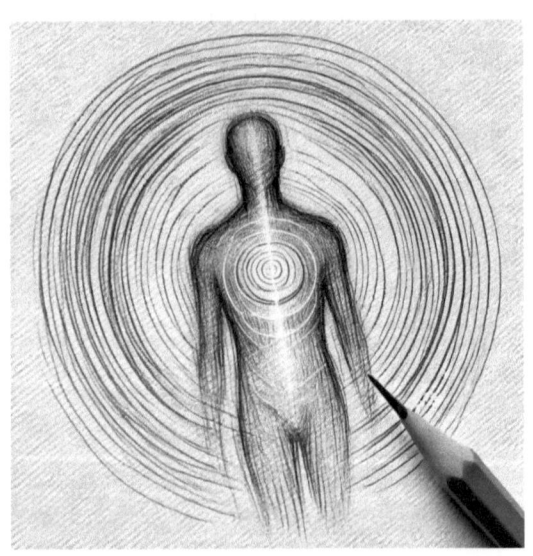

ÜBUNG ZUR AURA-REINIGUNG

Vorbereitung

1. Finde einen ruhigen, ungestörten Ort.
2. Schließe deine Augen und atme tief durch, um dich zu entspannen.
3. Dehne dich aus in das unendliche Wesen, was du wahrhaftig bist.
4. Senke alle Barrieren, alle verfeinerten Barrieren, und schicke alle Barrieren, die nicht zu dir gehören, an den Absender mit Bewusstsein angehängt zurück.
5. Befreie dich von jeglichen Überzeugungen und Beurteilungen über dich, deinen Körper und deine Umgebung.
6. Visualisiere ein strahlendes Licht in deinem Herzchakra, das deine Energie harmonisiert.

Aura-Kämmen

Am besten wird dies in einem Abstand von etwa 25 cm zu deinem Körper durchgeführt!
1. Stelle dir vor, du kämmst mit deinen Händen durch deine Aura – das energetische Feld um deinen Körper.
2. Beginne mit deinen Händen vor deinem Körper und bewege die Finger sanft von oben nach unten, als würdest du mit einem Kamm die Aura glätten.
3. Achte darauf, ob du „Verhärtungen" oder ein Ungleichgewicht spürst. *Fühlst du Stellen, die schwer oder verklebt sind?* Visualisiere, wie du diese sanft „entwirrst", bis sie sich leicht und fließend anfühlen!

Prana-Klärung

1. Halte deine Hände etwa 5-10 cm vor deinen Körper und stelle dir ein klares, strahlendes Licht vor, das aus deinen Handflächen strömt.
2. Mit jedem Ausatmen löst du das Ungleichgewicht auf und mit jedem Einatmen nimmst du frisches, klares Prana (Lebensenergie) auf.
3. Höre auf, wenn du den Impuls verspürst.

Abschluss

1. Spüre die Leichtigkeit in deinem Körper und deiner Aura. Lasse deine Hände sinken und atme tief ein und aus.
2. Du kannst deine Aufmerksamkeit besonders auf verspannte Bereiche deines Körpers richten, die ein Ungleichgewicht anzeigen.
3. Wenn du jetzt schlafen gehen möchtest, kannst du dich gerne zur Ruhe begeben. Wenn du jedoch noch aktiv sein willst, probiere drei schnelle Kammbewegungen von unten nach oben um deinen Körper herum aus! Damit kannst du deine Energie wieder aktivieren!

Zusätzliche Hinweise

Verstärke die Übung mit ätherischen Ölen wie Lavendel oder Weihrauch für eine noch tiefere energetische Reinigung. Wenn du auf ein energetisches Ungleichgewicht stößt, stell dir vor, wie du das in helles Licht umwandelst und sie in die Erde entlässt.

Was macht diese Übung besonders?

Aura-Reinigung
Diese Methode wirkt auf dein feinstoffliches Energiefeld und kann dein Ungleichgewicht entfernen und dein energetisches Gleichgewicht stärken.

Prana-Klärung
Sie kann helfen, die Lebensenergie zu reinigen, damit Körper und Geist harmonisch zusammenarbeiten.

Viele Klienten, die diese Technik regelmäßig anwenden, berichten von einer tiefen Verbindung zu ihrer inneren Weisheit und einem klaren, energetischen Fluss.

Lass auch du dich von dieser positiven Energie mitreißen!

Tipps zur Aura-Reinigung

Die Reinigung der Aura ist eine wunderbare Möglichkeit, sich von nicht beitragenden Energien zu befreien und das eigene Wohlbefinden zu fördern. Hier sind einige liebevolle Methoden, die dir helfen können, deine Aura zu klären und in Einklang zu bringen:

Edelsteine

Edelsteine sind nicht nur schön anzusehen, sondern auch kraftvolle Helfer bei der Aura-Reinigung! Steine wie Turmalin, Rauchquarz und Labradorit haben besondere Eigenschaften, die helfen können, unreine Energien zu transformieren und deine Aura zu stärken. Du kannst sie in deiner Nähe aufbewahren oder sie direkt auf deinem Körper platzieren, um ihre Schwingungen zu genießen. Vergiss nicht, deine Edelsteine regelmäßig zu reinigen, damit sie ihre Kraft behalten!

Salz-Wasser-Bad

Ein entspannendes Bad mit Meersalz ist eine hervorragende Möglichkeit, Körper und Seele zu verwöhnen. Füge etwa 500g Meersalz in warmes Wasser hinzu und genieße ein wohltuendes Bad. Diese einfache Praxis kann nicht nur deine Haut pflegen, sondern auch deine Aura erfrischen und harmonisieren.

Räuchern mit weißem Salbei

Das Räuchern mit weißem Salbei ist eine wunderschöne Tradition zur energetischen Reinigung. Zünde ein Salbeiblatt an und lasse den sanften Rauch durch den Raum oder um deinen Körper ziehen. Diese Methode hilft dabei, unreine Energien zu transformieren und eine friedliche Atmosphäre zu schaffen. Nimm dir einen Moment Zeit, um diese beruhigende Praxis in deinen Alltag einzubringen.

Ätherische Öle

Die Verwendung von ätherischen Ölen kann ebenfalls eine zauberhafte Möglichkeit sein, deine Aura zu reinigen. Öle wie Bergamot, Zedernholz und Orange verbreiten nicht nur einen herrlichen Duft, sondern fördern auch das emotionale Wohlbefinden.

Du kannst sie in einem Diffuser verwenden oder sanft auf deine Pulsstellen auftragen – lass dich von ihren wohltuenden Eigenschaften verzaubern!

Meditation

Meditation ist ein kraftvolles Werkzeug zur Reinigung der Aura und zur Förderung innerer Ruhe. Durch geführte Meditationen kannst du dich auf deine Chakren konzentrieren und ein Ungleichgewicht lösen. Nimm dir regelmäßig Zeit für diese liebevolle Praxis – es wird dir helfen, dein Energiefeld zu harmonisieren und dein inneres Licht zum Strahlen zu bringen.

Möge deine Reise zur Aura-Reinigung voller Licht und positiver Energie sein!

DIE SIEBEN CHAKREN - TORE ZU DEINER INNEREN HARMONIE

DIE REISE DURCH DIE SIEBEN ENERGIE-ZENTREN - DEIN SCHLÜSSEL ZU BALANCE & INNERER KRAFT

Nun laden wir dich ein, noch tiefer zu gehen – in die magische Welt der Chakren. Diese wirbelnden Energiezentren, oft poetisch als „Räder des Lebens" beschrieben, sind die lebendigen Drehpunkte, die unsere Energie lenken und uns mit Körper, Geist und Seele verbinden. Sie schaffen den Raum, in dem wir die Schönheit unseres Seins erleben können – ganz mühelos und voller Leichtigkeit.

Die Chakren sind eng mit den Auraschichten verbunden. Stell dir vor, sie sind Sender und Empfänger von Energie, die durch die Aura und deinen Körper fließen, wandeln sie um und leiten sie dorthin, wo sie gebraucht werden. Sie beeinflussen, wie du dich fühlst, denkst, handelst – und letztlich, wie du dein Leben kreierst. Innerhalb der Aura sind sie wie leuchtende Tore, die den Schlüssel zu deinen inneren Welten und zur äußeren Realität in sich tragen.

Vielleicht magst du dir die Chakren wie kleine Motoren vorstellen, die die Energie in Bewegung halten, oder wie Brücken, die dich mit deinem physischen Dasein und deiner spirituellen Essenz verbinden. Während die Aura dich als Ganzes schützt und in Resonanz mit der Welt bringt, sind die Chakren die Orte, an denen Transformation stattfindet. Sie geben dir die Möglichkeit, alles, was du bist, bewusst zu erleben – frei von Bewertungen und voller Freude.

Wenn deine Chakren in Harmonie arbeiten, spürst du ein tiefes Gefühl von Balance, Leichtigkeit und Lebensfreude. Alles fließt. Doch wenn sie in Ungleichgewicht geraten, fühlen wir uns oft schwer, unsicher oder gestresst. Das sollten wir nicht als Problem sehen, sondern als eine Einladung! Eine Einladung, innezuhalten, hinzuschauen und die Energie wieder in Fluss zu bringen. Es geht nicht darum, perfekt zu sein, sondern darum, alles zu entdecken, was schon da ist.

Diese Reise zu den Chakren ist eine Reise zu dir selbst. Es ist eine Einladung, die Verbindung zu deinem einzigartigen Sein zu vertiefen, die Kraft und Magie deiner Energiezentren zu spüren und sie bewusst für ein Leben in Freude und Möglichkeiten zu nutzen. *Denn was wäre, wenn die Chakren dir genau den Raum schenken könnten, um dein volles Potenzial zu leben – auf eine Art und Weise, die leicht, liebevoll und voller Staunen ist?*

In der Matrix zeigt sich eine faszinierende Möglichkeit - Eine Gesundheits- und Chakrenkarte, die deine energetische Verteilung basierend auf deinem Geburtsdatum offenbart. Diese Karte zeigt, wie deine Energie seit der Geburt in den verschiedenen Chakren verteilt ist und welche Muster daraus entstehen. Sie fungiert als persönlicher Schlüssel zu deinem inneren Universum und hilft dir, die feinen Details deiner Energie zu verstehen.

Mit dieser Chakrenkarte erhältst du eine klare und spezifische Analyse deiner energetischen Verteilung. Sie spiegelt dein inneres Gleichgewicht wider und weist darauf hin, wo Ungleichgewichte bestehen könnten. Sie ist nicht nur ein Werkzeug zur Selbsterkenntnis, sondern auch eine Einladung zur Veränderung. Sie unterstützt dich dabei, gezielt an diesen Aspekten zu arbeiten, um deine Energie wieder ins Fließen zu bringen und dein volles Potenzial zu entfalten.

Stell dir vor, diese Chakrenkarte könnte dir helfen, Leichtigkeit und Balance in deinem Leben zu finden. Sie bietet dir die kraftvolle Möglichkeit, dich selbst besser zu verstehen, deine Verschiebungen zu erkennen, zu lösen und das Leben mit mehr Klarheit und Freude zu gestalten. Nutze diese Gelegenheit, um tiefer in deine Matrix einzutauchen und dich von ihr leiten zu lassen!

Lass uns nun genauer auf die einzelnen Chakren eingehen.

MŪLĀDHĀRA = DIE WURZELSTÜTZE

CHANGEYOURMATRIX

Das Wurzelchakra (Mūlādhāra) – der Boden unter deinen Füssen

Was wäre, wenn...

all die Stabilität, Sicherheit und Kraft, die du suchst, direkt in dir vorhanden wären? Das Wurzelchakra, Mūlādhāra, ist das Fundament deines Lebens – das Zentrum, das dich mit der Erde und dem physischen Dasein verbindet. Es ist der Ort, an dem du dich tief verwurzeln kannst, um dir selbst zu erlauben, die Freiheit und Fülle des Lebens zu erfahren. Dieses Chakra ist der Ausgangspunkt für dein spirituelles Wachstum – der Ort, an dem alles beginnt.

Die Hauptaufgabe des Wurzelchakras – Der Raketentreibstoff deines Lebens

Es gibt dir den Schwung, den du brauchst, um mit Leidenschaft und Kraft voranzukommen. Es ist wie der Raketentreibstoff für deinen Körper, der dich mit Lebensenergie versorgt, um jede Herausforderung zu meistern. *Was wäre, wenn du diesen Treibstoff jederzeit anzapfen könntest, um Schwung zu bekommen, wenn du ihn brauchst?* Das Mūlādhāra ist das Erdsternchakra, das sowohl die Energie für deinen Aufstieg als auch die Stabilität liefert, um mit beiden Füßen fest auf dem Boden zu bleiben. In diesem Chakra entsteht die Lebensenergie, die dich antreibt und am Leben erhält.

Die Lage des Wurzelchakras – Deine Verbindung zur Erde

Das Wurzelchakra liegt an der Basis deiner Wirbelsäule, im Bereich des Steißbeins, und steuert den gesamten unteren Hüftbereich sowie die Vorder- und Rückseite deines Körpers. Dieser Bereich bildet buchstäblich die Wurzel deiner Wirbelsäule. Es wird oft als das wichtigste Sexualchakra angesehen, da es in der Nähe der Fortpflanzungsorgane verankert ist. *Was wäre, wenn du wüsstest, dass dieses Zentrum die Quelle deiner Lebensenergie und Vitalität ist?* Es verbindet dich mit der physischen Welt und stellt sicher, dass du dich sicher und stabil fühlst.

Die Farben des Wurzelchakras – Die Lebenskraft des Roten

Das Wurzelchakra schwingt im roten Farbspektrum. Rot ist die Farbe des Blutes, der Vitalität und der Leidenschaft. *Was wäre, wenn du die lebendige Kraft des Roten in dir aktivieren könntest?* Rot ist eine energetisierende und anregende Farbe, die dein physisches, emotionales und spirituelles Wohlbefinden unterstützt. Es ist die Farbe des Lebens und der Leidenschaft. Rot repräsentiert auch die hinduistische Göttin Shakti, die Kraft hinter der Schöpfung und Zerstörung. Shakti wird mit der Kundalini-Energie verbunden, die vom Wurzelchakra aufsteigt und Heilung und spirituelle Erleuchtung fördert. Die Sekundärfarbe des Wurzelchakras ist Schwarz, das Stabilität und Erdung symbolisiert.

Lotusblüten und Symbole – Die vier Blütenblätter des Mula Kamala

Der Lotus des Wurzelchakras, Mula Kamala, hat vier Blütenblätter, die die vier Himmelsrichtungen und die vier psychischen Funktionen des Geistes, Intellekts, Bewusstseins und Egos repräsentieren. Diese Blütenblätter symbolisieren auch die vier Entwicklungsstufen des planetarischen Lebens: Vegetation, eierlegende Tiere, Säugetiere und Menschen. *Was wäre, wenn du die tiefe Verbindung zwischen deinem Wurzelchakra und den Grundprinzipien des Lebens erkennen könntest?* Die rote Farbe des Lotus und die goldenen Buchstaben auf den Blütenblättern repräsentieren die Schwingungen der vier Energiekanäle (Nadis), die mit dem Wurzelchakra verbunden sind.

Das Element Erde – Stabilität und Nahrung

Das Chakra ist mit dem Element Erde verbunden, dem Element, das für Beständigkeit, Unterstützung und Wachstum steht. *Was wäre, wenn du dir erlaubst, wie ein Baum zu wurzeln – tief in die Erde hinein, um dich dann nach oben hin auszudehnen?* Die Erde gibt uns Halt, versorgt uns mit Nahrung und schützt uns. Das Mūlādhāra erinnert dich daran, dass es in Ordnung ist, dich zu erden, dir Zeit zu nehmen, zu ruhen und dich auf das Wesentliche zu besinnen. Die Stabilität, die du suchst, ist immer verfügbar, wenn du dich mit dem Element Erde verbindest.

Symboltier – Der Elefant mit sieben Rüsseln

In Woodroffes Buch „The Serpent Power" wird der Elefant im Mūlādhāra-Chakra als Symbol für Stärke und Stabilität beschrieben. Der Elefant mit sieben Rüsseln trägt das Gewicht der Welt und zeigt, dass das Wurzelchakra die Basis für das gesamte Chakrensystem bildet. *Was wäre, wenn du diese unerschütterliche Stärke nutzen könntest, um Stabilität in dein Leben zu bringen?* Der Elefant verkörpert die Kraft, die das Fundament für unsere körperliche Existenz bildet.

Das Klang-Mantra (Bija-Silbe) LAM – In „The Serpent Power" wird LAM als der Keimlaut beschrieben, der das Wurzelchakra aktiviert und die Verbindung zur Erde stärkt. *Was wäre, wenn du diesen Klang nutzen könntest, um deine tiefsten Überlebensinstinkte zu aktivieren?*

Die körperliche Seite des Wurzelchakras – Dein Fundament für Überleben und Stabilität

Obwohl viele Aspekte der Realität aus subtiler Energie bestehen, ist die Hauptaufgabe dieses Chakras, dich dabei zu unterstützen, physisch für dich selbst und andere zu sorgen. *Was wäre, wenn du die Kraft hättest, sowohl emotional als auch körperlich in der Welt stark und stabil zu stehen?* Das Mūlādhāra regelt die physischen Bereiche des unteren Rückens, der Hüften, der Beine und der Nebennieren – der endokrinen Drüsen, die für deine Reaktion auf Stress verantwortlich sind.

Dein Wurzelchakra stellt sicher, dass deine Grundbedürfnisse – wie Nahrung, Obdach und Sicherheit – erfüllt sind. Wenn diese Bedürfnisse in der frühen Kindheit nicht erfüllt wurden, kann es schwer sein, ein stabiles und erfolgreiches Leben zu führen. Die Nebennieren spielen eine zentrale Rolle, indem sie Stresshormone wie Adrenalin und Cortisol freisetzen, um auf Herausforderungen zu reagieren. *Was wäre, wenn du deine Nebennieren unterstützen könntest, um besser auf Stress zu reagieren und ein ausgeglichenes Leben zu führen?* Ein gut funktionierendes Wurzelchakra fördert nicht nur körperliche, sondern auch emotionale Sicherheit und Stabilität.

Körperbereiche unter der Herrschaft des Wurzelchakras

Dieses Chakra steuert eine Vielzahl von Körperbereichen, einschließlich Muskeln, Hüftgelenke, das Steißbein, das Immunsystem, die Blase, das Rektum und die unteren Extremitäten (Hüften, Beine und Füße). *Was wäre, wenn du die Verbindung zwischen deinem physischen Körper und deiner emotionalen Stabilität erkennen könntest?* Das Wurzelchakra stellt sicher, dass du nicht nur physisch, sondern auch energetisch stabil bist, und fördert dein Überleben in der physischen Welt.

Psychologische Funktionen – Überlebensinstinkt und Sicherheit

Das Wurzelchakra ist eng mit dem Überlebensinstinkt verbunden und reguliert Reaktionen wie Kampf, Flucht oder Erstarren in stressigen oder gefährlichen Situationen. *Was wäre, wenn du dich sicher fühlen könntest, egal welche Herausforderungen das Leben dir stellt?* Dies ist der Schlüssel zu deiner Lebensenergie, die in stressigen Situationen aktiviert wird, um dich zu schützen und zu stärken. Diese Energie ist nicht nur spirituell, sondern auch biochemisch und elektrisch – jede Zelle deines Körpers pulsiert mit Elektrizität, und ein ausgeglichenes Wurzelchakra sorgt dafür, dass diese Energie gleichmäßig und kraftvoll fließt.

Die Bedeutung der Nebennieren – Stress und Überleben

Das Wurzelchakra ist eng mit den Nebennieren verbunden, die die Hormone produzieren, die deinen Körper auf Stresssituationen vorbereiten. *Was wäre, wenn du deine Stressresistenz stärken könntest, um sicher und gelassen in der Welt zu stehen?* Die Nebennieren schütten Adrenalin und Cortisol aus, um deinen Körper in Alarmbereitschaft zu versetzen. Zu viel oder zu wenig dieser Hormone kann zu Erschöpfung, emotionaler Labilität und gesundheitlichen Problemen führen. Ein ausbalanciertes Wurzelchakra unterstützt die Nebennieren bei der Regulation von Stress und sichert langfristig deine physische und emotionale Stabilität.

Der Knoten von Brahma – Die Herausforderung der Erdung

Im Wurzelchakra befindet sich der Brahma-Granthi, ein spiritueller Knoten, in der die Energie stagnieren kann, die für das volle Erleben von Sicherheit und Stabilität notwendig ist.

Was wäre, wenn du diesen Knoten lösen könntest, um wahre Freiheit und Stabilität zu erfahren? Wenn dieser Knoten gelöst wird, fließt die Energie frei durch dein Wurzelchakra, und du fühlst dich sicher, geerdet und bereit, das Leben in all seinen Facetten zu erleben.

Jungs Interpretation von Mūlādhāra – Die Wurzel des Bewusstseins

Carl Gustav Jung beschreibt Mūlādhāra als das Zentrum der Wurzelstütze des Bewusstseins. Für ihn repräsentiert dieses Chakra den Zustand, in dem wir uns in der Welt der unbewussten Routine befinden, beherrscht von Instinkten und Impulsen. *Was wäre, wenn du dich aus diesem Zustand befreien und ein bewussteres, wacheres Leben führen könntest?* Jung betont, dass das Erwachen aus diesem Zustand der erste Schritt in Richtung spiritueller Entwicklung ist. Das Chakra symbolisiert den Beginn dieser Reise, in der wir lernen, unsere Verbindung zur physischen Welt zu verstehen und zu nutzen.

Körperliche Beschwerden und Probleme im Wurzelchakra

Wenn das Wurzelchakra unausgeglichen ist, können sich physische und psychische Probleme manifestieren. Dazu können sexuelle Funktionsstörungen und lebensbedrohliche Süchte gehören. *Was wäre, wenn du diesen Knoten in deinem Wurzelchakra lösen könntest, um diese physischen und emotionalen Belastungen zu verändern?* Die Gesundheit dieses Chakras beeinflusst dein grundlegendes Wohlbefinden und deine Fähigkeit, in der Welt zu überleben und zu gedeihen.

Verbindung zur Erde – Der Weg zur Selbstsicherheit

Wenn dein Wurzelchakra ausgeglichen ist, spürst du eine tiefe Verbindung zur Erde. Du fühlst dich sicher, geborgen und in der Lage, die Herausforderungen des Lebens mit Zuversicht zu meistern. *Was wäre, wenn du jederzeit auf die unerschütterliche Sicherheit der Erde zugreifen könntest?* In dieser Verbindung findest du die Kraft, Hindernisse zu überwinden, und den Mut, neue Wege zu gehen.

SVĀDHISTHĀNA „DIE LIEBLICHE"

CHANGEYOURMATRIX

Das Sexualchakra (Svādhisthāna) – der Fluss der Kreativität und Leidenschaft

Was wäre, wenn...

du die Fähigkeit hättest, deine tiefsten kreativen Energien freizusetzen und dein Leben in Fluss zu bringen? Das Sexualchakra, Svādhisthāna, ist das Zentrum deiner Kreativität, deiner Emotionen und deiner Leidenschaft. Hier entsteht die Energie, die nicht nur deine sexuellen Impulse steuert, sondern auch deine Fähigkeit, dich emotional und schöpferisch auszudrücken. Dieses Chakra ist der Sitz deiner tiefen Verbindungen zu anderen und die Quelle deines kreativen Potenzials.

Die Lage des Sexualchakras – Deine Quelle der Lebensfreude

Das Sexualchakra befindet sich im Unterbauch, etwa eine Handbreit unterhalb deines Bauchnabels, in der Nähe der Fortpflanzungsorgane. *Was wäre, wenn du wüsstest, dass dieses Zentrum die Quelle deiner Kreativität und Lebensfreude ist?* Hier fließt die Energie der Schöpfung – sowohl im physischen als auch im spirituellen Sinne. Es ist das Zentrum, das die Energie der sexuellen Kraft und der emotionalen Verbindung steuert. Alles, was du in die Welt bringst – ob es deine Kinder, deine kreativen Projekte, Reichtum oder deine tiefsten Beziehungen sind – entspringt diesem Chakra.

Die Farben des Sexualchakras – Der Fluss des orangen Spektrums

Dieses Chakra schwingt im orangen Farbspektrum, einer Farbe, die für Wärme, Kreativität und emotionale Tiefe steht. *Was wäre, wenn du die heilende und belebende Kraft des Orange in deinem Leben aktivieren könntest?* Orange ist auch die Farbe der Transformation, des Wandels und der Schöpfung. Sie verleiht dir die Energie, neue Projekte zu beginnen und tiefe emotionale Verbindungen zu anderen herzustellen. Orange repräsentiert die ständige Bewegung des Lebens – die Energie, die alles in Fluss bringt und dich in die Lage versetzt, dich selbst zu heilen.

Svādhisthāna und der Ozean der Emotionen

Svādhisthāna bedeutet wörtlich „der eigene Wohnsitz" oder „Süße". Es ist das Zentrum deiner emotionalen Tiefe und deiner Fähigkeit, dich mit anderen auf einer intimen und tiefen Ebene zu verbinden. *Was wäre, wenn du dich selbst in den Fluss deiner Gefühle hineinfallen lassen könntest, ohne Angst vor dem Verlust der Kontrolle?* Wie das Wasser, das ständig in Bewegung ist, trägt das Svādhisthāna die Energie der Transformation. Es lehrt dich, dass Gefühle kommen und gehen – und dass es in Ordnung ist, sie zu erleben, ohne von ihnen überwältigt zu werden.

Symboltier – Das Krokodil

Laut Woodroffe ist das Symboltier des Sakralchakras das Krokodil, das die unbewussten Tiefen der Emotionen und des Verlangens repräsentiert. *Was wäre, wenn du diese uralte Energie in dir transformieren könntest, um deine tiefen emotionalen Muster zu verstehen?* Das Krokodil ist das Wesen, das in den Wassern der Emotionen lebt und sowohl die kreative als auch die sexuelle Kraft dieses Chakras symbolisiert.

Lotusblätter – Sechsblättriger orangefarbener Lotus

Der sechsblättrige Lotus repräsentiert die Emotionen und Zustände, die dieses Chakra verändern können - Lust, Zorn, Grausamkeit, Stolz, Hass und Eifersucht. *Was wäre, wenn du diese Zustände transformieren könntest, um emotionalen Frieden zu finden?* Diese Blätter symbolisieren den Kreislauf der Gefühle, der uns herausfordert, uns weiterzuentwickeln.

Das Klang-Mantra (Bija-Silbe) VAM – Der Keimlaut VAM aktiviert die kreative Energie und das fließende Element Wasser in dir. *Was wäre, wenn du diesen Klang nutzen könntest, um deine Emotionen und kreativen Energien freizusetzen?*

Das Element Wasser – Der Fluss der Gefühle

Das mit dem zweiten Chakra verbundene Element ist Wasser, und im Chakra ist ein Wassermonster vorhanden. *Was wäre, wenn du die Fähigkeit entwickeln könntest, deine Emotionen wie Wasser fließen zu lassen, anstatt gegen sie anzukämpfen?* Wasser steht für den Fluss des Lebens – es bewegt sich, es reinigt, und es verändert sich ständig.

Dieses Chakra lehrt dich, dich in diesen Fluss zu begeben, deine Emotionen anzunehmen und ihnen zu erlauben, dich zu führen, anstatt sie zu kontrollieren. Wasser steht auch für die Fähigkeit, dich anzupassen und mit Leichtigkeit auf Veränderungen zu reagieren.

Das Wassermonster, das Jung mit dem biblischen Leviathan vergleicht, ist ein Symbol für die Konfrontation mit dem Unbewussten, die „dunkle Nacht der Seele". Es ist die Herausforderung, sich den tiefsten Ängsten, den verdrängten Emotionen und den unbewussten Aspekten des Selbst zu stellen. Der Elefant der Libido, der im ersten Chakra nährte und unterstützte, wird im zweiten Chakra zur verschlingenden Mutter oder zum Monster.

Sinn und Geschmack – Die Lust am Leben

Der mit dem Sexualchakra verbundene Sinn ist der Geschmack. *Was wäre, wenn du das Leben in all seinen Facetten schmecken und genießen könntest?* Geschmack ist der Sinn, der dich mit den Freuden des Lebens verbindet – nicht nur im physischen Sinne, sondern auch im emotionalen und kreativen Bereich. Es geht darum, das Leben in vollen Zügen zu genießen, neue Erfahrungen zu kosten und dich der Schönheit des Moments hinzugeben. Das Svādhisthāna lädt dich ein, die Lust am Leben zu spüren und dich den Freuden des Hier und Jetzt zu öffnen.

Psychologische Funktionen – Kreativität, Sexualität und Emotionen

Das Sexualchakra ist das Zentrum deiner Kreativität und deiner sexuellen Energie. *Was wäre, wenn du die Kraft deiner Kreativität voll ausschöpfen könntest, um dein Leben mit Freude und Leidenschaft zu gestalten?* Das Svādhisthāna beeinflusst deine Fähigkeit, emotionale Bindungen einzugehen, kreative Projekte zu verwirklichen und deine Sexualität in einer gesunden und erfüllten Weise auszuleben. Es geht darum, deine schöpferische Energie in die Welt zu bringen – sei es durch Kunst, Musik, Beziehungen oder durch die Art und Weise, wie du dein tägliches Leben gestaltest.

Jungs Interpretation von Svādhisthāna – Der Beginn der bewussten Emotionalität

Carl Gustav Jung beschreibt das Svādhisthāna als den Ort, an dem wir beginnen, unsere Emotionen bewusst wahrzunehmen. Es ist das Zentrum, in dem wir lernen, unsere Gefühle zu verstehen und zu integrieren, anstatt von ihnen überwältigt zu werden. *Was wäre, wenn du die Fähigkeit entwickeln könntest, deine Gefühle zu beobachten und sie als Quelle kreativer Kraft zu nutzen?*

Jung hebt hervor, dass in diesem Chakra die Konfrontation mit dem Unbewussten stattfindet – es ist die Ebene, auf der wir uns der dunklen Seite unserer Psyche stellen müssen, um daraus neue Stärke und Klarheit zu gewinnen. Diese Phase entspricht symbolisch dem „Ertränken" in Mysterienkulten, bei dem Eingeweihte durch einen symbolischen Tod neues Leben finden.

Jung hebt auch die indische Interpretation dieses Chakras hervor und weist auf die Unterschiede zwischen östlichen und westlichen Vorstellungen des Unbewussten hin. Während das westliche Denken oft den Abstieg in das Unbewusste beschreibt, wird im Hinduismus das Unbewusste symbolisch über das Mūlādhāra gestellt. *Was wäre, wenn du deine eigene Beziehung zum Unbewussten neu definieren könntest?*

Verbindung zum physischen Körper – Die Quelle der Lebensfreude

Das Sexualchakra ist eng mit deinen Fortpflanzungsorganen, Nieren, Blase und dem unteren Bauchbereich verbunden. *Was wäre, wenn du wüsstest, dass deine körperliche Vitalität direkt mit deiner emotionalen und kreativen Energie verbunden ist?* Das Chakra steuert nicht nur deine Sexualität, sondern auch deine Fähigkeit, das Leben in all seinen Facetten zu genießen. Wenn dieses Chakra ausgeglichen ist, erlebst du Freude, Vitalität und eine tiefe emotionale Verbindung zu dir selbst und anderen.

Die Archetypen des Sexualchakras – Der Schöpfer und das Opfer

Das Sexualchakra birgt zwei zentrale Archetypen - den Schöpfer und das Opfer. Der Schöpfer steht für deine Fähigkeit, aus emotionalen und kreativen Energien etwas Neues zu erschaffen – sei es in Form von Projekten, Kunstwerken oder Beziehungen. Das Opfer hingegen fühlt sich oft von seinen Emotionen überwältigt und gibt seine kreative Macht auf. *Was wäre, wenn du den Schöpfer in dir erwecken könntest, um deine kreative Energie frei und bewusst einzusetzen?* Indem du den Schöpfer stärkst, lernst du, deine Emotionen zu meistern und sie als Quelle der Inspiration und Schöpfung zu nutzen.

Verbindung zum Wasser – Der Weg zur emotionalen Freiheit

Wenn dein Sexualchakra ausgeglichen ist, fließen deine Emotionen frei, und du erlebst Kreativität, Freude und tiefe emotionale Verbindungen. *Was wäre, wenn du jederzeit auf die heilende Kraft des Wassers zugreifen könntest, um deine Gefühle zu transformieren und dein Leben in Fluss zu bringen?* Das Svādhisthāna lehrt dich, dass wahre emotionale Freiheit aus der Fähigkeit entsteht, sich dem Fluss des Lebens hinzugeben, sich anzupassen und mit Leichtigkeit und Freude zu reagieren.

Sex - Was, wenn es viel mehr ist als du denkst?

Was, wenn Sex nicht das ist, was du bisher immer gedacht hast? Viele Menschen haben das Wort „Sex" missverstanden und missinterpretiert. *Was wäre, wenn du Klarheit darüber bekommst, was Sex wirklich bedeutet? Was, wenn es weit mehr ist als nur das, was in unserer Realität oft als Kopulation bezeichnet wird – das bloße Zusammenfügen von Körperteilen?*

Hast du dich jemals gefragt, warum wir dazu neigen, alles mit Sex zu verklumpen und zu verkleben? Wir verbinden damit oft Erwartungen, Bewertungen und die Vorstellung, dass Sex auf eine ganz bestimmte Weise zu geschehen hat. *Doch was, wenn Sex viel größer, freier und grenzenloser ist?* Sex ist eine der wenigen Formen auf dieser Erde, die echtes Empfangen voraussetzt – das Empfangen von Energie, Berührung und Genuss. Es hat auch eine enge Verbindung zum Thema Geld, denn Geld und Sex haben etwas gemeinsam - sie beide erfordern die Fähigkeit, zu empfangen.

Was bedeutet es für dich, sinnlich zu sein? Sensualität bedeutet nicht nur körperliche Berührung. Es ist das tiefe Gefühl, berührt zu werden – sei es durch ein Lächeln, durch die Natur, durch Musik oder durch das, was du siehst und spürst. Es ist das Genießen, das Verwöhntwerden, das Sich-Geborgen-Fühlen. *Hast du das in deinem Leben? Oder hast du Sensualität mit Erwartungen und Bewertungen überladen?*

Und was ist dann mit Sex selbst? Oft wird Sex damit verwechselt, „gut auszusehen", sich attraktiv zu fühlen und das nach außen zu tragen. *Doch ist das wirklich Sex? Oder ist es einfach eine Vorstellung davon, wie du wirken möchtest?* Kopulation, das ist das, was in unserer Realität oft als „Sex" gesehen wird – das Zusammenfügen von Körperteilen. *Doch ist das alles, was Sex für dich sein kann? Oder gibt es noch so viel mehr, was du empfangen könntest?*

Sexualität wiederum entsteht aus der Verklumpung von Bewertungen, Erwartungen und Wahrnehmungen. *Wie oft hast du dich gefragt, ob du „richtig" bist, ob dein Körper „schön genug" ist oder ob du „genug" tust, um attraktiv zu sein?* All diese Bewertungen führen zu einer Verengung – einer Verkleinerung dessen, was du wirklich empfangen könntest. *Was, wenn Sexualität gar nicht sein muss, was du über dich denkst? Was, wenn du keine Bewertungen brauchst, um zu wissen, wer du bist und was du tun kannst?*

Hast du jemals die pure Sexualness gespürt?

Die Energie des Lebens selbst? Es ist die pure Lebendigkeit, die du fühlst, wenn du in die Natur gehst. Kein Urteil, keine Bewertung – einfach nur das Nährende, das Heilsame, das Schöpferische, das Erregende. Die Freude, die das Leben bietet, wenn du einfach nur bist. *Was wäre, wenn du diese Energie, die du in der Natur spürst, überall empfangen könntest – in jedem Moment?*

Und wie siehst du den Orgasmus? Denkst du, dass er nur auf den sexuellen Akt beschränkt ist? Was, wenn ein Orgasmus viel mehr ist? Es ist die Energie der Kreation in deinem Leben und in deinem Körper. Ein Orgasmus ist die pure Freude und Präsenz, die du in jedem Moment empfinden kannst – ob beim Essen, beim Gehen, beim Zusammensein mit einem Partner oder allein in einem Moment der Stille. Es ist die Energie, die alles um dich herum lebendig macht.

Was wäre, wenn du aufhörst, Sex zu bewerten? Wenn du aufhörst, zu denken, dass du wissen musst, wie es „richtig" geht? Was, wenn Sex einfach eine Einladung ist, dich selbst zu genießen, den Moment zu empfangen und die Grenzen dessen, was du sein kannst, zu erweitern?

MANIPŪRA - LEUCHTENDES JUWEL

CHANGEYOURMATRIX

Das Solarplexus-Chakra (Manipūra) – die Sonne in deinem Inneren

Was wäre, wenn...

du die Quelle deiner inneren Kraft und deines Selbstbewusstseins direkt in dir finden könntest? Das Solarplexus-Chakra, Manipūra, ist das Zentrum deines persönlichen Willens, deiner Macht und deiner Selbstbeherrschung. Es ist der Ort, an dem das Feuer deiner Leidenschaft und Intensität brennt, und es symbolisiert die Möglichkeit, nach überstandenen Herausforderungen neu zu beginnen. *Was wäre, wenn du wüsstest, dass du die Fähigkeit besitzt, dein Leben bewusst zu steuern und dein inneres Feuer zu entfachen?* Das Manipūra ist das Chakra der Selbstermächtigung – der Ort, an dem du die Sonne deines Wesens leuchten lässt.

Die Lage des Solarplexus-Chakras – Dein inneres Zentrum der Macht

Dieses Chakra liegt im Bereich des Solarplexus, etwa zwei Fingerbreit über dem Bauchnabel. Es ist das Zentrum deiner persönlichen Kraft und deines Willens. *Was wäre, wenn du wüsstest, dass dieses Zentrum deine Fähigkeit steuert, Entscheidungen zu treffen, Grenzen zu setzen und deine Ziele zu verfolgen?* Das Manipūra ist der Ort, an dem deine innere Sonne strahlt – der Bereich deines Körpers, in dem du die Kraft findest, dein Leben bewusst zu gestalten.

Die Farben des Solarplexus-Chakras – Die Kraft des gelben Spektrums

Es schwingt im gelben Farbspektrum, einer Farbe, die für Freude, Klarheit und Stärke steht. *Was wäre, wenn du die Energie der Sonne in dir aktivieren könntest, um dein inneres Strahlen zu verstärken?* Gelb ist die Farbe des Lichts und der Energie, die in dir brennt. Sie unterstützt dich dabei, Klarheit über deine Ziele zu gewinnen und den Mut zu finden, deine eigenen Entscheidungen zu treffen. Gelb gibt dir die Kraft, dich von alten Mustern zu lösen und dein wahres Selbst zu verkörpern.

Lotusblätter – Zehnblättriger gelber Lotus

Die zehn Blätter des Manipūra-Lotus repräsentieren die zehn Formen von Prana (Lebensenergie), die durch den Körper fließen. *Was wäre, wenn du diese Energie bewusst lenken könntest, um dein inneres Feuer zu nähren?* Diese Blütenblätter stehen auch für die unterschiedlichen Aspekte der Transformation, die in diesem Chakra stattfinden.

Das Klang-Mantra (Bija-Silbe) RAM – Woodroffe beschreibt RAM als den Klang des Feuers, der den inneren Willen aktiviert und die Kraft des Manipūra-Chakras entflammt. *Was wäre, wenn du diesen Klang nutzen könntest, um deine innere Stärke zu entfalten?*

Das Element Feuer – Die Energie der Transformation

Das mit dem dritten Chakra verbundene Element ist Feuer. Laut Carl Gustav Jung repräsentiert das Solarplexus-Chakra Intensität, Aktivität und Neuanfänge, nachdem die verschlingenden Gefahren des Unbewussten durchlebt wurden. *Was wäre, wenn du das innere Feuer in dir entfachen könntest, um dein Leben kraftvoll und mutig zu gestalten?* Feuer steht für die Energie der Transformation, die dir hilft, dich selbst zu erneuern und zu stärken. Jung beschreibt das Manipūra als das Zentrum, in dem die Sonne erscheint – das Symbol des inneren Lichts und der Klarheit, das dir ermöglicht, die Vergangenheit hinter dir zu lassen und neu zu beginnen.

Sinn und Sehen – Die Klarheit der Vision

Der mit dem Solarplexus-Chakra verbundene Sinn ist das Sehen. *Was wäre, wenn du die Fähigkeit hättest, deine Vision für dein Leben klar und deutlich zu sehen?* Sehen ist der Sinn, der dich mit der Klarheit deines Weges verbindet – der Fähigkeit, deine Ziele zu visualisieren und die notwendigen Schritte zu unternehmen, um sie zu erreichen. Das Manipūra hilft dir, die Hindernisse auf deinem Weg zu erkennen und deine Vision mit Fokus und Durchsetzungskraft zu verfolgen.

Psychologische Funktionen – Macht, Willensstärke und Selbstbewusstsein

Dieses Chakra ist das Zentrum deiner Macht, deines Selbstbewusstseins und deiner Willenskraft. *Was wäre, wenn du die Kraft deines Willens voll ausschöpfen könntest, um dein Leben nach deinen eigenen Vorstellungen zu gestalten?* Das Manipūra beeinflusst deine Fähigkeit, dich selbst zu behaupten, Grenzen zu setzen und Verantwortung für dein Leben zu übernehmen. Jung sieht dieses Chakra auch als Zentrum somatischer Empfindungen und emotionaler Lokalisierung im Körper. Es symbolisiert die Fähigkeit, auf der Grundlage von körperlichen Gefühlen Entscheidungen zu treffen und das emotionale Erleben in den Bauch zu verorten.

Manipūra und Verdauung – Alchemie und Transformation

Jung interpretiert es auch im Zusammenhang mit Verdauung, Kochen und alchemistischen Prozessen. *Was wäre, wenn du wüsstest, dass deine körperliche Verdauung eng mit der emotionalen und spirituellen Transformation zusammenhängt?* Das Manipūra ist das Zentrum, in dem Emotionen verarbeitet und transformiert werden. Wie bei der Alchemie, wo rohe Materie in Gold verwandelt wird, ermöglicht dir das Chakra, deine emotionalen Erfahrungen zu verarbeiten und daraus Stärke und Klarheit zu gewinnen. Jung beschreibt die drei Tore auf dem Dreieck des Manipūras als Griffe eines Kochtopfs, die symbolisch für den alchemistischen Prozess des „Kochens" stehen.

Der Widder – Das Tier des Solarplexus-Chakras

Im Solarplexus-Chakra ist der Widder symbolisch präsent. Laut Jung repräsentiert der Widder die Kraft, die einst von Leidenschaften beherrscht wurde, aber nun gezähmt und in produktive Energie umgewandelt wurde. *Was wäre, wenn du die Fähigkeit entwickeln könntest, deine Leidenschaften zu meistern, ohne von ihnen überwältigt zu werden?* Der Widder stellt das Opfer der Leidenschaften dar, aber es ist kein großes Opfer – die Kraft, die einmal destruktiv war, ist jetzt in Harmonie mit deinem Willen. Dies steht für den Übergang von unbewusster zu bewusster Kontrolle über die eigenen Impulse.

Die Archetypen des Solarplexus-Chakras – Der Krieger und der Diener

Das Solarplexus-Chakra birgt zwei starke Archetypen - den Krieger und den Diener. Der Krieger ist der Teil von dir, der furchtlos für seine Ziele kämpft, seine Macht bewusst einsetzt und Hindernisse überwindet. Der Diener hingegen fühlt sich schwach und unterwürfig, lässt sich von anderen kontrollieren und gibt seine eigene Macht ab. *Was wäre, wenn du den Krieger in dir erwecken und den Diener hinter dir lassen könntest?* Wenn du den Krieger in dir stärkst, übernimmst du die Führung über dein Leben und trittst in deine volle Macht ein.

Verbindung zum Feuer – Der Weg zur Selbstermächtigung

Wenn dein Chakra ausgeglichen ist, strahlt deine innere Sonne und du erlebst Selbstbewusstsein, Klarheit und Durchsetzungskraft. *Was wäre, wenn du jederzeit auf das innere Feuer zugreifen könntest, um deine Kraft und Macht zu aktivieren?* Das Manipūra lehrt dich, dass wahre Selbstermächtigung aus der Fähigkeit entsteht, deine innere Stärke zu erkennen und zu nutzen, um dein Leben bewusst zu gestalten und deine Ziele zu verwirklichen.

ANĀHATA „DAS UNBESCHÄDIGTE"

CHANGEYOURMATRIX

Das Herzchakra (Anāhata) – der unberührte Klang der Stille

Was wäre, wenn...

die Liebe, die du suchst, bereits in dir existiert? Das Herzchakra, Anāhata, öffnet dir die Tür zu einer tieferen Form der Liebe – einer, die still und bedingungslos ist, jenseits von Ego und Erwartungen. In diesem Zentrum der ungeschlagenen Töne findest du den Zugang zu Mitgefühl, Hingabe und einem Gefühl der inneren Freiheit. Es ist die Einladung, die Welt durch die Linse der Liebe zu sehen und dich von den Lasten der Vergangenheit zu befreien.

Die Lage des Herzchakras – Deine Verbindung zwischen Himmel und Erde

Das Anāhata liegt in der Mitte deiner Brust, auf Höhe des Herzens, und bildet die Brücke zwischen den unteren und oberen Chakren – zwischen den Welten des Körperlichen und Spirituellen. Es ist der Ort, an dem die Liebe in ihre reinste Form übergeht. Hier lernst du, dich aus den Fesseln primitiver Emotionen zu befreien und in eine höhere Bewusstseinsdimension aufzusteigen. *Was wäre, wenn du die unendliche Kraft deines Herzens entfalten könntest, um die Harmonie zwischen Körper und Geist zu erleben?*

Die Farben des Herzchakras – Heilung und Liebe in Grün und Rosa

Dieses Chakra schwingt im grünen Farbspektrum – eine Farbe, die für Heilung, Erneuerung und Balance steht. *Was wäre, wenn du die grüne Energie in deinem Herzen aktivieren könntest, um dich auf allen Ebenen zu heilen?* Grün bringt eine tiefe Harmonie in dein Leben und ermöglicht dir, emotionale Wunden loszulassen. Interessanterweise strahlt das Herzchakra manchmal auch in Rosa – die Farbe der universellen, selbstlosen Liebe. Rosa erinnert dich daran, dass wahre Liebe mit Selbstakzeptanz beginnt und sich dann ausweitet, um die Welt zu umarmen. Und in seltenen Fällen schimmert sogar Gold in diesem Zentrum, was auf eine Seele hinweist, die im selbstlosen Dienst an andere aufblüht.

Anāhata – Der Beginn der wahren Individuation

Im Anāhata-Chakra beginnt die wahre Individuation. Laut Carl Gustav Jung ist dieses Chakra der Ort, an dem sich das Bewusstsein von der bloßen Beherrschung durch Emotionen hin zur Selbstreflexion entwickelt. *Was wäre, wenn du die Fähigkeit entwickeln könntest, deine eigenen Emotionen mit Leichtigkeit zu beobachten, anstatt von ihnen überwältigt zu werden?* Jung beschreibt das Anāhata als das Zentrum, in dem wir beginnen, uns auf unsere Gefühle und unser Verhalten zu konzentrieren, ohne uns von ihnen beherrschen zu lassen. Es ist die Bewusstheit über uns selbst, die den Weg zu tieferer emotionaler Freiheit ebnet.

Obwohl dieses Chakra mit Liebe und dem Dienst an anderen verbunden ist, birgt es auch die Gefahr der Selbstüberschätzung. Die wahre Individuation geschieht nicht, indem man zum „Individualisten" wird, sondern indem man die Einheit mit sich selbst und der Welt erkennt. *Was wäre, wenn du durch das Loslassen von Ego und Selbstüberschätzung den Weg zur tiefsten Form der Selbstliebe finden könntest?*

Das Symboltier – Die Gazelle: leicht, fließend und frei

Das Herzchakra wird durch die Gazelle symbolisiert – ein leichtes, anmutiges Wesen, das sich fast schwerelos über den Boden bewegt. *Was wäre, wenn du die Leichtigkeit der Gazelle in dein Leben einladen könntest?* Dieses Tier steht für die Freiheit und Eleganz, die mit der psychischen Energie des Herzchakras verbunden ist. Jung sieht die Gazelle als Sinnbild für das Psychische, das schwer zu fassen und doch kraftvoll präsent ist – ähnlich dem Einhorn, das nur von jenen wahrgenommen wird, die sich der Magie des Lebens öffnen. Im Anāhata-Chakra beginnen wir zu erkennen, dass die Psyche sich selbst bewegt und dass wir sie nicht kontrollieren können, sondern lernen, mit ihr zu fließen.

Der ungeschlagene Klang – Die stille Melodie des Herzens

Das Herzchakra trägt den Bija-Mantra „Yam", einen ungeschlagenen Klang, der tief in deinem Inneren vibriert. Dieser Klang kann nicht durch äußere Reibung gehört werden – er entsteht durch das Bewusstsein selbst. *Was wäre, wenn du die stille Melodie deines Herzens als Leitfaden in deinem Leben nutzen könntest?*

In diesem Chakra entfaltet sich diese Schwingung, wenn du dich für Mitgefühl und Selbstheilung öffnest. Der ungeschlagene Klang erinnert dich daran, dass Liebe und Wahrheit bereits in dir vorhanden sind, und du brauchst sie nur zuzulassen.

Die Lotusblätter – Zwölf Blätter der Transformation

Stell dir einen Lotus vor, dessen Blütenblätter sich in der Stille des Wassers öffnen. Das Herzchakra wird durch einen zwölfblättrigen, zinnoberroten Lotus dargestellt. Auf jedem Blatt steht eine Silbe, die negative Emotionen wie Lust, Täuschung, Angst oder Sehnsucht repräsentiert. *Was wäre, wenn du in jedem dieser Blütenblätter die Möglichkeit zur Transformation erkennen könntest?* Dieses Chakra lädt dich ein, dieses emotionale Ungleichgewicht loszulassen und in Liebe und Mitgefühl zu verwandeln.

Die Luft als Element – Freiheit und Bewegung

Das Herzchakra ist mit dem Element Luft verbunden, was symbolisiert, dass Liebe wie Luft ist – sie fließt, sie bewegt sich, sie lässt sich nicht festhalten. *Was wäre, wenn du die Liebe in deinem Leben so frei und leicht fließen lassen könntest wie den Atem?* Luft steht für die Leichtigkeit des Seins, für Freiheit und die unendlichen Möglichkeiten des Lebens. Mit jedem Atemzug reinigst du dein Herzchakra und gibst dir die Möglichkeit, alte Verletzungen loszulassen und Platz für neue Erfahrungen zu schaffen.

Sinn und Berührung – Die heilende Kraft des Kontakts

Berührung ist der Sinn, der mit dem Herzchakra verbunden ist. *Was wäre, wenn du jede Berührung als eine heilende, nährende und liebevolle Verbindung wahrnehmen könntest?* Berührung nährt die Seele und stärkt die Bindungen zu uns selbst und anderen. Das Herzchakra lädt dich ein, in jede Berührung Mitgefühl und Liebe zu legen, sei es in der Berührung deines eigenen Körpers oder in der Interaktion mit anderen. Es geht nicht nur um physische Berührung – es ist die Berührung der Seele, die das Herz wirklich nährt.

Psychologische Funktionen – Heilung durch Selbstakzeptanz

Das Herzchakra ist das Zentrum der Selbstakzeptanz und des Mitgefühls. Hier lernst du, dich selbst mit all deinen Schwächen und Stärken zu lieben und anzunehmen. *Was wäre, wenn du aufhören würdest, dich selbst zu verurteilen, und stattdessen die Schönheit in dir erkennst?* Das Anāhata lehrt uns, dass wahre Liebe bedingungslos ist und dass Selbstliebe die Grundlage für alle anderen Formen der Liebe ist. Es ist der Ort, an dem alte Verletzungen heilen und wir uns öffnen können, um tiefer in die Liebe einzutauchen.

Der Knoten von Vishnu – Der Schlüssel zur Freiheit

Im Herzchakra befindet sich der Vishnu-Granthi, ein spiritueller Knoten, der die Energie blockieren kann, die für das volle Erleben von Liebe und Mitgefühl notwendig ist. *Was wäre, wenn du diesen Knoten lösen könntest, um wahre Freiheit zu erfahren?* Wenn dieser Knoten durch die Kraft der Selbstliebe und des Mitgefühls gelöst wird, fließt die Energie frei durch das Herzchakra und erlaubt dir, tiefere Verbindungen zu dir selbst und anderen zu erleben.

Vergebung – Die höchste Form der Selbstliebe

Vergebung ist der größte Ausdruck der Liebe, den das Herzchakra zu bieten hat. *Was wäre, wenn du die Lasten der Vergangenheit loslassen könntest, um Raum für neue Liebe zu schaffen?* Vergebung bedeutet, die Energie alter Verletzungen freizugeben, ohne das Erlebte zu vergessen. Es geht darum, Frieden zu schließen – nicht nur mit anderen, sondern vor allem mit dir selbst. In der Vergebung liegt die Kraft, in der Gegenwart zu leben und das Herz für neue Erfahrungen zu öffnen.

Die vorherrschenden Archetypen des Herzchakras – Der Liebende und der Schauspieler

Das Herzchakra birgt zwei starke Archetypen - den Liebenden und den Schauspieler. Der Liebende ist jener Teil von dir, der bedingungslos gibt und empfängt, ohne Erwartungen zu stellen. Er ist erfüllt von Freude und Mitgefühl. Der Schauspieler hingegen versucht, sich selbst und anderen etwas vorzumachen, um Anerkennung zu erlangen.

Was wäre, wenn du den Liebenden in dir erwecken und den Schauspieler hinter dir lassen könntest? Wenn du die Essenz der Liebenden wählst, öffnest du dein Herzchakras für die selbstlose, bedingungslose Liebe.

Intuitive Gaben – Die Weisheit des Herzens

Das Herzchakra ist das Zentrum der Empathie und der intuitiven Wahrnehmung von Emotionen. *Was wäre, wenn du die Gabe des Herzens nutzen könntest, um tiefere Verbindungen zu anderen und zu dir selbst zu schaffen?* Empathie erlaubt es dir, die Gefühle und Bedürfnisse anderer zu spüren, ohne dabei deine eigenen Grenzen zu verlieren. Das Herzchakra erinnert dich daran, dass du die Kraft hast, durch Mitgefühl und Selbstliebe Heilung in die Welt zu bringen.

VIŚUDDHA „DAS REINIGENDE"

CHANGEYOURMATRIX

DAS HALSCHAKRA (VIŚUDDHA) – DER AUSDRUCK DEINES INNEREN SELBST

Was wäre, wenn...

du die Fähigkeit entwickeln könntest, dich vollständig und authentisch auszudrücken? Das Halschakra, ist das Zentrum der Kommunikation, des kreativen Ausdrucks und der Selbstwahrheit. Hier manifestiert sich deine Fähigkeit, Gedanken in Worte zu fassen, deine Wahrheit zu sprechen und deine innersten Wünsche klar zu kommunizieren. *Was wäre, wenn du die Kraft deines Wortes entdecken könntest, um dein Leben bewusst zu gestalten und Harmonie in deinen Beziehungen zu schaffen?*

Die Lage des Halschakras – Das Zentrum der Kommunikation

Das Viśuddha liegt im Bereich des Halses, in der Kehle. Es ist das Zentrum des sprachlichen Ausdrucks und der Kommunikation. *Was wäre, wenn du wüsstest, dass dieses Zentrum deine Fähigkeit steuert, deine innere Wahrheit klar und authentisch auszudrücken?* Das Halschakra ermöglicht es dir, dich nicht nur verbal, sondern auch kreativ durch Kunst, Musik oder Schreiben auszudrücken. Es ist die Brücke zwischen deinen Gedanken und der Außenwelt – der Ort, an dem deine innere Wahrheit zur äußeren Realität wird.

Die Farben des Halschakras – Die Kraft des blauen Spektrums

Dieses Chakra schwingt im blauen Farbspektrum, das für Klarheit, Wahrheit und Offenheit steht. *Was wäre, wenn du die Energie des Blaus nutzen könntest, um deine Stimme klarer und kraftvoller zu machen?* Blau ist die Farbe des Himmels und des Wassers – Symbol für Weite und Tiefe. Sie hilft dir, deine Gedanken zu klären und deine innere Wahrheit zu finden. Blau stärkt deine Fähigkeit, ruhig, selbstbewusst und authentisch zu sprechen, ohne Angst vor Ablehnung oder Missverständnissen.

Symboltier – Der weiße Elefant

Woodroffe beschreibt den weißen Elefanten als Symbol für Reinheit, Weisheit und die Fähigkeit, Wahrheit mit Klarheit auszudrücken. *Was wäre, wenn du die Reinheit dieses Elefanten nutzen könntest, um deine Wahrheit klar und furchtlos zu kommunizieren?* Der weiße Elefant zeigt dir, wie du dich durch die Reinheit deiner Worte mit Weisheit ausdrücken kannst.

Lotusblätter – Sechzehnblättriger blauer Lotus

Der sechzehnblättrige Lotus symbolisiert die sechzehn Sanskrit-Vokale, die mit der Kraft der Kommunikation verbunden sind. *Was wäre, wenn du diese Blätter nutzen könntest, um deine Stimme zu klären und deine Wahrheit zu manifestieren?*

Klang-Mantra (Bija-Silbe) HAM – in Woodroffes Werk wird HAM als der Keimlaut des Halschakras beschrieben, der die Energie des Ausdrucks und der Wahrheit weckt. *Was wäre, wenn du diesen Klang nutzen könntest, um deine Kommunikation mit Klarheit zu reinigen?*

Das Element Äther – Der Raum der Kreativität

Das Halschakra ist mit dem Element Äther (Raum) verbunden. *Was wäre, wenn du den Raum um dich herum und in dir nutzen könntest, um deine Kreativität und deinen Ausdruck zu erweitern?* Äther steht für den Raum, in dem alles möglich ist – der Raum zwischen den Worten, in dem neue Ideen entstehen können. Das Viśuddha ist das Zentrum, das dir ermöglicht, diesen Raum zu nutzen, um dich kreativ auszudrücken und deine Wahrheit in die Welt zu tragen.

Psychologische Funktionen – Authentizität, Wahrheit und Ausdruck

Das Halschakra ist das Zentrum deines authentischen Ausdrucks und deiner Fähigkeit, deine Wahrheit zu kommunizieren. *Was wäre, wenn du ohne Angst und Zweifel deine Gedanken und Gefühle klar ausdrücken könntest?* Dieses Chakra beeinflusst deine Fähigkeit, dich ehrlich und authentisch auszudrücken, ohne die Angst vor Verurteilung.

Es ist der Ort, an dem du lernst, deine Wahrheit zu leben und zu sprechen, ohne dich von den Meinungen anderer einschränken zu lassen. Hier manifestierst du deine inneren Überzeugungen und gibst deiner Kreativität Raum, sich frei zu entfalten.

Viśuddha und abstraktes Denken – Die Welt der Konzepte

Carl Gustav Jung sieht das Halschakra als das Zentrum des abstrakten Denkens und der mentalen Konzepte. *Was wäre, wenn du die Fähigkeit entwickeln könntest, deine Ideen in greifbare Realitäten zu verwandeln?* Jung beschreibt das Viśuddha-Chakra als die Entwicklung hin zu einem Bewusstsein, das die Einheit von Psyche und äußerer Realität anerkennt. In diesem Chakra kehrt die Elefantenfigur zurück, die nun nicht mehr die Erde, sondern menschliche Gedanken unterstützt. Der Elefant symbolisiert hier die Kraft, aus Konzepten Realitäten zu schaffen. „Es ist, als würde der Elefant jetzt Realitäten aus Konzepten schaffen," sagt Jung, was darauf hinweist, dass unsere Gedanken und Konzepte mächtige Werkzeuge zur Gestaltung unserer Realität sind.

Verbindung zum physischen Körper – Die Stimme des Körpers

Dieses Chakra beeinflusst nicht nur deine Fähigkeit, verbal zu kommunizieren, sondern auch deinen physischen Ausdruck. Es ist eng mit dem Hals, den Stimmbändern und der Schilddrüse verbunden. *Was wäre, wenn du wüsstest, dass dein Körper durch dein Halschakra spricht?* Wenn dieses Chakra im Ungleichgewicht ist, kann es zu Halsproblemen, Sprachstörungen oder Schilddrüsenproblemen kommen. Wenn es jedoch ausgeglichen ist, wirst du in der Lage sein, deine innere Wahrheit klar und authentisch auszudrücken, ohne das physische Ungleichgewicht zu erleben.

Die Archetypen des Halschakras – Der Kommunikator und der stumme Zeuge

Das Halschakra birgt zwei zentrale Archetypen: den Kommunikator und den stummen Zeugen. Der Kommunikator steht für die Fähigkeit, Gedanken und Ideen klar und wahrhaftig auszudrücken. Der stumme Zeuge hingegen repräsentiert die Zurückhaltung und das Schweigen – die Unfähigkeit, sich auszudrücken, entweder aus Angst oder aus mangelndem Selbstbewusstsein.

Was wäre, wenn du den Kommunikator in dir erwecken könntest, um deine wahre Stimme zu finden? Wenn du den Kommunikator stärkst, lernst du, deine Wahrheit ohne Furcht vor Verurteilung zu sprechen und dich in allen Aspekten deines Lebens frei auszudrücken.

Verbindung zu Äther – Der Raum der Möglichkeiten

Wenn dein Halschakra ausgeglichen ist, fühlst du dich frei und offen in deinem Ausdruck. *Was wäre, wenn du den Raum des Äthers nutzen könntest, um deine Kreativität und Kommunikation auszudehnen?* Das Viśuddha öffnet dir den Raum, um neue Ideen zu erforschen und dich kreativ und authentisch auszudrücken. Dieses Chakra lehrt dich, dass der Raum um dich herum unendlich ist und dir die Möglichkeit bietet, dein volles Potenzial auszudrücken.

ĀJÑĀ „DAS WAHRNEHMENDE"

CHANGEYOURMATRIX

Das Stirnchakra (Ājñā) – das dritte Auge der Einsicht

Was wäre, wenn...

du die Fähigkeit entwickeln könntest, die tiefere Wahrheit hinter den Dingen zu erkennen und dein Leben aus einer höheren Perspektive zu betrachten? Das Stirnchakra, Ājñā, oft als „drittes Auge" bezeichnet, ist das Zentrum deiner Intuition, inneren Weisheit und Erkenntnis. *Was wäre, wenn du das Tor zu deinem höheren Bewusstsein öffnen könntest, um Klarheit und Einsicht in alle Aspekte deines Lebens zu gewinnen?* Dieses Chakra ermöglicht es dir, über die materielle Welt hinauszuschauen und dich mit deinem höheren Selbst zu verbinden.

Die Lage des Stirnchakras – Das Tor zur Weisheit

Das Ājñā liegt zwischen den Augenbrauen, leicht über dem Nasenrücken. *Was wäre, wenn du wüsstest, dass dieses Zentrum deine Fähigkeit steuert, tiefer zu sehen und die Wahrheit hinter den Illusionen des Lebens zu erkennen?* Das Chakra öffnet dir den Zugang zu deinem intuitiven Wissen und deiner inneren Führung. Es ist das Tor zu deinem höheren Bewusstsein, wo du Einsichten über dich selbst und die Welt gewinnst, die jenseits des Rationalen liegen.

Die Farbe des Stirnchakras – Die Tiefe des Indigoblaus

Das Stirnchakra schwingt im indigoblauen Farbspektrum, das für Weisheit, Einsicht und inneres Sehen steht. *Was wäre, wenn du die Kraft des Indigo nutzen könntest, um klarer und tiefer zu sehen?* Indigo ist die Farbe des Nachthimmels, der Weite und der Erkenntnis. Sie unterstützt dich dabei, deine Intuition zu aktivieren und deine inneren Visionen zu erkennen. Indigo verleiht dir Klarheit in deinem Denken und schärft deine Fähigkeit, die Essenz der Dinge zu sehen, anstatt nur die Oberfläche wahrzunehmen.

Das Element Licht – Die Energie der Klarheit

Das Stirnchakra ist mit dem Element Licht verbunden, dem Symbol für Klarheit, Bewusstsein und Erkenntnis. *Was wäre, wenn du das Licht in dir entfachen könntest, um deine innere Weisheit zu erwecken?*

Licht steht für Erleuchtung – die Fähigkeit, das Dunkle zu durchdringen und die Wahrheit zu erkennen. Das Ājñā ermöglicht dir, das Licht der Weisheit in dir zu aktivieren und dadurch die Welt und dich selbst in einem neuen Licht zu sehen. Du lernst, intuitiv zu verstehen und deine Entscheidungen aus einer höheren Perspektive zu treffen.

Symboltier – Kein Tier (Transzendenz)

Laut Woodroffe wird das Ājñā nicht von einem Tier symbolisiert, da es das tierische Bewusstsein transzendiert. *Was wäre, wenn du dieses transzendente Bewusstsein nutzen könntest, um die höhere Wahrheit des Lebens zu erkennen?* Es steht für die spirituelle Weisheit, die das dritte Auge öffnet.

Lotusblätter – Zweiblättriger violett-blauer Lotus

Die zwei Blütenblätter des Ājñā-Chakras symbolisieren die Dualität des Selbst und der Welt, die in diesem Chakra harmonisiert wird. *Was wäre, wenn du diese Dualität verändern könntest, um das höhere Bewusstsein zu erreichen?*

Das Klang-Mantra (Bija-Silbe) OM – OM ist der Keimlaut des universellen Bewusstseins und steht für die Erleuchtung und das höhere Wissen. *Was wäre, wenn du diesen Klang nutzen könntest, um deine Intuition zu aktivieren und das dritte Auge zu öffnen?*

Psychologische Funktionen – Intuition, Einsicht und innere Führung

Das Ājñā-Chakra ist das Zentrum deiner Intuition und inneren Führung. *Was wäre, wenn du deine innere Weisheit nutzen könntest, um dein Leben bewusst zu gestalten?* Dieses Chakra beeinflusst deine Fähigkeit, auf dein Bauchgefühl zu hören und intuitiv die richtigen Wahlen zu treffen. Es hilft dir, die Welt mit Weisheit und Klarheit zu betrachten und die Muster hinter den Ereignissen deines Lebens zu erkennen. Es ist das Chakra, das dir erlaubt, Einsichten zu gewinnen, die über das Rational-Analytische hinausgehen und dich mit deiner spirituellen Weisheit zu verbinden.

Ajñā und die Erkenntnis des Selbst

Das Ajñā-Chakra steht für die Fähigkeit, über das Ego hinauszusehen und die tiefere Wahrheit des Selbst zu erkennen. *Was wäre, wenn du die Weisheit in dir aktivieren könntest, um dein wahres Selbst zu entdecken?* Es ermöglicht dir, die Illusionen des Ego zu durchschauen und dein wahres, spirituelles Selbst zu erkennen. Dieses Chakra öffnet das Tor zu tiefer Selbstreflexion und Selbsterkenntnis, und es lädt dich ein, deine wahre Natur zu verstehen – diejenige, die über den physischen Körper und die Welt hinausgeht.

Jungs Interpretation von Ajñā – Das Zentrum, in dem die Psyche Flügel hat

Carl Gustav Jung beschreibt das Ajñā als das Zentrum, in dem die „Psyche Flügel hat". Er vergleicht es mit einem geflügelten Samen oder einem geflügelten Ei und sieht es als Symbol für das Erwachen und den Aufstieg des Bewusstseins. *Was wäre, wenn du die Fähigkeit entwickeln könntest, tiefere Einsichten über das Leben und deine Existenz zu erlangen und dich von den Begrenzungen des animalischen Bewusstseins zu lösen?* In diesem Chakra verschwindet das tierische Bewusstsein vollständig – die Kraft des Elefanten, die zuvor präsent war, wird vollständig in die Psyche integriert. Dies symbolisiert, dass du über die niederen Triebe und Instinkte hinausgehst und in die höheren Sphären des Bewusstseins aufsteigst.

Verbindung zum physischen Körper – Die Weisheit des Körpers

Das Ajñā beeinflusst nicht nur deine Fähigkeit, intuitiv zu sehen, sondern auch deine physischen Sinne und Organe, insbesondere die Augen und das Gehirn. *Was wäre, wenn du wüsstest, dass dein Körper dir durch dein Stirnchakra Botschaften der Weisheit sendet?* Wenn dieses Chakra niedrig schwingt, kannst du unter Augenproblemen, Kopfschmerzen oder Konzentrationsschwierigkeiten leiden. Ein ausgeglichenes Ajñā-Chakra ermöglicht es dir, klar zu denken, scharf zu sehen und tiefere Einsichten in dein Leben zu gewinnen.

Die Archetypen des Stirnchakras – Der Weise und der Intellektuelle

Das Stirnchakra birgt zwei zentrale Archetypen: den Weisen und den Intellektuellen. Der Weise steht für die tiefe spirituelle Erkenntnis und die Fähigkeit, intuitiv die Wahrheit zu erkennen. Der Intellektuelle hingegen verlässt sich ausschließlich auf seinen Verstand und hat Schwierigkeiten, seine Intuition zu akzeptieren. *Was wäre, wenn du den Weisen in dir erwecken könntest, um deine innere Weisheit zu aktivieren?* Indem du den Weisen in dir stärkst, lernst du, deine Intuition zu schätzen und dein Leben aus einer tieferen, spirituellen Perspektive zu betrachten.

Verbindung zu Licht – Der Weg zur Erleuchtung

Wenn dein Stirnchakra ausgeglichen ist, erlebst du Klarheit, Intuition und tiefes inneres Sehen. *Was wäre, wenn du das Licht des Bewusstseins nutzen könntest, um dein Leben zu erhellen?* Das Ajñā-Chakra öffnet dir das Tor zur Erleuchtung und hilft dir, die Wahrheit zu erkennen – sowohl in dir selbst als auch in der Welt um dich herum. Es lehrt dich, dass das Licht des Bewusstseins immer in dir leuchtet und dir den Weg zeigt, um deine Ziele zu verwirklichen und die Wahrheit zu sehen.

SAHASRĀRA = DIE TAUSENDFACHE

CHANGEYOURMATRIX

Das Kronenchakra (Sahasrāra) – der Sitz des Göttlichen Bewusstseins

Was wäre, wenn...

du die Fähigkeit entwickeln könntest, dich vollständig mit dem Universum und deinem höchsten Selbst zu verbinden? Das Kronenchakra, Sahasrāra, wird oft als der Sitz des göttlichen Bewusstseins und die Quelle der spirituellen Erleuchtung beschrieben. Es ist das siebte und höchste Chakra, das dir ermöglicht, dich mit der Quelle allen Seins zu verbinden – dem Ort der grenzenlosen Weisheit und spirituellen Erfüllung.

Die Lage des Kronenchakras – Der Sitz des Göttlichen

Das Sahasrāra liegt am Scheitelpunkt des Kopfes und wird oft als die „Krone" bezeichnet, die dich mit dem höheren Bewusstsein verbindet. *Was wäre, wenn du wüsstest, dass dieses Zentrum dir den Zugang zu deinem höchsten spirituellen Potenzial und zu einer tiefen Verbindung mit dem Universum ermöglicht?* Das Kronenchakra öffnet dir die Tore zu einem Bewusstsein, das jenseits des Persönlichen und Materiellen liegt. Es ist der Ort, an dem du die Erfahrung der Einheit und die Erkenntnis der ewigen Natur deiner Seele machen kannst.

Die Farben des Kronenchakras – Weiß und Violett als spirituelle Symbole

Das Sahasrāra wird oft mit den Farben Weiß und Violett assoziiert, die die Reinheit und das transzendente Bewusstsein symbolisieren. *Was wäre, wenn du dich mit diesen Farben umgeben könntest, um dein Bewusstsein zu erweitern und dein spirituelles Potenzial zu entfalten?* Weiß steht für das Licht, das alle Farben umfasst, und Violett repräsentiert Transformation und spirituelles Erwachen. Diese Farben unterstützen dich dabei, das Licht des höchsten Bewusstseins zu aktivieren und dich mit der Quelle des Universums zu verbinden.

Das Element Bewusstsein – Die Energie des Göttlichen

Während die anderen Chakren mit physischen Elementen wie Erde, Wasser, Feuer, Luft und Äther verbunden sind, wird das Sahasrāra mit dem Element des reinen Bewusstseins assoziiert. *Was wäre, wenn du dieses reine Bewusstsein in dir aktivieren könntest, um dich mit dem Göttlichen zu verbinden?* Dieses Element repräsentiert den Zustand des vollkommenen Erwachens, in dem du dich über die Begrenzungen des Egos erhebst und dich mit dem universellen Bewusstsein vereinigst. Das Sahasrāra öffnet dir den Raum für spirituelle Erleuchtung und die Erkenntnis deiner wahren Natur.

Symboltier – Kein Tier (Reine Transzendenz)

Das Sahasrāra wird in „The Serpent Power" als das Chakra beschrieben, das über das tierische und physische Bewusstsein hinausgeht. *Was wäre, wenn du die höchste Einheit mit dem Universum erfahren könntest, indem du die Transzendenz dieses Chakras aktivierst?* In diesem Zustand existiert kein symbolisches Tier mehr, da das individuelle Bewusstsein mit dem kosmischen verschmilzt.

Lotusblätter – Tausendblättriger weiß-violetter Lotus

Der tausendblättrige Lotus symbolisiert die unendliche Weisheit und die vollständige Erleuchtung, die im Kronenchakra erreicht wird. *Was wäre, wenn du die Unendlichkeit dieses Lotus in dir aktivieren könntest, um das höchste Bewusstsein zu erreichen?*

Das Klang-Mantra (Bija-Silbe) - Das Sahasrāra hat kein spezifisches Bija-Mantra in Woodroffes Lehre, aber der Klang OM wird oft verwendet, um die universelle Verbindung und die Erleuchtung zu symbolisieren.

Psychologische Funktionen – Transzendenz, spirituelle Einheit und Erleuchtung

Das Kronenchakra ist das Zentrum der spirituellen Transzendenz und Erleuchtung. *Was wäre, wenn du den Zustand der höchsten Einheit erreichen könntest, in dem du dich als Teil des gesamten Universums erkennst?* Das Sahasrāra ermöglicht dir, dein individuelles Ego zu transzendieren und die Grenzen deines physischen und mentalen Selbst zu überwinden.

In diesem Zustand erlebst du tiefes spirituelles Verständnis und die Erkenntnis, dass du mit allem verbunden bist. Es ist der Ort, an dem du die Wahrheit über deine unsterbliche Seele und deine spirituelle Essenz erfährst.

Jungs Interpretation des Kronenchakras – Jenseits der Erfahrung

Carl Gustav Jung äußerte sich skeptisch über das Kronenchakra und betrachtete es als rein philosophisches Konzept, das für uns keine Substanz habe. *Was wäre, wenn du über die theoretischen Überlegungen hinausgehen und das Kronenchakra als eine unbeschreibliche Erfahrung jenseits des Verstandes betrachten könntest?*

Jung sagte: „Es ist sinnlos, darüber zu spekulieren – es ist nur ein philosophisches Konzept ohne jegliche Substanz für uns; es liegt jenseits jeder möglichen Erfahrung." Diese Aussage kann auf verschiedene Weise interpretiert werden. Jung könnte meinen, dass es sich um eine Erfahrung handelt, die sich jeder Beschreibung entzieht, oder er könnte es als ein rein philosophisches Konstrukt ohne praktischen Wert betrachten.

Seine Haltung neigt jedoch eher zu letzterem - dass das Kronenchakra ein symbolisches Ziel ist, das aus seiner Sicht, insbesondere im Yoga, mit der Auflösung des Egos verbunden ist – eine Idee, die er als philosophisch und psychologisch unmöglich ansah.

Die Auflösung des Egos – Ein philosophisches Konzept

Jung interpretierte das Ziel des Yoga, das im Zusammenhang mit dem Kronenchakra oft als Auflösung des Egos beschrieben wird, als eine philosophische Unmöglichkeit. *Was wäre, wenn du die Idee des Kronenchakras als ein symbolisches Konzept der spirituellen Transzendenz betrachten würdest?* Für Jung war die Vorstellung, dass das Ego vollständig aufgelöst werden könnte, nicht nur unmöglich, sondern möglicherweise auch ein Missverständnis der Yoga-Philosophie.

Er bemerkte in einer späteren Diskussion über Yoga, dass er glaubte, „die östliche Intuition hat sich selbst übernommen" und einige Aspekte der Yoga-Philosophie seien falsch.

Dennoch symbolisiert das Sahasrāra für viele spirituelle Traditionen den höchsten Zustand des Seins, jenseits des Egos und der dualistischen Natur des Lebens.

Verbindung zum physischen Körper – Die Erhebung des Bewusstseins

Obwohl das Kronenchakra als das Zentrum des reinen Bewusstseins betrachtet wird, hat es auch eine tiefe Verbindung zum physischen Körper, insbesondere zum Gehirn und zur Zirbeldrüse. *Was wäre, wenn du wüsstest, dass dein körperliches Bewusstsein durch das Kronenchakra erweitert werden kann, um spirituelle Erleuchtung zu erlangen?* Das Sahasrāra steht für die energetische Verbindung zwischen deinem physischen und spirituellen Selbst. Es ist das Chakra, das dir ermöglicht, deine spirituelle Verbindung zu aktivieren und die Erleuchtung zu erfahren, die jenseits des Alltäglichen liegt.

Die Archetypen des Kronenchakras – Der Erleuchtete und der Zyniker

Das Kronenchakra birgt zwei zentrale Archetypen - den Erleuchteten und den Zyniker. Der Erleuchtete repräsentiert denjenigen, der den Zustand der Erleuchtung und der Einheit mit dem Universum erreicht hat. Der Zyniker hingegen glaubt nicht an die Existenz einer höheren Wahrheit oder eines universellen Bewusstseins und sieht das Kronenchakra als bedeutungslos an. *Was wäre, wenn du den Erleuchteten in dir erwecken könntest, um dich mit der höchsten Wahrheit zu verbinden?* Indem du den Erleuchteten in dir stärkst, kannst du die tiefere Wahrheit des Seins erkennen und die Einheit mit dem Universum erfahren.

DIE ARCHETYPEN DER MATRIX OF FATE

ENERGIEN ENTSCHLÜSSELN UND INNERE MUSTER ERKENNEN

In der Matrix of Fate finden wir nicht nur die Chakren als Energiezentren unseres Seins, sondern auch die Archetypen, die uns helfen, die tieferen Schichten unserer Energie und inneren Muster zu verstehen. Diese Archetypen sind wie uralte Schlüssel zu den Geheimnissen unseres Lebens. Sie verkörpern die Essenz von Verhaltensmustern, Glaubenssystemen und energetischen Prägungen, die tief in uns verborgen liegen.

Was wäre, wenn du in der Lage wärst, deine inneren Energien zu entschlüsseln und zu verstehen, warum du immer wieder in dieselben Muster verfällst? Was wäre, wenn du diese Muster als Einladung sehen könntest, deine innere Welt neu zu entdecken und alte Themen zu lösen? Die Archetypen der Matrix of Fate geben dir genau diese Möglichkeit – sie eröffnen dir einen tiefen Zugang zu den Energien, die dich durch dein Leben tragen.

Archetypen - Die universellen Energien in dir

Archetypen sind uralte, universelle Energien, die in jedem von uns wirken. Sie zeigen sich in Form von wiederkehrenden Mustern, Geschichten und Symbolen, die in allen Kulturen und Traditionen zu finden sind. In der Matrix of Fate sind die Archetypen nicht nur ein Konzept, sondern lebendige Energien, die uns in unserem täglichen Leben begleiten und uns Hinweise darauf geben, wie wir unsere Energie lenken und nutzen können.

Jeder Archetyp trägt eine bestimmte Energie in sich, die sowohl unterstützend als auch herausfordernd wirken kann. Sie sind wie innere Führer, die uns helfen, unser wahres Potenzial zu erkennen und die Energien, die uns blockieren, zu transformieren. Es ist kein Zufall, dass du bestimmte Archetypen in deinem Leben wieder und wieder erlebst – sie sind der Schlüssel zur Entfaltung deines Bewusstseins und deines wahren Selbst.

Die Verbindung zu den Chakren

Jeder Archetyp der Matrix ist mit deinem Geburtsdatum und spezifischen Energien verknüpft. Diese Verbindung schafft eine Brücke zwischen deiner körperlichen, emotionalen und spirituellen Ebene. Die Chakren wirken als Energiezentren, während die Archetypen die energetische Qualität jedes Chakras verkörpern. Durch die Arbeit mit diesen Archetypen kannst du ein tieferes Verständnis dafür entwickeln, welche Energien in deinem Leben gerade aktiv sind und welche dich möglicherweise herausfordern.

Wenn ein Chakra im Ungleichgewicht ist, kann es sein, dass sich ein Archetyp besonders stark in deinem Leben zeigt. Er fordert dich heraus, dieses Ungleichgewicht zu lösen, indem du die Muster erkennst, die dich davon abhalten, deine Energie frei fließen zu lassen. Stell dir vor, wie kraftvoll es wäre, wenn du den Archetypen, der in dir wirkt, erkennst und ihn bewusst nutzt, um dein Leben zu transformieren.

Wie du die Archetypen in der Matrix of Fate erkennen kannst

Die Arbeit mit den Archetypen in der Matrix ist ein Abenteuer, das dich auf eine tiefe innere Reise führt. Du wirst feststellen, dass diese Energien in verschiedenen Lebensbereichen auftauchen – in deinen Beziehungen, in deiner Arbeit, in deinen emotionalen Mustern und in deiner spirituellen Entwicklung.

Die Frage ist:

Wie kannst du diese Archetypen in deinem Leben erkennen?

Beginne damit, auf die Muster zu achten, die immer wieder in deinem Leben auftauchen. *Gibt es bestimmte Themen oder Herausforderungen, die dich verfolgen? Fühlst du dich manchmal gefangen in bestimmten Verhaltensweisen, von denen du nicht weißt, wie du sie ändern kannst?* Diese wiederkehrenden Muster sind Hinweise darauf, welcher Archetyp gerade in deinem Leben wirkt.

Die Tarotkarten, die du in der Matrix verwendest, können dir helfen, diese Energien zu entschlüsseln. Jede Karte repräsentiert einen Archetyp, der dir aufzeigt, wo du gerade stehst und welche Energien aktiv sind. Wenn du dich mit diesen Archetypen verbindest, kannst du die Energie dahinter erkennen und Wege finden, sie zu nutzen, um dein Leben bewusster und erfüllter zu gestalten.

Der Archetyp als Wegweiser zur Transformation

Archetypen sind nicht nur ein Spiegel für deine inneren Muster, sondern auch ein Werkzeug zur Transformation. Sie fordern dich auf, dich mit den tiefen Energien in dir auseinanderzusetzen und die Blockaden zu erkennen, die dich daran hindern, dein volles Potenzial zu leben. Doch anstatt dich in den Herausforderungen zu verlieren, kannst du lernen, die Energie des Archetyps zu nutzen, um diese Hindernisse zu überwinden.

Stell dir vor, du erlebst immer wieder das Gefühl, nicht genug zu sein. Vielleicht handelt es sich um den Archetyp des „Schattens", der dich dazu auffordert, deine inneren Zweifel und Ängste anzusehen. Anstatt diesen Schatten zu fürchten, kannst du ihn als Wegweiser nutzen, um in deine volle Kraft zu kommen und das Gefühl der Wertlosigkeit zu transformieren.

Jeder Archetyp hat eine unterstützende Seite und eine herausfordernde Seite. Die Herausforderung besteht darin, die Balance zu finden und die Energie des Archetyps bewusst zu integrieren, um dich selbst zu stärken.

Erkenne deine innere Kraft durch die Archetypen

Die Arbeit mit den Archetypen der Matrix ist eine kraftvolle Möglichkeit, deine innere Stärke zu erkennen und zu nutzen. Diese Energien sind wie unsichtbare Fäden, die dein Leben durchziehen, und wenn du lernst, sie zu erkennen, kannst du bewusst mit ihnen arbeiten, anstatt ihnen ausgeliefert zu sein.

Was wäre, wenn du die Macht hättest, deine inneren Muster zu entschlüsseln und dein Leben in die Richtung zu lenken, die du dir wünschst? Und was wäre, wenn die Archetypen nicht etwas wären, was dir passiert, sondern eine Einladung, dein volles Potenzial zu entfalten?

Lass uns gemeinsam tiefer in die Welt der Archetypen eintauchen, um die Energien, die in dir wirken, zu verstehen und das Ungleichgewicht, welches dich zurückhält, zu lösen. Es ist Zeit, die Macht der Archetypen zu nutzen, um dein Leben bewusst zu gestalten.

In der Matrix ist jedes Chakra mit bestimmten Energien verbunden, die in der Chakrenkarte sowohl physische, emotionale als auch energetische Aspekte aufzeigen. Diese Energien zeigen dir, wie wir mit bestimmten Situationen umgehen, welches Ungleichgewicht auftreten kann und wie wir es verändern können. Die Chakrenkarte, wie sie in der Matrix dargestellt wird, ist eine tiefe energetische Gesundheitskarte, die uns dabei hilft, unsere inneren Muster zu erkennen und unsere Energien zu entschlüsseln.

Was ist die Chakrenkarte in der Matrix of Fate?

Die Chakrenkarte zeigt die Energiemuster des physischen Körpers, der Emotionen und des Geistes. Sie enthält Informationen darüber, wie unser Energiesystem auf unsere inneren und äußeren Lebenssituationen reagiert und welches Ungleichgewicht vorhanden sein könnte. Diese Zahlenwerte sind jedoch nicht einfach aus einem Rechner ersichtlich, sondern müssen per Hand individuell berechnet werden. Es ist ein tieferer Einblick in die spezifische Matrix jedes Menschen erforderlich, um die genauen Zahlen und ihre Bedeutung zu entschlüsseln.

Verbindung von Archetypen und Chakren

Jeder Archetyp in der Matrix korrespondiert mit spezifischen Lebensaufgaben und Chakren. Es sind nicht nur statische Figuren, sondern dynamische Energien, die uns zeigen, wie wir unsere Herausforderungen meistern können, welche Lebensbereiche uns beeinflussen und welche Energien freigeschaltet werden müssen. Der Archetyp wird oft durch das Geburtsdatum bestimmt und kann je nach Prägung und Thema verschiedene Energien in Plus- oder Minus-Form annehmen.

Archetypen als Schlüssel zur Gesundheit

In der Matrix wird der Archetyp als ein Schlüsselwerkzeug genutzt, um zu erkennen, wo die Energie im Menschen stagniert und wie sie wieder ins Fließen gebracht werden kann. Es sind die Gedanken, Gefühle, Emotionen und äußeren Einflüsse, die den Energiefluss beeinflussen. Ein festes Herzchakra beispielsweise, das durch Trauer oder Verlust entsteht, zeigt sich nicht sofort auf der Chakrenkarte, sondern wird durch die individuellen Energiemuster erkennbar. Durch die Arbeit mit den Archetypen und die bewusste Reflexion können diese negativen Muster entschlüsselt und in positive Energien umgewandelt werden, was zu einem verbesserten Energiefluss im Chakrensystem führt.

Die Gesundheitskarte und Chakrenwerte

Die Gesundheitskarte zeigt uns, wie es um unsere physischen, emotionalen und energetischen Zustände bestellt ist. Indem wir die Werte der Chakren analysieren, können wir nicht nur physische Symptome, sondern auch emotionale und spirituelle Barrikaden erkennen. Die über die Spalten aufsummierten Werte unten auf der Karte reichen von niedrigen Bereichen (unter 70), was auf energetische Defizite hinweist, bis hin zu höheren Werten (über 90), die auf ein starkes und ausbalanciertes Energiefeld deuten.

Wenn wir uns zum Beispiel die Spalte „Emotionen" auf der Chakrenkarte ansehen und dort hohe Zahlen finden, dann zeigt dies, dass der Mensch sehr emotional ist. Dies könnte bedeuten, dass sie eine starke emotionale Verbindung zu ihren Erfahrungen hat. Niedrigere Werte in der Spalte „Energie" hingegen deuten darauf hin, dass das allgemeine Energieniveau im Körper schwach ist und Unterstützung benötigt. Ein niedriger Wert in der Spalte „Physik" kann auf körperliche Probleme hinweisen, wie zum Beispiel eine reduzierte Vitalität oder chronische Müdigkeit.

Verschiebungen und Ungleichgewichte in den Chakren verstehen

Verschiebungen oder Verklebungen in den Chakren können durch negative Emotionen, traumatische Erlebnisse oder lange festgehaltene Muster entstehen. Ein unausgeglichenes Chakra äußert sich oft durch physische Symptome, emotionale Herausforderungen oder ein energetisches Ungleichgewicht. Um die Gesundheit zu verbessern und die Energien wieder zum Fließen zu bringen, ist es wichtig, diese Ungleichgewichte zu erkennen und zu bearbeiten.

Die Chakrenkarte hilft dabei, die betroffenen Bereiche zu identifizieren. Wenn zum Beispiel das Solarplexus-Chakra (Manipūra) in einem Ungleichgewicht ist, kann dies auf ein mangelndes Selbstwertgefühl oder Schwierigkeiten, Verantwortung zu übernehmen, hinweisen. Ein unausgeglichenes Halschakra (Viśuddha) zeigt oft Kommunikationsprobleme oder das Unvermögen, die eigene Wahrheit auszudrücken.

Die Rolle des Herzchakras in der Matrix of Fate

Das Herzchakra (Anāhata) spielt in der Chakrenkarte eine zentrale Rolle, da es die Brücke zwischen den unteren (materiellen) und den oberen (spirituellen) Chakren bildet. Es ist das Zentrum der Liebe, des Mitgefühls und der emotionalen Heilung. Eine der wichtigsten Eigenschaften des Herzchakras ist das Geben, während es im Leben – insbesondere in Partnerschaften – oft als nehmende Komponente missverstanden wird. Das Herzchakra ist jedoch ein gebendes Chakra - es nährt uns, indem es Liebe, Fürsorge und Mitgefühl frei fließen lässt, ohne Erwartungen oder Bedingungen.

Ein Ungleichgewicht in diesem Chakra kann zu Gefühlen der Isolation und emotionaler Kälte führen. Es zeigt sich häufig in Form von Trauer, Verlust oder der Unfähigkeit, Liebe zu geben oder zu empfangen. Wenn wir uns jedoch darauf konzentrieren, das Geben zu stärken und nicht nur das Empfangen zu betonen, kann die Energie wieder ins Gleichgewicht gebracht werden.

Durch die Arbeit mit dem Herzchakra und den entsprechenden Archetypen in der Matrix of Fate können wir diese alten Muster oder Ungleichgewichte lösen. Dies ermöglicht uns, gesunde, auf Liebe und Mitgefühl basierende Beziehungen zu uns selbst und zu anderen aufzubauen und die wahre Essenz des Herzchakras – das Geben – zu leben und zu erfahren.

Die Verbindung zwischen den oberen und unteren Chakren

Die Chakren sind nicht isolierte Energiezentren, sondern miteinander verbunden. Ungleichgewichte in einem Chakra können Auswirkungen auf andere Chakren haben. Besonders wichtig ist die Verbindung zwischen dem Kronenchakra (Sahasrāra), das für unsere spirituelle Verbindung steht, und dem Wurzelchakra (Mūlādhāra), das unsere physische Sicherheit und Erdung repräsentiert. Wenn das Wurzelchakra niedrig schwingt, kann dies unsere spirituelle Entwicklung beeinträchtigen, und umgekehrt kann dies im Kronenchakra dazu führen, dass wir uns von der physischen Welt getrennt fühlen.

Die Chakrenpaare und ihre Bedeutung

In der Matrix verwenden wir oft Chakrenpaare, um die Energie ins Gleichgewicht zu bringen. Jedes Chakra hat ein Gegengewicht, das zur Balance der Energien beiträgt. Dieses Gegengewicht befindet sich symmetrisch zum Herzchakra, wobei das Herzchakra der Mittelpunkt ist. Zum Beispiel steht das Nabel-Chakra in enger Verbindung mit dem Halschakra. Ist eines dieser Chakren aus dem Gleichgewicht, wirkt sich das auch auf das andere Chakra aus. Durch die Arbeit mit diesen Paaren können wir eine tiefere Harmonisierung der Energie erzielen.

Zusammenfassung der Chakren und Archetypen in der Matrix

Die Chakrenkarte der Matrix of Fate zeigt uns nicht nur unsere physischen, emotionalen und spirituellen Zustände, sondern hilft uns auch, die Archetypen zu erkennen, die in uns wirken. Jeder Archetyp bringt seine eigenen Herausforderungen und Potenziale mit sich, und durch die Arbeit mit den Chakren und den energetischen Werten auf der Karte ist es möglich, daraus eine Symphonie zu erstellen.

MASLOW'S BEDÜRFNISPYRAMIDE & CHAKREN

Ein Pfad der Bewusstseinsentwicklung

Die Verbindung von Maslow's Bedürfnispyramide mit dem Chakrensystem bietet einen tiefen Einblick in den Entwicklungsweg des menschlichen Bewusstseins. Während die Pyramide auf den hierarchischen Stufen von Bedürfnissen basiert, zeigen die Chakren eine energetische Entsprechung auf, die den inneren Zustand und die äußere Wirklichkeit eines Menschen spiegelt. Jeder Schritt auf dieser Reise reflektiert einen anderen Aspekt des Menschseins, der auf Erfüllung drängt – von Überleben und Sicherheit bis hin zu spiritueller Vollkommenheit.

Mūlādhāra – Wurzelchakra - Überleben und die materielle Welt

Die Wurzelstütze repräsentiert die tiefsten, grundlegendsten Bedürfnisse des Menschen – Überleben, Sicherheit und Erdung. Es ist die Ebene des Überlebensinstinkts, in der Menschen ihre Verbindung zur physischen Welt festigen. Menschen, die stark in dieser Energie leben, fühlen sich oft von der materiellen Realität eingeschränkt. Sie sind in ihrer Welt gefangen, benötigen einfache Aufgaben und fühlen sich unwohl, wenn sie Verantwortung übernehmen sollen.

Im Mūlādhāra verankert sind arbeitende Kaufleute, die meist einfache Arbeiten verrichten und Schwierigkeiten haben, größere Ambitionen zu verfolgen. Sie verdienen im Hier und Jetzt Geld, um ihre physischen Bedürfnisse und einfachen Freuden zu befriedigen. Stabilität und Sicherheit stehen im Vordergrund, doch Überlebensangst kann sie daran hindern, über diese Ebene hinauszugehen.

Svādhisthāna – Sakralchakra - Sicherheit und Lebensfreude

In diesem Chakra schwingt Vergnügen, Sinnlichkeit und emotionale Stabilität. Dies ist der Bereich, in dem das Gefühl der Sicherheit durch die Freude am Leben ersetzt wird. Wesen in dieser Ebene, oft Kaufleute oder kleine Anführer, haben eine Fähigkeit, Geld für Vergnügen oder kleine Luxusgüter zu verdienen. Sie sind motiviert, sich und anderen Freude zu bereiten und genießen die Schönheit des Lebens.

Diese Menschen leben mit der Freude, die manche Ereignisse mit sich bringen, doch auch hier lauert die Gefahr, sich zu stark auf den Moment zu konzentrieren und die längerfristige Entwicklung zu vernachlässigen. Ungleichgewichte in diesem Chakra führen oft zu stagnierenden Emotionen oder einem Überfluss an Impulsivität.

Manipūra – Solarplexuschakra - Macht und Kontrolle

Hier begegnen wir dem Zentrum der persönlichen Macht, des Erfolges und der Kontrolle über das eigene Leben. Es ist das Chakra des großen Geldes und Erfolges, wo Menschen ihre Ziele verwirklichen und ihren Platz in der Gesellschaft festigen. Ein Krieger im Manipūra-Chakra verdient Geld für große Projekte und beschützt die Menschen um sich herum. Mit einer stark ausgeprägten Manipūra-Energie können Menschen in Führungsrollen aufblühen und Ziele in ihrer materiellen Welt umsetzen.

Allerdings birgt dieses Chakra auch das Risiko von Enttäuschungen, wenn Macht und Kontrolle über das Leben in Ungleichgewicht geraten. Ein aus den Fugen geratenes Solarplexuschakra kann zu Gefühlen der Ohnmacht oder Kontrollsucht führen, während ein überaktives Chakra zu einem übermäßig dominanten Verhalten neigen kann.

Anāhata – Herzchakra - Liebe und Harmonie

Zwischen den Welten von Himmel und Erde lebt die Energie der Liebe, des Mitgefühls und der Verbindung zu anderen. Es ist das Zentrum der Beziehungen und Liebe, in dem Friedenstifter leben und Geld durch Kommunikation und Schulung verdienen. Sie bringen Menschen zusammen, um Wissen zu teilen und gemeinsame Interessen zu fördern. Wenn das Herzchakra offen und im Gleichgewicht ist, strömen bedingungslose Liebe und Harmonie in unser Leben.

Wenn dieses Chakra jedoch im Ungleichgewicht ist, können Trauer und Verlust in Beziehungen den Fluss der Energie stören. Das Herzchakra zu öffnen bedeutet, sich für Empathie und Mitgefühl zu öffnen und sich mit einer Gemeinschaft zu verbinden, die den gleichen Werten folgt.

Viśuddha – Halschakra - Kommunikation und Ausdruck

Schweigen oder Sprechen, Wahrheit oder Lüge, hier ist das Zentrum des Selbstausdrucks. Hier leben die Propheten – diejenigen, die ihre Wahrheit in die Welt tragen und andere durch ihre Kommunikation inspirieren. Die Unfähigkeit, Dankbarkeit zu zeigen oder sich authentisch auszudrücken, mindert jedoch den Erfolg dieser Energie. Menschen mit einem aktiven Halschakra sind in der Lage, ihre Ideen zu verbreiten und durch das Teilen von Wissen Geld zu verdienen.

Ājñā – Stirnchakra - Intuition und Weisheit

Im Stirnchakra finden Denker ihren Platz. Sie sammeln Wissen über lange Zeiträume und nutzen es, um neue Ideen und Innovationen zu erschaffen. Dieses Chakra repräsentiert das Verständnis der Situation, das Bewusstsein für die Realität und die Fähigkeit, über Illusionen hinauszusehen. Menschen in Ājñā übernehmen Verantwortung, um viele Menschen zu verändern, und verdienen Geld für die Werkzeuge, die ihnen bei ihrer Aufgabe helfen.

Sahasrāra – Kronenchakra - Spirituelle Erfüllung

Im Kronenchakra lebt die Anbindung an die höheren Mächte, die du aktivieren kannst, um über das Materielle hinaus zu wachsen. Sie haben nur eine Aufgabe: für die Menschheit zu beten und spirituelle Unterstützung zu bieten. Diese wenigen Auserwählten sind vollkommen von den materiellen Bindungen gelöst und widmen sich ganz ihrer spirituellen Entwicklung. In einer Welt voller materieller Ablenkungen erinnern sie uns daran, dass die wahre Erfüllung in der Verbindung mit dem Göttlichen liegt.

Der spirituelle Punkt und die Harmonie – Was es wirklich bedeutet

Wie oft hast du dich schon gefragt: *Wo bin ich in meinem Leben? Was ist meine Aufgabe?* Das sind Fragen, die uns alle irgendwann beschäftigen, und die Antwort darauf kann uns in eine tiefere Harmonie mit uns selbst führen.

Es ist so, als würdest du einen inneren Kompass finden, der dich genau dorthin führt, wo du hin sollst – in die Balance zwischen deinem Inneren und Äußeren, zwischen dem Materiellen und Spirituellen.

Der spirituelle Punkt – Wo das Göttliche in dir zu Hause ist

Er ist nicht einfach eine Zahl oder ein Konzept, das auf einem Blatt Papier steht. Nein, es geht um dich, um das, was dich wirklich ausmacht. *Wer bist du für das Universum? Was will das Göttliche durch dich ausdrücken?* Stell dir vor, du hast eine Art spirituelles „Guthaben", das du entdeckst, indem du in deine tiefsten Werte eintauchst, deine Verbindungen zu anderen Menschen verstehst und erkennst, was dich auf dieser Welt wirklich erfüllt. Es ist die Magie deines Seins – und diese Harmonie zeigt dir den Weg.

Und ja, der Weg ist nicht immer einfach. Aber es geht nicht um Perfektion, es geht um den Prozess. Um das Werden, um das Wachsen.

3, 6, 9... – Wozu bist du eigentlich hier?

Warum genau 3, 6, 9...? Ganz einfach - das Universum liebt es, in Mustern zu arbeiten, und wenn du einmal in die Tiefe gehst, wirst du sehen, wie diese Zahlen dir helfen, dein eigenes Lebensmuster zu erkennen. Und ja, sie haben eine Bedeutung!

3 – Die materiellen Früchte des Lebens

Was gibt's Schöneres, als die Früchte deiner Arbeit zu ernten? Sei es das Aufziehen von Kindern, die Liebe, die du erfährst, oder das einfache Glück, eine warme Mahlzeit zu genießen. Aber hier geht es nicht nur um das Offensichtliche – Essen, Geld, ein Dach über dem Kopf. Es geht um die Fülle, die du durch deine Beziehungen und das Teilen deiner Gaben mit anderen erfährst. *Bist du bereit, die Früchte zu pflücken, die du im Laufe deines Lebens gesät hast?*

6 – Die kreative Schöpferkraft

Kreativität – das große Spiel des Lebens! Sie ist mehr als nur ein schönes Bild oder ein kunstvoller Text. Es geht um deine Fähigkeit, das Unmögliche möglich zu machen, etwas in die Welt zu bringen, das vorher nur in deinem Kopf existierte. Du weißt, dass du mehr bist als nur deine tägliche Routine. *Hast du dich jemals gefragt, ob deine Ideen die Welt verändern könnten?* Das ist das Geschenk der 6 – es fordert dich auf, die Früchte deiner Kreativität zu ernten und sie erfolgreich in die Welt zu bringen.

9 – Verantwortung für andere übernehmen

Hier geht's nicht nur um dich. *Hast du dich schon mal gefragt, ob du vielleicht auf dieser Welt bist, um anderen zu helfen, ihren Weg zu finden?* Egal ob Studierende, Freunde oder Menschen, die sich verloren fühlen – du hast die Fähigkeit, anderen zu zeigen, wie sie ihr Schicksal erkennen und umsetzen können. Dein Wissen, deine Erfahrung – sie sind nicht nur für dich da. Sie sind ein Geschenk, das du mit der Welt teilen darfst.

12 – Liebe und Verstehen aufbauen

„Liebe" – klingt fast klischeehaft, oder? Aber Liebe ist so viel mehr. Es geht darum, Menschen ein Beitrag zu sein, einbeziehende Beziehungen aufzubauen, die auf echter Verbindung und gegenseitigem Verstehen basieren. Du bist da, um Menschen zu zeigen, wie sie nicht nur besser kommunizieren, sondern wirklich zuhören können. Dabei geht es nicht nur um Worte, sondern um das Herz – zu spüren, was zwischen den Zeilen gesagt wird.

15 – Sprich über die Liebe

Propheten, Priester, Trainer – sie alle haben eine gemeinsame Aufgabe: Sie sprechen über die Liebe. Aber nicht nur sie! *Jeder von uns hat die Möglichkeit, die Welt durch das Sprechen über Liebe zu verändern. Was bedeutet das?* Es bedeutet, dass wir, wenn wir über Liebe sprechen, Menschen inspirieren, sich zu öffnen, sich selbst zu lieben und diese Liebe in die Welt zu tragen. Es gibt keine größere Aufgabe, als die Welt an die Kraft der Liebe zu erinnern.

18 – Etwas Neues schaffen

Du hast das Potenzial, neue Ideen und Wege zu erschaffen. Ob es nun um eine neue Glaubensrichtung oder eine wissenschaftliche Entdeckung geht – in dir steckt die Fähigkeit, das Alte zu hinterfragen und das Neue willkommen zu heißen. Menschen, die diese Aufgabe übernehmen, sind mutig. Sie stehen auf, wenn alle anderen sitzen bleiben, und sagen: „Es gibt einen anderen Weg!" Das ist deine Kraft – die Schaffung von Neuem für die Menschheit.

21 – Gebet für die ganze Menschheit

Für die Menschheit zu beten – das ist keine kleine Aufgabe. Es bedeutet, dass Wohl der gesamten Welt im Blick zu haben, über dein eigenes kleines Universum hinauszusehen und zu erkennen, dass wir alle miteinander verbunden sind. Menschen, die diese Aufgabe erfüllen, tragen eine große spirituelle Reife in sich. Sie beten nicht nur für sich selbst, sondern für das Wohl aller – weil sie wissen, dass wahre Erfüllung nur dann erreicht wird, wenn die ganze Menschheit in Frieden lebt.

Spiritualität im Alltag – Es geht nicht um Perfektion, sondern um Balance

Was bedeutet all das für dich? Es bedeutet, dass Spiritualität nichts Abstraktes ist. Sie ist Teil deines täglichen Lebens. Sie zeigt sich in deinen Entscheidungen, in deinen Beziehungen, in der Art und Weise, wie du dich selbst und die Welt um dich herum siehst. Du kannst in jedem Moment spirituell sein – indem du bewusst handelst, dich mit anderen verbindest und dich dafür entscheidest, in Harmonie zu leben.

Du musst nicht perfekt sein. Es geht nicht darum, immer alles richtig zu machen. Es geht darum, präsent zu sein und aus jedem Moment das Beste zu machen.

Die Gesundheitskarte in Verbindung mit Archetypen & Chakren

Die Gesundheitskarte, wie sie in der Matrix of Destiny Lehre angewendet wird, öffnet ein Fenster in eine esoterisch-spirituelle Sichtweise. Sie zeigt auf, wie die Archetypen und Chakren unseres Energiesystems miteinander verbunden sind. Doch bevor du denkst, dass dies die endgültige Antwort auf alles ist – es ist nur ein kleiner Ausschnitt aus einem viel größeren, komplexeren Bild.

Das ist das Schöne an der Matrix of Destiny - sie gibt uns Einblicke, aber sie lässt immer Raum für mehr. Es geht darum, die energetischen Muster und die Schicksalslinien zu entdecken, die unser Leben durchziehen.

In dieser spirituellen Betrachtung geht es also nicht nur darum, zu erkennen, wie die Archetypen und Chakren funktionieren. Es geht auch darum, zu spüren, wie all diese Teile unseres Seins miteinander verknüpft sind. Die Matrix of Destiny beschreibt diese Verbindungen – doch bleibt es eine Übersicht, ein erster Blick auf etwas, das noch viel tiefer geht.

Individuelle Prägungen und Muster – Ja, du bist einzigartig

Jeder von uns ist so viel mehr als nur ein paar Archetypen oder Chakren. Wir sind geprägt durch unsere Erfahrungen, unsere Glaubensmuster, unsere DNA, unsere Ahnen und die Umgebung, in der wir aufwachsen. Diese Prägungen formen unser Energiesystem, und deshalb gibt es auch keine „Einheitslösung". Jeder von uns ist einzigartig und entwickelt sich auf seine ganz eigene Weise weiter. Eine Gesundheitskarte kann also niemals universell sein – sie kann dir einen Anhaltspunkt geben, aber die wahre Tiefe liegt in deinem individuellen Weg.

Die Grenzen von Büchern und Lehren

Natürlich können Bücher uns viel lehren – aber sie können nicht alles. Sie können uns helfen, einen Einstieg zu finden, aber sie können niemals das gesamte Spektrum menschlicher Erfahrungen abdecken. Die Matrix of Destiny bietet uns ein mächtiges Werkzeug, um zu erkennen, welche Energien in unserem Leben wirken, doch auch sie kann nicht alles beantworten. Die energetischen und psychologischen Deutungen sind niemals in einem festen Modell vollständig erfassbar.

Vielleicht hast du schon einmal eine PDF-Analyse erhalten oder eine schriftliche Auswertung gelesen. Diese können durchaus nützlich sein, um eine erste Orientierung zu geben. Aber sie sind, wie gesagt, nur oberflächliche Einblicke. Für tiefere Einsichten und eine wirklich fundierte Analyse ist es klug, einen erfahrenen Matrix-Berater aufzusuchen. Dieser sollte nicht nur die Matrix of Destiny verstehen, sondern auch über psychologisches Hintergrundwissen verfügen.

Ein solcher Berater kann dich dabei unterstützen, verborgene Geheimnisse und Schätze zu erkennen und Lösungen zu finden, die über die reine Theorie hinausgehen.

Es geht also darum, den Überblick, den dir eine schriftliche Analyse geben kann, zu schätzen – aber den nächsten Schritt zu wagen und eine persönliche Beratung zu suchen. Denn nur durch den Austausch mit jemandem, der die Matrix wirklich verinnerlicht hat und auf Augenhöhe mit dir arbeitet, kannst du tiefere Erkenntnisse gewinnen. Ein guter Berater wird nicht nur die Matrix verstehen, sondern auch den Menschen und seine Energie, der sich darin bewegt – dich.

Die tiefere psychologische Ebene – Lass uns das für später aufheben

In dieser Darstellung verzichten wir bewusst darauf, zu tief in die psychologische Ebene einzutauchen. Warum? Weil es hier um die energetischen und spirituellen Prinzipien geht, die die esoterische Matrix betreffen. Eine tiefergehende psychologische Analyse braucht Zeit, Hingabe und einen sehr individuellen Zugang. Das geht weit über den Rahmen dieser allgemeinen Erklärungen hinaus.

Lass uns hier bei den energetischen Prinzipien bleiben und die Psychologie dann ins Spiel bringen, wenn du bereit bist, tiefer zu graben.

Die Lesemethode - Von Emotionen zum gesamten Code – Die Arkana im Zusammenspiel

Es ist wichtig zu verstehen, dass wir die Chakren-Karte immer von rechts nach links lesen. Wir beginnen also immer bei den Emotionen, denn sie geben uns den ersten Einblick in die Energie und Dynamik des jeweiligen Themas. Jede Arkana-Energie kann einzeln betrachtet werden, um ihre Bedeutung für sich zu erkennen. Aber – und das ist entscheidend – um den gesamten Code zu verstehen, müssen wir jede einzelne Arkana in ihrem Kontext begreifen und energetisch lesen können und dann alle drei Arkana miteinander verbinden. Erst durch das Zusammenfügen dieser einzelnen Energien erschließt sich uns der volle Code. Später werden wir anhand eines Beispiels bei den Programmen aufzeigen, wie dies in der Praxis funktioniert.

Zum Abschluss – Ein erster Einblick, aber nicht das ganze Bild

Die Gesundheitskarte in Verbindung mit den Archetypen und Chakren ist ein wertvolles Werkzeug, um die spirituelle und energetische Dimension unseres Seins zu erforschen. Jeder Mensch ist so individuell, dass die wahre Erkenntnis nur durch die persönliche Auseinandersetzung kommen kann. Bücher, Lehren und Analysen können dir den Weg zeigen – doch der wirkliche Fortschritt kommt, wenn du in die Tiefe gehst und deine eigenen Antworten entdeckst.

Nun möchten wir die Arkana aus einer gesundheitlichen und energetischen Sicht betrachten, um die tiefere Verbindung zwischen Körper, Geist und Seele zu verstehen und zu erkennen, wie diese energetischen Muster unsere Gesundheit beeinflussen können.

Krankheiten und Energien - Der Blick hinter die Symptome

Wenn wir uns mit der Gesundheitskarte und den Energien der Arkana befassen, sollten wir eines immer klar im Kopf behalten - Krankheiten selbst sind keine Energien – sie sind Manifestationen der Verschiebungen und Ungleichgewichte in den Energien. Die eigentliche Ursache der Krankheit liegt nicht in der Energie an sich, sondern darin, wie sie geblockt ist, falsch gelenkt oder negativ eingesetzt wird. *Doch wie lässt sich das konkret verstehen? Nehmen wir an, du hast zum Beispiel häufige Halsschmerzen oder eine andere Erkrankung im Bereich des Halses. Was könnte die Ursache sein?*

Zu welchem Chakra gehört der Hals? Genau, zum Halschakra. Dieses Chakra ist unter anderem für unsere Kommunikation verantwortlich. Nun könnte die Frage sein: *Wie steht es um die Energien, die durch diesen Bereich fließen? Gibt es etwas, das du in der Art und Weise, wie du mit anderen kommunizierst, verändern könntest? Welche Energien schwingen in deinen Worten mit, und wie kannst du sie ins Positive bringen?*

Von der Krankheit zur Balance – Was kannst du tun?

Eine Möglichkeit, die Energien wieder ins Gleichgewicht zu bringen, wäre, sich die Gesundheitskarte und die entsprechenden Chakren genauer anzusehen. Meditationen, die sich gezielt mit den Energien befassen, können dabei helfen, das Ungleichgewicht zu durchbrechen. Hörst du etwa über neun Tage hinweg Meditationen zu den drei Energien des betroffenen Chakras, so kann dies helfen, Ungleichgewichte zu lösen und deine Energie wieder in den Fluss zu bringen.

Während dies eine gute Methode sein kann, sind wir keine Ärzte und wollen keine Angst schüren. Es geht hier nicht darum, Diagnosen zu stellen oder konkrete Krankheiten vorauszusagen. Vielmehr geht es darum, dir zu zeigen, welche Ungleichgewichte in deinem energetischen System durch bestimmte Krankheiten sichtbar werden könnten. Jeder Mensch ist anders, und die Energien wirken individuell. Nicht jedes Ungleichgewicht führt zwangsläufig zu einer Krankheit, und auch hier gilt, dass es nicht alles eintreten muss, was in der Karte gezeigt wird.

Keine Angst, sondern Chancen zur Veränderung und neuen Möglichkeiten

Es ist uns besonders wichtig, dass du diesen Ansatz nicht als beängstigend empfindest. Vielmehr möchten wir dir Möglichkeiten aufzeigen, wie du durch das Bewusstsein deiner energetischen Muster aktiv etwas verändern kannst. Ja, es gibt Verschiebungen oder ein Ungleichgewicht, und ja, sie können sich in Krankheiten äußern – aber das ist kein Grund zur Panik. Es ist eine Einladung, hinzusehen und die Energie bewusst ins Positive zu lenken.

Die energetische und gesundheitliche Sicht auf die Arkana

Im Folgenden schauen wir uns die Energien jeder Arkana aus gesundheitlicher und energetischer Sicht an. Wir geben dir Empfehlungen, wie du mit diesen Energien arbeiten kannst, um nicht nur Ungleichgewichte zu lösen, sondern auch deine Gesundheit zu stärken und dein Wohlbefinden zu steigern. Dabei betrachten wir jede Arkana-Energie für sich, ohne die Tiefe der psychologischen oder medizinischen Aspekte im Detail zu erörtern. Hier geht es um die energetische Ebene und darum, wie du das Potenzial der Arkana nutzen kannst, um in deinem Leben positive Veränderungen herbeizuführen.

DIE ARKANA AUS GESUNDHEITLICHER & ENERGETISCHER SICHT

Jetzt wollen wir uns die einzelnen Arkana genauer ansehen in Bezug auf die Gesundheitskarte, sowohl aus gesundheitlicher als auch aus energetischer Sicht. Jede Arkana trägt bestimmte Energien in sich, die sich auf unser Wohlbefinden und unsere Gesundheit auswirken können, je nachdem, ob diese Energien im Gleichgewicht sind oder sich im Ungleichgewicht befinden.

Dabei ist es wichtig, zu verstehen, dass diese Energien nicht isoliert wirken, sondern im Zusammenspiel mit anderen Kräften in unserem Leben stehen. Es geht also darum, sie nicht nur einzeln zu betrachten, sondern auch zu erkennen, wie sie sich gegenseitig beeinflussen.

Magier – Selbstvertrauen und Kreativität

Der Magier steht für das kreative Potenzial in uns und unseren Glauben an uns selbst. Wenn diese Energie im Gleichgewicht ist, fühlen wir uns fähig, Herausforderungen anzunehmen und aus eigener Kraft zu handeln. *Aber was passiert, wenn diese Energie geblockt ist?* Wir neigen dazu, uns selbst zu unterschätzen und auf äußere Bestätigungen zu warten, anstatt proaktiv zu handeln.

Gesundheitlich zeigt sich ein Ungleichgewicht dieser Energie oft in Form von neurologischen Beschwerden oder Erkrankungen, die den Kopf, die Augen und das Nervensystem betreffen. *Wie stark vertraust du deinem eigenen Potenzial? Und was hält dich davon ab, dieses Potenzial zu nutzen?*

Hohepriesterin – Harmonie und Intuition

Die Energie der Hohepriesterin steht für inneres Wissen, Intuition und die Fähigkeit, Harmonie in unser Leben zu bringen. Doch wenn diese Energie geblockt ist, kann dies zu Passivität und einer Flucht vor der Realität führen. Du fühlst dich vielleicht gefangen in Zweifeln und Unsicherheit, ohne Zugang zu deinem tiefen Wissen.

Gesundheitlich können sich Verschiebungen und Anhaftungen in dieser Energie in hormonellen Ungleichgewichten, Problemen im Urogenitalsystem oder sogar im Gedächtnis widerspiegeln. *Wie stark vertraust du deiner Intuition? Und was könntest du tun, um die Harmonie in deinem Leben wiederherzustellen?*

Kaiserin – Weiblichkeit und Fürsorge

Die Kaiserin steht für die weibliche Energie, Fruchtbarkeit und Schöpfung. Ist diese Energie im Gleichgewicht, erleben wir einen Fluss von Fülle und Kreativität. Doch wenn die Energie geblockt ist, kann dies zu Problemen im hormonellen System führen, insbesondere bei Frauen.

Gesundheitlich zeigen sich diese Ungleichgewichte häufig in Frauenkrankheiten, hormonellen Dysbalancen und sogar in Krampfadern oder Gewichtszunahme. Es geht hier um die Frage: *Wie sehr akzeptierst du deine weibliche (oder bei Männern männliche) Natur? Und inwiefern lebst du Fürsorge und Kreativität in deinem Alltag?*

Kaiser – Verantwortung und Führung

Der Kaiser symbolisiert Autorität, Struktur und Verantwortung. Wenn diese Energie im Ungleichgewicht ist, neigen wir dazu, entweder zu kontrollierend zu sein oder uns vor Verantwortung zu drücken. Gesundheitlich kann dies zu Problemen mit Bluthochdruck, Gelenkerkrankungen oder einem allgemeinen Gefühl der Starre führen – körperlich und geistig.

Übernimmst du Verantwortung in deinem Leben? Und wie sehr beeinflusst Kontrolle oder der Mangel daran deine Gesundheit?

Hohepriester – Weisheit, Struktur und Tradition

Der Hohepriester steht für tiefe Weisheit, Ordnung und die Fähigkeit, spirituelle und weltliche Prinzipien zu verbinden. Wenn diese Energie im Fluss ist, haben wir eine klare Struktur in unserem Leben und die Fähigkeit, Wissen weiterzugeben. *Doch was passiert, wenn diese Energie geblockt ist?* Wir könnten uns in übermäßiger Kontrolle verlieren oder uns von anderen Meinungen und Erwartungen bedrängt fühlen.

Gesundheitlich kann sich das Ungleichgewicht dieser Energie durch Probleme mit den Knochen, Gelenken und dem Kreislaufsystem manifestieren. Es könnte zu Bluthochdruck, Kopfschmerzen und einer Anhäufung von Spannungen kommen. *Wo in deinem Leben lässt du zu, dass zu viel Druck herrscht, und wie könntest du wieder mehr Leichtigkeit und Struktur einbringen?*

Liebende – Liebe und Harmonie

Die Energie der Liebenden steht für Beziehungen, Liebe und Harmonie – sowohl zu anderen als auch zu uns selbst. Wenn diese Energie ausgeglichen ist, fühlen wir uns verbunden, geliebt und in Harmonie mit unserer Umgebung. Doch wenn diese Energie geblockt ist, kann es zu emotionalen und zwischenmenschlichen Konflikten kommen.

Gesundheitlich zeigt sich dies oft in Form von Herz-Kreislauf-Problemen, Spannungen im Brustbereich oder sogar ästhetischen Beschwerden, die mit dem Selbstbild zusammenhängen. *Wie harmonisch sind deine Beziehungen? Wie sehr liebst du dich selbst?*

Wagen – Bewegung und Zielstrebigkeit

Der Wagen steht für Bewegung, Willenskraft und die Fähigkeit, Ziele entschlossen zu verfolgen. Doch wenn diese Energie aus dem Gleichgewicht gerät, kann es entweder zu einem Mangel an Antrieb oder zu übertriebener Hast und Stress kommen.

Gesundheitlich manifestiert sich dies oft im Bewegungsapparat – in Gelenken, Knochen oder dem Rücken. Fragen wie: *„Verfolge ich meine Ziele mit Klarheit, oder lasse ich mich von Konkurrenz und Neid ausbremsen?"* können aufschlussreich sein. *Wie könnte eine bessere Balance zwischen Aktion und Ruhe in deinem Leben aussehen?*

Gerechtigkeit – Balance und Fairness, Geben und Empfangen

Die Energie der Gerechtigkeit steht für Ausgleich, Fairness und das Gesetz von Ursache und Wirkung. Wenn sie im Gleichgewicht ist, können wir klare Entscheidungen treffen und uns an ethischen Grundsätzen orientieren. Doch wenn diese Energie geblockt ist, können wir uns in Kämpfen um Recht und Gerechtigkeit verlieren und emotionalen Stress erleben.

Gesundheitlich zeigt sich dies oft in Form von Diabetes, Verdauungsproblemen oder Depressionen, wenn wir das Gefühl haben, dass das Leben „unfair" zu uns ist. *Wo könntest du in deinem Leben mehr Balance schaffen, und wie kannst du das Gesetz von Ursache und Wirkung bewusster in dein Handeln integrieren?*

Eremit – Rückzug und Innenschau, Wahl für sich selbst

Der Eremit symbolisiert Weisheit, Rückzug und die Fähigkeit, in der Stille Klarheit zu finden. Wenn diese Energie geblockt ist, kann es jedoch zu Einsamkeit und Isolation führen, anstatt zu reflektierter Innenschau.

Gesundheitlich zeigt sich das oft in Kopfschmerzen, Herzproblemen oder auch Tumorbildungen, wenn wir uns zu sehr von der Welt zurückziehen. *Nutze ich den Rückzug für Klarheit, oder habe ich mich von meinen sozialen Kontakten distanziert? Was brauche ich, um eine gesunde Balance zwischen Rückzug und Gemeinschaft zu finden?*

Rad des Schicksals – Akzeptanz und Fluss

Das Rad des Schicksals steht für Veränderung und den natürlichen Fluss des Lebens. Wenn wir im Einklang mit dieser Energie sind, können wir Veränderungen annehmen und im Fluss bleiben. Doch wenn diese Energie geblockt ist, könnte es zu einem ständigen Gefühl von Unruhe oder Stagnation kommen.

Gesundheitlich manifestiert sich dies oft in Problemen mit dem Magen-Darm-Trakt, Gefäßsystem oder einem Gefühl des „Steckenbleibens" im Leben. *Wie sehr vertraust du dem Fluss des Lebens? Wo hältst du fest und umgehst so den natürlichen Verlauf?*

Kraft – Stärke und Selbstbeherrschung

Die Kraft steht für innere Stärke, Mut und die Fähigkeit, sich selbst und seine Impulse zu kontrollieren. Im Gleichgewicht bedeutet diese Energie, dass wir unsere innere Kraft nutzen können, um Herausforderungen zu meistern, ohne dabei aggressiv oder übermäßig dominant zu werden. Doch wenn diese Energie im Ungleichgewicht ist, kann es zu Frustration, Kontrollverlust oder sogar körperlicher Erschöpfung kommen.

Gesundheitlich zeigt sich dies häufig in Form von Problemen mit dem Bewegungsapparat, Muskelverspannungen oder Bluthochdruck. Es kann auch zu chronischer Müdigkeit oder einem allgemeinen Gefühl von Erschöpfung führen. *Wo in deinem Leben wendest du zu viel Kraft an oder hältst zu stark fest? Wie kannst du mehr Leichtigkeit und Flexibilität in deinen Umgang mit Herausforderungen bringen?*

Gehängter – Hingabe, Perspektivenwechsel und Opferdasein

Der Gehängte symbolisiert Hingabe, Geduld und die Fähigkeit, eine Situation aus einer neuen Perspektive zu betrachten. Wenn diese Energie im Gleichgewicht ist, können wir loslassen und akzeptieren, was wir nicht ändern können. Doch wenn sie im Ungleichgewicht ist, fühlen wir uns oft festgefahren und unfähig, Entscheidungen zu treffen oder weiterzukommen.

Gesundheitlich können sich Ungleichgewichte dieser Energie in Form von Depressionen, Stagnation oder sogar in chronischen Krankheiten zeigen, die uns daran hindern, „vorwärts" zu kommen. *In welchen Bereichen deines Lebens fühlst du dich gefangen? Wie könntest du einen Perspektivenwechsel nutzen, um Klarheit zu gewinnen? Wo stecke ich in einer Co-Abhängigkeit fest?*

Tod – Transformation und Erneuerung

Der Tod steht für Transformation, Loslassen und die Fähigkeit, sich zu erneuern. Es geht nicht um den physischen Tod, sondern um das Ende von etwas, das Platz für Neues schafft. Wenn diese Energie im Gleichgewicht ist, fällt es uns leicht, Veränderungen anzunehmen und uns weiterzuentwickeln. Doch wenn sie geblockt ist, halten wir oft an alten Mustern fest, was zu Stagnation und Frustration führen kann.

Gesundheitlich können sich Ungleichgewichte in dieser Energie durch erhöhte Verletzungsanfälligkeit, toxische Belastungen im Körper oder sogar schwerwiegende Erkrankungen wie Krebs manifestieren. *Was in deinem Leben hält dich zurück? Welche alten Muster oder Beziehungen könntest du loslassen, um Raum für Neues zu schaffen?*

Mäßigkeit – Balance, Geduld und Kreativität

Die Mäßigkeit steht für Ausgleich, Harmonie und Geduld. Wenn diese Energie im Fluss ist, erleben wir eine innere Balance, die sich in allen Lebensbereichen widerspiegelt. Doch wenn sie im Ungleichgewicht ist, kann es zu Ungeduld, Extremen und einem Gefühl des „Auseinanderdriftens" kommen.

Gesundheitlich können sich diese Ungleichgewichte in Störungen des Stoffwechsels, Flüssigkeitsansammlungen oder Problemen mit dem Herz-Kreislauf-System zeigen. *Wo in deinem Leben fehlt dir Balance? Wie könntest du mehr Geduld und Ausgeglichenheit in deinen Alltag bringen?*

Teufel – Versuchung und Selbstdisziplin

Der Teufel symbolisiert Versuchungen, Macht und die Herausforderung, sich von negativen Einflüssen zu befreien. Im Gleichgewicht bedeutet diese Energie, dass wir uns unserer Schattenseiten bewusst sind und sie in unser Leben integrieren können, ohne ihnen nachzugeben. Doch wenn sie im Ungleichgewicht sind, können wir in destruktive Muster wie Gier, Abhängigkeiten oder Kontrollsucht verfallen.

Gesundheitlich zeigt sich dies oft in Form von Abhängigkeiten, Erkrankungen des Nervensystems oder Hautproblemen wie Psoriasis. *Wo in deinem Leben gibst du negativen Einflüssen nach? Wie kannst du diese Muster erkennen und verändern, um mehr Freiheit und Selbstbestimmung zu erlangen?*

Turm – plötzliche Veränderungen und Befreiung

Der Turm steht für plötzliche Umbrüche und die Zerstörung alter Strukturen. Diese Energie bringt oft schockartige Veränderungen mit sich, die uns jedoch die Möglichkeit geben, uns von allem zu befreien, was uns nicht mehr dient. Im Ungleichgewicht kann diese Energie jedoch Chaos und Desorientierung verursachen.

Gesundheitlich kann dies zu Unfällen, Verletzungen oder einem allgemeinen Gefühl der „Erschütterung" führen. Es kann auch Aggressionen oder unkontrollierbare emotionale Ausbrüche begünstigen.

Welche Strukturen in deinem Leben müssen zusammenbrechen, damit du dich befreit und erneuert fühlen kannst? Wie kannst du diese Umbrüche annehmen, anstatt dich ihnen zu widersetzen?

Stern – Hoffnung und Kreativität

Der Stern symbolisiert Hoffnung, Inspiration und Kreativität. Wenn diese Energie im Gleichgewicht ist, fühlen wir uns verbunden mit unserer inneren Quelle und sind offen für neue Ideen und Inspirationen. Doch wenn sie geblockt ist, kann es zu einem Gefühl der Hoffnungslosigkeit oder zu Selbstzweifeln kommen.

Gesundheitlich zeigt sich dies oft in Problemen mit der Schilddrüse, Sprachproblemen oder einem allgemeinen Gefühl der Erschöpfung. *Wo könntest du mehr Vertrauen in deine kreativen Fähigkeiten haben? Wie könntest du deine innere Quelle der Inspiration wieder anzapfen?*

Mond – Intuition und Emotionen

Der Mond steht für Emotionen, Träume und die verborgenen Aspekte unseres Selbst. Im Gleichgewicht bedeutet diese Energie, dass wir Zugang zu unserer Intuition haben und uns mit unseren tiefsten Gefühlen verbinden können. Doch wenn sie im Ungleichgewicht ist, kann es zu emotionaler Verwirrung, Ängsten oder sogar Illusionen kommen.

Gesundheitlich können sich diese Ungleichgewichte in Form von Schlafstörungen, hormonellen Ungleichgewichten oder Problemen mit Flüssigkeitsansammlungen im Körper zeigen. *Wie gut verstehst du deine eigenen Emotionen? Wo in deinem Leben könntest du mehr Klarheit in deine Gefühle bringen?*

Sonne – Freude und Vitalität

Die Sonne symbolisiert Lebensfreude, Vitalität und Erfolg. Wenn diese Energie im Gleichgewicht ist, fühlen wir uns voller Energie und strahlen Positivität aus. Doch wenn sie geblockt ist, kann es zu einem Verlust von Lebensfreude und zu Burnout-Symptomen kommen.

Gesundheitlich zeigt sich dies oft in Form von Herz-Kreislauf-Problemen, Burnout oder allgemeinen Entzündungen im Körper.

Wo in deinem Leben hältst du dich selbst davon ab, Freude zu empfinden? Wie kannst du wieder mehr Licht in dein Leben bringen?

Gericht – Erlösung und Erneuerung

Das Gericht steht für Transformation, Erlösung und die Möglichkeit, durch neue Einsichten und Entscheidungen eine tiefgehende Erneuerung zu erfahren. Im Gleichgewicht ermöglicht diese Energie, dass wir alte Fehler erkennen, uns von vergangenen Lasten befreien und eine neue Lebensphase beginnen können. Doch wenn diese Energie im Ungleichgewicht ist, kann es zu Schuldgefühlen, Stagnation oder einem Gefühl des Verhaftetseins in der Vergangenheit kommen.

Gesundheitlich können sich Verschiebungen dieser Energie durch genetische oder erbliche Krankheiten zeigen, Probleme mit dem Blutkreislauf oder das Gefühl, von emotionalen Wunden der Vergangenheit nicht loszukommen. *Wo in deinem Leben hältst du noch an alten Mustern fest, die dich zurückhalten? Was brauchst du, um dich von diesen Lasten zu befreien und einen neuen Weg einzuschlagen?*

Welt – Vollendung und Ganzheit

Die Welt symbolisiert Vollendung, Ganzheit und das Gefühl, an einem Punkt angekommen zu sein, an dem alles zusammenläuft. Wenn diese Energie im Gleichgewicht ist, fühlen wir uns erfüllt, erfolgreich und in Harmonie mit uns selbst und der Welt. Doch wenn diese Energie geblockt ist, können wir uns isoliert, unerfüllt oder „unerreicht" fühlen, als ob uns etwas fehlt.

Gesundheitlich kann sich dies in Form von Schwächen im Immunsystem, Angstzuständen oder physischen und mentalen Erschöpfungszuständen zeigen. *Wo hast du das Gefühl, dass du deine Bestimmung noch nicht erreicht hast? Was könnte dir helfen, dich vollständiger und in Harmonie mit deinem Leben zu fühlen?*

Narr – Freiheit und Neuanfang

Der Narr steht für Neuanfang, Unschuld und Freiheit. Er symbolisiert die Fähigkeit, das Leben spielerisch anzugehen und sich ohne Angst vor dem Unbekannten in neue Abenteuer zu stürzen. Wenn diese Energie im

Gleichgewicht ist, fühlen wir uns frei, mutig und offen für neue Möglichkeiten. Doch wenn sie geblockt ist, können wir uns entweder ängstlich und zögerlich fühlen oder im Gegenteil zu impulsiv und unüberlegt handeln.

Gesundheitlich zeigt sich dies oft in Unfällen, körperlichen Verletzungen oder einem allgemeinen Gefühl der Orientierungslosigkeit. *Wo in deinem Leben hältst du dich zu sehr zurück oder gehst unnötige Risiken ein? Wie kannst du Freiheit und Verantwortung in ein gesundes Gleichgewicht bringen?*

Integration der Erkenntnisse

Nun, da wir alle Arkana-Energien betrachtet haben, wird deutlich, dass jede Energie sowohl positive als auch negative Auswirkungen auf unsere Gesundheit und unser energetisches Gleichgewicht haben kann. Wichtig ist, diese Energien bewusst wahrzunehmen und mit ihnen zu arbeiten, um Ungleichgewichte zu lösen und mehr Harmonie in dein Leben zu bringen.

Dabei sollten wir immer im Hinterkopf behalten, dass diese gesundheitlichen und energetischen Deutungen keine medizinischen Diagnosen darstellen. Es geht vielmehr darum, das energetische Ungleichgewicht zu erkennen, das sich in bestimmten körperlichen oder emotionalen Beschwerden widerspiegeln kann. Hierbei ist es hilfreich, die Gesundheitskarte als Orientierung zu nutzen, aber gleichzeitig auch den individuellen Aspekt nicht zu vergessen.

Fazit

Die Arkana-Energien wirken auf vielen Ebenen und beeinflussen nicht nur unsere Gesundheit, sondern auch unser seelisches und spirituelles Gleichgewicht. Diese Betrachtung soll uns nicht verunsichern oder Angst machen, sondern vielmehr zeigen, wo ein mögliches Ungleichgewicht liegt und wie wir es bewusst lösen können, um mehr Balance in unser Leben zu bringen. Wir haben gesehen, dass jede Arkana-Energie für sich betrachtet werden kann, aber es ist auch wichtig, den gesamten Code zu verstehen, indem alle drei Energien in ihrer Gesamtheit gesehen werden.

DIE SCHLÜSSEL ZUR TRANSFORMATION

In diesem Kapitel wirst du Werkzeuge kennenlernen, die dir helfen, deine Chakren ins Gleichgewicht zu bringen, energetisches Ungleichgewicht zu lösen und deinen Energiefluss zu harmonisieren. Die Chakren sind kraftvolle Energiezentren in deinem Körper, die sowohl deine physische als auch deine emotionale und spirituelle Gesundheit beeinflussen. Ein Ungleichgewicht in einem oder mehreren Chakren kann sich in emotionalen Herausforderungen, körperlichen Beschwerden oder stagnierender Energie äußern.

Doch es gibt Wege, diese Energien wieder ins Fließen zu bringen. Wir werden uns Techniken wie Meditationen, Visualisierungen und den gezielten Einsatz von ätherischen Ölen ansehen, die speziell dazu entwickelt wurden, die Chakren zu öffnen und die Handbremse auf sanfte Weise zu lösen. Diese Methoden bieten dir einen praktischen Ansatz, um die Balance in deinem Energiesystem wiederherzustellen und damit dein gesamtes Wohlbefinden zu steigern.

In diesem Kapitel erfährst du nicht nur, wie du die Chakren ausgleichen kannst, sondern auch, wie du die energetischen Prinzipien in deinem Alltag anwendest. Was wäre, wenn du jeden Tag in energetischer Harmonie beginnen könntest? Stell dir vor, wie es sich anfühlt, wenn deine Chakren im Einklang schwingen und du voller Klarheit und Kraft deinen Tag gestaltest.

Es ist an der Zeit, dich bewusst mit deinen Energiezentren auseinanderzusetzen, sie zu verstehen und zu stärken, um deine innere Balance zu finden und zu halten. Die Werkzeuge, die du in diesem Kapitel erhältst, sind darauf ausgelegt, dir auf deinem Weg zur Selbstheilung und Transformation zu helfen.

Ahnenheilung & Wurzelchakra - Karmische Seelenaufgaben

Das Wurzelchakra steht für unsere Verbindung zur Erde, unsere Stabilität und das Fundament unseres Lebens. Es ist der Ort, an dem der „karmische Schwanz" – die Lasten aus vergangenen Leben – gespeichert wird, aber auch das Chakra, das uns den Weg zeigt, den unsere Seele in diesem Leben gehen soll. Mit diesem Ritual wirst du die Ahnen der letzten sieben Generationen auf mütterlicher und väterlicher Seite einladen, das Ungleichgewicht oder Aufgaben, die nicht erledigt wurden zu lösen und gleichzeitig dein Wurzelchakra zu stärken. Du arbeitest dabei sowohl an der Vergangenheit als auch an der Ausrichtung auf die Aufgabe deiner Seele.

Schritt 1 - Vorbereitung und Verbindung zur Matrix

Dieses Ritual sollte nach Möglichkeit in der Natur durchgeführt werden, da die erdende Energie der Natur eine tiefere Verbindung ermöglicht. Wähle einen Platz, der sich ruhig und sicher anfühlt – vielleicht unter einem Baum oder an einem besonderen Ort in der Natur. Wenn es nicht möglich ist, nach draußen zu gehen, kannst du das Ritual auch im Innenraum durchführen. Richte dort einen Raum mit natürlichen Elementen wie Erde, Steinen und Pflanzen ein.

Vorbereitung und Schaffung eines heiligen Raumes

Ritual im Freien - Lege deine Hände auf die Erde und nimm tiefe Atemzüge, während du dir vorstellst, dass deine Wurzeln tief in die Erde hineinwachsen und sich mit den Wurzeln deiner Ahnen verbinden. Dies ist eine symbolische Geste, die dir hilft, den energetischen Zugang zu den sieben Generationen deiner Vorfahren zu öffnen und den karmischen Schwanz zu reinigen.

Ritual im Innen - Beginne damit, einen heiligen Raum zu schaffen. Lege Ahnenbilder, Gegenstände deiner Vorfahren und Naturmaterialien (wie Erde, Steine oder Pflanzen) in den Raum. Zünde eine Kerze an, die symbolisch für dein Ahnenlicht steht, und bereite deine Spiegelarbeit vor, indem du einen Spiegel und einen Handstein aus klarem Quarz oder Blutstein aufstellst.

Verwende ätherische Öle wie Vetiver oder Zypresse, die das Wurzelchakra stärken und erden.

Matrix-Zeichnung - Bevor du beginnst, zeichne deine persönliche Matrix – ein Diagramm oder eine intuitive Zeichnung, z.B. neurographischer Baum, die deine energetischen Verbindungen, Verschiebungen und spirituellen Wege symbolisiert. Verbinde dich energetisch mit dieser Matrix, spüre hinein, wie du mit deinen Ahnen und deiner Seele verbunden bist. Lege die Matrix vor dir ab, um sie als Anker während des Rituals zu nutzen.

Ätherische Öle für das Wurzelchakra - Wähle Öle wie Vetiver, Zypresse oder Patchouli, um dein Wurzelchakra zu erden. Trage diese Öle auf die Füße, den unteren Rücken oder den Damm auf, während du dich mit der Erde und deiner Ahnenlinie verbindest.

Schritt 2 - Die Mondklangzeremonie – Ahnen und Heilung im Wurzelchakra

In der Mondklangzeremonie arbeiten wir mit den Schwingungen des Mondes und den Klängen der Natur, um eine tiefe Verbindung zu den Ahnen zu schaffen. Du kannst Klangschalen, Trommeln oder auch deine Stimme nutzen, um Vibrationen zu erzeugen, die die Energie des Wurzelchakras aktivieren und alte Ungleichgewichte in der Ahnenlinie auflösen.

Mondklangritual - Wähle eine ruhige Nacht, vorzugsweise bei Voll- oder Neumond, um die Ahnen zu ehren. Beginne mit einem sanften Klangritual, indem du die Schwingungen der Klänge auf dich wirken lässt und diese in dein Wurzelchakra lenkst. Lade die Ahnen ein, dir Botschaften zu senden oder Hindernisse zu lösen, die in den letzten sieben Generationen entstanden sind. Lausche den Klängen und spüre, wie die Schwingungen die Heilung auf physischer, emotionaler und spiritueller Ebene unterstützen.

Schritt 3 - Der Spiegel der Ahnen und dein Baum der Abstammung

Stelle einen Spiegel vor dich, der die Verbindung zu deinen Ahnen symbolisiert. Der Spiegel dient als Portal, durch das du in die Vergangenheit blicken kannst. Visualisiere die Gesichter oder nimm die Energie deiner Ahnen war, die dir gegenüberstehen. Beginne, sie zu sehen und die Botschaften zu empfangen, die sie dir über deine Ahnenlinie und dein Wurzelchakra mitteilen möchten.

Schritt 4 - Die Drei Bäume – Reflexion über Abstammung, Erbe und Einfluss

Nachdem du deinen Stammbaum erstellt hast, betrachte ihn nicht nur als „Abstammung". Es gibt drei wichtige Bäume in deinem Leben.

Baum der Abstammung - Erstelle aus dem Gedächtnis einen Stammbaum mit den Namen deiner Vorfahren bis zur vierten Generation, ohne auf Notizen zurückzugreifen. Notiere wie auf dem Bild zu sehen dabei besonders die mütterlichen und väterlichen Linien und erinnere dich, was dir über diese Ahnen erzählt wurde. Nutze den Spiegel, um tiefer in die Verbindung zu diesen Ahnen zu gehen und die energetischen Blockaden zu erkennen, die in deinem Wurzelchakra gespeichert sein könnten.

Dies ist der genealogische Baum, der deine leiblichen Vorfahren widerspiegelt. *Wie viele Generationen kannst du zurückverfolgen? Wie viel weißt du über die Frauen in deiner Ahnenlinie? Welche emotionalen Muster und Lebensthemen ziehen sich durch diesen Baum?*

Der Erbbaum - Dies ist der Baum, der dir das spirituelle und emotionale Erbe deiner Ahnen zeigt. *Welche Lektionen, Fähigkeiten und karmischen Themen hast du von ihnen übernommen? Welche spirituellen Gaben hast du von deinen Vorfahren geerbt? Was fällt dir in deiner Familiengeschichte besonders auf? Gibt es wiederkehrende Muster, Stärken oder Herausforderungen, die über Generationen hinweg sichtbar sind?*

Der Einflussbaum - Dies ist der Baum, der die Seelenfamilie repräsentiert – Menschen, die nicht durch Blut mit dir verbunden sind, sondern durch spirituelle oder emotionale Bindungen. *Wer sind die Menschen, die dich auf deinem Weg begleitet und beeinflusst haben? Welche Verbindungen haben dich besonders geprägt und inspiriert?*

Schreibe die wichtigsten Themen, Lektionen und Energien auf, die du aus diesen drei Bäumen spürst.

Schritt 5 - Die Kartenlegung – Vergangenheit, Gegenwart, Zukunft

Lege drei Tarotkarten (Major Arkana), um eine tiefere Einsicht in die Verbindungen deiner Ahnen, deine Vergangenheit und die zukünftige Ausrichtung deiner Seele zu erhalten. Lege die Karten von rechts nach links aus, von der Vergangenheit zur Zukunft.

Vergangenheit (rechts)
Welche unerlösten Themen oder karmischen Aufgaben meiner Ahnenlinie wirken sich noch heute auf mein Leben aus?

Gegenwart (Mitte)
Welche Themen in meiner Ahnenlinie beeinflussen mein aktuelles Leben und meine Stabilität?

Zukunft (links)
Welche Schritte kann ich unternehmen, um die Energie des Wurzelchakras zu heilen und meiner Seele den Weg zu weisen?

Achte darauf, welche Arkana-Energien in deinem Wurzelchakra aktiv sind und ob sie im Minus oder Plus sind. Dies wird dir Aufschluss darüber geben, welche Energieblockaden vorhanden sind und wie du sie lösen kannst.

Schritt 6 - Ahnenheilung und Aktivierung des Wurzelchakras

Nutze nun den Klang, um dich tiefer in die energetische Arbeit zu begeben. Trommeln oder Klangschalen eignen sich hervorragend, um die Schwingungen des Wurzelchakras zu aktivieren und gleichzeitig Heilung in die Ahnenlinie zu bringen. Beginne zu spielen und stelle dir vor, wie das Ungleichgewicht und die karmischen Wunden aus deiner Ahnenlinie durch den Klang gereinigt und aufgelöst werden.

Visualisiere, wie sich deine Wurzeln tiefer in die Erde graben und alle Generationen vor dir berühren. Sende Dankbarkeit und Liebe in deine Ahnenlinie und spüre, wie sich die Energie deines Wurzelchakras stabilisiert und verstärkt.

Schritt 7 - Ahnenbotschaften empfangen und Loslassen

Nach der energetischen Reinigung richte deine Aufmerksamkeit auf die Botschaften, die deine Ahnen dir übermitteln möchten. Frage sie, was sie dir mitgeben wollen, um dein Leben in Balance zu bringen. Spüre die Weisheit deiner Ahnen und die Kraft ihrer Erfahrungen, die dir helfen können, deinen Lebensweg zu klären.

Nutze diesen Moment, um auch die negativen Muster, die du aus der Ahnenlinie geerbt hast, loszulassen. Stelle dir vor, wie du die alten Geschichten, die nicht mehr zu dir passen, in den Boden abgibst und sie dort transformiert werden.

Schritt 8 - Zärtlichkeit ohne Erwartungen – Die Verbindung zu den Ahnen pflegen

Nimm dir eine Woche lang Zeit, um ohne Erwartungen Zärtlichkeit zu praktizieren, sei es durch Selbstfürsorge oder im Austausch mit deinen Lieben. Dies könnte durch achtsame Berührungen, Rituale oder einfache Gesten der Wertschätzung geschehen. Durch diese Praxis öffnest du den energetischen Raum, um die Energie der Ahnen ohne Druck oder Erwartungen zu empfangen und dein Wurzelchakra weiter zu heilen.

Schritt 9 - Integration und Abschluss der Zeremonie

Nach der Zeremonie ist es wichtig, die Energien zu integrieren und den Heilungsprozess in dein tägliches Leben zu bringen. Verbinde dich weiterhin mit deinem Wurzelchakra und deinen Ahnen, um Stabilität und Balance in deinem Leben zu kultivieren.

Ätherische Öle für die Integration - Vetiver und Sandelholz sind ideale Begleiter, um die Verbindung zu deinen Wurzeln zu vertiefen und die Energien des Rituals in dir zu stabilisieren. Verwende sie täglich, um das Wurzelchakra zu unterstützen.

Schritt 10 - Das kleine Abenteuer mit Ätherischen Ölen

Zum Abschluss des Rituals kannst du dich auf ein besonderes Erlebnis vorbereiten, indem du eines der genannten ätherischen Öle auswählst, das für dich am besten passt. Vetiver für Erdung, Zypresse für Durchblutung oder Patchouli für Stabilität.

Trage das Öl auf deine Haut auf und bereite dich darauf vor, ein neues Kapitel in der Verbindung zu deinen Ahnen und deinem Wurzelchakra zu beginnen. Stelle dir vor, wie diese Lebensenergie tief in dein System eindringt und dich für die Reise deiner Seele öffnet.

Dieses Ritual kombiniert die Ahnenklärung mit der Aktivierung des Wurzelchakras, der Matrix-Arbeit und der Nutzung von ätherischen Ölen. Es hilft dir, vergangene Hindernisse zu lösen, dich energetisch zu erden und den Weg deiner Seele in diesem Leben klarer zu sehen.

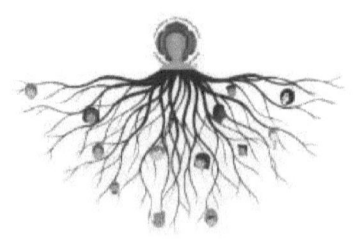

LEIDENSCHAFT ERWECKEN - SEXUALCHAKRA-AKTIVIERUNG

Die Libido - Wippe der sexuellen Harmonie

Lass uns ein wenig über die Libido - Wippe der sexuellen Harmonie sprechen. Viele Paare, die in treuen Beziehungen leben, erleben Frustrationen. Nicht wegen Untreue, sondern wegen einer fehlenden Leidenschaft und Lust. Diese Libido - Wippe steht symbolisch für das sexuelle Gleichgewicht zwischen beiden Partnern.

Stell dir den Menschen vor, den du liebst. Nun stell dir vor, dass du mit diesem Menschen neben einer großen Libido - Wippe stehst. In dieser Libido - Wippe befinden sich „Energiekristalle der Leidenschaft", die das Maß an Lust und sexueller Energie in eurer Beziehung repräsentieren. *Wie viele Kristalle würdet ihr beide in die Libido - Wippe legen? Wie sieht es aus, wenn ihr eure Energiekristalle hineinlegt?*

Ist die Libido - Wippe ausgeglichen oder kippt sie? In vielen Beziehungen neigt sich die Seite des einen Partners stärker, weil er oder sie mehr Lust und Energie verspürt, während die andere Seite leichter ist. Das Sexualchakra (Svādhiṣṭhāna) spielt hier eine große Rolle, ebenso wie die Energien der Arkana, die in diesem Chakra wirken und im Balancepunkt sichtbar werden. Ein Ungleichgewicht im Chakra oder in den zugeordneten Arkana kann die Libido beeinflussen, sei es durch äußeren Stress, Medikamente oder ein emotionales Ungleichgewicht.

Der Partner mit einer geringeren sexuellen Energie möchte möglicherweise nicht bewusst weniger Lust haben – es kann äußere oder innere Faktoren geben, die dieses Ungleichgewicht verursachen. Der Partner mit mehr sexueller Energie empfindet hingegen möglicherweise Frustration, weil er mehr Verbindung und Leidenschaft wünscht, ohne den anderen zu überfordern oder zurückgewiesen zu werden.

Die Herausforderung besteht darin, die Libido - Wippe in Balance zu bringen und das sexuelle Gleichgewicht zwischen beiden Partnern wiederherzustellen. Sobald dieses Gleichgewicht erreicht ist, kommen die Partner sich näher, und die Beziehung wird harmonischer. Mit Hilfe von ätherischen Ölen und energetischen Techniken können wir die Ungleichgewichte in unserem Sexualchakra lösen und wieder in den Fluss der Liebe und Leidenschaft kommen.

Übung

Schritt 1 - Gemeinsame Reflexion

Setzt euch zusammen und reflektiert offen über eure sexuelle Energie und Wünsche. *Wie fühlt ihr euch in Bezug auf eure Libido? Wie wirkt sich euer Sexualchakra aus? Gibt es Blockaden oder Hindernisse, die durch äußere Umstände oder emotionale Belastungen entstehen? Schaut euch auch eure Chakrenkarte an, um zu sehen, welche Arkana im Sexualchakra vorherrschen. Sind diese Energien im Minus? Wie könnte das die Balance in eurer Libido - Wippe beeinflussen?*

Schritt 2 - Zärtlichkeit ohne Erwartungen

Der Partner mit einer höheren sexuellen Energie nimmt sich eine Woche lang vor, dem anderen Partner Zärtlichkeiten zu schenken, ohne sexuelle Erwartungen. Dies dient dazu, Intimität ohne Druck aufzubauen und den Partner mit weniger Energie zu ermutigen, sich auf seine eigene Art zu öffnen und die Energie des Sexualchakras fließen zu lassen.

Schritt 3 - Die Wunschliste

Jeder Partner erstellt eine Wunschliste. *Welche Bedürfnisse und Sehnsüchte habt ihr in eurer Beziehung – körperlich und emotional?* Diese Wünsche sollten nicht nur den Körper betreffen, sondern auch die emotionale Verbindung und die psychologische Ebene, die oft eng mit dem zweiten Chakra verknüpft ist.

Schritt 4 - Austausch der Bedürfnisse

Vergleicht eure Wunschlisten und schaut, wo es Übereinstimmungen gibt und wo Unterschiede. Besprecht, wie ihr diese Bedürfnisse gemeinsam erfüllen könnt und welche energetischen oder emotionalen Ungleichgewichte vielleicht gelöst werden müssen. Schaut, welche Arkana-Energien im Sexualchakra aktiviert sind und ob sie euch helfen können, diese Balance zu erreichen.

Schritt 5 - Das kleine Abenteuer

Plant eine gemeinsame Zeit oder ein besonderes Erlebnis, das nicht auf Sexualität fokussiert ist, sondern auf Spaß und spielerische Nähe. Dies könnte ein romantischer Ausflug oder ein kreatives Projekt sein, das euch beide wieder näher zusammenbringt und eure Libido - Wippe der sexuellen Harmonie füllt.

Schritt 6 - Regelmäßige Check-ins

Bleibt in einem regelmäßigen Austausch über eure Libido und euer intimes Gleichgewicht. Besprecht, wie ihr euch fühlt und ob sich etwas verändert hat. Seid offen dafür, eure Bedürfnisse anzupassen, damit ihr immer wieder die Harmonie in eurer Libido - Wippe findet.

Schritt 7 - Vorbereitung auf ein intimes Abenteuer mit ätherischen Ölen

Nachdem ihr euch emotional und energetisch besser aufeinander abgestimmt habt, ist es nun an der Zeit, eure sexuelle Energie bewusst zu lenken. Wählt eines der ätherischen Öle – Ylang Ylang, Sensation, Joy oder Orange – und bereitet euch auf ein besonderes, intimes Abenteuer vor.

Tragt das Öl auf die Innenseiten eurer Oberschenkel auf, atmet tief ein, und spürt, wie das Sexualchakra aktiviert wird. Beobachtet, wie sich die Energie in eurem Körper verändert – *fühlt ihr euch lebhafter? Freier?* Lasst die sinnliche Magie der Öle euer Sexualchakra öffnen und eine neue Dimension eurer Verbindung entfalten.

Fragen zur Vertiefung

Wie fühlt sich dein Körper an, wenn du dich auf dieses sinnliche Abenteuer vorbereitest?
Welches Öl wählst du, um die Harmonie in deinem Sexualchakra zu fördern und die Intimität mit deinem Partner zu vertiefen?
Welche Veränderungen nimmst du in deiner sexuellen Energie wahr, während du das Öl aufträgst und den Duft einatmest?

Die Libido - Wippe der sexuellen Harmonie – Mit ätherischen Ölen und den Arkanen des Sexualchakras ins Gleichgewicht finden

Stell dir vor, dein Sexualchakra ist deine Libido - Wippe – eine, die durch die Energien der Arkana beeinflusst wird. Mal ist sie voll und fließt über vor Energie, mal wirkt sie fast leer und stagniert. *Du möchtest sie in Balance halten, richtig? Doch was, wenn du es nicht ganz alleine schaffst?* Hier kommen die ätherischen Öle ins Spiel, die dabei helfen, die Libido - Wippe deiner sexuellen Harmonie zu füllen und ins Gleichgewicht zu bringen.

Hast du dich jemals gefragt, warum deine Lust manchmal ins Stocken gerät? Manchmal liegt es nicht nur an äußeren Faktoren wie Stress oder Hektik, sondern tief in deinem Sexualchakra schlummert die Energie deiner Vorfahren, die dich epigenetisch beeinflusst. Und die gute Nachricht - Du kannst sie in Balance bringen.

Lass uns schauen, welche Öle dir dabei helfen und wie du sie ganz spielerisch anwenden kannst, um deine Sexualenergie zu wecken.

Ylang Ylang
Ah, Ylang Ylang! *Schon der Name klingt nach Verführung, oder?* Diese süße Blume öffnet nicht nur dein Herz, sondern bringt auch das Sexualchakra in Bewegung. *Hast du Lust, dich voller Hingabe und Freude in deine Sinnlichkeit zu vertiefen?* Dann ist Ylang Ylang dein Öl. Es harmonisiert deine Energien und bringt dich zurück in den Fluss der Lebenslust. Ylang Ylang ist besonders dafür bekannt, die Libido zu steigern – sowohl bei Frauen als auch bei Männern. Und ganz ehrlich - *Gibt es etwas Schöneres, als sich fallen zu lassen und dabei dem betörenden Duft dieser Blume nachzugeben?*

*Bist du bereit, das volle Potenzial deiner Sinnlichkeit zu entfalten? Wie wä-
re es, wenn du heute Abend Ylang Ylang auf deine Oberschenkel aufträgst
und die Energie bewusst durch dein Sexualchakra fließen lässt?*

Zypresse

Zypresse – das Öl, das den Blutfluss anregt. *Warum ist das so wichtig?
Hast du bemerkt, wie oft deine körperliche und sexuelle Energie miteinander verknüpft sind?* Wenn dein Sexualchakra im Ungleichgewicht ist,
stagniert die Energie – genau wie das Blut. Und das kann sich direkt auf
dein Verlangen auswirken. Zypresse sorgt dafür, dass der Blutfluss, und
damit auch deine sexuelle Energie, wieder ins Fließen kommt.

*Möchte ich meine Sinne neu beleben und den Fluss der Energie in meinem
Körper spüren? Wie wäre es, wenn du Zypresse mit Ylang Ylang kombi-
nierst und diese Mischung sanft auf die Innenseiten deiner Oberschenkel
aufträgst? Was verändert sich in dir?*

Muskatellersalbei

Ein Öl für Frauen, das nicht nur bei hormonellen Problemen, sondern
auch bei sexueller Lust angewandt wirkt. Muskatellersalbei bringt dich
wieder in deine Mitte, balanciert dein Sexualchakra und deine Energien.
*Hast du manchmal das Gefühl, dass du nicht in Stimmung bist, weil dein
Körper einfach nicht mitmacht?* Muskatellersalbei kann deine Hormone
ausgleichen und dich wieder in Verbindung mit deiner Sinnlichkeit bringen.

*Was würde sich ändern, wenn du heute Muskatellersalbei auf deinen
Unterbauch auftragen würdest, um deine sexuelle Energie zu wecken?
Kannst du dir vorstellen, dass deine Lust natürlicher und freier fließt?*

Joy

Die Freude am Leben – und an der Liebe. Joy ist eine florale Mischung,
die deinen Geist und dein Herz öffnet und deine Energien im Sexualchakra
wieder ausbalancieren kann. *Wie oft fühlst du dich von der Hektik des
Alltags so gestresst, dass du gar keine Lust mehr auf Intimität hast?* Joy
kann dir beitragen, dieses Ungleichgewicht zu verändern, sodass du die
Leichtigkeit und Freude in deinem Liebesleben wiederfindest.

Wie würde sich dein Leben verändern, wenn du jeden Tag mehr Freude empfindest – auch in deinem Schlafzimmer? Was wäre, wenn du Joy auf dein Herz und deine Oberschenkel aufträgst und bewusst spürst, wie die Energie der Arkana durch dein Sexualchakra fließt?

Sensation

Der Name sagt alles: Sensation. Dieses Öl bringt nicht nur dein Herz zum Schnurren, sondern öffnet auch dein Sexualchakra und deine Arkana-Energie. *Fühlst du dich manchmal von der Welt so überlastet, dass du keine Lust auf Nähe hast?* Sensation kann dir helfen, diese Barrieren zu durchbrechen und dich für die Liebe und Intimität zu öffnen.

Wie wäre es, wenn du dir erlaubst, dich vollständig auf dein sinnliches Selbst einzulassen? Trage Sensation auf deine Oberschenkel und deinen Bauch auf und fühle, wie sich die sexuelle Energie in deinem Körper verstärkt. Kannst du spüren, wie die Energie zwischen dir und deinem Partner fließt?

Valor

Valor schenkt dir Mut, dich selbst in deiner Sexualität anzunehmen. Manchmal blockieren wir uns selbst, weil uns der Mut fehlt, uns wirklich fallen zu lassen. *Hast du dich jemals dabei ertappt, wie du dich zurückhältst, weil du dich unsicher fühlst?* Valor kann dich dabei unterstützen, das emotionale Ungleichgewicht zu lösen und dein Selbstvertrauen zu stärken.

Was würde sich verändern, wenn du Valor auf dein Herzchakra aufträgst und tief atmest? Kannst du dir vorstellen, wie viel Mut und Vertrauen du in deine eigene Sexualität entwickeln kannst?

Orange

Orange ist das Öl der Freude, Leichtigkeit und Sinnlichkeit. Es kann dein Sexualchakra öffnen und die Energie wieder frei fließen lassen. *Fühlst du dich manchmal zu ernst oder zu angespannt, um wirklich Spaß an der Sexualität zu haben?* Orange kann dir beitragen, die Frische und Unbeschwertheit zurückzubringen. Es bringt den kreativen Fluss zurück in dein Liebesleben und kann dir helfen, die Freude an der Intimität wieder zu entdecken.

Was, wenn du heute einen Tropfen Orange auf deine Oberschenkel aufträgst und dich dabei auf die sinnliche Energie konzentrierst, die durch dein Sexualchakra fließt? Wie verändert das deine Wahrnehmung von Lust und Spaß?

Mit diesen ätherischen Ölen und deiner bewussten Arbeit mit dem Sexualchakra kannst du deine Libido - Wippe der sexuellen Harmonie wieder ins Gleichgewicht bringen. *Was wäre, wenn dein Sexualchakra dich zu noch mehr Freude und Erfüllung in deinem Leben führen könnte?* Sei neugierig, spiele mit den Ölen, und spüre, wie du dich durch diese einfachen, aber kraftvollen Werkzeuge auf eine ganz neue Weise mit deiner sexuellen Energie verbinden kannst.

Dein zweites Chakra und dein psychologisches Wohlbefinden

Wie steht es um dein Sakralchakra? Dein ganzer Körper pulsiert mit der Schwingungsfrequenz dieses zweiten Chakras. Ein gesundes und ausgeglichenes Sakralchakra zeigt sich in deiner Fähigkeit, das „gute Leben" voll und ganz anzunehmen und zu genießen. *Aber was bedeutet das für deinen Alltag?*

Wenn dein Sakralchakra im Gleichgewicht ist, fühlst du dich emotional erfüllt, deine Beziehungen sind frei von Hemmungen, und du kannst Intimität mit Vertrauen erleben. Körperlich zeigt sich ein gut funktionierendes Sakralchakra in einem gesunden Darm, funktionierenden Fortpflanzungsorganen und einem ausgeglichenen Nervensystem. *Das Ergebnis? Freude und Zufriedenheit in deinem täglichen Tun. Klingt wunderbar, oder?*

Wie steht es um die Rolle von Sinnlichkeit und Sexualität in deinem Leben? Diese Aspekte werden stark vom Zustand deines Sakralchakras beeinflusst. Sie fördern das Leben, wenn sie im Einklang mit deinen höchsten kreativen Werten stehen. *Aber wie oft projizierst du vielleicht unrealistische Erwartungen auf deinen Partner? Oder spürst Erwartungen, die kaum erfüllbar sind?* Phantasievolle Vorstellungen auf beiden Seiten führen zu Disharmonie – im Geist, in den Hormonen und in deinen Emotionen. *Kommt dir das bekannt vor?*

Wenn dein Sakralchakra überfunktioniert, könntest du feststellen, dass du dazu neigst, Suchtverhalten zu entwickeln oder dich in Abhängigkeiten zu verstricken. *Du handelst möglicherweise verantwortungslos, erlebst ständige Überforderung und kämpfst mit Stimmungsschwankungen. Klingt anstrengend, oder?*

Andererseits kann ein unterfunktionierendes Sakralchakra dazu führen, dass du dich in Selbstverleugnung oder emotionaler Unbeweglichkeit wiederfindest. Vielleicht fehlt dir die Vorstellungskraft und Kreativität, und das spiegelt sich auch in deinem Körper wider – sei es durch ein schwaches Immunsystem, Verdauungsprobleme oder neurologische Störungen.

Hast du schon einmal darüber nachgedacht, wie viele dieser körperlichen und psychologischen Probleme mit einem Ungleichgewicht in deinem Sakralchakra zusammenhängen könnten? Vorzeitige Ejakulation, Impotenz oder Prostataprobleme können oft auf emotionale Spannungen, Selbstzweifel oder ungelöste innere Konflikte hinweisen. Es ist erstaunlich, wie eng diese physischen und psychischen Faktoren miteinander verwoben sind.

Hältst du vielleicht deine Kreativität zurück? Blockierst du den natürlichen Fluss deiner Energie durch Ängste, Stress oder fehlende Klarheit über deine Lebensziele? Wenn dein Sakralchakra nicht im Gleichgewicht ist, kann dies deine Fähigkeit beeinträchtigen, deine Kreativität voll auszuleben – und das spiegelt sich auch in deinem körperlichen Wohlbefinden wider.

Hast du Probleme mit deinem zweiten Chakra? Bist du bereit, dich auf deine innere Reise zu begeben und diese Hindernisse zu lösen?

Das Sakralchakra und Geld

Ein unausgeglichenes Sakralchakra kann sich nicht nur auf deine Beziehungen und deine Kreativität auswirken, sondern auch auf deine Fähigkeit, Geld und Wohlstand zu empfangen. Wenn du Schwierigkeiten hast, im Leben zu empfangen – sei es Liebe, Wertschätzung oder eben auch finanzielle Fülle – könnte dies ein Zeichen dafür sein, dass dein Sakralchakra im Ungleichgewicht ist. Geld ist Energie, und wenn dein zweites Chakra nicht in Balance ist, kannst du diese Energie nicht frei empfangen.

Es ist, als ob du dir selbst den Fluss von Wohlstand und Möglichkeiten versperrst. Stell dir vor, wie viel leichter das Leben sein könnte, wenn du in der Lage wärst, ohne innere Barrieren zu empfangen.

Die Arbeit mit dem Inneren Kind

Ein weiteres wichtiges Thema, das mit dem Sakralchakra verknüpft ist, ist die Arbeit mit dem inneren Kind. Unser inneres Kind steht für unsere ursprüngliche Freude, unsere Unschuld und unsere Fähigkeit, uns dem Leben mit Offenheit und Vertrauen zu nähern. Wenn wir alte Verletzungen aus der Kindheit tragen, kann das Sakralchakra verwundet sein und uns daran hindern, diese Leichtigkeit und Freude zu leben. Die Heilung deines inneren Kindes hilft dir, alte Wunden loszulassen und das Chakra wieder ins Gleichgewicht zu bringen. So kannst du wieder Freude, Kreativität und emotionale Fülle in deinem Leben erleben.

Eure Körper, eure Energien - seid ihr bereit, sie ganz neu zu entdecken?

Hast du jemals darüber nachgedacht, was es bedeutet, jemanden wirklich zu berühren, ohne die Erwartung von etwas Bestimmtem? Was passiert, wenn du die Berührung zu einem Geschenk machst, das er noch nie zuvor erlebt hat? Beginne doch einfach mal damit, ihm die Möglichkeit zu geben, sich voll und ganz hinzugeben – ohne Erwartungen.

Lass ihn sich mit dem Gesicht nach unten auf das Bett legen und starte mit einer sanften Massage an seinen Füßen. *Wie fühlt es sich an, ihn ganz achtsam und langsam zu berühren? Was spürst du in deinem eigenen Körper? Welche Energie durchströmt ihn?* Beginne damit, sanft zwischen seinem großen und zweiten Zeh zu massieren und arbeite dich langsam bis zum Fußgewölbe hoch.

Welche Veränderungen bemerkst du, wenn du deine Berührungen noch feiner machst, wenn du kaum seine Haut streifst und nur mit deinen Fingerspitzen über ihn gleitest? Spürst du, wie sich seine Muskeln entspannen? Wie wäre es, wenn du ihm erlaubst, nur zu empfangen, ohne sich zu bewegen? Kannst du dir vorstellen, wie kraftvoll diese Hingabe für ihn sein kann?

Wie wäre es, wenn du seine Kniekehlen und Knöchel riechst, und seinen einzigartigen Duft aufnimmst? Was passiert, wenn du dich weiter nach oben bewegst, sanft über seine Pobacken streichst, sie vielleicht sogar lecken möchtest? Spürst du, wie sich die Energie in ihm verändert, während du seine Haut küsst? Wie wäre es, wenn du ihm sagst, er solle sich umdrehen, aber nur um weiter zu empfangen, ohne zu handeln?

Während du weiter sanft seine Beine, seinen Bauch, seine Brust berührst – fragst du dich vielleicht: *Was passiert, wenn du ganz präsent bleibst und auf jede kleine Veränderung in seinem Körper achtest? Spürst du, wie sich der Raum zwischen euch verändert, wenn es nicht um Leistung geht, sondern nur ums Empfangen und Geben? Kannst du dir vorstellen, wie die Energie zwischen euch fließt, wenn er sich einfach fallen lässt?*

Wenn du bereit bist, kannst du ihn noch tiefer in diese Erfahrung führen. *Hast du jemals über die Möglichkeit der Prostatamassage nachgedacht? Für viele Männer ist das Neuland. Wie fühlt es sich an, etwas so Sanftes, Neues und Intimes zu schenken? Was wäre, wenn du durch feine, energetische Bewegungen den ganzen Körper in Schwingung bringst? Spürst du, wie die Energie sich auflädt und er sich noch tiefer in diese Hingabe fallen lässt?*

Und jetzt stell dir vor, wie diese Sinnesreise zu einem unvergesslichen Ganzkörperorgasmus führen könnte, bei dem er vibriert und seine ganze Energie freisetzt. *Wie würdest du dich dabei fühlen, ihm so etwas zu schenken?*

Verstärke die Magie mit Ölen

Nun ist es Zeit, dieses Erlebnis noch intensiver zu machen, indem du ätherische Öle verwendest. Öle können seine Sinne schärfen, seine Energie zum Fließen bringen und eine tiefere Verbindung zu seinem Körper herstellen.

Einige der besten Öle für Männer

Idaho Blue Spruce - Dieses Öl ist unglaublich für Männer, um die Libido zu steigern und die Standfestigkeit zu verbessern. Du kannst es als natürliches Gleitmittel verwenden, gemischt mit einem Trägeröl wie Kokosnussöl. Idaho Blue Spruce wärmt und unterstützt die Durchblutung. Ideal, um die innere Oberschenkelregion und den unteren Schaft deines Partners sanft zu massieren. *Wusstest du, dass dieses Öl sogar den Testosteronspiegel auf natürliche Weise erhöhen kann?* Ein Tropfen auf seine Haut kann Wunder wirken.

Goldene Rute (Goldenrod) - *Hast du dich jemals gefragt, warum dieses Öl so kraftvoll ist?* Es fördert die Durchblutung und unterstützt die Festigkeit – perfekt für ein intensives Erlebnis. Heiße Angelegenheit kann ich dir sagen... Massiere es sanft in seine Innenschenkel oder verwende es, um seinen unteren Rücken zu streichen. Du kannst sogar ein paar Tropfen in eine Kapsel (für die Anwendung in Amerika) geben, um es innerlich anzuwenden – für eine noch tiefere Wirkung. Kontaktiere deinen Arzt oder Heilpraktiker des Vertrauens für weitere Fragen.

Muskatnuss - *Möchtest du noch mehr Energie in seine sexuelle Erfahrung bringen?* Muskatnuss kann nicht nur die Verdauung stimulieren, sondern wirkt auch als Aphrodisiakum. Dieses Öl bringt die Energie in Wallung, kann die Durchblutung verbessern und kann für eine stärkere energetische Verbindung sorgen. Eine sanfte Massage mit Muskatnuss auf seinen Oberschenkeln oder die Anwendung in einer Kapsel (für die Anwendung in Amerika) vor dem Schlafengehen kann das Erlebnis intensivieren.

Welches Öl passt zu eurem Abenteuer?

Seid ihr bereit, die Reise zu beginnen? Welches Öl spricht euch am meisten an? Idaho Blue Spruce für kraftvolle Energie, Goldene Rute für mehr Feuer in dir oder Muskatnuss, um die Energie zum Sprudeln zu bringen?

Verwandelt eure gemeinsame Zeit in ein sinnliches Abenteuer, indem ihr ein paar Tropfen eures gewählten Öls verwendet, um die Berührung zu intensivieren. Seid neugierig auf den Duft und die Wirkung des Öls auf euren Partner. Beobachtet, wie sich seine Energie verändert, wie seine Haut auf deine Berührung reagiert.

Spürst du, wie die Harmonie zwischen euch wächst?

Was passiert, wenn ich ihm mit all meinen Sinnen begegne? Was passiert, wenn wir uns auf einer tieferen Ebene verbinden – über Berührung, Duft und Energie?

Probiert es aus und erlebt eine ganz neue Dimension eurer Beziehung.

FEUER ALS SYMBOL FÜR AKTIVIERUNG

Das Solarplexus-Chakra, auch als drittes Chakra bekannt, ist das Zentrum deiner inneren Stärke, Macht und persönlichen Identität. Es steht im Zusammenhang mit deinem Selbstwertgefühl, deiner Willenskraft und deinem Mut, in deiner ICH BIN-Präsenz zu stehen. Dieses Chakra ermöglicht es dir, deine wahre Essenz zu erkennen und dich energetisch zu stärken, um Hindernisse zu überwinden und dein volles Potenzial zu entfalten.

Wenn dieses Chakra ausgeglichen ist, spürst du Klarheit, Lebensfreude und eine innere Sicherheit, mit der du deinen Lebensweg selbstbestimmt gehst. Du kannst mit Leichtigkeit deine Ziele verfolgen und bist bereit, Verantwortung für dein Leben zu übernehmen. Ist es jedoch im Ungleichgewicht, kann dies zu einem Gefühl der Unsicherheit, mangelndem Selbstbewusstsein und Trägheit führen.

In diesem Abschnitt wirst du lernen, wie du dein Solarplexus-Chakra aktivierst und die Feuerenergie dieses Chakras nutzen kannst, um Blockaden zu lösen und deine innere Stärke zu aktivieren.

Schritt 1 - Aktivierung des Feuers im Solarplexus

Das Solarplexus-Chakra ist stark mit dem Feuerelement verbunden. Um die Energie dieses Chakras zu aktivieren, verbinden wir uns mit Formen und Symbolen, die das Feuer im Inneren entfachen. Für diese Übung brauchst du eine Kerze, etwas Wachspapier und einen spitzen Gegenstand, wie deinen Fingernagel oder einen Stift, um eine Form auf das Papier zu zeichnen.

Formen, die am besten zu deinem Ziel passen

Sonne und Strahlen - sie symbolisieren Vitalität, Selbstvertrauen und Klarheit.

Umgekehrtes Dreieck - es steht für Ermächtigung und die Verbindung zu deiner inneren Kraft.

Zehnblättriger Lotus - repräsentiert die Öffnung deines Solarplexus und das Freisetzen von Ängsten und Schwächen.

Tetraeder - dieses Feuersymbol hilft dir, deine persönliche Kraft und Leidenschaft zu aktivieren. Hier kannst du dein eigenes Matrix-Geburtsbild mit aufbauen.

Schritt 2 - Das Ritual

Sobald du deine Form gewählt hast, zeichne sie auf das Wachspapier und zünde die Kerze an. Halte deine Aufmerksamkeit auf die Flamme und spüre die Verbindung zwischen dem Feuer und deinem Solarplexus. Visualisiere, wie das Feuer durch deinen Körper strömt und die Energie des dritten Chakras in dir aktiviert.

Während du dies tust, kannst du eine positive Bestätigung aussprechen, die deine Absicht verstärkt, wie zum Beispiel „Ich bin Zuversicht. Ich stehe in meiner ICH BIN-Präsenz und meinem inneren Wissen."
„Ich bin Macht"
„Ich bin Kontrolle"
„Ich bin Gewahrsein"
„Ich bin Kreativität"
„Ich bin Geld"

Lass die Energie durch deinen Solarplexus fließen, während du dir vorstellst, wie sich dein inneres Feuer entfacht und dein Ungleichgewicht auflöst.

Schritt 3 - Lösen von Ängsten und Stärken des Selbstwerts

Verwende den zehnblättrigen Lotus als Symbol, um negative Energien und Ängste loszulassen. Stell dir vor, wie sich die Blütenblätter deines Solarplexus öffnen und Zuversicht und Klarheit einladen.

Sage dir innerlich oder laut eine Bestätigung wie „Ich bin befähigt, mein wahres Selbst zu leben. Ich öffne mich für Selbstvertrauen und Selbstwertgefühl."

Schritt 4 - Ermächtigung durch Symbole

Nutze die Symbolik des Tetraeders, um deinen persönlichen Antrieb und deine innere Kraft zu aktivieren. Visualisiere die Form im Bereich deines Solarplexus, wann immer du das Bedürfnis hast, dich selbst zu stärken oder eine wichtige Entscheidung zu treffen. Fühle, wie diese Energie dich unterstützt, mutig und entschlossen deinen Weg zu gehen.

Zusätzliche kraftvolle Praktiken zur Stärkung und Harmonisierung des Solarplexus-Chakras.

Feuerritual für innere Stärke

Das Feuerelement ist eng mit dem Solarplexus-Chakra verbunden. Dieses Ritual hilft dir, deine innere Stärke zu aktivieren und Ängste loszulassen.

Was du brauchst:
Eine gelbe oder goldene Kerze
Wachspapier oder ein kleines Stück Papier
Einen Stift oder spitzen Gegenstand
Ein Feuerzeug oder Streichhölzer

Ritualanleitung

Setze dich an einen ruhigen Ort, zünde die Kerze an und konzentriere dich auf die Flamme. Schreibe auf das Wachspapier oder das Stück Papier, was du in deinem Leben loslassen möchtest (z. B. Ängste, Selbstzweifel).

Halte das Papier in deinen Händen, schließe die Augen und visualisiere, wie das Feuer die negativen Energien aus deinem Chakra auflöst. Lege das Papier vorsichtig in die Flamme und beobachte, wie es verbrennt. Während es brennt, sage laut: **„Ich lasse alle Ängste los und aktiviere meine innere Stärke."**

Beobachte das Feuer, bis das Papier vollständig verbrannt ist, und fühle, wie sich dein Solarplexus-Chakra mit Wärme und Zuversicht füllt.

Sonnenritual zur Aktivierung des Solarplexus

Die Sonne ist ein kraftvolles Symbol für das Chakra. Dieses Ritual hilft dir, die Energie der Sonne zu nutzen, um Selbstvertrauen und innere Klarheit zu fördern.

Was du brauchst
Eine gelbe oder goldene Decke oder ein Tuch
Einen sonnigen Platz im Freien (wenn möglich)
Eine gelbe Zitrone oder Zitrusfrucht

Ritualanleitung
Finde einen Platz im Freien, wo die Sonne scheint, und lege dich auf die Decke oder das Tuch. Schließe die Augen und stelle dir vor, wie die Sonnenstrahlen direkt auf dein Solarplexus-Chakra scheinen. Atme tief ein und aus, spüre die Wärme der Sonne auf deiner Haut und stelle dir vor, wie die goldene Energie der Sonne in dein drittes Chakra fließt.

Lege die Zitrone oder Zitrusfrucht auf deinen Solarplexus (Magenbereich) und visualisiere, wie sie alle negativen Energien aufnimmt und dein Chakra reinigt. Bitte danach Mutter Erde, diese Energie zu transformieren. Nach einigen Minuten nimmst du die Frucht weg, stehst auf und hältst die Zitrone hoch in die Sonne.

Sage laut: „Ich empfange die Kraft und das Licht der Sonne. Ich bin voller Energie und Klarheit." Wenn du bereit bist und es stimmig für dich ist, esse die Zitrone oder Zitrusfrucht als Zeichen der Verbindung zur Sonnenenergie.

Kristallritual für das Solarplexus-Chakra

Kristalle können helfen, das Chakra zu harmonisieren und zu stärken. Gelbe Kristalle wie Citrin, Tigerauge oder gelber Jaspis eignen sich besonders gut für dieses Ritual.

Was du brauchst
Einen Edelstein wie Citrin, Tigerauge oder gelben Jaspis
Eine bequeme Sitz- oder Liegeposition
Entspannende Musik oder Stille

Ritualanleitung

Setze dich bequem hin oder lege dich hin und halte den gewählten Kristall in deinen Händen. Schließe die Augen und visualisiere das Chakra als leuchtende, goldene Sonne, die sich in deinem Bauch dreht.

Lege den Kristall auf deinen Solarplexus-Bereich und atme tief ein und aus. Stelle dir vor, wie der Kristall deine innere Kraft aktiviert und dich energetisch ausbalanciert. Wiederhole innerlich oder laut eine Bestätigung wie „Ich bin kraftvoll, selbstbewusst und ermächtigt." Bleibe in dieser Meditation für 10 bis 15 Minuten. Wenn du fertig bist, bedanke dich beim Kristall für seine Unterstützung und lege ihn an einen ruhigen Ort.

Mantra-Ritual mit Ram

Mantras sind kraftvolle Werkzeuge, um die Energie eines Chakras zu aktivieren. Für dieses Chakra eignet sich das Mantra „Ram", das mit dem Feuerelement und der Stärke des dritten Chakras verbunden ist.

Was du brauchst

Einen ruhigen Ort zum Sitzen
Eine gelbe Kerze oder ein gelbes Tuch (optional)

Ritualanleitung

Setze dich bequem hin, zünde eine Kerze an oder lege ein gelbes Tuch vor dich. Atme tief ein und konzentriere dich auf deinen Solarplexus-Bereich.

Beginne, das Mantra „Ram" zu wiederholen, während du tief einatmest und dann beim Ausatmen „Ram" singst. Lass den Klang durch deinen Körper vibrieren. Visualisiere, wie die Energie deines Solarplexus-Chakras sich bei jedem „Ram" verstärkt und dich mit Licht und Kraft füllt.

Wiederhole das Mantra für 5-10 Minuten und spüre, wie dein drittes Chakra lebendig wird und sich öffnet.

Bewegungsritual zur Stärkung des Solarplexus-Chakras

Bewegung ist eine großartige Möglichkeit, die Energie im Solarplexus zu aktivieren. Yoga-Posen wie der Krieger, der Bogen und das Dreieck stärken dieses Chakra und fördern Selbstbewusstsein und innere Stärke.

Ritualanleitung

Beginne in der Krieger-Position - stelle dich mit einem Bein nach vorne, das andere Bein gestreckt nach hinten. Strecke deine Arme seitlich aus und richte den Blick geradeaus. Spüre die Kraft, die in dein Solarplexus fließt.

Wechsle in die Bogen-Position - lege dich auf den Bauch, greife deine Füße mit den Händen und hebe den Oberkörper und die Beine an, während du tief ein- und ausatmest. Spüre, wie die Energie durch deinen Solarplexus strömt.

Beende das Ritual mit der Dreiecks-Position - stehe mit weit auseinander gestellten Beinen, strecke einen Arm nach oben und den anderen Richtung Boden. Spüre die Verbindung zu deinem Körper und deiner inneren Stärke.

Diese Rituale können dir helfen, das Solarplexus-Chakra zu harmonisieren und deine innere Kraft und Zuversicht zu stärken.

HERZ-POWER - AKTIVIERUNGSRITUALE FÜR LIEBE

Das Herzchakra, auch Anāhata genannt, ist das vierte Chakra im Energiesystem des Menschen und steht im Zentrum der sieben Chakren. Es verbindet die unteren, körperlichen Chakren mit den oberen, spirituellen Chakren. Der Schlüssel zum Herzchakra ist die Balance zwischen Geben und Empfangen, die Fähigkeit, bedingungslos zu lieben, und ein tiefes Mitgefühl für sich selbst und andere.

Das Tor zur Liebe und Selbstliebe

Das Herzchakra ist das Zentrum für Liebe, Mitgefühl und Selbstheilung. Es strahlt sowohl Energie nach außen in Form von zwischenmenschlichen Verbindungen als auch nach innen, um die Selbstliebe zu nähren. Wenn dieses Chakra ausgeglichen ist, können wir Liebe bedingungslos empfangen und geben, uns mit anderen Menschen authentisch verbinden und emotionale Wunden heilen. Ein blockiertes Herzchakra hingegen führt oft zu Gefühlen von Einsamkeit, Groll, emotionaler Verschlossenheit und sogar körperlichen Beschwerden wie Herzproblemen oder Atembeschwerden.

Der Weg zu einem harmonisierten Herzchakra führt über Vergebung, Dankbarkeit, die Pflege von Beziehungen und die Liebe zu sich selbst. Dabei hilft die bewusste Arbeit mit Energien, Meditationen, ätherischen Ölen und Ritualen, um das Herz zu öffnen und zu stärken.

Rituale und Übungen zur Aktivierung des Herzchakras

Dankbarkeitsritual

Schreibe jeden Tag drei Dinge auf, für die du dankbar bist. Dies öffnet das Herz und lenkt deine Energie auf das Positive in deinem Leben. Hier empfehle ich unser Tagebuch.

Herzöffnung durch Atmung

Nutze bewusste Atemübungen, um dein Chakra zu öffnen. Stelle dir vor, wie du bei jedem Einatmen goldene Energie direkt in dein Herzzentrum ziehst und beim Ausatmen alles loslässt, was dein Herz belastet.

Archetyp „Die Liebenden"
Arbeite mit dem Archetyp der Liebenden, um die Bedeutung des Herz-chakras in Beziehungen zu verstehen. Dieser Archetyp symbolisiert die Einheit und Harmonie in Beziehungen, sowohl zu anderen als auch zu dir selbst.

Ätherische Öle zur Unterstützung
Nutze Öle wie Rose, Geranie, Lavendel oder Ylang-Ylang, um das Herz-chakra zu öffnen und emotionale Heilung zu fördern. Diese Öle können dir helfen, liebevolle Verbindungen aufzubauen und zu vertiefen.

Vergebungsmeditation
Setze dich ruhig hin und visualisiere einen Menschen, dem du vergeben möchtest (dies kannst auch du selbst sein). Atme tief und wiederhole innerlich den Satz: „Ich vergebe dir, ich lasse los." Dies reinigt das Herz von altem Groll und emotionalen Blockaden.

Symbolik und Farbe des Herzchakras
Das Herzchakra wird traditionell mit der Farbe Grün assoziiert, die Heilung, Harmonie und Wachstum symbolisiert. Rosa ist ebenfalls eine unterstützende Farbe, da sie bedingungslose Liebe repräsentiert. Du kannst diese Farben in Kleidung, Kristallen (wie Rosenquarz oder grüner Aventurin) oder visuellen Meditationen verwenden, um dein Herzchakra zu unterstützen.

Zusätzliche Ideen für die Arbeit mit dem Herzchakra

Herz-zu-Herz-Meditation
Diese Übung ermöglicht es dir, dein Herz energetisch mit dem Herz eines anderen Menschen zu verbinden, um Liebe und Mitgefühl auszutauschen.

Musik und Mantras
Sanfte Musik oder Mantras wie „Yam" können dazu beitragen, das Herz-chakra in Einklang zu bringen. Singe das Mantra „Yam" und fühle, wie es dein Herzchakra öffnet und harmonisiert.

Meditation über die zwei Herzen

Die Meditation über die zwei Herzen ist eine kraftvolle Praxis, die darauf abzielt, sowohl das physische Herzchakra als auch das spirituelle Herzchakra zu aktivieren. Diese Technik bringt die Energien von Mitgefühl, innerer Ruhe und universeller Liebe in Balance.

Anleitung zur Meditation über die zwei Herzen

Vorbereitung

Setze dich an einen ruhigen Ort, wo du nicht gestört wirst. Schließe die Augen und atme tief ein und aus, um deinen Körper und Geist zu beruhigen. Visualisiere ein weiches, sanftes grünes oder rosafarbenes Licht, das dein Herzchakra umhüllt.

Aktivierung des physischen Herzchakras

Lege deine Hände über dein physisches Herz in der Mitte deines Brustkorbs. Atme tief ein, während du dir vorstellst, dass dein Herz von warmem, goldenem Licht durchströmt wird. Spüre, wie dein physisches Herzchakra beginnt, sich zu öffnen und Liebe in deinem ganzen Wesen ausstrahlt.

Aktivierung des spirituellen Herzchakras

Richte nun deine Aufmerksamkeit auf das Scheitelchakra auf deinem Kopf. Visualisiere ein blendend weißes Licht, das durch deinen Scheitel strömt. Stelle dir vor, wie dieses Licht in einem sanften Strahl in dein physisches Herzchakra fließt und die beiden Herzen miteinander verbindet.

Verbinden der beiden Herzen

Stell dir vor, dass diese beiden Herzen – das physische Herz und das spirituelle Herz – in perfektem Einklang schlagen. Sie sind miteinander verbunden und strahlen gemeinsam ein starkes Licht aus, das durch deinen gesamten Körper fließt und dich mit Liebe, Heilung und Mitgefühl erfüllt.

Segen senden

Wenn du bereit bist, visualisiere die Erde vor dir, umhüllt von goldenem Licht. Sende der Welt Liebe und Heilung, indem du die Affirmation wiederholst: „Möge die Erde mit Liebe, Licht und Frieden gesegnet sein." Spüre, wie dein Herzchakra weiter expandiert, während du universelle Liebe und Mitgefühl an alle Wesen sendest.

Abschluss

Lasse langsam die Visualisation los und kehre in deinen Raum zurück. Spüre die Wärme und das Licht, das noch immer in deinem Herzchakra pulsiert. Du kannst diese Meditation regelmäßig üben, um dein Herzchakra zu stärken und tiefer mit den Energien von Mitgefühl und Liebe in Einklang zu kommen. Wenn du dieses Ritual mit einem Partner machst, bringt das eure Herzen näher.

Ho'oponopono-Ritual mit ätherischen Ölen

Dieses Ritual führt dich durch die vier Sätze des Ho'oponopono, begleitet von sorgfältig ausgewählten ätherischen Ölen. Jedes Öl unterstützt einen Aspekt des Prozesses - Dankbarkeit, Akzeptanz, Vergebung und Liebe.

Vorbereitung

Setze dich an einen ruhigen Ort und stelle sicher, dass du nicht gestört wirst. Öffne deine Fläschchen mit den ätherischen Ölen und stelle sie bereit. Beginne das Ritual mit einem tiefen Atemzug und einer kurzen Meditation, um dich auf deine innere Reise einzustimmen.

Schritt 1 - Dankbarkeit – „Danke" mit Gratitude-Öl

Anwendung - Tropfe einen Tropfen Gratitude-Öl aus etwa 25 cm Entfernung in deine linke Hand. Aktiviere im Uhrzeigersinn und trage dann das Öl auf deine Brust und deinen Scheitel auf.

Atmung - Halte deine Hände vor dein Gesicht und atme tief ein. Lasse die süße und erdende Essenz von Dankbarkeit durch deinen Körper fließen.

Mantra - Wiederhole leise oder laut „Danke, danke, danke, danke", bis du die Realität der Dankbarkeit stark und intensiv in dir spürst. Spüre, wie sich dein Herz öffnet und Dankbarkeit dein Wesen durchdringt.

Schritt 2 - Akzeptanz – „Es tut mir leid" mit Acceptance-Öl

Anwendung - Tropfe einen Tropfen Acceptance-Öl auf deine linke Hand und salbe damit die Mitte deiner Brust, speziell den Leberbereich.

Atmung - Halte deine Hände vor dein Gesicht und atme das Öl tief ein.

Mantra - Wiederhole langsam „Es tut mir leid, es tut mir leid, es tut mir leid...", bis du die Realität spürst, das Geschehene wirklich zu akzeptieren und dich dafür zu öffnen, was es dir lehren möchte. Nimm dir Zeit, um tief in das Gefühl der Akzeptanz einzutauchen.

Pause - Schweige einige Minuten und bleibe still, um die Akzeptanz in deinem Inneren zu integrieren.

Schritt 3 - Vergebung – „Bitte vergib mir" mit Forgiveness-Öl

Anwendung - Tropfe einen Tropfen Forgiveness-Öl auf deine linke Hand und salbe damit deinen Bauchbereich (Solarplexus) und dein drittes Auge (Stirnchakra).

Atmung - Halte deine Hände vor dein Gesicht und atme tief ein.

Mantra - Wiederhole „Bitte vergib mir, bitte vergib mir...", bis du das Gefühl hast, wirklich zu vergeben, zu vergessen und loszulassen. Spüre die befreiende Kraft der Vergebung, die alle Schuldgefühle und Lasten auflöst.

Pause - Schweige einige Minuten und bleibe in der Stille, um die Ruhe der Vergebung in deinem Herzen zu verankern.

Schritt 4 - Liebe – „Ich liebe mich" mit Joy-Öl

Anwendung - Tropfe einen Tropfen Joy-Öl auf deine linke Hand und salbe dein spirituelles Herz (Herzchakra) und dein physisches Herz.

Atmung - Halte deine Hände vor dein Gesicht und atme tief ein, während du die Freude und Liebe des Öls aufnimmst.

Mantra - Wiederhole sanft „Ich liebe mich, ich liebe mich...", bis du die Liebe in ihrem tiefsten und wärmsten Sinne fühlst. Spüre, wie Liebe jede Zelle deines Körpers erfüllt und dein Herz öffnet.

Pause - Verweile einige Minuten in der Stille und der Realität der Liebe, die du jetzt empfängst und ausstrahlst.

Nach Abschluss des Rituals bleibe noch einige Zeit in Stille und reflektiere über die Erfahrungen, die du gemacht hast. Die Öle und die Ho'oponopono-Sätze helfen dir, dich mit deinem Herzchakra und deiner emotionalen Wahrheit zu verbinden und fördern die Heilung auf tiefer Ebene.

Dieses Ritual kann regelmäßig durchgeführt werden, um Selbstheilung und Harmonie in deinem Leben zu stärken. *Wie fühlt sich dein Herz jetzt nach dieser Übung an?* Das Herzchakra ist der Schlüssel zu tiefer emotionaler Heilung und einer liebevollen Verbindung zu dir selbst und anderen.

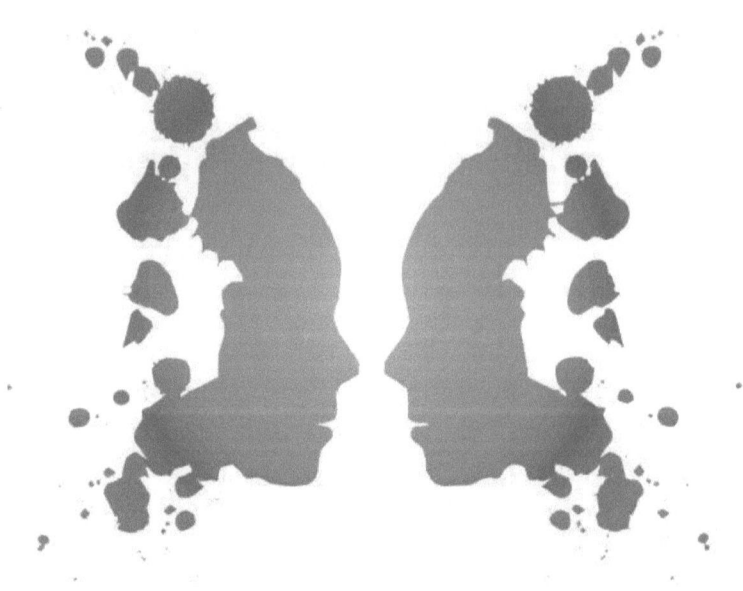

Halschakra als zentrales Thema

Das Halschakra, auch Viśuddha-Chakra genannt, ist der Ort, an dem wir unsere Wahrheit sprechen, unsere authentischen Gedanken und Gefühle ausdrücken und wirklich gehört werden. Es ist das Zentrum für Kommunikation, Selbstausdruck und Klarheit. *Doch wie oft halten wir uns zurück, schweigen, wenn wir eigentlich sprechen möchten, oder trauen uns nicht, unsere wahre Meinung zu äußern?*

Wenn dein Halschakra im Ungleichgewicht ist, fühlst du vielleicht ein Druckgefühl im Hals oder erlebst Probleme beim Ausdrücken deiner Gefühle. Vielleicht hältst du dich selbst davon ab, deine Wahrheit zu sprechen. Es ist an der Zeit, das Ungleichgewicht zu lösen und dein Halschakra zu öffnen.

Hier findest du einige kraftvolle Übungen und Rituale, die dir dabei helfen können, die Energie in deinem Kehlchakra wieder ins Fließen zu bringen und zu lernen, deine Wahrheit mit Leichtigkeit und Freude zu kommunizieren.

Übungen, um dein Halschakra zu öffnen

Meditation - in die Stille gehen
Setze dich bequem hin, schließe die Augen und richte deine Aufmerksamkeit auf deinen Atem. Stelle dir vor, wie ein sanftes hellblaues Licht deinen Hals umgibt, deine Kehle von innen heraus reinigt und klärt. Lass die Stille in dir Raum schaffen für deine innere Wahrheit. In dieser Meditation lauscht du deiner eigenen Stimme und lässt sie zu dir sprechen.

Journaling- und Reflexionsfragen
Das Schreiben kann eine kraftvolle Methode sein, um das Ungleichgewicht im Halschakra zu verändern. Nutze diese Reflexionsfragen, um Klarheit über deinen Selbstausdruck zu gewinnen -

Kannst du deine Wahrheit sprechen?
Wann hast du das letzte Mal deine Meinung zurückgehalten?
Von wem möchtest du wirklich gehört werden?
Hörst du deiner inneren Stimme zu?

Schreibe deine Antworten ohne Zensur auf – lass es einfach fließen.

Yoga - Die heilsame Kraft von Viparita Karani

Viparita Karani (Halber Schulterstand) ist ideal, um stagnierende Energien im Hals zu lösen. Diese Position kann dir helfen, den Nacken zu dehnen und die Energie im Kehlbereich freizusetzen. Gleichzeitig kann sie das Nervensystem beruhigen und eine klare, kraftvolle Kommunikation fördern.

Der Meeresrauschen-Atem (Ujjayi Pranayama)

Setze dich bequem hin und konzentriere dich auf deinen Atem. Stell dir vor, wie du durch deinen Hals atmest, als ob du gegen deine Handfläche hauchen würdest. Atme mit geschlossenem Mund weiter, während du das sanfte Meeresrauschen in deiner Kehle hörst. Diese Übung kann dir helfen, deinen Atem zu vertiefen, Emotionen loszulassen und deine Stimme zu klären.

Alltagsrituale für das Halschakra

Singen und Chanten

Bringe deine Stimme spielerisch zum Ausdruck, indem du laut singst oder chantest. Es befreit nicht nur deinen Hals, sondern bringt auch Freude in dein Herz.

Aktives Zuhören

Übe, anderen Menschen aufmerksam und ohne Vorurteile zuzuhören. Dies bringt Harmonie in deine Kommunikation und stärkt dein Halschakra.

Spazieren und in die Stille gehen

Spaziergänge in der Natur oder Momente der Stille am Morgen unterstützen dich darin, dich auf deine innere Stimme zu konzentrieren und dich von äußeren Ablenkungen zu lösen.

Yoga für das Halschakra
Halasana (Pflug)
Shalabhasana (Heuschrecke)
Ustrasana (Kamel)

Diese Posen können helfen, die Energie in deinem Kehlbereich zu aktivieren, das Ungleichgewicht zu lösen und deinen Selbstausdruck zu stärken.

Empfehlungen für das Halschakra

Lebensmittel
Reifes Obst wie Beeren und Äpfel, die leicht verdaulich sind und wenig Energie verbrauchen, kann helfen, die oberen Chakren zu nähren.

Ätherische Öle
Düfte wie Pfefferminze, Eukalyptus und Kampfer können die Atemwege klären und können das Halschakra unterstützen.

Vorlesen, Singen, und die Stimme befreien
Egal, ob du laut vorliest, singst oder einfach vor dich hin summst – das Wichtigste ist, dass du deine Stimme benutzt. Es spielt keine Rolle, wie perfekt es klingt; es geht darum, deine Stimme nach außen zu bringen und ihr Raum zu geben.

Vorlesen, sei es ein Gedicht, ein Mantra oder ein Buch, kann dir helfen, dein Ungleichgewicht im Halschakra zu lösen. Singen, auch wenn es nur unter der Dusche ist, kann deine Energie freisetzen und dir helfen, dich kraftvoller und authentischer auszudrücken. Hab keine Scheu – je mehr du mit deiner Stimme arbeitest, desto freier und klarer wird dein Ausdruck!

Mit diesen Übungen und Ritualen kannst du das Kehlchakra öffnen und lernen, deine Wahrheit klar und authentisch zum Ausdruck zu bringen.

ĀJÑĀ (DRITTES AUGE) - RITUALE FÜR EINSICHT & TRANSFORMATION

Verwendung ätherischer Öle zur Anrufung universeller Archetypen

In meiner Arbeit und auch im täglichen Leben habe ich bemerkt, dass ätherische Öle eine erstaunliche Fähigkeit haben, uns bei Veränderungen zu unterstützen. *Was, wenn du durch den Einsatz von ätherischen Ölen eine tiefe Transformation in deinem energetischen Körper bewirken könntest? Und was, wenn das viel einfacher wäre, als du denkst?* Diese Öle tragen Schwingungen in sich, die über den bloßen Duft hinausgehen – sie können Katalysatoren sein, um uns von alten, festgefahrenen Mustern zu lösen.

Was wäre, wenn Veränderung leicht sein könnte? Manchmal spüren wir den Wunsch, etwas in unserem Leben zu verändern, wissen aber nicht genau, was oder wie. Hier kommt die wunderbare Eigenschaft der ätherischen Öle ins Spiel. Diese helfen uns nicht nur dabei, Klarheit über die gewünschten Veränderungen zu gewinnen, sondern unterstützen uns auch dabei, diese in unserem energetischen Feld zu verankern. Ätherische Öle ermöglichen es dir, den Raum der Veränderung spielerisch zu betreten, ohne dass du alles genau wissen musst. Du kannst dich einfach leiten lassen.

Was wäre, wenn die Veränderung nur einen Atemzug entfernt wäre? Du kannst dich mit einem bestimmten Archetypen verbinden – einer universellen Energie – und die Schwingung dieses Archetyps durch das passende ätherische Öl in dir aktivieren. So erweckst du schlafende Potenziale und kannst dich aus der sogenannten „psychischen Trägheit" befreien.

Reinigung

Der erste Schritt in die Transformation Bevor du dich mit einem Archetyp verbindest, ist es hilfreich, dein energetisches Feld zu reinigen. Ätherische Öle können dir dabei helfen, alte, belastende Muster loszulassen und dein energetisches System zu klären. Je feiner und klarer deine eigene Energie ist, desto leichter fällt es dir, die Schwingung des Archetyps zu empfangen.

Stell dir vor, du könntest dich einfach reinigen und dich mit einer Energie verbinden, die dich unterstützt. *Klingt das leicht?* Es könnte tatsächlich so leicht sein!

Ritual für das Dritte-Auge-Chakra (Ājñā)

Ein kraftvolles Ritual zur Aktivierung und Reinigung des Ājñā ist ein energetisches Bad. Stell dir vor, wie du dich durch das Wasser und die ätherischen Öle von alten Unreinheiten reinigst und dich auf neue Einsichten vorbereitest.

Zutaten und Verdünnung

- 1 bis 8 Tropfen ätherisches Öl (je nach Empfinden anpassen).
- 3 Esslöffel Basisöl (wie Mandel-, Jojoba- oder Kokosöl).
- Optional - 1 Tasse Milch (z. B. Kuh-, Kokos-, Soja- oder Reismilch) – Milch wirkt nährend und pflegend. Oder - $\frac{1}{2}$ bis 1 Tasse Meersalz oder Bittersalz, vermischt mit 1 Esslöffel Basisöl – Salz unterstützt die energetische Reinigung.

Eine Kombination aus $\frac{1}{2}$ Tasse Milch und $\frac{1}{2}$ Tasse Salz ist ideal, um alte Muster loszulassen und Raum für neue Energien zu schaffen.

Anwendung

Mische das ätherische Öl mit dem Basisöl oder der Milch. Bereite ein Fuß-, Hand- oder Vollbad vor und füge die Ölmischung hinzu.

Rühre das Wasser um, um das Öl zu verteilen. Tauche ein und konzentriere dich auf die Reinigung und Aktivierung deines Dritten Auges. *Was, wenn du einfach alle negativen Energien loslassen könntest, während du dich in diesem Bad entspannst?*

Während du das Ritual durchführst, stell dir vor, wie das indigoblaue Licht deines Dritten Auges durch den sanften Fluss des Wassers aktiviert wird. Dieses Ritual hilft dir, Klarheit und Einsicht zu erlangen und dich energetisch auf tieferer Ebene auf den Archetyp auszurichten, den du verkörpern möchtest.

Erweckung der archetypischen Assoziationen durch ätherische Öle

Ätherische Öle wirken auf feinstofflicher Ebene und helfen dir, dich mit den archetypischen Energien zu verbinden, die in dir schlummern. Indem du dich mit dem passenden Öl umgibst, kannst du die Resonanz in deinem Inneren aktivieren, die mit den kosmischen Ordnungen des Universums in Einklang steht.

Zitrone (Citrus limon)
Element - Feuer, verbunden mit dem dritten Chakra; besondere Wirkweise (Prabhava) im sechsten Chakra.
Stimuliert das dritte und sechste Chakra.

Schlüsselschwingungen
Für das sechste Chakra - Licht, Bewusstsein, Erleuchtung.

Wirkung - Zitrone kann die Zirbeldrüse mit Licht durchfluten, latente Gaben des dritten Auges erwecken und den mentalen Körper mit der Intuition verbinden. Sie hilft, neue Informationen zu ordnen, sodass du nicht von der Fülle an Eingebungen überwältigt wirst.

Sandelholz (Santalum album)
Element - Prabhava.
Stimuliert das sechste Chakra.

Schlüsselschwingungen
Erleuchtung, Meditation, spirituelle Verbindung.

Wirkung - Sandelholz fördert inneres Bewusstsein und erleichtert die Verbindung mit höheren Bewusstseinsebenen. Es hilft, das spirituelle Ungleichgewicht zu erkennen und zu verändern, sodass du Illusionen hinter dir lassen und dich mit deinem wahren Selbst verbinden kannst. Besonders nützlich für Meditation, spirituelle Praxis und Selbstheilung.

Auswahlmethoden für ätherische Öle

Wie wählst du das richtige ätherische Öl für dich aus? Es gibt viele Wege, um das passende Öl zu finden, doch was wäre, wenn du einfach auf deine Intuition hörst?

Möglichkeiten zur Auswahl

Energetisches Ungleichgewicht - Wenn du weißt, welches Chakra im Ungleichgewicht ist, wähle ein Öl, das dieses Ungleichgewicht verändert. Archetypische Energie - Wenn du mit einem bestimmten Archetyp arbeiten möchtest, kannst du ein Öl verwenden, das diese Energie aktiviert.

Tarot-Legung

Manchmal kann die Pflanzenseele selbst dir zeigen, welches du benötigst. Siehe dafür auch den ersten Band unseres Matrix-Buches. Lass dich von der Schwingung der Pflanzenseele leiten, um energetische Disharmonien zu entwirren.

Disclaimer

Ätherische Öle sind mächtige energetische Werkzeuge. Die Anwendung erfolgt auf eigene Verantwortung und dient der energetischen Unterstützung. Sie ersetzen keine medizinische Beratung. Bei gesundheitlichen Fragen konsultiere bitte einen Arzt oder Apotheker.

Durch die Kombination dieser Öle und Rituale kannst du die Energien deines Dritten Auges klarer sehen und nutzen. Indem du das Ungleichgewicht veränderst, öffnest du den Raum für tiefere Einsichten und erweiterte Intuition. *Wie leicht könnte es sein, all das zu empfangen?*

Meditation zur Erweckung des Dritten Auges - Archetypen als Schlüssel zu Klarheit und Freiheit

Das Ājñā-Chakra ist der Sitz der inneren Weisheit, Intuition und Erkenntnis. Diese Meditation lädt dich ein, die archetypischen Energien, die in deinem Chakra schlummern, bewusst zu erwecken und zu transformieren.

Welche Energien halte ich fest, und wie kann ich sie loslassen? Du bist eingeladen, zwischen Begrenzung und Freiheit zu wählen, zwischen Dunkelheit und Licht. Diese Meditation hilft dir, das Potenzial und die Klarheit, die in deinem Dritten Auge verborgen liegen, zu aktivieren und in deinem Leben zu integrieren.

Tarot-Arbeit für das Dritte Auge - Aktivierung und Einsicht

Was, wenn du deine innere Weisheit durch das Dritte Auge viel einfacher entfalten könntest, als du dachtest? Die Arbeit mit der Matrix of Destiny und den Tarotkarten kann dir zeigen, wie tief die Weisheit in dir bereits verankert ist. Es geht nicht darum, die Antworten im Außen zu suchen – sie sind alle in dir.

Die Matrix of Destiny und das Ājñā-Chakra

Bevor du mit den Tarotkarten arbeitest, schau dir die Spalte des Ājñā-Chakras in der Matrix an. Dort findest du die Archetypen und die emotionale Energie, die im Ājñā-Chakra wohnt. *Was spürst du, wenn du dich mit diesen Energien verbindest?*

Wähle deine Signifikator-Karte

Lass dich von deiner Intuition leiten. Wähle eine Tarotkarte, die die Energie deines Dritten Auges repräsentiert. Vielleicht ist es die Hohepriesterin, der Eremit oder der Mond – *was fühlt sich für dich richtig an?* Erlaube dir, deiner Intuition zu vertrauen und die Karte zu wählen, die dich ruft.

Meditative Verbindung

Jetzt ist es Zeit, die Karte vor dir auszubreiten und dich mit ihr zu verbinden. Spüre das indigoblaue Licht deines Dritten Auges und erlaube dieser Energie, in die Karte zu fließen.

Wiederhole die Bejahung

„Ich öffne mich für die Weisheit meines Dritten Auges. Ich sehe klar und mit Einsicht."

Ziehen von Einsicht-Karten

Mische nun das Tarotdeck und ziehe drei Karten, um tiefere Einsichten zu gewinnen. Stelle dir dabei folgende Fragen -

1. *Was sehe ich in meinem Leben noch nicht klar?*
2. *Welche Wahrheit brauche ich, um mein Drittes Auge zu öffnen?*
3. *Wie kann ich meine Intuition und innere Weisheit vertiefen?*

Tagebuch und Reflexion

Schreibe deine Erkenntnisse auf. *Was hat dir die Signifikator-Karte offenbart? Welche neuen Einsichten haben dir die gezogenen Karten gebracht?* Du kannst auch reflektieren, welche Schritte du unternehmen kannst, um deine Intuition zu schärfen und dein Leben klarer zu sehen.

Abschlussritual

Platziere die Karten an einem Ort, an dem du sie jeden Tag sehen kannst. Arbeite weiter mit der Affirmation - „Ich öffne mich für die Weisheit meines Dritten Auges", um deine Intuition jeden Tag zu stärken.

Meditation zur Erweckung des Dritten Auges

Finde einen ruhigen Ort, an dem du nicht gestört wirst. Setze dich bequem hin, entweder im Schneidersitz oder auf einem Stuhl mit beiden Füßen fest auf dem Boden. Halte deinen Rücken gerade, aber entspannt. Schließe die Augen und atme tief ein und aus.

Lenke deine Aufmerksamkeit auf deinen Atem. Atme langsam ein und zähle bis vier. Halte den Atem für zwei Sekunden und atme dann wieder langsam aus, ebenfalls bis vier. Wiederhole dies einige Male, bis du ruhig und zentriert bist.

Stelle dir einen Punkt zwischen deinen Augenbrauen vor – dies ist der Sitz deines Ājñā-Chakras. Visualisiere dort ein indigoblaues Licht, das sanft pulsiert. Mit jedem Atemzug wird das Licht heller und strahlender. Es beginnt sich wie eine leuchtende Kugel auszudehnen und erfüllt deinen Kopf mit klarem, reinem Licht.

Denke an einen Archetypen, den du aktivieren möchtest – z. B. die Hohepriesterin für Intuition, den Eremiten für Weisheit oder den Mond für innere Klarheit. Stelle dir vor, wie die Energie dieses Archetypen durch das Licht in dein Ājñā-Chakra fließt. Spüre, wie diese Energie dich mit ihrer Weisheit, Klarheit und Ruhe erfüllt.

Wiederhole innerlich oder laut die Affirmation - „Ich öffne mich für die Weisheit meines Dritten Auges. Ich sehe klar und erkenne die Wahrheit." Wiederhole dies langsam drei- bis fünfmal, während du dich weiterhin auf das indigoblaue Licht konzentrierst.

Stelle dir vor, dass alle unreinen und verschlossenen Energien, Zweifel oder Ängste als dunkler Nebel aus deinem Dritten Auge entweichen. Dieser Nebel löst sich im Licht auf, während dein Drittes Auge sich immer weiter öffnet und Klarheit gewinnt.

Spüre die neue Energie in deinem Dritten Auge. Stelle dir vor, wie sich diese Klarheit und Einsicht durch deinen ganzen Körper ausbreitet, und fühle dich verbunden mit deinem inneren Wissen und deinem höheren Selbst.

Atme tief ein und aus, bringe deine Aufmerksamkeit langsam zurück in den Raum. Bewege sanft deine Finger und Zehen, öffne langsam die Augen und bleibe noch einen Moment sitzen, um die Meditation nachwirken zu lassen.

Tipp zur Vertiefung
Du kannst die Meditation mit einem ätherischen Öl wie Sandelholz unterstützen, indem du es auf den Punkt zwischen deinen Augenbrauen aufträgst oder den Duft während der Meditation einatmest.

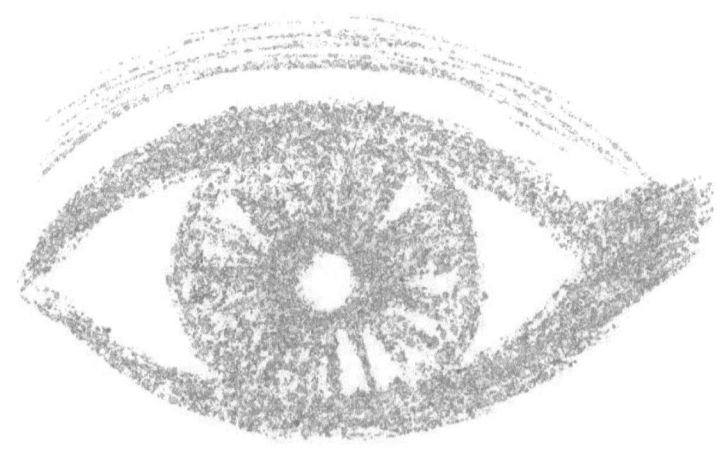

WEISHEIT & BEWUSSTSEIN ALS HAUPTASPEKTE

Das Kronenchakra, dein Tor zum unendlichen Bewusstsein, ist anders als die anderen Chakren. Es ist nicht an die körperliche Ebene gebunden und geht weit über die Dualität hinaus, die unsere alltägliche Welt prägt. Hier geht es um reines, stilles Bewusstsein – frei von allem, was dich festhält. Es ist der Raum der Stille, des Friedens und der Verbindung mit der Quelle allen Seins.

Hier, im Raum des Kronenchakras, verlieren Konzepte wie richtig und falsch, gut und schlecht ihre Bedeutung. Urteile, Ansichten, Vergleiche und all die konkurrierenden Ansichten, die unser tägliches Leben so oft bestimmen, haben hier keinen Platz mehr. Es geht um etwas Größeres – um das Bewusstsein, das über all diese Konstrukte hinausreicht. Hier geht es nicht um Dualität, sondern um Einheit.

An diesem Punkt in deinem Leben bist du eingeladen, alle Bewertungen loszulassen und zu erkennen, dass es nichts zu beweisen oder zu verteidigen gibt. Hier liegt die Freiheit darin, einfach zu sein. Keine Trennung, keine Geschichten – nur das reine, ungeteilte Bewusstsein, das du schon immer warst. Stell dir vor, wie es sich anfühlt, wenn das alles wegfällt. *Wie leicht wird es dann? Wie viel Raum entsteht?* Du bist in diesem Raum des Seins angekommen, jenseits von richtig und falsch, jenseits von Urteilen.

Meditation ist ein Weg, um dich diesem tiefen Bewusstsein zu nähern. *Und das Schöne daran?* Es ist so einfach. Schließe sanft deine Augen, atme ein und aus, und werde zum stillen Beobachter deines eigenen Geistes und Körpers. Versuche nicht, etwas zu ändern oder zu kontrollieren. Nimm einfach wahr. Spüre, wie sich dein Körper anfühlt, welche Gedanken und Emotionen auftauchen – und urteile nicht. Es ist diese wertfreie Beobachtung, die dein Kronenchakra weitet und dich in einen Zustand des Friedens versetzt.

Auch das Gebet oder die Kommunikation mit deiner Höheren Macht – wie immer du sie definierst – öffnet dein Kronenchakra. Du brauchst keinen religiösen Rahmen, um das zu tun. Verbinde dich einfach mit dem Universum, dem Göttlichen oder einer geliebten verstorbenen Seele, und lass diese Verbindung dein Herz und deinen Geist erweitern. Diese Kommunikation öffnet die Türen zu einem höheren Bewusstsein und bringt dich in Kontakt mit dem, was dich wirklich ausmacht.

Und wenn du zusätzliche Unterstützung möchtest, kannst du das Kronen-Chakra-Startrakete-Tattoo ausprobieren, welches du bei uns erwerben kannst. Es ist nicht für jeden gedacht, aber wenn du es zwischen deinen Schulterblättern – deinem „hohen Herzen" – trägst, wirst du spüren, wie es sanft die Energie deines Kronenchakras aktiviert.

Übung

Eine einfache Visualisierung, um dein Kronenchakra zu öffnen - setze dich aufrecht hin und schließe sanft die Augen. Beobachte deinen Atem und lasse ihn ganz von selbst tiefer und ruhiger werden.

Stell dir vor, auf deinem Kopf befindet sich ein Schiebedach. Drücke gedanklich auf einen Knopf und stelle dir vor, wie sich dieses Schiebedach langsam öffnet. Spüre, wie warmes, goldenes Licht in dich hineinströmt und jede Zelle deines Körpers und jede Faser deines Seins erfüllt. Wenn du dich vollständig von dieser warmen Energie erfüllt fühlst, öffne sanft die Augen.

Diese Visualisierung hilft dir, das Kronenchakra zu aktivieren und dich mit einer höheren Energieebene zu verbinden. Es geht darum, in die Stille zu gehen, dich mit deiner Essenz zu verbinden und einfach zu sein. Ganz ohne Anstrengung. Ganz ohne Erwartungen. Nur du und dein unendliches Bewusstsein.

Um die volle Energie des Kronenchakras zu aktivieren und dich mit der universellen Quelle zu verbinden, ist es notwendig, sich von den Begrenzungen des alltäglichen Lebens zu lösen. All die fixen Strukturen, Meinungen und Ansichten, an denen wir festhalten, formen ein Netzwerk, das uns in alten Mustern gefangen hält.

Um dich aus dieser Schwere zu befreien, braucht es die Bereitschaft, alles, was du bisher für wahr gehalten hast, in Frage zu stellen und dich für das Unbekannte zu öffnen.

Alles, was du wahrnimmst, sind nur interessante Gesichtspunkte, keine absoluten Wahrheiten. Wenn du beginnst, das Leben aus dieser Perspektive zu sehen, verschwinden die starren Formen und Bedeutungen, die du den Dingen gibst, und du öffnest dich für eine neue Ebene der Freiheit. Es gibt kein Richtig oder Falsch, kein Gut oder Schlecht – diese Bewertungen verlieren ihre Bedeutung, wenn du dich auf die innere Reise begibst.

Du wirst bemerken, dass der Weg zur Öffnung des Kronenchakras weniger mit äußeren Erfolgen zu tun hat, als vielmehr mit der inneren Freiheit, die du durch das Loslassen von Urteilen und festen Strukturen gewinnst. Jede Wahl, die du triffst, schafft neues Bewusstsein, und je mehr du dich von den Geschichten, die du dir über dich selbst oder andere erzählst, löst, desto klarer wird der Weg zur spirituellen Verbindung.

Dieser Prozess, der dich durch die unteren Chakren bis zum Kronenchakra führt, erfordert, dass du nichts ausschließt. Jede Erfahrung, jede Energie und jeder Gedanke gehört zum großen Bild deines Lebens. Indem du den Raum für alles schaffst, was sich zeigt, lässt du los, was dich bisher zurückgehalten hat.

Am Ende dieser Reise erreichst du das Kronenchakra, das jenseits der Dualität liegt. Hier gibt es keine Form, keine Bedeutung, keine festen Strukturen mehr. Du stehst in Verbindung mit der Essenz des Seins, mit dem grenzenlosen Bewusstsein, das alle Energien umfasst. Das Kronenchakra ist dein Tor zu einer höheren Ebene des Verstehens, zu einem Raum, in dem du dich von den Begrenzungen der physischen Welt lösen und dich mit der Quelle allen Lebens verbinden kannst.

Nachdem du dich mit dem Kronenchakra und der damit verbundenen Freiheit von Bewertungen, Meinungen und festgelegten Strukturen auseinandergesetzt hast, wird deutlich, wie viel Raum für Wachstum und Veränderung entsteht, wenn du dich von alten Mustern löst. Doch das ist nur der Anfang.

In der Matrix findest du genau die Codes, die dir helfen, auf diesem Weg zu wachsen und dein Bewusstsein weiter zu entfalten. Jeder Code in deiner persönlichen Matrix trägt eine einzigartige energetische Signatur, die dir zeigt, wo deine Herausforderungen und Wachstumschancen liegen. Diese Codes sind Wegweiser, die dich dabei unterstützen, dich selbst besser zu verstehen und bewusste Veränderungen vorzunehmen.

Stille Meditation zur Öffnung des Kronenchakras

Das Kronenchakra, dein Tor zu unbegrenztem Bewusstsein, entfaltet sich am besten in der tiefen Stille. Diese Meditation hilft dir, in die Weite deines Seins einzutauchen, indem du einfach bist – ohne Bewertung, ohne Ziele, ohne etwas erreichen zu müssen. Du betrittst den Raum des reinen Seins, in dem richtig oder falsch, gut oder schlecht keine Relevanz mehr haben. Hier gibt es keine Konkurrenz, keine Ansichten, kein Urteil. Alles, was du bist, und alles, was ist, wird zu einem sanften Fluss des Bewusstseins.

Anleitung zur Stillen Meditation

Finde einen ruhigen Platz - Setze dich aufrecht hin, entweder auf einem Stuhl oder im Schneidersitz, sodass deine Wirbelsäule frei und gerade ist. Lege deine Hände sanft auf deine Oberschenkel oder in deinen Schoß.

Atme tief ein und aus - beobachte deinen Atem, wie er sanft in deinen Körper einströmt und wieder ausströmt. Es gibt nichts, was du kontrollieren musst. Dein Atem fließt ganz von allein. Mit jedem Atemzug wirst du ruhiger.

Schließe deine Augen und werde still - spüre die Weite, die sich in dir öffnet, wenn du den äußeren Lärm verstummen lässt. Jede Bewertung, jeder Gedanke, der auftaucht, darf einfach da sein, ohne dass du ihm Beachtung schenkst. Du bist der Beobachter, der in der Ruhe verweilt.

Spüre dein Kronenchakra - stelle dir vor, dass über deinem Kopf ein sanftes, violettes Licht leuchtet. Dieses Licht dehnt sich immer weiter aus, wird heller und klarer, bis es sich in reines, weißes Licht verwandelt – das Licht der unendlichen Quelle. Dieses Licht umhüllt dich und füllt deinen gesamten Raum.

Verweile in der Stille - lass los, lass alles einfach sein. Du musst nichts tun, außer zu sein. Nimm die Stille in dir wahr, spüre, wie sie deinen Geist und Körper durchdringt und dich tiefer mit deinem reinen Bewusstsein verbindet. Alles darf kommen und gehen, doch du bleibst in der Stille verwurzelt.

Öffne sanft deine Augen - wenn du dich bereit fühlst, kehre mit einem tiefen Atemzug zurück in deinen Körper. Spüre, wie das Licht deines Kronenchakras weiterhin über dir strahlt und dich mit der Weite des Universums verbindet.

In dieser Meditation entfaltet sich dein Kronenchakra mühelos. Indem du in die Stille gehst, verbindest du dich mit dem, was jenseits von Form und Struktur liegt – dem Raum des reinen Seins, in dem du in deiner wahren Größe erstrahlst.

Diese einfache Praxis kann dir helfen, die Begrenzungen des Alltags zu überwinden und eine tiefere Verbindung mit deiner eigenen unendlichen Natur herzustellen.

Das Kronenchakra bietet den Raum, um das Bewusstsein für die universellen Programme zu öffnen. Im nächsten Kapitel wirst du weitere Programme der Matrix kennenlernen – ein Schlüsselwerkzeug, um das volle Potenzial deiner Matrix zu entschlüsseln und weiterzuwachsen. Diese Programm-Codes bieten dir die Möglichkeit, dich von alten Mustern zu befreien und tiefer in deine spirituelle Entwicklung einzutauchen.

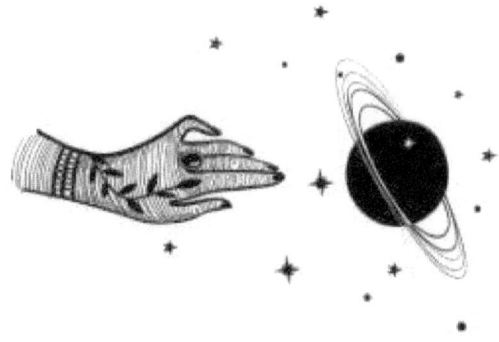

Kapitel 2

Codes der Matrix - Schlüssel zur Transformation & Bewusstseins-erweiterung

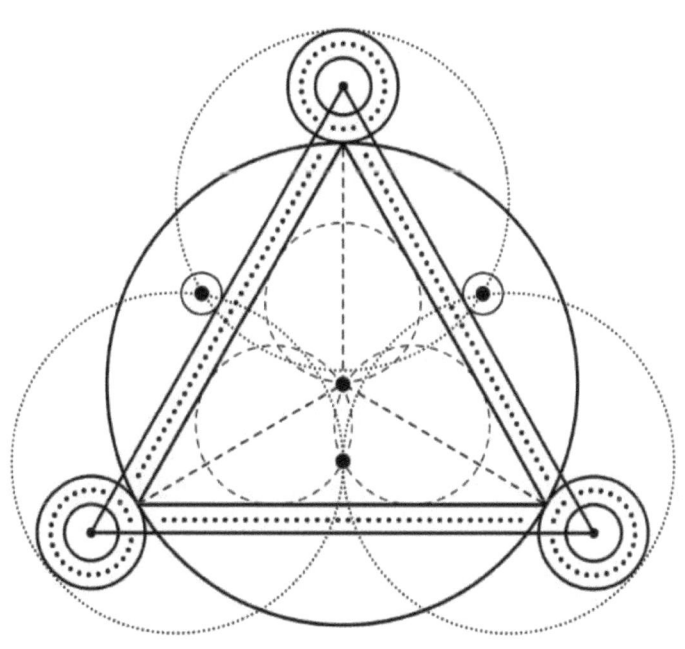

Programm-Codes, Chakren und die Reise durch das Leben

In den ersten beiden Bänden haben wir uns bereits intensiv mit den Programm-Codes befasst und die grundlegenden Mechanismen dieser tief verankerten Muster beleuchtet. Programm-Codes sind wie feine energetische Fäden, die sich durch unser Leben ziehen und uns sowohl herausfordern als auch bereichern können. Sie bestimmen, wie wir auf bestimmte Situationen reagieren, welche inneren Überzeugungen wir entwickeln und welche Erfahrungen uns immer wieder begegnen.

Doch diese Codes sind keine starren Konzepte – sie entfalten sich in verschiedenen Lebensphasen auf unterschiedliche Weise. Je nach Alter und Reifeprozess zeigen sie sich in neuen Facetten, beeinflusst durch die Temperamentenlehre und den Jahreskreis der individuellen Entwicklung. Ein Code, der sich in der Kindheit noch durch spielerische Entdeckung ausdrückt, kann sich im Erwachsenenalter als klarer Lebensweg oder tiefe Herausforderung zeigen. Jeder Mensch trägt seinen eigenen Erfahrungsschatz mit sich, und so können sich die Codes – trotz gleicher Zahlenkombination – bei verschiedenen Menschen sehr unterschiedlich entfalten.

Ein entscheidender Faktor ist zudem die persönliche Prägung. Familienstrukturen, soziale Einflüsse und eigene Erlebnisse formen die Art und Weise, wie ein Programm-Code in das eigene Leben integriert wird. Daher kann keine Beschreibung jemals vollständig oder absolut sein – sie kann lediglich eine Landkarte sein, die Orientierung bietet, aber sie kann den individuellen Weg nicht ersetzen.

Die Verbindung zu den Chakren - eine neue Perspektive auf die Programme

In diesem Band richten wir unseren Fokus auf die Verbindung der Programm-Codes zu den Chakren. Während die bisherigen Bände sich auf die Programm-Codes als Ganzes konzentrierten, betrachten wir nun, wie diese energetischen Codes in verschiedenen Energiezentren des Körpers wirken. Jedes Chakra ist ein Zugangspunkt für bestimmte Lebensthemen, Emotionen und Entwicklungsprozesse. Manche Programm-Codes entfalten ihre Kraft besonders stark in einem bestimmten Chakra, während sie an anderer Stelle eher subtil wirken. Dies bedeutet jedoch nicht, dass ihre Wirkung auf ein einzelnes Energiezentrum begrenzt wäre – vielmehr ist es ein dynamisches Zusammenspiel, das sich individuell entfaltet.

Werkzeuge zur Unterstützung - Emotionale Klärung, Körperprozesse und seelische Integration

Um die energetische und emotionale Ebene dieser Programm-Codes bewusster wahrzunehmen, arbeiten wir mit verschiedenen unterstützenden Methoden. Dabei geht es nicht darum, etwas „wegzumachen" oder zu korrigieren, sondern darum, eine tiefere Verbindung zu den eigenen Themen zu schaffen und neue Möglichkeiten zu entdecken.

Ein zentraler Aspekt ist die Arbeit mit ätherischen Ölen. Sie wirken nicht nur auf körperlicher Ebene, sondern können auch tief in emotionale und energetische Strukturen hineinwirken. Durch gezielte Anwendungen wie die Seelenmassage oder emotionale Klärung können sie helfen, verborgene Emotionen zu entschlüsseln und auf allen Ebenen Transformation zu ermöglichen. Selbstverständlich ersetzen diese Anwendungen keine medizinische oder therapeutische Behandlung – sie sind als unterstützende Empfehlung zu verstehen, die individuell angepasst werden kann.

Zusätzlich arbeiten wir mit verschiedenen Körperprozessen, die dabei helfen, gespeicherte energetische Muster aufzulösen und mehr Leichtigkeit in das eigene System zu bringen. Auch bewusste Fragen und Reflexionsmethoden spielen eine wichtige Rolle, um eingefahrene Gedankenmuster zu erkennen und sich für neue Perspektiven zu öffnen.

Unsichtbare Fesseln - Wie Ablenkungsmechanismen uns vom Wesentlichen abhalten

In unserem Leben gibt es zahlreiche unsichtbare Fesseln (Implantate) – Muster, Überzeugungen und Emotionen, die uns daran hindern, unsere volle Kraft zu entfalten. Oft sind es nicht offensichtliche Hindernisse, sondern subtile Ablenkungen, die uns in Endlosschleifen gefangen halten. Wir glauben, an bestimmten Problemen arbeiten zu müssen, während die wahre Ursache im Verborgenen liegt.

Genau hier setzen wir in unserer Arbeit mit den Programm-Codes an - es geht nicht darum, Symptome zu bekämpfen, sondern die darunterliegenden Strukturen zu erkennen und aufzulösen. Diese Ablenkungsmechanismen zeigen sich oft in Form von intensiven Emotionen oder festgefahrenen Denkmustern.

Vielleicht kennst du es, wenn Schuldgefühle dich dazu bringen, immer wieder Kompromisse einzugehen, die dir nicht guttun. Oder wenn Angst dich lähmt und du Chancen vorbeiziehen lässt, weil du befürchtest, nicht gut genug zu sein. Auch Wut kann ein Ablenkungsmechanismus sein – sie vermittelt uns das Gefühl von Macht und Kontrolle, hält uns aber gleichzeitig in einem Kreislauf fest, in dem wir ständig gegen etwas kämpfen müssen.

Besonders in Beziehungen können diese Mechanismen stark wirken. Manchmal klammern wir uns an das Bild von „der einen wahren Liebe" und übersehen dabei, dass wir aus Abhängigkeit oder Angst vor Veränderung an einer Verbindung festhalten. Oder wir versuchen, durch Perfektionismus und ständige Selbstoptimierung eine Sicherheit zu schaffen, die in Wahrheit nur eine Illusion ist.

Doch was wäre, wenn diese Muster gar nicht „deine" wären? Was, wenn du sie nur übernommen hast – aus deiner Erziehung, aus kollektiven Überzeugungen oder aus der Angst, aus der gesellschaftlichen Norm auszubrechen? Der erste Schritt zur Veränderung besteht darin, zu erkennen, dass all diese Ablenkungen nicht real sind. Sie halten dich in einer künstlichen Begrenzung gefangen und lassen dich glauben, du müsstest sie erst „lösen", bevor du weitergehen kannst. Doch in Wahrheit kannst du jederzeit wählen, aus diesem Kreislauf auszusteigen.

Die unsichtbaren Fesseln der Realität – Wie unsere Sichtweisen unsere Möglichkeiten bestimmen

Jedes Mal, wenn du einen festen Standpunkt einnimmst, erschaffst du einen Anker, der dich genau dort festhält, wo du bist. Vielleicht hast du das Gefühl, dass du dich weiterentwickelst, neue Wege gehst und bewusst wählst – doch solange du an bestimmten Überzeugungen festhältst, bleibt deine Realität begrenzt.

Doch was wäre, wenn du gar nicht nach der „richtigen" Entscheidung suchen müsstest? Wenn du stattdessen einfach nur mehr Möglichkeiten erschaffen würdest? Das Leben ist keine Einbahnstraße, in der du auf die perfekte Wahl warten musst. Stattdessen kannst du dich fragen: *„Welche Alternativen habe ich hier?"* und dann einfach wählen – ohne Angst, etwas „falsch" zu machen. Denn Perfektionismus ist nur ein weiteres Muster, das dich im Kreis führt.

Oft versuchen wir, an einem bestimmten Zustand festzuhalten, weil er uns Sicherheit gibt. Doch Sicherheit ist eine Illusion, die dich von der wahren Freiheit abhält. *Was, wenn das größte Geschenk des Lebens in der Veränderung liegt? In der Bereitschaft, jederzeit eine neue Wahl zu treffen und sich nicht an dem festzuklammern, was einmal funktioniert hat?*

Empfangen bedeutet, Möglichkeiten zu erkennen

Ein weit verbreiteter Irrtum ist, dass Empfangen bedeutet, dass du einfach alles bekommst, was du möchtest, genau so, wie du es dir vorstellst. Doch wahres Empfangen ist etwas ganz anderes. Es bedeutet, zu erkennen, was gerade möglich ist – und loszulassen, was nicht funktioniert. Anstatt gegen die Wand zu laufen und immer wieder das Gleiche zu versuchen, kannst du dir die Frage stellen: *„Wird das funktionieren?"* Falls die Antwort „Nein" ist, dann bedeutet das nicht, dass du gescheitert bist – sondern dass es an der Zeit ist, eine neue Wahl zu treffen.

Doch oft halten wir an Vorstellungen fest, die uns daran hindern, wirklich zu empfangen. Wir glauben, dass wir bestimmte Dinge erreichen müssen, um glücklich zu sein. *Doch was wäre, wenn Glück keine Belohnung für die richtige Wahl wäre, sondern einfach eine Wahl für sich? Was wäre, wenn deine eigene Realität darin bestünde, einfach glücklich zu sein – ohne Grund?*

Der Wert des Festhaltens – Warum wir uns selbst begrenzen

Wie oft halten wir an Menschen oder Situationen fest, weil wir Angst haben, sie zu verlieren? Solange du nicht bereit bist, jemanden loszulassen, verbringst du dein Leben damit, dich anzupassen, um ihn nicht zu verlieren.

Doch was, wenn du dadurch nicht nur deine Freiheit, sondern auch die wahre Essenz der Beziehung erstickst?

Die meisten Menschen führen Beziehungen nicht, weil sie sie wirklich wollen, sondern weil sie glauben, dass sie sie brauchen. Sie suchen nach Bestätigung, nach Sicherheit, nach Erfüllung – und übersehen dabei, dass eine Beziehung keine Antwort sein sollte, sondern eine Erweiterung. Doch sobald wir versuchen, an einer Verbindung festzuhalten, erschaffen wir eine Gleichheit, die alles stagnieren lässt.

Beziehungen werden vorhersehbar, routiniert – und verlieren dadurch ihre Lebendigkeit. *Was wäre, wenn du nicht versuchst, Menschen oder Situationen festzuhalten, sondern sie mit völliger Freiheit betrachtest? Was, wenn du erkennen würdest, dass jeder Moment eine neue Wahl ermöglicht?*

Die Falle der Vorhersehbarkeit – Warum das Unbekannte der Schlüssel zur Expansion ist

Die meisten Menschen streben nach einem vorhersehbaren Leben, weil sie glauben, dass es ihnen Sicherheit gibt. *Doch was ist Sicherheit wirklich? Eine Illusion, die uns in der Komfortzone gefangen hält? Ein Versuch, Veränderungen zu vermeiden, indem wir uns ein Leben erschaffen, das berechenbar bleibt?*

Doch Veränderung ist das einzig Sichere im Leben. Wenn du versuchst, dein Leben nach bekannten Mustern zu gestalten, schränkst du deine Möglichkeiten ein. Du wirst zum Experten für das, was du bereits kennst – *aber was ist mit all dem, was du noch nicht einmal zu erforschen gewagt hast? Was wäre, wenn du bereit wärst, dein Leben nicht als festgelegten Plan zu betrachten, sondern als eine unendliche Expansion?*

Stell dir vor, du würdest nicht länger versuchen, Kontrolle über das Unkontrollierbare zu erlangen, sondern dich stattdessen der Dynamik des Lebens hingeben. Statt nach Stabilität zu suchen, würdest du dich der Veränderung öffnen – und erkennen, dass genau darin deine größte Kraft liegt.

Jenseits der Begrenzungen – Die Freiheit, jederzeit eine neue Realität zu erschaffen

Du bist nicht hier, um dich anzupassen, sondern um deine eigene Realität zu erschaffen. Doch oft tun wir genau das Gegenteil - wir suchen nach Wegen, unser Leben so zu gestalten, dass es für andere Sinn ergibt. Wir halten uns zurück, weil wir Angst haben, zu weit zu gehen. *Doch was, wenn genau das der Punkt ist?*

Was wäre, wenn du die einzige Person wärst, die wirklich weiß, was für dich funktioniert? Und was wäre, wenn du bereit wärst, über die Grenzen hinauszugehen, die andere akzeptieren? Statt dein Leben in eine vorhersehbare Form zu pressen, könntest du es als grenzenlosen Raum der Möglichkeiten betrachten.

Die Frage ist nicht, was du verlieren könntest – sondern was du gewinnen würdest, wenn du dich für das Unbekannte öffnest. Die größte Freiheit liegt nicht darin, alles unter Kontrolle zu haben – sondern darin, alles sein zu können, was du sein möchtest.

Worauf wartest du noch?

Die Programm-Codes als Schlüssel zur tiefen Transformation

Nachdem wir nun die grundlegenden Prinzipien der Programm-Codes, ihre Verflechtungen mit den Chakren und die Mechanismen der energetischen und emotionalen Dynamiken beleuchtet haben, wenden wir uns nun einem zentralen Aspekt dieses Bandes zu - den spezifischen Programm-Codes selbst.

Jeder Code trägt eine einzigartige Schwingung und eine individuelle Prägung, die sich durch verschiedene Lebensphasen und innere Entwicklungsstufen entfalten. Die zuvor betrachteten Zusammenhänge zwischen energetischen Ablenkungen, emotionalen Mustern und den verborgenen Strukturen des Bewusstseins finden hier eine praktische Anwendung.

In den nächsten Kapiteln wirst du in die Tiefe dieser Codes eintauchen und verstehen, wie sie in den einzelnen Chakren wirken, welche Herausforderungen sie mit sich bringen und welche Möglichkeiten zur Transformation in ihnen verborgen liegen.

Jeder Code erzählt eine eigene Geschichte – eine Geschichte, die nicht in Stein gemeißelt ist, sondern bewusst gelesen, verstanden und weiterentwickelt werden kann.

Nun beginnt die Reise zu den 10 Programm-Codes, die in diesem Band behandelt werden. Sie sind mehr als nur Zahlenkombinationen – sie sind Tore zu neuen Perspektiven, Wegweiser in der Matrix des Lebens und Schlüssel zu deinem tieferen Potenzial.

CODE 9-11-20 / SCHLÜSSEL 4

Das Echo der Ahnen – Die Kraft des Vermächtnisses

Es gibt Momente im Leben, in denen ein Mensch eine tiefe, innere Stimme vernimmt – einen Ruf, der ihn leitet, auch wenn er dessen Ursprung nicht genau bestimmen kann. Dieses Echo der Vergangenheit ist das Vermächtnis der Ahnen, das tief in unserer DNA verankert ist und sich durch die Programm-Codes unseres Daseins entfaltet. Der Code 20-11-9 trägt eine starke Verbindung zur Familienlinie und bringt sowohl eine große Verantwortung als auch die Herausforderung mit sich, sich von alten, überholten Mustern zu lösen.

Manche Menschen spüren diesen Ruf schon in jungen Jahren. Sie werden von einer unerklärlichen Anziehung zu bestimmten Traditionen, Berufen oder Orten geleitet, die oft mit ihrer Ahnenlinie verknüpft sind. Es kann das Gefühl entstehen, eine Aufgabe erfüllen zu müssen, die über das eigene Leben hinausgeht. Dieser Mensch steht an der Schwelle zwischen Vergangenheit und Zukunft – als Erbe einer langen Geschichte und zugleich als Schöpfer neuer Wege. Doch dieser Segen kann sich auch als Last anfühlen: *Was, wenn die Erwartungen der Familie zu erdrückend werden? Was, wenn das Bedürfnis nach Unabhängigkeit mit den tief verwurzelten Loyalitäten kollidiert?*

Ein wesentlicher Aspekt dieses Programms ist die emotionale Distanz, die als Schutzmechanismus gegen übergroße Verantwortung oder ungelöste Familienkonflikte dient. Das „Eisrosen-Prinzip", wie es in diesem Zusammenhang auftreten kann, beschreibt die Neigung, sich hinter einer kühlen Fassade zu verstecken – entweder aus Angst, verletzt zu werden, oder aus der Überzeugung, dass emotionale Nähe zu einer Verpflichtung führt. In extremen Fällen kann sich dies in einem Leben äußern, das nach außen hin makellos erscheint, während innerlich eine tiefe Einsamkeit herrscht.

Doch der Code 20-11-9 bietet auch eine kraftvolle Möglichkeit zur Transformation. Wer es bewusst lebt, kann die gesammelte Weisheit seiner Ahnen als Ressource nutzen, um sein eigenes Leben bewusst zu gestalten. Die Aufgabe besteht darin, nicht blind alte Muster fortzuführen, sondern neue Wege für sich und zukünftige Generationen zu ebnen.

Die Harmonisierung der Chakren

Mūlādhāra (Wurzelchakra)

Das Mūlādhāra-Chakra bildet die Grundlage der physischen und energetischen Stabilität eines Menschen. In diesem Programm-Code zeigt sich eine interessante Dynamik zwischen tiefem inneren Rückzug, starkem Überlebenswillen und der Fähigkeit, sich immer wieder neu auszurichten.

Die 9er-Energie verstärkt die Tendenz, sich in die eigene innere Welt zurückzuziehen. Menschen mit dieser Konstellation können sich oft isoliert fühlen und empfinden Einsamkeit als eine der größten Herausforderungen. Gleichzeitig haben sie eine starke Unabhängigkeit, die es ihnen erschwert, sich anderen wirklich zu öffnen. Sie halten ihre Energie zurück und investieren sie nur in das, was sie als essenziell betrachten. In niedrigen Schwingungen kann sich dies als Geiz oder emotionale Kälte manifestieren – sowohl im finanziellen als auch im zwischenmenschlichen Bereich. Ihre Angst vor Verletzlichkeit führt oft dazu, dass sie sich unbewusst für ein Leben im inneren oder äußeren Zölibat entscheiden, um sich vor Enttäuschungen zu schützen.

Die 11er-Energie bringt hingegen eine starke körperliche Regenerationsfähigkeit mit sich. Menschen mit dieser Energie haben eine tiefe Verbindung zu ihrem Körper, manchmal bis zur Obsession mit Fitness und Gesundheit. Diese Energie verleiht ihnen eine starke Hingabe an das Leben und an ihre Ziele, kann aber auch zu extremer Selbstdisziplin führen, die in Kontrollzwang umschlagen kann. Sie haben ein enormes Bedürfnis nach Liebe, doch fällt es ihnen schwer, diese Liebe auf eine gesunde Weise zuzulassen oder auszudrücken.

Mit der 20er-Energie wird schließlich ein kraftvoller Antrieb sichtbar – sie verleiht eine Fülle an Energie und das Potenzial für radikale Veränderungen. Menschen mit dieser Energie haben eine innere Rastlosigkeit, die sie dazu antreibt, immer wieder neue Wege einzuschlagen. Sie verspüren einen tiefen Drang nach Weiterentwicklung und Neuanfang. Doch wenn diese Energie nicht bewusst genutzt wird, kann sie zu einem Gefühl des Getriebenseins führen – ein ständiges Streben nach dem Neuen, ohne je wirklich anzukommen.

Damit das Mūlādhāra-Chakra in diesem Programm-Code harmonisch arbeiten kann, ist es wichtig, einen stabilen inneren Anker zu finden. Menschen mit dieser Konstellation sollten lernen, dass wahre Sicherheit nicht in äußerer Kontrolle oder Rückzug liegt, sondern in der Fähigkeit, Vertrauen in sich selbst und das Leben zu entwickeln.

Eine bewusste Erdung kann helfen, die hohen Energiebewegungen auszugleichen. Barfußlaufen auf natürlichem Boden, bewusstes Atmen und tiefe Verwurzelung in der Natur können dabei unterstützen. Auf körperlicher Ebene kann regelmäßige Bewegung, insbesondere Yoga, Tai Chi oder gezieltes Krafttraining, helfen, die Verbindung zum Körper zu stärken, ohne in zwanghafte Fitnessroutinen zu verfallen.

Ätherische Öle wie Vetiver, Patchouli und Zedernholz fördern das Gefühl der Erdung und Stabilität. Für diejenigen, die sich emotional abgeschottet fühlen, kann Myrrhe oder Sandelholz helfen, das Herz sanft zu öffnen, ohne die eigene Sicherheit zu gefährden.

Wer sich oft rastlos oder unruhig fühlt, kann mit sanften Atemtechniken oder Klangfrequenzen arbeiten, um die Energie im Wurzelchakra auszubalancieren. Frequenzen wie 256 Hz oder 396 Hz sind besonders unterstützend, um ein Gefühl von Sicherheit und Zugehörigkeit zu fördern.

Durch diese bewusste Integration kann das Mūlādhāra-Chakra seine volle Kraft entfalten – nicht nur als Fundament für körperliche Vitalität, sondern auch als Quelle für innere Sicherheit und Selbstvertrauen.

Svādhisthāna (Sakralchakra)

Das Svādhisthāna-Chakra ist das Zentrum für Emotionen, Kreativität und Sexualität. In diesem Programm-Code zeigt sich eine starke Spannung zwischen der Sehnsucht nach tiefer Intimität und der Angst vor Verletzlichkeit.

Die 9er-Energie kann Unsicherheiten im Bereich von Nähe und Sexualität mit sich bringen. Menschen mit dieser Konstellation neigen dazu, sich emotional und körperlich zurückzuziehen, weil sie Schwierigkeiten haben, Vertrauen zu einem Partner aufzubauen. Sie könnten Angst haben, sich vollständig hinzugeben oder ihre Wünsche klar zu äußern. Dies kann zu unterdrückten Sehnsüchten führen, die entweder in kreative Energie umgeleitet werden oder sich in unausgesprochenen Spannungen in Beziehungen manifestieren. Wer sich mit dieser Energie identifiziert, hat möglicherweise ein tiefes Bedürfnis nach Verbindung, fühlt sich jedoch in Beziehungen oft missverstanden oder nicht vollständig gesehen.

Die 11er-Energie bringt hingegen eine starke körperliche Präsenz und Anziehungskraft mit sich. Diese Menschen besitzen einen natürlichen Magnetismus und ziehen andere an. Sie haben eine intensive Ausstrahlung und das Potenzial, ihre Sexualität bewusst zu leben. Doch wenn diese Energie unausgeglichen ist, kann es passieren, dass sie ihre Wünsche entweder unterdrücken oder impulsiv ausleben, ohne sich ihrer wahren Bedürfnisse bewusst zu sein. Ein gesundes Maß an Selbstkontrolle ist wichtig, damit Leidenschaft nicht in Ungeduld oder Ruhelosigkeit umschlägt. Die Herausforderung besteht darin, einen stabilen Rahmen zu finden, in dem Leidenschaft und Tiefe koexistieren können.

Mit der 20er-Energie kommt eine große Sehnsucht nach Erfüllung ins Spiel – sei es in Beziehungen, Sexualität oder der eigenen kreativen Entfaltung. Menschen mit dieser Energie haben ein enormes Verlangen nach Tiefe und Intensität in ihren Partnerschaften, aber sie können auch leicht frustriert sein, wenn ihre Erwartungen nicht erfüllt werden. Sie streben nach der idealen Verbindung, nach völliger Verschmelzung mit ihrem Gegenüber, doch wenn diese nicht eintritt, kann sich Unzufriedenheit breit machen. In niedrigen Schwingungen kann sich das als übermäßige Kontrolle über den Partner, als Dominanz oder als das ständige Bedürfnis äußern, „Dinge zu klären".

Damit das Svādhisthāna-Chakra harmonisch arbeitet, ist es wichtig, eine gesunde Beziehung zu den eigenen Wünschen und Bedürfnissen aufzubauen. Wer dieses Programm lebt, sollte sich fragen: *Erlaube ich mir, meine Sehnsüchte auszudrücken, oder verberge ich sie aus Angst vor Ablehnung? Habe ich ein Gleichgewicht zwischen Kontrolle und Hingabe?*

Sinnliche Bewegung wie Tanz, freies Körpertraining oder Wasseraktivitäten können helfen, das Sakralchakra zu aktivieren und einen bewussteren Zugang zur eigenen Energie zu bekommen. Auch kreative Ausdrucksformen wie Malen, Schreiben oder Musik sind wertvolle Werkzeuge, um unterdrückte Emotionen in eine konstruktive Form zu bringen. Ätherische Öle wie Ylang-Ylang, Neroli und Jasmin können helfen, das Vertrauen in die eigene Sinnlichkeit zu stärken.

Wer sich oft emotional geblockt oder gehemmt fühlt, kann mit Orange oder Patchouli arbeiten, um spielerische Leichtigkeit und tieferen Kontakt zum eigenen Körper zu fördern.

Ein achtsamer Umgang mit Nähe ist entscheidend. Es hilft, bewusste Berührungsrituale oder Meditationen zur Selbstannahme in den Alltag zu integrieren. Regelmäßige Bauchmassagen oder sanfte Berührungspraktiken wie Körperprozesse, Thai-Yoga oder Reiki können helfen, das emotionale Gleichgewicht wiederherzustellen.

Menschen mit diesem Programm dürfen lernen, dass wahre Intimität nicht nur durch körperliche Nähe entsteht, sondern auch durch emotionale Offenheit und gegenseitiges Vertrauen. Wer sich erlaubt, tiefe Verbindungen aufzubauen, ohne Angst vor Verlust oder Abhängigkeit, kann die volle Kraft des Svādhisthāna-Chakras entfalten.

Anāhata (Herzchakra)

Das Anāhata-Chakra steht für Liebe, Mitgefühl und emotionale Verbindung. In diesem Programm-Code zeigt sich ein komplexes Spannungsfeld zwischen der Sehnsucht nach tiefer Bindung und der Angst, sich emotional zu öffnen.

Die 9er-Energie bringt eine starke Neigung zur inneren Welt mit sich. Menschen mit dieser Energie erleben ihre Gefühle tief und intensiv, doch oft fehlt ihnen der Mut oder das Vertrauen, sie nach außen zu tragen. Sie neigen dazu, sich zurückzuziehen, Emotionen zu unterdrücken oder in stiller Sehnsucht zu verharren, anstatt sich offen mitzuteilen. Die Tendenz, das eigene Herz zu verschließen, ist groß – sei es aus Angst vor Verletzungen oder aus der Überzeugung, dass niemand die eigenen Gefühle wirklich verstehen kann. Wer mit dieser Energie lebt, kann sich oft als einsamer Wanderer in der Liebe fühlen, selbst wenn er in einer Beziehung ist.

Mit der 11er-Energie kommt eine starke emotionale Intensität hinzu. Liebe wird hier oft als alles oder nichts empfunden – tiefe Hingabe kann ebenso schnell in Ablehnung oder sogar Hass umschlagen, wenn Erwartungen nicht erfüllt werden. Menschen mit dieser Energie haben ein starkes Bedürfnis, für andere da zu sein und ihre Lieben zu beschützen, doch wenn sie sich nicht gesehen oder wertgeschätzt fühlen, können sie in manipulative Muster verfallen oder sich in emotionalen Machtkämpfen verlieren. Ihre Herausforderung besteht darin, ihre Gefühle bewusst zu steuern, anstatt sich von ihnen überwältigen zu lassen.

Die 20er-Energie verstärkt die Leidenschaft und den Drang nach emotionaler Wahrheit. Menschen mit dieser Energie suchen nach tiefen, bedeutungsvollen Verbindungen, in denen sie sich vollständig entfalten können. Sie haben die Gabe, mit ihrem Herzen zu führen und andere zu inspirieren, doch wenn sie sich betrogen oder unverstanden fühlen, kann ihr Herz unruhig werden. Sie können in unaufhörlicher Suche nach der perfekten Liebe verharren oder sich in intensiven, aber instabilen Beziehungen verlieren. In hohen Schwingungen bringt diese Energie jedoch eine enorme emotionale Weisheit mit sich – die Fähigkeit, das Wichtige vom Unwichtigen zu trennen und in jeder Situation eine gerechte, wohlwollende Haltung einzunehmen.

Damit das Anāhata-Chakra in diesem Programm-Code in Balance bleibt, ist es wichtig, bewusst an der eigenen emotionalen Offenheit zu arbeiten. Wer sich oft zurückzieht oder Angst hat, seine Gefühle zu zeigen, kann sich fragen: *Welche alten Verletzungen halten mich davon ab, Liebe zuzulassen? Habe ich die Bereitschaft, mein Herz wieder zu öffnen, auch wenn es in der Vergangenheit verletzt wurde?*

Meditationen zur Herzöffnung, achtsame Berührungen und bewusste Atemarbeit können helfen, das emotionale Ungleichgewicht zu lösen. Auch sanfte körperliche Praktiken wie Qigong oder sanftes Yoga unterstützen dabei, das Herzchakra zu aktivieren und eine tiefere Verbindung zum eigenen Inneren herzustellen.

Ätherische Öle wie Rose, Bergamotte oder Neroli helfen, die Herzensenergie zu stärken und emotionale Verletzungen zu heilen. Wer das Gefühl hat, innerlich geblockt oder in alten Enttäuschungen gefangen zu sein, kann mit Lavendel oder Sandelholz arbeiten, um sanft wieder ins Vertrauen zu kommen.

Auch bewusste Gespräche mit engen Vertrauten oder das Schreiben eines Dankbarkeitstagebuchs helfen, sich mit der eigenen Herzensenergie zu verbinden. Wer lernt, sich selbst und anderen mit Mitgefühl zu begegnen, kann die volle Kraft dieses Chakras entfalten und echte, tiefgehende Verbindungen aufbauen, die über oberflächliche Erwartungen hinausgehen.

Viśuddha (Halschakra)

Das Viśuddha-Chakra steht für Kommunikation, Selbstausdruck und die Fähigkeit, die eigene Wahrheit zu sprechen. In diesem Programm-Code offenbart sich ein spannendes Wechselspiel zwischen innerer Reflexion, Offenheit und dem Drang, Einfluss auf andere zu nehmen.

Die 9er-Energie bringt eine tiefe innere Welt mit sich, in der Worte eine besondere Bedeutung haben. Menschen mit dieser Energie wählen ihre Sprache oft sehr bedacht, da sie den Wert von Worten genau verstehen. Gleichzeitig kann dies aber auch zu einer gewissen Verschlossenheit führen – es fällt ihnen schwer, ihre inneren Gedanken und Gefühle spontan auszudrücken, da sie immer befürchten, missverstanden zu werden. Diese innere Zurückhaltung kann dazu führen, dass sie sich von der Außenwelt abkapseln oder sich nur mit wenigen, sehr vertrauten Menschen wirklich öffnen. Ihr Kommunikationsstil ist oft tiefgründig, manchmal aber auch von langen Phasen des Schweigens geprägt, in denen sie ihren eigenen Weg reflektieren.

Mit der 11er-Energie kommt die Fähigkeit, mit Worten zu gestalten, zu inspirieren und zu bewegen. Diese Menschen sind diplomatisch, einfühlsam und haben das Talent, andere durch sanfte Überzeugung zu lenken. Sie wissen, wie man Konflikte entschärft, sind aber auch Meister darin, durch geschickte Worte subtile Manipulationen vorzunehmen – oft unbewusst. Sie haben eine natürliche Begabung für Verhandlungen, sind ausgezeichnete Redner oder Schriftsteller und können durch ihre Sprache eine harmonische Atmosphäre erschaffen.

Doch auf niedrigen Schwingungen kann sich ihre Kommunikationskraft ins Gegenteil verkehren - ein einziges Wort kann wie eine scharfe Klinge wirken, andere verletzen oder sie emotional von sich stoßen.

Die 20er-Energie verstärkt den Wunsch nach Wirkung und Einfluss. Menschen mit dieser Energie haben oft die Fähigkeit, große Gruppen zu inspirieren oder zu führen. Sie besitzen eine charismatische Ausdruckskraft und können durch ihre Stimme eine kraftvolle Botschaft vermitteln. Ihr Kommunikationsstil ist oft direkt, zielgerichtet und mit einer tiefen Überzeugungskraft verbunden. Sie haben das Potenzial, über sich selbst hinauszuwachsen und durch ihre Sprache Veränderung zu bewirken. Doch wenn diese Energie unausgeglichen ist, kann sich das in Arroganz, sprachlicher Überheblichkeit oder der Tendenz zeigen, andere mit Worten zu dominieren. In extremen Fällen kann es zu verbaler Gewalt, Sturheit oder einem Drang zur absoluten Kontrolle über das Narrativ kommen.

Damit das Viśuddha-Chakra in diesem Programm-Code in Balance bleibt, ist es essenziell, die eigene Kommunikation bewusst zu steuern. Wer dazu neigt, seine Wahrheit zurückzuhalten, kann sich fragen: *Welche Ängste halten mich davon ab, meine Stimme zu erheben? Habe ich die Erlaubnis, meine Meinung ohne Zurückhaltung auszudrücken?* Gleichzeitig sollten jene, die stark auf ihre Ausdruckskraft setzen, darauf achten, ob sie wirklich zuhören oder nur ihre eigene Sichtweise durchsetzen wollen.

Atemübungen, Stimmtraining oder bewusste Schreibrituale können helfen, das Viśuddha-Chakra zu aktivieren und eine klare, authentische Sprache zu entwickeln. Besonders wirkungsvoll sind gesungene Mantras oder das bewusste Tönen mit Vokalen, um geblockte Energie im Halsbereich zu lösen.

Ätherische Öle wie Pfefferminze, Eukalyptus oder Lavendel unterstützen eine klare und freie Stimme, während Weihrauch und Sandelholz helfen, die innere Wahrheit bewusst wahrzunehmen und mit Weisheit auszudrücken.

Auch körperliche Praktiken wie sanfte Nackenmassagen, Dehnübungen für den Halsbereich oder das bewusste Öffnen des Brustkorbs durch Atemarbeit können dabei helfen, geblockte Kommunikationswege zu befreien.

Wer dieses Chakra bewusst nutzt, kann seine Sprache zu einem kraftvollen Werkzeug machen – nicht nur, um sich selbst auszudrücken, sondern um durch Worte Heilung, Verbindung und echte Veränderung in der Welt zu schaffen.

Ājñā (Drittes Auge)

Das Ājñā-Chakra ist das Zentrum der Intuition, der geistigen Klarheit und der Fähigkeit, größere Zusammenhänge zu erfassen. In diesem Programm-Code zeigt sich eine starke Wechselwirkung zwischen tiefem inneren Wissen, analytischer Intelligenz und dem Drang, Erkenntnisse auf eine höhere Ebene zu bringen.

Die 9er-Energie verstärkt die Tendenz, sich nach innen zu wenden und sich der eigenen spirituellen Entwicklung zu widmen. Menschen mit dieser Energie verbringen oft viel Zeit in Reflexion und suchen nach dem tieferen Sinn des Lebens. Sie besitzen eine ausgeprägte Fähigkeit zur Selbstanalyse, doch diese kann sich auch ins Extreme verkehren – in Form von Isolation, ständiger Grübelei oder dem Gefühl, nicht in die äußere Welt zu passen. Sie kommunizieren oft mehr mit ihrem höheren Selbst als mit ihrer Umgebung und haben möglicherweise Schwierigkeiten, ihre inneren Erkenntnisse in Worte zu fassen. In niedrigen Schwingungen kann sich dies als Vergesslichkeit, Konzentrationsprobleme oder sogar Sehstörungen manifestieren, da das Ājñā-Chakra auch mit der physischen Wahrnehmung der Realität verbunden ist.

Mit der 11er-Energie kommt eine dynamische geistige Kapazität hinzu. Menschen mit dieser Energie denken schnell, besitzen ausgeprägte analytische Fähigkeiten und sind in der Lage, Situationen strategisch zu überblicken. Ihr Denken ist oft optimistisch und auf Problemlösungen ausgerichtet. Diese Energie gibt ihnen eine natürliche Fähigkeit, Wissen zu strukturieren und klare Strategien zu entwickeln. Doch wenn sie nicht geerdet sind, kann sich diese Intelligenz in Form von mentaler Unruhe, Überforderung oder einem Gefühl der Zerrissenheit äußern – als würden sie ständig zwischen verschiedenen Denkweisen hin- und herpendeln, ohne klare Orientierung.

Die 20er-Energie bringt das Potenzial einer tiefgreifenden Bewusstseinstransformation mit sich. Menschen mit dieser Energie haben oft das Gefühl, dass ihre Erkenntnisse nicht nur für sie selbst, sondern für die ganze Welt von Bedeutung sind. Sie haben Zugang zu intuitivem Wissen, können Informationen aus höheren Ebenen empfangen und besitzen eine natürliche Neigung zu spirituellen oder esoterischen Themen. Ihr Bewusstsein ist weit und umfassend – doch in niedrigen Schwingungen kann diese Energie auch zu psychischen Belastungen führen. Ein ständiges Hinterfragen der Realität, paranoide Gedanken oder die Tendenz, in Verschwörungstheorien abzudriften, können mögliche Schattenseiten sein. Die Herausforderung besteht darin, das empfangene Wissen mit einer gesunden Erdung in den Alltag zu integrieren, anstatt sich in rein geistige Konzepte zu verlieren.

Um das Ājñā-Chakra in Harmonie zu bringen, ist es wichtig, den eigenen Geist bewusst zu lenken. Wer sich in zu vielen Gedanken und Analysen verliert, kann sich fragen: *Ist mein Verstand mein Werkzeug – oder bin ich sein Gefangener?* Die Fähigkeit, Gedanken zu beruhigen, ohne sie zu unterdrücken, ist entscheidend, um Klarheit und geistige Weite zu erfahren. Meditation, Visualisierungsübungen und bewusste Atemtechniken sind besonders hilfreich, um das Ājñā-Chakra zu stärken und innere Erkenntnisse gezielt einzusetzen. Auch das bewusste Arbeiten mit Symbolen oder Mandalas kann helfen, geistige Klarheit zu fördern und eine tiefere Verbindung zur Intuition herzustellen.

Ätherische Öle wie Weihrauch, Myrrhe oder Lorbeer unterstützen die Aktivierung des dritten Auges, während Lavendel oder Kamille helfen können, überaktive Gedanken zu beruhigen und eine entspannte geistige Wahrnehmung zu fördern.

Auch körperliche Praktiken wie sanfte Augenübungen, Kopfmassagen oder Druckpunktstimulation zwischen den Augenbrauen können helfen, das Ājñā-Chakra auszugleichen und die Verbindung zwischen innerem Wissen und äußerer Realität zu stabilisieren.

Wer dieses Chakra bewusst nutzt, kann seine geistigen Gaben auf eine kraftvolle Weise entfalten – nicht nur für sich selbst, sondern auch, um andere zu inspirieren und tiefere Zusammenhänge auf der Ebene des kollektiven Bewusstseins zu erkennen.

Sahasrāra (Kronenchakra)

Das Sahasrāra-Chakra öffnet die Verbindung zu höheren Bewusstseinsebenen, spirituellen Erkenntnissen und der universellen Ordnung. Es ist der Zugang zu göttlicher Weisheit, zur kollektiven Intelligenz und zur tiefen Einsicht in den Sinn des Lebens. In diesem Programm-Code vereinen sich verschiedene Facetten der spirituellen Entwicklung – von der Suche nach Wahrheit bis hin zur Fähigkeit, das eigene Bewusstsein mit den höheren Ebenen des Universums zu synchronisieren.

Die 9er-Energie bringt eine tiefe Weisheit mit sich, die aus vielen Leben gespeist wird. Menschen mit dieser Energie suchen nach tieferen Bedeutungen, sind innerlich frei und lassen sich nur schwer in gesellschaftliche Strukturen einbinden. Ihre innere Welt ist reich, voller Reflexion und Erkenntnisse, doch sie kann sie auch von anderen distanzieren. Sie könnten sich als Außenseiter fühlen, da ihre Sichtweise oft weit über das hinausgeht, was in der materiellen Welt als „normal" gilt.

Gleichzeitig kann dies zu einer egozentrischen Haltung führen – das Gefühl, dass andere den eigenen tiefen Erkenntnissen nicht folgen können oder dass man allein auf seiner Suche nach Wahrheit ist. Wenn diese Energie unausgeglichen ist, kann sie sich in einer Ablehnung sozialer Normen, einer Abgrenzung von der Gesellschaft oder einer übermäßigen Fixierung auf die eigene innere Welt zeigen.

Die 11er-Energie verstärkt das spirituelle Potenzial dieses Programm-Codes erheblich. Sie bringt eine enorme innere Strahlkraft, die sich in Kreativität, charismatischer Ausdruckskraft und dem Wunsch nach einer höheren Mission äußert. Menschen mit dieser Energie spüren oft eine tiefe Verbindung zu spirituellen Kräften, sei es durch rituelle Magie, Schamanismus oder die Fähigkeit, Energien bewusst zu lenken.

Sie besitzen ein natürliches Talent, Menschen mit Worten oder Präsenz zu inspirieren und deren Bewusstsein zu erweitern. Doch in niedrigen Schwingungen kann sich diese Energie in Ego-Überhöhung oder dem Gefühl äußern, „besonders" oder „auserwählt" zu sein. Es besteht die Gefahr, sich von der Realität zu entfremden oder sich in spirituelle Machtstrukturen zu verlieren, anstatt wirklich zu dienen.

Die 20er-Energie bringt schließlich die Fähigkeit, universelle Zusammenhänge zu erkennen und sich bewusst in größere Strukturen einzuordnen. Menschen mit dieser Energie haben Zugang zu tiefen Einsichten, prophetischen Träumen und spirituellen Offenbarungen. Sie fühlen sich oft wie Träger einer höheren Gerechtigkeit, als würden sie alte karmische Fäden entwirren und neue Wege für sich und andere erschaffen. Ihr Potenzial liegt in der Fähigkeit, Brücken zwischen den Welten zu schlagen – zwischen Vergangenheit und Zukunft, zwischen Menschlichem und Göttlichem, zwischen irdischen Erfahrungen und universellem Bewusstsein. Doch wenn diese Energie unausgeglichen ist, kann sich eine Fixierung auf vergangene Leben, übermäßige Beschäftigung mit höheren Mächten oder eine Tendenz zur Eskapismus entwickeln.

Um das Sahasrāra-Chakra in Harmonie zu bringen, ist es wichtig, die eigene spirituelle Weisheit nicht nur zu sammeln, sondern sie auch bewusst in den Alltag zu integrieren. Meditation, Gebete oder tiefe Reflexion können helfen, die Verbindung zur universellen Quelle zu stärken. Gleichzeitig ist es entscheidend, immer wieder in den Körper zurückzukehren – denn wahre spirituelle Erkenntnis zeigt sich nicht nur in geistigen Höhenflügen, sondern auch darin, wie bewusst und präsent man im Hier und Jetzt lebt.

Ätherische Öle wie Weihrauch, Sandelholz oder Myrrhe können die spirituelle Wahrnehmung klären und dabei helfen, das Bewusstsein zu weiten. Lavendel oder Rosmarin können unterstützend wirken, um die Energie zu stabilisieren und geistige Klarheit zu fördern.

Auch körperliche Praktiken wie sanftes Kundalini-Yoga, bewusste Atemtechniken oder Klangmeditationen mit hohen Frequenzen können das Sahasrāra-Chakra ausgleichen und eine stabile Verbindung zur spirituellen Ebene ermöglichen. Wer sich oft in der eigenen Welt verliert, sollte sich bewusst mit erdenden Tätigkeiten wie Barfußlaufen, Naturverbundenheit oder achtsamer Bewegung verbinden, um die spirituelle Energie nicht zu diffus werden zu lassen.

Dieses Chakra lädt dazu ein, sich mit dem universellen Bewusstsein zu verbinden – doch wahre Erleuchtung geschieht nicht durch Abgrenzung, sondern durch die bewusste Integration von spirituellen Erkenntnissen in das tägliche Leben. Wer diese Balance findet, kann nicht nur für sich selbst eine Quelle der Weisheit sein, sondern auch für andere eine wertvolle Inspiration.

Praktische Anwendungsbeispiele

Berufliche Orientierung - Ein Mensch mit diesem Programm-Code fühlt sich stark zu einem Beruf hingezogen, der in der eigenen Familie verankert ist. Vielleicht ist er Erbe eines Familienunternehmens oder trägt eine besondere Gabe, die über Generationen weitergegeben wurde. Doch während die Ahnen diesen Weg vorgezeichnet haben, muss er selbst entscheiden, ob er ihn weiterführt oder eine ganz neue Richtung einschlägt.

Beziehungsmuster - In Partnerschaften zeigt sich oft ein starkes Bedürfnis nach Sicherheit und Stabilität. Gleichzeitig besteht die Gefahr, unbewusste Familienmuster zu wiederholen. Menschen mit 20-11-9 könnten sich in Beziehungen wiederfinden, die der Ehe der eigenen Eltern ähneln. Die Herausforderung liegt darin, zu erkennen, welche Verhaltensweisen wirklich aus der eigenen Essenz stammen.

Spirituelle Prägung - Viele Menschen mit diesem Programm verspüren eine tiefe Verbindung zu ihrer kulturellen oder spirituellen Herkunft. Dies kann sich in einem starken Bedürfnis nach Ritualen oder einer Faszination für die Geschichte der eigenen Familie äußern. Manchmal entsteht jedoch auch der Drang, sich bewusst von alten Dogmen zu lösen und eine eigene spirituelle Identität zu finden.

Positive und negative Ausprägungen

Negative Aspekte

Übermäßige Loyalität zur Familie kann zu einem Gefühl der inneren Gefangenschaft führen

Angst, eigene Wünsche und Bedürfnisse zu äußern, aus Sorge, Erwartungen nicht zu erfüllen

Emotionale Distanz als Schutzmechanismus, Unfähigkeit, Nähe zuzulassen

Gefühl, ständig zwischen Pflicht und persönlicher Freiheit hin- und hergerissen zu sein

Positive Aspekte

Starke Verbindung zur Weisheit der Ahnen, Zugang zu tiefer innerer Führung

Fähigkeit, alte Muster zu durchbrechen und eine neue Familiengeschichte zu schreiben

Klarheit darüber, was man wirklich will, und Mut, seinen eigenen Weg zu gehen

Tiefe spirituelle Verankerung und Zugang zu universellem Wissen

Quintessenz

Der Programm-Code 20-11-9 ist eine Einladung, den eigenen Platz im großen Ganzen zu erkennen und aktiv mitzugestalten. Es fordert dazu auf, die Weisheit der Ahnen zu ehren, ohne sich von ihrer Vergangenheit einschränken zu lassen. Wer diese Balance findet, kann die tiefsten Wurzeln mit den höchsten Visionen verbinden – und so eine neue Realität erschaffen, die sowohl im Hier und Jetzt als auch in der Zukunft Früchte trägt.

Empfehlung

Es ist an der Zeit, deine eigenen Werte klar zu definieren und Prioritäten zu setzen, die mit deiner inneren Wahrheit übereinstimmen. Vielleicht hast du oft das Gefühl, in verschiedene Richtungen gezogen zu werden oder nicht zu wissen, was wirklich „richtig" für dich ist. Doch die Antwort liegt bereits in dir – du musst sie nur zulassen. Anstatt nach Bestätigung im Außen zu suchen, erkenne, dass du selbst die Führung über dein Leben übernehmen darfst. Setze dir messbare Ziele, die dich Schritt für Schritt deinem wahren Potenzial näherbringen.

Verantwortung für dein Leben zu übernehmen bedeutet, nicht darauf zu warten, dass sich die Dinge von selbst regeln oder dass jemand anderes den ersten Schritt macht. Du bist derjenige, der handeln muss. Je mutiger du dich den Veränderungen stellst, die das Leben dir präsentiert, desto mehr wirst du erkennen, dass Transformation kein Feind, sondern dein größter Lehrer ist. Angst vor dem Neuen ist normal, doch sie darf dich nicht davon abhalten, zu wachsen. Jeder Weg ist individuell, und der Vergleich mit anderen führt dich nur in Unsicherheit und Zweifel. Akzeptiere dich so, wie du bist – mit all deinen Stärken und Schwächen.

Lerne, deine Emotionen zu verstehen, ohne dich von ihnen steuern zu lassen. Wut, Frustration oder Zweifel sind nur Signale, die dich auf eine tiefere Wahrheit hinweisen. Je besser du lernst, diese Emotionen zu entschlüsseln, desto leichter wird es dir fallen, konstruktiv mit ihnen umzugehen.

Umgebe dich mit Menschen, die deine Vision teilen, die dich inspirieren und unterstützen. Flexibilität ist eine der wertvollsten Eigenschaften, die du entwickeln kannst – sie ermöglicht dir, verschiedene Wege auszuprobieren und dich an neue Situationen anzupassen, ohne deine Essenz zu verlieren. Finde regelmäßige Zeit für dich selbst, für deine Hobbys und Interessen, die dir Freude bereiten. Dein Wachstum entsteht nicht nur durch Leistung, sondern auch durch bewusste Erholung und Reflexion.

Ein gesunder Lebensstil ist der Schlüssel, um dein Energielevel hochzuhalten. Achte auf eine nährstoffreiche Ernährung, regelmäßige Bewegung und ausreichend Ruhe. Dein Körper ist dein Anker in dieser Welt – wenn du ihn vernachlässigst, wird es dir schwerfallen, deine Visionen in die Realität umzusetzen.

Ergänzend können ätherische Öle wie Pfefferminze oder Rosmarin deine Konzentration stärken und dir helfen, fokussierter zu bleiben. Lavendel oder Copaiba unterstützen dich dabei, innere Unruhe loszulassen und emotional stabiler zu werden.

Vielleicht neigst du manchmal dazu, dich selbst für Fehler zu verurteilen. *Doch gibt es in Wahrheit Fehler? Oder sind es Erfahrungen?* - Ein Hinweis darauf, dass du mutig genug warst, etwas zu wagen. Sei geduldig mit dir. Wahre Meisterschaft entsteht nicht durch Perfektion, sondern durch die Fähigkeit, aus Rückschlägen zu lernen und dennoch weiterzumachen.

Auf körperlicher Ebene kann es hilfreich sein, dein Nervensystem bewusst zu regulieren. Meditation, Yoga oder Atemtechniken helfen dir, innere Balance zu finden und nicht in Überforderung oder Rastlosigkeit zu verfallen. Besonders empfehlenswert sind tägliche Morgenrituale, in denen du dich mit deinem Körper verbindest – sei es durch sanfte Bewegung, Stretching oder eine kurze meditative Ausrichtung auf den Tag.

Auch Klangtherapie kann dich unterstützen, deine innere Mitte zu finden. Klänge in der Frequenz von 528 Hz oder 639 Hz wirken harmonisierend auf dein Energiesystem und helfen dir, Klarheit und Selbstvertrauen zu stärken. Wenn du das Gefühl hast, dich selbst nicht vollständig zu spüren, kann barfuß gehen in der Natur oder bewusster Kontakt mit Wasser (z. B. kalte Duschen, Schwimmen) dich erden und dein Bewusstsein wieder in den Körper bringen.

Falls du Unterstützung brauchst, um deine persönlichen Muster zu durchbrechen, kann einer unserer Matrix-Berater dir helfen, verborgene Programme aufzudecken und dich dabei begleiten, alte Begrenzungen aufzulösen. Dein Leben ist ein kontinuierlicher Entwicklungsprozess – und jede Entscheidung, die du bewusst triffst, bringt dich näher zu deiner wahren Essenz.

Letztendlich geht es darum, das Leben mit offenen Armen anzunehmen. Erkenne die Herausforderungen als Möglichkeiten und vertraue darauf, dass du die Kraft hast, dich selbst zu verwirklichen. Es gibt keinen Grund, dich zurückzuhalten – die Welt wartet auf dein volles Strahlen.

Hinweis: Detailliert in Buch 2 aus anderer Perspektive erläutert.

CODE 18-8-8 / SCHLÜSSEL 7

Der Mann des Systems – Ordnung, Kontrolle und das Gesetz des Rhythmus

Es gibt Menschen, die scheinbar mit einem eingebauten Kompass durch das Leben gehen – sie wissen genau, was sie wollen, und erkennen Muster in ihrer Umgebung, die anderen verborgen bleiben. Der Programm-Code 18-8-8 beschreibt einen Menschen, der durch Struktur, Disziplin und ein tiefes Verständnis für Systeme erfolgreich wird. Er besitzt die natürliche Fähigkeit, Ursache-Wirkungs-Zusammenhänge zu erkennen und kann komplexe Situationen intuitiv entschlüsseln.

Doch diese Gabe bringt auch Herausforderungen mit sich. Während ein klarer Fokus und analytisches Denken dazu beitragen, Stabilität zu schaffen, kann eine übermäßige Fixierung auf Ordnung und Kontrolle dazu führen, dass sich dieser Mensch in Details verliert. Er könnte sich in Strukturen verfangen, die seinen inneren Rhythmus erstarren lassen, oder sich von strikten Regeln einengen lassen. Wer mit dem Code 18-8-8 lebt, kann sich daher immer wieder fragen: *Folge ich dem natürlichen Fluss des Lebens oder bin ich ein Gefangener meiner eigenen Systeme?*

Das Gesetz des Rhythmus, das sich in diesem Programm-Code widerspiegelt, zeigt sich in Schwankungen zwischen Aktivität und Stillstand. Der Mensch mit diesem Code kann in Hochphasen ungeheure Kraft entwickeln, gerät aber in niedrigen Frequenzen in Muster von Pessimismus, Misstrauen oder Faulheit. Wenn der Rhythmus des Lebens verstanden und angenommen wird, entsteht jedoch eine tiefe Weisheit: Jede Phase – ob voller Energie oder im Rückzug – hat ihren Sinn.

Die Harmonisierung der Chakren

Mūlādhāra (Wurzelchakra)

Das Wurzelchakra ist die Basis unseres energetischen Systems und steht für Sicherheit, Stabilität und Urvertrauen. In diesem Programm-Code ist es stark mit familiären Mustern, karmischen Belastungen und tief verankerten Strukturen verbunden. Menschen mit dem Code 18-8-8 tragen oft das Erbe ihrer Ahnen in sich – nicht nur im positiven Sinne durch Talente und Fähigkeiten, sondern auch in Form von Prägungen, Ängsten und festgefahrenen Lebensmustern.

Die 8er-Energie bringt eine starke Verbindung zu generischen (familiären) Prägungen mit sich. Wenn dieses Chakra im Gleichgewicht ist, verleiht es dir eine tiefe Erdung, eine klare Orientierung und eine innere Stabilität, die dich auch in herausfordernden Zeiten trägt. Du weißt, wo du hingehörst, kannst Struktur erschaffen und strahlst eine natürliche Autorität aus. Doch wenn die Energie unausgeglichen ist, kann dies zu einer inneren Enge, einem Gefühl der Begrenzung und einer strikten Fixierung auf Regeln und Vorschriften führen. Vielleicht spürst du eine Art Schwere, als würdest du unbewusst alte, nicht mehr dienliche Lasten aus deiner Ahnenlinie mit dir herumtragen.

Die 18er-Energie verstärkt diese Verbindung zur Herkunftsfamilie. Unbewusst können sich Lebensmuster der Eltern oder Großeltern wiederholen – sei es in Beziehungen, Beruf oder gesundheitlichen Themen. Die Prägungen sind so tief verwurzelt, dass es oft schwerfällt, sich daraus zu lösen. Diese Energie kann auch eine verstärkte Neigung zu Ängsten und Phobien mit sich bringen, insbesondere wenn du das Gefühl hast, keinen festen Halt unter den Füßen zu haben.

In extremen Fällen kann dies zu einem starken Sicherheitsbedürfnis führen, das dich davon abhält, neue Wege zu gehen oder Veränderungen anzunehmen. Vielleicht fühlst du dich innerlich zerrissen zwischen dem Wunsch nach Stabilität und dem Drang, dich von alten Strukturen zu befreien. Wenn diese Energie unausgeglichen ist, kann sie sich in Form von Kontrollzwang, übermäßiger Verantwortung oder einem Gefühl der Verpflichtung gegenüber der Familie zeigen, das dich davon abhält, deinen eigenen Lebensweg zu gehen.

Svādhisthāna (Sakralchakra)

Das Sakralchakra ist der Sitz von Sinnlichkeit, Kreativität und emotionaler Verbindung, doch in diesem Programm-Code zeigt es sich oft als ein Bereich voller Widersprüche. Die 8er-Energie bringt eine starke Kontrolle mit sich, die dazu führen kann, dass Gefühle unterdrückt werden oder sich ein Unbehagen gegenüber tiefer Intimität entwickelt. Es ist, als würde eine unsichtbare Barriere den natürlichen Fluss von Emotionen und Leidenschaft blocken. In Beziehungen kann sich das als ein ständiges Schwanken zwischen Nähe und Distanz zeigen – der Wunsch nach Verbindung ist da, doch gleichzeitig besteht die Angst, sich selbst darin zu verlieren.

Die 18er-Energie verstärkt diese Unsicherheiten und bringt oft unklare, geheimnisvolle Dynamiken in das Liebesleben. Manchmal tauchen intensive Fantasien auf, während reale Beziehungen als zu kompliziert oder überfordernd wahrgenommen werden. Es kann eine Faszination für das Unbekannte, Verborgene oder Unkonventionelle entstehen, die sich auch in der Wahl von Partnern oder der Gestaltung von Beziehungen widerspiegelt. Gleichzeitig kann diese Energie eine Neigung zu emotionaler Verwirrung, Unsicherheit in der eigenen Identität oder das Festhalten an idealisierten Vorstellungen hervorrufen.

Um dieses Chakra in Balance zu bringen, ist es hilfreich, sich bewusst mit der eigenen Sinnlichkeit und Kreativität auseinanderzusetzen. Sinnliche Düfte wie Ylang-Ylang können dabei helfen, sich sanft für die eigene Lust und Lebensfreude zu öffnen, während Jasmin die emotionale Tiefe und das Vertrauen in die eigenen Bedürfnisse stärkt. Sandelholz wirkt beruhigend und schafft eine Verbindung zu den tieferen Ebenen des Selbst, was besonders wertvoll ist, wenn Unsicherheiten oder emotionale Turbulenzen das innere Gleichgewicht stören. Bergamotte bringt Leichtigkeit in das Erleben und hilft, starre Muster von Selbstzweifeln oder Zurückhaltung zu lösen.

Auch körperliche Bewegung kann einen wichtigen Beitrag leisten. Fließende Tänze oder kreative Ausdrucksformen wie Malen oder Musik ermöglichen es, die Energie sanft wieder in den Fluss zu bringen. Wenn das Sakralchakra seine natürliche Harmonie findet, kann Intimität ohne Angst, Kreativität ohne Zurückhaltung und Leidenschaft ohne Kontrolle erlebt werden – ein tiefes, freies Sein im eigenen Körper und in der eigenen Gefühlswelt.

Manipūra (Solarplexus-Chakra)

Das Solarplexus-Chakra ist der Sitz der inneren Stärke, des Selbstbewusstseins und der Willenskraft – doch in diesem Programm-Code kann
es sich als ein Spannungsfeld zwischen Kontrolle und Unsicherheit zeigen.
Die 8er-Energie bringt eine tiefe Verpflichtung gegenüber Regeln und
Gerechtigkeit mit sich. Menschen mit diesem Code streben danach, die
Welt in geordnete Bahnen zu lenken und fühlen sich oft nur dann sicher,
wenn alles nach bestimmten Prinzipien funktioniert. Doch diese Ordnung
kann auch zur Last werden - das Leben wird zu einer ständigen Suche nach
Perfektion, während der eigene Selbstwert oft durch äußere Bewertungen
bestimmt wird. Wenn die Energie unausgeglichen ist, neigt der Mensch
dazu, Fehler – sowohl die eigenen als auch die der anderen – unnachgiebig
zu bestrafen, anstatt aus ihnen zu lernen.

Die 18er-Energie verstärkt diese Dynamik und sorgt für eine ausgeprägte
emotionale Reaktion auf äußere Einflüsse. Ein starker Wunsch nach
Selbstbestimmung ist vorhanden, doch gleichzeitig lähmt die Angst vor
Entscheidungen. Es fällt schwer, klar zu definieren, was wirklich gewollt
wird, da äußere Erwartungen und innere Unsicherheiten immer wieder in
Konflikt geraten. Dies kann sich in extremer Anpassung an äußere Normen
oder im Gegenteil in einem ständigen inneren Aufruhr zeigen. Gleichzeitig
besitzt dieser Code eine enorme Kraft, sich in eine Sache vollkommen
zu vertiefen – sei es eine Berufung, ein Projekt oder eine persönliche
Mission. Diese Energie kann zur Quelle großer kreativer Innovationen
werden, wenn sie bewusst gelenkt wird.

Um das Solarplexus-Chakra in Balance zu bringen, ist es essenziell, die
eigene Willenskraft nicht gegen sich selbst zu richten, sondern sie als
Werkzeug bewusster Selbstbestimmung zu nutzen. Unterstützende ätherische Öle wie Ingwer können helfen, den inneren Antrieb zu stärken,
während Grapefruit die Leichtigkeit bringt, um starre Erwartungen loszulassen. Wacholder klärt alte, belastende Emotionen und schafft eine
frische Perspektive auf die eigenen Stärken. Zitrone verleiht Klarheit und
einen wachen Geist, um Entscheidungen aus einer Position des Vertrauens
zu treffen, anstatt aus Angst vor Fehlern.

Auch körperliche Übungen, die die Mitte stärken – wie Yoga-Positionen für den Solarplexus, Atemtechniken zur Aktivierung innerer Kraft oder gezielte Visualisierungen – helfen dabei, die eigene Energie bewusst zu lenken. Wer lernt, seine innere Stärke mit Gelassenheit zu verbinden, kann aus diesem Programm-Code eine tiefe, unerschütterliche Selbstsicherheit gewinnen, die nicht mehr von äußeren Umständen oder Regeln abhängig ist. Statt sich im Kampf um Kontrolle zu verlieren, entsteht eine natürliche, kraftvolle Ausstrahlung, die mit Leichtigkeit durch Herausforderungen navigiert.

Anāhata (Herzchakra)

Das Herzchakra im Programm-Code 18-8-8 bringt eine faszinierende Dynamik zwischen tief empfundener Gerechtigkeit und emotionaler Unsicherheit mit sich. Die 8er-Energie verleiht einen ausgeprägten Sinn für Fairness und Ordnung, doch wenn sie aus dem Gleichgewicht gerät, kann sie sich in einem verschlossenen Herzen äußern. Menschen mit diesem Code tragen oft den Wunsch in sich, die Welt zu verbessern, doch dabei vergessen sie manchmal, dass Liebe nicht durch Regeln oder Urteile entsteht, sondern durch Akzeptanz und Mitgefühl – auch für sich selbst.

Die 18er-Energie verstärkt diese Komplexität, indem sie eine enorme emotionale Tiefe mit sich bringt. Doch anstatt diese frei zuzulassen, kann sie zu einem Geflecht aus Geheimnissen, Illusionen und Unsicherheiten führen. Die Fähigkeit, sich in andere hineinzuversetzen, kann in ihrer positiven Form zu großer Empathie führen, doch wenn Unsicherheiten oder negative Erfahrungen überwiegen, neigt dieser Code dazu, sich in imaginären Szenarien zu verlieren. Es entsteht ein Gefühl, als wäre das Leben eine Bühne, auf der jede Interaktion einer versteckten Bedeutung unterliegt. In niedrigeren Schwingungen äußert sich dies als Misstrauen, Angst vor Enttäuschung oder das ständige Gefühl, dass etwas nicht stimmt.

Ein zentrales Thema ist die Herausforderung, sich selbst und anderen wirklich zu vertrauen. Anstatt in Idealvorstellungen oder Erwartungen an andere zu flüchten, kann es helfen, bewusst in den gegenwärtigen Moment einzutauchen und sich auf unmittelbare Verbindung zu fokussieren.

Ätherische Öle wie Rose und Jasmin öffnen das Herz für Mitgefühl und emotionale Weichheit, während Lavendel dabei hilft, übermäßige emotionale Dramen zu beruhigen und inneren Frieden zu finden. Weihrauch kann dabei unterstützen, die eigene innere Wahrheit klarer zu sehen, anstatt sich in Zweifeln oder Illusionen zu verlieren. Für Menschen, die Schwierigkeiten haben, sich selbst oder anderen zu vertrauen, kann Ylang-Ylang helfen, tiefsitzende Ängste in Bezug auf Liebe und Beziehungen zu lösen.

Auf körperlicher Ebene ist es wichtig, das Herz nicht nur energetisch, sondern auch physisch zu stärken. Bewegung, die Freude bereitet – sei es Tanz, sanftes Yoga oder Spaziergänge in der Natur – kann helfen, emotionale Starre zu lösen. Atemübungen, die das Herzchakra aktivieren, wie tiefe Brustatmung oder Meditation mit Fokus auf Dankbarkeit, helfen dabei, sich von fixen Vorstellungen zu lösen und sich dem Fluss des Lebens hinzugeben.

Wer dieses Programm meistert, entdeckt, dass wahre Liebe nicht in Kontrolle oder Perfektion liegt, sondern in der Fähigkeit, das Unvorhersehbare mit offenem Herzen zu empfangen. Wenn das Anāhata-Chakra in Balance ist, entsteht die tiefe Erkenntnis, dass Liebe nicht erarbeitet oder verdient werden muss – sie ist einfach da, wenn wir bereit sind, sie zuzulassen.

Viśuddha (Halschakra)

Das Viśuddha-Chakra im Programm-Code 18-8-8 trägt die Spannung zwischen dem Bedürfnis nach Wahrheit und dem gleichzeitigen Zweifel daran, ob diese überhaupt gehört oder verstanden wird. Die 8er-Energie verleiht eine starke innere Haltung, einen ausgeprägten Sinn für Gerechtigkeit und die Fähigkeit, aufrichtig zu sprechen – doch sie bringt auch hohe Erwartungen an sich selbst und andere mit sich. Wer mit dieser Energie lebt, kann das Gefühl haben, dass Worte niemals ausreichen, um die tiefen Zusammenhänge der Realität zu erfassen. Oder dass Ehrlichkeit eine Bürde ist, die von der Welt nicht geschätzt wird.

Die 18er-Energie verstärkt dieses Dilemma, indem sie sowohl die Angst vor Kommunikation als auch eine unbewusste Neigung zu innerer Zurückhaltung oder sogar Täuschung mit sich bringen kann. Menschen mit diesem Code erleben oft Unsicherheiten in sozialen Interaktionen – sie schwanken zwischen dem Wunsch, gehört zu werden, und der Befürchtung, missverstanden oder abgelehnt zu werden. Diese innere Spannung kann sich in undeutlicher Sprache, Stimmungsschwankungen oder einem wechselhaften Kommunikationsstil äußern. Manchmal fällt es schwer, klare Gedanken zu formulieren, weil der Geist von zu vielen Möglichkeiten oder Ängsten überflutet wird.

Eine wesentliche Aufgabe für diesen Code besteht darin, die eigene Stimme zu finden – nicht nur im wörtlichen Sinne, sondern auch in der Art und Weise, wie man sich selbst und seine Wahrheit ausdrückt. Anstatt sich zu fragen, wie andere reagieren könnten, kann es helfen, sich auf die eigene innere Klarheit zu konzentrieren. Die Herausforderung besteht darin, sich selbst zu vertrauen, auch wenn andere nicht sofort zustimmen oder die eigene Perspektive teilen.

Auf körperlicher Ebene kann es hilfreich sein, Atemübungen zu praktizieren, die das Halschakra öffnen. Tiefes Atmen mit bewusstem Fokus auf die Kehle oder das Summen von Mantras wie „HAM" kann Verspannungen in diesem Bereich lösen. Wer oft das Gefühl hat, dass die Stimme „stecken bleibt", sollte sanfte Stimmübungen ausprobieren, um den Ausdruck zu erleichtern.

Ätherische Öle wie Pfefferminze und Eukalyptus klären den Halsbereich und fördern eine freie, ungehinderte Kommunikation. Kamille kann dabei helfen, emotionale Unsicherheiten loszulassen, während Sandelholz eine tiefe innere Verankerung gibt und unterstützt, Worte aus einer ruhigen, kraftvollen Mitte herauszuwählen. Lavendel hilft, Stress zu reduzieren, wenn das Gefühl entsteht, dass Kommunikation anstrengend oder beängstigend ist.

Die innere Meisterschaft dieses Codes liegt darin, sich selbst zu erlauben, auszusprechen, was im Herzen liegt – ohne Angst vor Fehlern oder Ablehnung. Wenn Viśuddha im Gleichgewicht ist, wird Sprache zu einem Instrument der Wahrheit, das nicht zwingt oder manipuliert, sondern inspiriert und verbindet.

Wer mit diesem Code arbeitet, kann sich bewusst fragen: *Spreche ich meine Wahrheit, oder halte ich mich aus Angst zurück? Und wie kann ich meine Worte mit Klarheit und Leichtigkeit fließen lassen, ohne mich selbst zu begrenzen?*

Ājñā (Drittes Auge)

Das Ājñā-Chakra in diesem Code spiegelt die tiefen Herausforderungen und Potenziale wider, die mit Wahrnehmung, Intuition und geistiger Klarheit verbunden sind. Die 8er-Energie bringt eine ausgeprägte Struktur im Denken mit sich – sie sucht nach Ordnung und Systemen, an denen sie sich orientieren kann. Diese Menschen neigen dazu, die Realität durch die Brille ihrer frühen Prägungen zu sehen - die Welt wird so wahrgenommen, wie sie in der Kindheit vermittelt wurde, und es fällt schwer, neue Informationen oder alternative Sichtweisen zu integrieren. Gleichzeitig setzt die 8er-Energie hohe Maßstäbe für sich selbst und andere, was zu einem kontrollierten, rational geprägten Denken führen kann.

Die 18er-Energie hingegen bringt eine völlig andere Dynamik mit sich. Sie verstärkt das Gefühl, dass Realität und Illusion miteinander verschwimmen – dass das, was gesehen oder wahrgenommen wird, nicht immer die ganze Wahrheit ist. Dies kann einerseits zu einem außergewöhnlichen kreativen Potenzial führen, da Menschen mit diesem Code oft in der Lage sind, über den Tellerrand hinauszudenken und visionäre Ideen zu entwickeln. Andererseits kann es auch eine innere Zerrissenheit hervorrufen, die sich in Selbstzweifeln, Sorgen über die Zukunft oder einem „Schlaf der Vernunft" äußert – das Gefühl, dass klare Entscheidungen oder Analysen durch emotionale Verwirrung beeinträchtigt werden.

Ein weiteres zentrales Thema dieses Codes ist die Kontrolle über die eigene Gedankenwelt. Die Neigung zu zwanghaftem Denken oder übermäßiger Selbstkritik kann zu einem permanenten inneren Stress führen. Es kann schwierig sein, zwischen echten Intuitionen und verzerrten Wahrnehmungen zu unterscheiden. In niedrigen Schwingungen besteht die Gefahr der Flucht in Suchtverhalten – sei es durch Ablenkungen wie Alkohol, Medikamente oder zwanghafte Gedankenschleifen, die das klare Sehen verhindern.

Für die Harmonisierung des Ājñā-Chakras ist es essenziell, das Vertrauen in die eigene Wahrnehmung zu stärken und sich gleichzeitig bewusst zu machen, dass Gedanken nicht immer die absolute Wahrheit widerspiegeln. Meditationen, die auf geistige Klarheit abzielen, sind besonders wirksam – zum Beispiel die Fokussierung auf das innere Licht zwischen den Augenbrauen oder die Arbeit mit Visualisierungen, die den Geist beruhigen und neu ausrichten.

Auf körperlicher Ebene können sanfte Augenübungen helfen, um die Verbindung zwischen körperlicher und geistiger Wahrnehmung zu stärken. Eine bewusste Reduzierung von mentalen Reizen, beispielsweise durch bewusste Digital-Detox-Zeiten oder mehr Aufenthalt in der Natur, kann ebenfalls unterstützend wirken.

Ätherische Öle wie Weihrauch und Myrrhe fördern die Verbindung zur Intuition und helfen, das Dritte Auge zu klären. Zedernholz kann das Gefühl von Erdung und innerer Stabilität verstärken, wenn Gedanken zu chaotisch werden. Rosmarin schärft den Fokus und die Konzentration, während Lavendel dabei hilft, emotionale Anspannung zu reduzieren und das Gleichgewicht zwischen Logik und Intuition herzustellen.

Wer mit diesem Code arbeitet, kann sich bewusst fragen: *Welche Gedanken nähren meine Klarheit – und welche lassen mich zweifeln oder verwirren? Lasse ich zu, dass alte Muster meine Wahrnehmung trüben, oder bin ich bereit, mich für eine tiefere, intuitive Sicht auf das Leben zu öffnen?* Ājñā in Balance bedeutet, Weisheit und Intuition in Einklang zu bringen und den eigenen Geist als Werkzeug für innere Wahrheit und geistige Schärfe zu nutzen.

Sahasrāra (Kronenchakra)

Das Sahasrāra-Chakra im Programm-Code 18-8-8 verbindet die Gegensätze von Struktur und Loslassen, von festen Systemen und fließender Inspiration. Die 8er-Energie bringt hier eine tiefe Verwurzelung in das Konzept von Ordnung, Disziplin und vorherbestimmten Wegen. Menschen mit dieser Energie empfinden ihr Leben oft als ein klar gezeichnetes Muster, in dem jeder Schritt nach einem höheren Plan verläuft.

Sie fühlen sich sicher, wenn sie ihre Rolle innerhalb eines Systems erkennen und sich an Richtlinien oder Werte halten können, die ihrem Leben eine Richtung geben. Doch diese Sicherheit kann auch zur Einschränkung werden, wenn das Gefühl entsteht, dass der eigene Weg vorherbestimmt ist und keine Möglichkeit für neue, unerwartete Entwicklungen besteht.

Die 18er-Energie hingegen öffnet das Bewusstsein für die subtilen, verborgenen Ebenen der Realität. Sie verstärkt die Intuition und kann prophetische Träume oder Visionen mit sich bringen. Diese Menschen haben oft das Gefühl, zwischen den Welten zu stehen – einerseits stark mit dem physischen Leben verbunden, andererseits tief empfänglich für spirituelle Einsichten und Botschaften aus höheren Dimensionen. Diese Verbindung kann ein unglaubliches kreatives Potenzial freisetzen, da sie in der Lage sind, verborgene Muster zu erkennen und tiefe Wahrheiten zu durchdringen.

Doch genau hier kann sich auch eine Herausforderung zeigen - Die 18er-Energie verstärkt nicht nur die Fähigkeit zur Wahrnehmung feiner Energien, sondern auch die Neigung zu Ängsten und Phobien. Wer sich nicht bewusst in seiner eigenen Mitte verankert, kann von äußeren Einflüssen oder der Meinung anderer leicht verunsichert werden. Die Gefahr besteht, sich in spirituellen Illusionen zu verlieren oder sich von Angstgedanken über das Unbekannte leiten zu lassen. In niedriger Schwingung kann dies dazu führen, dass Menschen entweder in strikten Dogmen und Systemen verharren oder sich völlig in der Welt der Intuition verlieren, ohne ihre Erkenntnisse in den Alltag zu integrieren.

Ein zentrales Thema dieses Codes ist es daher, die Balance zwischen Struktur und Offenheit zu finden. Spirituelle Disziplin kann dabei helfen, sich mit höheren Bewusstseinsebenen zu verbinden, ohne sich darin zu verlieren. Meditationen, in denen das Kronenchakra bewusst geöffnet wird, können dabei unterstützen, innere Führung zu empfangen. Gleichzeitig ist es essenziell, sich immer wieder zu erden und das Erlebte mit dem physischen Leben in Einklang zu bringen.

Auf körperlicher Ebene kann eine bewusste Schlafhygiene helfen, da das Sahasrāra-Chakra stark mit Träumen und unbewussten Prozessen verbunden ist. Regelmäßige Atemübungen oder Lichtmeditationen unterstützen die Integration von höheren Einsichten und verhindern, dass die Energie zu stark nach oben fließt und Unruhe oder Verwirrung entsteht.

Ätherische Öle wie Weihrauch und Sandelholz sind besonders kraftvoll für die Aktivierung des Sahasrāra-Chakras. Sie helfen, eine tiefe Verbindung zur inneren Weisheit herzustellen, während Myrrhe und Lavendel beruhigend wirken und Ängste lindern. Wer sich spirituell zu sehr verliert, kann mit Vetiver oder Patchouli eine stärkere Erdung erreichen.

Wenn du mit diesem Code arbeitest, kannst du dich fragen: *Vertraue ich meiner eigenen inneren Führung, oder lasse ich mich von äußeren Systemen oder Ängsten leiten? Erkenne ich meine spirituelle Verbindung als Quelle der Kraft, oder fliehe ich vor der Realität, weil sie mir zu begrenzt erscheint?* Die Meisterschaft von Sahasrāra in diesem Programm liegt darin, Weisheit in den Alltag zu bringen – ohne sich in Grenzen zu verlieren, aber auch ohne in der Weite der Möglichkeiten zu verschwimmen.

Praktische Anwendungsbeispiele

Beruflicher Erfolg durch Struktur: Ein Mensch mit dem Code 18-8-8 kann in Management, Ingenieurwesen, Finanzen oder Wissenschaft erfolgreich sein, da er Informationen exzellent analysieren und strukturieren kann. Doch wenn er zu sehr auf Kontrolle fixiert ist, riskiert er, sich in Perfektionismus oder starren Regeln zu verlieren.

Beziehungsmuster und emotionale Kontrolle: In Partnerschaften kann der Code 18-8-8 sowohl Stabilität als auch Herausforderungen bringen. Diese Menschen brauchen Struktur in Beziehungen, doch emotionale Nähe kann sie verunsichern. Wer mit diesem Programm-Code lebt, sollte darauf achten, dass Liebe nicht durch Logik allein gesteuert werden kann.

Der innere Rhythmus des Lebens: Das Gesetz des Rhythmus bedeutet, dass alles in Wellen geschieht – Arbeit und Ruhe, Erfolg und Stillstand. Menschen mit dem Code 18-8-8 können lernen, sich nicht gegen natürliche Zyklen zu wehren, sondern sie für sich zu nutzen.

Positive und negative Ausprägungen

Negative Aspekte:

- Übermäßige Fixierung auf Strukturen kann zu einem starren, unflexiblen Denken führen.

- Kontrollzwang in Beziehungen oder im Beruf kann Konflikte verursachen.

- Angst vor Chaos oder Unsicherheit kann zu Stress und Perfektionismus führen.

- Pessimismus oder Faulheit als Gegenpol zu übersteigerter Kontrolle.

Positive Aspekte:

- Klare analytische Fähigkeiten und ein starkes Urteilsvermögen.

- Fähigkeit, große Systeme zu erfassen und Ordnung zu schaffen.

- Starke Führungsqualitäten und Verantwortungsbewusstsein.

- Fähigkeit, tiefere Muster zu erkennen und strategisch zu handeln.

Prognose & Entwicklungspotenzial

Der Programm-Code 18-8-8 lädt dazu ein, die Balance zwischen Kontrolle und Vertrauen, Struktur und Flexibilität zu finden. Wer es meistert, kann ein brillanter Stratege, ein weiser Anführer und ein kluger Entscheider sein. Doch wenn Kontrolle zum Selbstzweck wird, kann dieser Programm-Code auch zur Belastung werden.

Die größte Entwicklungsmöglichkeit liegt in der Fähigkeit, den eigenen Rhythmus des Lebens zu erkennen und sich nicht nur von äußeren Strukturen lenken zu lassen. Wer dieses Gleichgewicht findet, kann wahre Meisterschaft über sein eigenes Leben erlangen.

Quintessenz

Der Programm-Code 18-8-8 bringt eine tiefgehende Verbindung zu Systemen, Mustern und Strukturen mit sich. Es fordert dazu auf, Ordnung als Werkzeug zu nutzen – nicht als Fessel. Wer lernt, zwischen Disziplin und Fluss zu balancieren, kann das volle Potenzial dieses Programms entfalten.

Empfehlung

Du besitzt eine außergewöhnliche Fähigkeit, Muster zu erkennen, Strukturen zu erschaffen und Ordnung in das Chaos zu bringen. Dein analytischer Verstand hilft dir, Systeme zu optimieren und Prozesse zu durchdringen. Doch die wahre Meisterschaft zeigt sich nicht in starrer Kontrolle, sondern in der Kunst, Struktur und Flexibilität harmonisch miteinander zu verbinden. *Wie oft hältst du inne und fragst dich, ob du dich noch im Fluss des Lebens bewegst oder ob deine eigenen Regeln und Systeme dich begrenzen?*

Ein wichtiger Aspekt deiner persönlichen Entwicklung ist das Vertrauen in den natürlichen Rhythmus des Lebens. Wenn du das Gefühl hast, festzustecken oder gegen eine unsichtbare Wand zu laufen, dann bedeutet das nicht, dass du gescheitert bist. Es ist vielmehr ein Zeichen dafür, dass eine Phase der inneren Umstrukturierung begonnen hat. Lerne, nicht nur auf äußere Ordnung zu setzen, sondern erkenne, dass wahre Stabilität aus deinem Inneren entspringt.

Auch in deinen Beziehungen ist es wichtig, Kontrolle nicht mit Sicherheit zu verwechseln. Menschen sind keine Systeme, die berechenbar funktionieren – sie sind voller Emotionen, Wandel und Überraschungen. Dein Weg führt dich dazu, emotionale Intelligenz stärker zu entwickeln und deine Fähigkeit zur Struktur nicht als Einschränkung, sondern als unterstützendes Fundament für dich und andere zu nutzen. Auf körperlicher Ebene kann sich ein zu starres Festhalten an Strukturen in Verspannungen, Kopfschmerzen oder Verdauungsproblemen zeigen – besonders, wenn du versuchst, alles im Griff zu behalten. Dein Körper braucht Bewegung, die dir sowohl Erdung als auch Leichtigkeit gibt. Besonders geeignet sind Yoga-Praktiken, die gezielt das Gleichgewicht zwischen Stabilität und

Flexibilität fördern, oder Kampfkünste wie Tai-Chi, die das Prinzip des rhythmischen Wandels verkörpern. Regelmäßige Spaziergänge in der Natur können ebenfalls helfen, deine Gedanken zu klären und deinen Blick für das größere Ganze zu öffnen.

Ätherische Öle wie Sandelholz und Vetiver unterstützen dich dabei, innere Ruhe zu finden und das Bedürfnis nach Kontrolle zu transformieren. Lavendel hilft dir, Spannungen loszulassen und deinen Geist zu beruhigen. Wenn du dich ausgebrannt oder festgefahren fühlst, kann Zitrone erfrischen und dir neue Perspektiven eröffnen. Nutze diese Öle bewusst – ob als Duft in deinem Raum, als Roll-On oder in einem warmen Bad, um dein Nervensystem zu entspannen.

Einer unserer Matrixberater, mit jahrelanger Erfahrung, kann dir helfen, deine Stärken bewusster zu nutzen und festgefahrene Strukturen zu erkennen, die dich möglicherweise ausbremsen. Er kann dich dabei unterstützen, deine Systeme nicht nur effizient, sondern auch mit Leichtigkeit zu gestalten. Letztlich geht es nicht darum, Kontrolle über alles zu haben, sondern die Fähigkeit zu entwickeln, mit den natürlichen Rhythmen des Lebens in Harmonie zu sein.

CODE 4-12-19 / SCHLÜSSEL 8

Der Kodex des Schutzes – Zwischen Grenzen, Selbstbestimmung und Mystik

Menschen mit dem Programm 4-12-19 stehen oft zwischen zwei Polen: dem Bedürfnis nach Schutz und Struktur auf der einen Seite und der Herausforderung, sich nicht selbst in Isolation und Opferrollen zu verlieren. Dieses Programm bringt eine tiefe Empfindsamkeit mit sich, gepaart mit einer hohen Reflexionsfähigkeit und einer inneren Weisheit, die es ermöglicht, das Unsichtbare hinter den äußeren Ereignissen zu erkennen. Die Frage nach persönlichen Grenzen, sozialer Verantwortung und innerer Stärke ist ein zentrales Thema.

Viele Menschen mit diesem Code erleben in ihrer Kindheit Herausforderungen in Form von Mobbing, Ausgrenzung oder einem Gefühl der Andersartigkeit. Dies kann zu einer tiefen inneren Selbstsuche führen, in der das Bedürfnis entsteht, die eigene Identität zu klären und sich selbst eine stabile Basis zu erschaffen. Die karmische Heilung in diesem Programm besteht darin, sich von Opferhaltungen zu befreien, die eigene Macht anzunehmen und gleichzeitig Mitgefühl für andere zu bewahren.

Diejenigen, die dieses Programm in ihrer positiven Entfaltung leben, sind oft starke Persönlichkeiten mit einem ausgeprägten Sinn für Fairness und Gerechtigkeit. Sie haben die Fähigkeit, klare Grenzen zu setzen, ohne dabei in Härte oder Isolation zu verfallen. In ihrer höchsten Form sind sie Visionäre, Lehrer oder Heiler, die aus ihrer eigenen Erfahrung heraus anderen helfen können, ihren Weg zu finden.

Die Harmonisierung der Chakren

Mūlādhāra-Chakra (Wurzelchakra)

Das Mūlādhāra-Chakra im Programm-Code 4-12-19 verbindet körperliche Widerstandskraft, karmische Prägungen und das Potenzial für kreative Selbstverwirklichung. Dieses Chakra ist das Fundament der persönlichen Sicherheit, der Erdung und der materiellen Stabilität.

Es beeinflusst das Verhältnis zu Heimat, Traditionen und grundlegenden Überlebensmechanismen sowie die Fähigkeit, mit Herausforderungen des physischen Körpers umzugehen.

Die 4er-Energie verleiht eine starke physische Belastbarkeit und eine enge Bindung an Heimat und Traditionen. Menschen mit dieser Energie sind oft pragmatisch und sicherheitsorientiert, legen Wert auf materielle Stabilität und übernehmen oft Verantwortung für ihr Umfeld. Dies kann sich in einem ausgeprägten Pflichtbewusstsein, aber auch in übermäßiger Kontrolle oder Starrheit äußern. Wenn diese Energie unausgeglichen ist, kann sie zu einer tiefen Angst vor Veränderungen führen. Gleichzeitig manifestiert sich hier ein inneres Bedürfnis nach Anerkennung, das in einem Drang nach sozialer Positionierung oder der Angst, nicht genug zu leisten, münden kann.

Die 12er-Energie bringt gesundheitliche Herausforderungen mit sich und weist auf eine erhöhte Anfälligkeit für chronische oder erbliche Erkrankungen hin. Besonders das Herz-Kreislauf-System, die Wirbelsäule und die Beine können betroffen sein. Menschen mit dieser Energie spüren oft eine starke Wetterabhängigkeit oder reagieren sensibel auf Umweltfaktoren. Gleichzeitig trägt diese Energie eine tiefe seelische Dimension in sich – sie verstärkt das Bedürfnis nach Reflexion, kann jedoch auch Ängste und Selbstzweifel verstärken. In niedriger Schwingung kann dies zu einer Opfermentalität oder einer tiefen inneren Unsicherheit führen. Ein Mensch mit dieser Energie sollte darauf achten, sich bewusst für einen gesunden Lebensstil zu entscheiden, um sowohl körperlich als auch mental stabil zu bleiben. Die bewusste Pflege des eigenen Körpers – durch gesunde Ernährung, Bewegung und ausreichende Ruhezeiten – ist essenziell, um die eigenen Energiereserven zu stabilisieren.

Die 19er-Energie bringt eine starke Lebenskraft mit sich, die sich besonders in Phasen von Neuanfängen oder durch kreative Projekte entfaltet. Diese Energie verstärkt das Potenzial für Heilung und Regeneration und verleiht eine positive, lebensbejahende Grundhaltung. In hoher Schwingung fördert sie Enthusiasmus, Innovationskraft und die Fähigkeit, das Leben aktiv zu gestalten.

In niedriger Schwingung kann sie jedoch zu Selbstüberschätzung oder unüberlegten Handlungen führen. Wer diese Energie in sich trägt, neigt dazu, sich erst dann voll zu entfalten, wenn er Kinder bekommt oder neue Projekte startet, die ihn emotional berühren.

Die Verbindung dieser drei Energien innerhalb des Mūlādhāra-Chakras erfordert ein bewusstes Management der eigenen Ressourcen. Einerseits gibt es eine große körperliche Widerstandskraft und eine tiefe Verbindung zur Materie, andererseits können gesundheitliche Sensibilitäten oder emotionale Ängste Herausforderungen darstellen. Der Schlüssel liegt darin, Stabilität nicht in äußeren Faktoren zu suchen, sondern im inneren Vertrauen in die eigene Kraft zu entwickeln.

Ätherische Öle wie Patchouli, Vetiver und Zedernholz unterstützen das Mūlādhāra-Chakra, indem sie Erdung und Sicherheit fördern. Körperliche Bewegung, insbesondere sanfte Erdungsübungen wie Yoga, Tai Chi oder Spaziergänge in der Natur, helfen, die Energie in Balance zu halten. Unterstützende Affirmationen könnten sein: „Ich bin sicher und geschützt in meinem Körper." „Ich vertraue meiner Kraft und gehe meinen Weg mit Stabilität und Zuversicht."

Wenn dieses Chakra in Harmonie ist, entsteht eine tiefe Verwurzelung im Leben – mit einem gesunden Körper, einer stabilen mentalen Verfassung und der Fähigkeit, das eigene Schicksal aktiv zu gestalten. Die Verbindung zwischen Verantwortung, Kreativität und innerer Sicherheit macht es möglich, das Leben mit Freude und Selbstvertrauen zu führen.

Svādhisthāna-Chakra (Sakralchakra)

Das Svādhisthāna-Chakra im Programm-Code 4-12-19 bringt eine intensive Verbindung zwischen Sinnlichkeit, Sexualität und Beziehungsdynamiken im Beziehungskanal mit sich. Es beeinflusst nicht nur die persönliche Lebenskraft, sondern auch den Umgang mit Nähe, Intimität und kreativer Ausdruckskraft. Wer dieses Programm lebt, besitzt ein tiefes Verlangen nach emotionaler und körperlicher Verbindung, steht jedoch gleichzeitig vor der Herausforderung, innere Konflikte und unbewusste Prägungen in diesen Bereichen zu erkennen und zu transformieren.

Die 4er-Energie verleiht ein starkes sexuelles Potenzial, das jedoch mit einer eher rationalen Herangehensweise an Beziehungen kombiniert ist. Menschen mit dieser Energie neigen dazu, Beständigkeit und Verlässlichkeit in Partnerschaften zu suchen und legen großen Wert auf ein klares Wertesystem innerhalb ihrer Beziehungen. Sie gehen oft nicht leichtfertig Bindungen ein, sondern bevorzugen stabile und langfristige Partnerschaften, in denen Vertrauen und Struktur eine große Rolle spielen. Ihr Bedürfnis nach Sicherheit kann dazu führen, dass sie sich nur langsam emotional öffnen, doch wenn sie sich auf jemanden einlassen, tun sie dies mit tiefer Loyalität und Beständigkeit.

Die 12er-Energie bringt eine komplexe Dynamik in den Bereich der Sexualität. Sie kann mit tiefsitzenden Unsicherheiten, Schamgefühlen oder Schwierigkeiten in der Selbstakzeptanz verbunden sein. Menschen mit dieser Energie haben oft eine unkonventionelle Sicht auf Sexualität oder verspüren das Bedürfnis, extreme Bedingungen zu erforschen, um ihre eigene Sinnlichkeit voll zu erleben. Gleichzeitig besteht eine hohe Sensibilität gegenüber dem Partner, ein starkes Bedürfnis nach emotionaler und energetischer Verschmelzung sowie die Tendenz, den eigenen Wunsch nach Erfüllung hinter das Vergnügen des Partners zu stellen. Ist diese Energie unausgeglichen, kann sie zu Rückzug, Einsamkeit oder der Tendenz führen, sexuelle Energie durch Fantasien oder Masturbation zu kompensieren, anstatt sie in real gelebte Erfahrungen oder kreative Prozesse zu integrieren.

Die 19er-Energie verstärkt das sexuelle und emotionale Potenzial enorm. Sie bringt eine leidenschaftliche, sinnliche Ausdruckskraft mit sich, die sich sowohl in Beziehungen als auch in kreativen Prozessen manifestiert. Menschen mit dieser Energie haben eine natürliche Gabe, tiefe emotionale Verbindungen aufzubauen, und streben oft danach, eine Familie zu gründen oder durch ihre Beziehungen eine Form von Erfüllung zu finden. In positiver Schwingung fördert diese Energie eine leidenschaftliche und inspirierende Verbindung zum Partner, während sie in niedriger Schwingung zu Kontrollmustern oder dem Wunsch führen kann, den Partner zu dominieren oder emotionale Macht auszuüben.

Die Kombination dieser Energien macht das Svādhisthāna-Chakra zu einem intensiven Zentrum von Leidenschaft, Hingabe und Selbsterkenntnis. Die größte Herausforderung liegt darin, eine gesunde Balance zwischen Kontrolle und Hingabe, zwischen Selbstakzeptanz und dem Wunsch nach Bestätigung durch den Partner zu finden. Wer lernt, seine sexuelle und emotionale Energie bewusst zu steuern, kann sie sowohl in tiefe, erfüllte Partnerschaften als auch in kreative Projekte lenken.

Ätherische Öle wie Ylang-Ylang, Jasmin und Patchouli unterstützen die sinnliche Wahrnehmung und helfen dabei, Blocks im Bereich der Sexualität und Selbstannahme zu lösen. Tanz, bewusste Körperarbeit und kreative Ausdrucksformen wie Malerei oder Schreiben können helfen, ungenutzte Energien auf konstruktive Weise zu kanalisieren. Eine stärkende Affirmation für dieses Chakra könnte lauten: „Ich genieße meine Sinnlichkeit in Freiheit und Verbundenheit. Ich bin würdig, Liebe und Leidenschaft in voller Tiefe zu erfahren."

Wenn dieses Chakra in Harmonie ist, entsteht eine tiefe Verbindung zur eigenen Körperlichkeit, ein erfülltes Beziehungsleben und eine schöpferische Kraft, die sowohl in Liebe als auch in kreativer Ausdruckskraft ihren Platz findet.

Anāhata-Chakra (Herzchakra)

Das Anāhata-Chakra im Programm-Code 4-12-19 bewegt sich zwischen tiefer emotionaler Kontrolle, innerer Verletzlichkeit und universeller Liebe. Dieses Chakra ist der Sitz der bedingungslosen Liebe, des Mitgefühls und der Harmonie. Wer mit diesem Code lebt, kann eine starke innere Zerrissenheit zwischen dem Bedürfnis nach emotionaler Stabilität und der Sehnsucht nach tiefer Verbundenheit empfinden. Es geht darum, die Balance zwischen Selbstschutz und Hingabe zu finden und den eigenen Zugang zu Liebe und Beziehungen bewusst zu gestalten.

Die 4er-Energie bringt eine starke Kontrolle über Emotionen mit sich. Menschen mit dieser Frequenz zeigen ihre Gefühle selten offen und neigen dazu, Emotionen eher zu unterdrücken oder strategisch einzusetzen. Sie besitzen ein ausgeprägtes Bedürfnis nach Kontrolle über ihr Herz und ihre Beziehungen und sind häufig auf Beständigkeit und Sicherheit in der Liebe fokussiert. Die Fähigkeit, Gefühle bewusst zu steuern, kann eine große Stärke sein, doch in niedriger Schwingung kann sie zu einem verschlossenen Herzen, Machtstreben oder der Angst führen, Gefühle als Schwäche zu betrachten. Liebe wird nur wenigen Auserwählten geschenkt, und Vertrauen muss oft erst über lange Zeiträume aufgebaut werden.

Die 12er-Energie bringt die gegensätzliche Dynamik ins Spiel - sie verstärkt Empfindsamkeit, Verletzlichkeit und das Bedürfnis nach Bestätigung und Anerkennung. Menschen mit dieser Energie haben eine hohe emotionale Sensibilität und sind oft besonders empathisch. Gleichzeitig fällt es ihnen schwer, sich abzugrenzen, und sie neigen dazu, sich selbst für andere aufzuopfern. Wenn diese Energie unausgeglichen ist, kann sich das in einem tiefen Groll gegen die Welt oder in einer Opferhaltung äußern. Das Bedürfnis nach Zustimmung kann zu einer Abhängigkeit von der Meinung anderer führen, während ungelöste emotionale Verletzungen die Fähigkeit zur Selbstliebe beeinträchtigen. Eine hohe Veranlagung zu unerwiderter Liebe oder emotionalen Wunden kann dazu führen, dass das Herzchakra sich verschließt oder in ständiger Sehnsucht gefangen ist.

Die 19er-Energie öffnet das Herz vollständig und bringt eine bedingungs- lose, universelle Liebe mit sich. Menschen mit dieser Energie haben ein starkes Vertrauen in andere und eine angeborene Großzügigkeit. Sie lieben das Leben, die Menschen und die Welt mit einer tiefen Herzlichkeit. Diese Energie macht einen Menschen zu einem Magneten für positive Begeg- nungen und nährt die Fähigkeit, Liebe auf allen Ebenen zu geben und zu empfangen. Wenn diese Energie harmonisch gelebt wird, zeigt sie sich in selbstloser Liebe, Wohltätigkeit und der Gabe, Menschen in ihrer Essenz zu erkennen und wertzuschätzen. In niedriger Schwingung kann diese Liebe jedoch so stark werden, dass persönliche Grenzen verschwimmen und der Mensch sich selbst verliert, indem er sich zu sehr für andere hingibt.

Die Herausforderung dieses Programm-Codes liegt in der Balance zwi- schen Kontrolle und Hingabe, zwischen Selbstschutz und bedingungsloser Liebe. Die 4. Energie will das Herz verschließen, um sich nicht zu verletzen, die 12. Energie sehnt sich nach Anerkennung und leidet unter Zurück- weisung, während die 19. Energie alles mit offenen Armen annehmen möchte. Wenn diese Energien in Harmonie gebracht werden, kann eine tiefe emotionale Weisheit entstehen, die sowohl Grenzen setzt als auch Liebe ohne Erwartungen schenkt.

Ätherische Öle wie Rose, Lavendel und Geranie unterstützen das Anāhata-Chakra und helfen dabei, emotionale Wunden zu heilen und das Herz sanft zu öffnen. Meditationen, Atemtechniken und Herzöffnungsübungen können helfen, das Gleichgewicht zwischen Empathie und Selbstfürsorge zu finden. Eine unterstützende Affirmation könnte lauten: „Ich öffne mein Herz in Vertrauen und Liebe. Ich gebe und empfange mit Klarheit und Freude."

Wenn dieses Chakra in Balance ist, entsteht eine tiefe, erfüllende Liebe zu sich selbst und anderen – frei von Kontrolle, Angst oder Abhängigkeit. Beziehungen werden harmonischer, das Leben wird mit mehr Freude und Leichtigkeit erlebt, und der Zugang zur universellen Liebe wird zu einer beständigen Quelle innerer Kraft.

Ājñā-Chakra (Drittes Auge)

Das Ājñā-Chakra im Programm-Code 4-12-19 verbindet analytische Klarheit, kreative Vision und intuitive Wahrnehmung. Es ist das Zentrum der Einsicht, des strategischen Denkens und der bewussten Lenkung der geistigen Kräfte. Menschen mit dieser energetischen Konstellation haben die Fähigkeit, Realität sowohl durch logische Analyse als auch durch intuitive Eingebung zu erfassen. Gleichzeitig stehen sie vor der Herausforderung, innere Klarheit mit Offenheit für neue Perspektiven zu verbinden und die Balance zwischen Rationalität und kreativer Intuition zu finden.

Die 4er-Energie bringt eine ausgeprägte Fähigkeit zur Analyse, zur Strategieentwicklung und zum kritischen Denken mit sich. Menschen mit dieser Frequenz neigen dazu, alles genau zu durchdenken, Strukturen zu erschaffen und sich auf bewährte Prinzipien zu verlassen. Diese Energie fördert Entschlossenheit und Durchsetzungskraft, wodurch diese Menschen oft beruflich erfolgreich sind und als Autoritäten wahrgenommen werden. Ihre analytischen Fähigkeiten machen sie zu starken Entscheidern, die ihr Wissen gezielt einsetzen, um Systeme oder Projekte aufzubauen.

In niedriger Schwingung kann sich diese Energie jedoch in einem übermäßigen Festhalten an Logik und Kontrolle äußern, sodass intuitive Eingebungen oder neue, unkonventionelle Denkweisen abgelehnt werden.

Die 12er-Energie erweitert das analytische Denken um kreative, unkonventionelle Visionen. Menschen mit dieser Energie haben oft ein außergewöhnliches Potenzial, das über traditionelle Denkweisen hinausgeht und innovative Lösungen hervorbringt. Sie sind kreative Visionäre mit einer einzigartigen Wahrnehmung der Welt. Gleichzeitig bringt diese Energie eine Sensibilität für mentale und physische Belastungen mit sich. Eine hohe Neigung zu Migräne, Blutdruckproblemen oder psychischen Herausforderungen kann darauf hinweisen, dass die geistige Energie nicht in einem stabilen Fluss ist. Es ist daher essenziell, sich ausreichend Ruhephasen zu gönnen und bewusst Methoden zur Stressbewältigung in den Alltag zu integrieren.

Die 19er-Energie aktiviert das Potenzial des Hellsehens und der intuitiven Wahrnehmung. Menschen mit dieser Frequenz besitzen oft eine außergewöhnliche Hochbegabung und die Fähigkeit, tiefere Zusammenhänge auf einen Blick zu erkennen. Ihr Geist ist offen für neue Ideen und sie haben das Talent, aus kreativen Impulsen bahnbrechende Konzepte zu entwickeln. Gleichzeitig kann diese Energie in niedriger Schwingung eine gewisse Unreife oder Naivität mit sich bringen. Herausforderungen und Rückschläge können dann als übermäßige Enttäuschung erlebt werden, wodurch das Vertrauen in die eigenen Fähigkeiten geschwächt werden kann. Es ist daher wichtig, eine innere Resilienz zu entwickeln und sich bewusst zu machen, dass Misserfolge wertvolle Lernchancen darstellen.

Die Herausforderung dieses Programm-Codes liegt darin, ein Gleichgewicht zwischen Logik und Intuition, zwischen Struktur und kreativer Freiheit zu finden. Die 4. Energie sorgt für Stabilität und Analyse, die 12. Energie bringt kreative Impulse, und die 19. Energie öffnet das Tor zur höheren Wahrnehmung. Wenn diese Energien harmonisch integriert werden, entsteht ein außergewöhnlich kraftvolles geistiges Potenzial, das sowohl in der beruflichen als auch in der spirituellen Entwicklung zu großen Durchbrüchen führen kann.

Ätherische Öle wie Rosmarin, Sandelholz und Pfefferminze unterstützen die geistige Klarheit und fördern die harmonische Verbindung zwischen analytischem Denken und intuitiver Wahrnehmung. Meditations- und Visualisierungsübungen helfen, die Balance zwischen den verschiedenen Denkmustern zu finden und das Ajñā-Chakra bewusst zu aktivieren. Eine stärkende Affirmation für dieses Chakra könnte lauten: „Ich vertraue meiner inneren Weisheit und nutze mein Wissen mit Klarheit und Weitsicht."

Wenn dieses Chakra in Balance ist, entsteht eine tiefe geistige Klarheit, die es ermöglicht, bewusste Entscheidungen zu treffen, kreative Visionen zu verwirklichen und das eigene Leben mit innerer Sicherheit zu gestalten.

Sahasrāra-Chakra (Kronenchakra)

Das Sahasrāra-Chakra im Programm-Code 4-12-19 entfaltet eine einzigartige Kombination aus Klarheit, Kreativität und tiefer spiritueller Verbindung. Dieses Chakra, das Kronenchakra, ist das Tor zur göttlichen Quelle, zur universellen Weisheit und zur höheren Führung. Es zeigt, wie stark ein Mensch mit seinem höheren Selbst und dem kollektiven Bewusstsein verbunden ist und wie sie diese Verbindung im Alltag integriert.

Die 4er-Energie bringt eine nüchterne Klarheit ins Bewusstsein. Menschen mit dieser Energie haben oft ein klares Wertesystem und sind bemüht, Strukturen und Systeme aufrechtzuerhalten, die ihnen Sicherheit und Stabilität bieten. Ihr Denken ist geerdet und rational, was ihnen hilft, auch in unsicheren Zeiten einen kühlen Kopf zu bewahren. Diese Stabilität kann eine große Stärke sein, doch in niedriger Schwingung neigt diese Energie zu Starrheit, Konservativismus und einer Unfähigkeit, sich für neue Ideen oder Perspektiven zu öffnen. Es besteht die Gefahr, dass diese Menschen zu sehr an alten Mustern festhalten und sich dadurch von ihrem eigenen Wachstum abhalten lassen.

Die 12er-Energie öffnet hingegen den Zugang zu einer anderen Dimension des Seins. Sie verleiht eine außergewöhnliche Fähigkeit, kreative Lösungen zu finden, auch wenn die Umstände schwierig sind. Menschen mit dieser Energie haben oft eine starke Verbindung zu spirituellen Mentoren oder

Führern und besitzen okkulte Fähigkeiten, die ihnen Zugang zu tieferem Wissen und spirituellen Einsichten ermöglichen. Diese Energie bringt auch eine starke Selbstlosigkeit und Bereitschaft zum Dienen mit sich. In positiver Schwingung zeigt sich dies in Barmherzigkeit und einem tiefen Mitgefühl für andere. Doch in niedriger Schwingung kann sich diese Hingabe in einer ungesunden Abhängigkeit von Menschen oder Umständen manifestieren, sodass die eigene Identität und das eigene Wohlergehen aus dem Blick geraten.

Die 19er-Energie verstärkt das kreative und energetische Potenzial erheblich. Menschen mit dieser Energie fühlen sich oft im Einklang mit dem Leben und haben ein tiefes Bedürfnis, ihre Freude und Wärme mit anderen zu teilen. Ihr Leben ist von einer Klarheit und Leichtigkeit geprägt, die es ihnen ermöglicht, das Leben in vollen Zügen zu genießen und anderen ein Gefühl von Geborgenheit zu vermitteln. In niedriger Schwingung kann diese Energie jedoch in einer gewissen Oberflächlichkeit münden, in der das Leben auf die alltäglichen, weltlichen Aspekte reduziert wird, ohne den tieferen Sinn oder die höhere Berufung zu erkennen.

Die Herausforderung dieses Programm-Codes liegt darin, die Balance zwischen strukturiertem Denken und offener Spiritualität zu finden. Die 4. Energie gibt Halt und Erdung, die 12. Energie öffnet die Tür zu spirituellen Dimensionen, und die 19. Energie lädt dazu ein, diese Erkenntnisse auf kreative und inspirierende Weise in die Welt zu tragen. Wenn diese Energien harmonisch zusammenwirken, entsteht eine kraftvolle Verbindung zwischen Himmel und Erde, die nicht nur das eigene Leben bereichert, sondern auch das Umfeld positiv beeinflusst.

Ätherische Öle wie Lotus, Weihrauch und Lavendel unterstützen die Öffnung des Sahasrāra-Chakras und fördern die Verbindung zur universellen Weisheit. Meditative Praktiken, bei denen man sich bewusst mit höheren Energien verbindet, oder auch das Schreiben von Inspirationsgedanken können helfen, die Klarheit und Kreativität dieses Chakras zu stärken. Eine passende Affirmation könnte lauten: „Ich bin offen für die göttliche Führung und vertraue der Weisheit des Universums."

Wenn dieses Chakra in Balance ist, entsteht ein tiefes Vertrauen ins Leben, eine klare Ausrichtung auf den eigenen Lebensweg und die Fähigkeit, Liebe und Weisheit in die Welt zu tragen. Ein Leben, das im Einklang mit dem höheren Selbst steht, wird zu einem Leuchtturm für andere, der ihnen zeigt, dass in jedem von uns ein grenzenloses Potenzial zur Entfaltung liegt.

Praktische Anwendungsbeispiele

Karriere und Beruf - Menschen mit diesem Programm sind oft erfolgreiche Führungspersönlichkeiten oder kreative Köpfe. Sie haben die Fähigkeit, Struktur in komplexe Themen zu bringen und klare Lösungen zu finden. Ihre größte Herausforderung liegt darin, sich nicht von Widerständen entmutigen zu lassen.

Beziehungen und soziale Interaktion - sie suchen oft nach tiefen, bedeutungsvollen Beziehungen, haben aber manchmal Schwierigkeiten, sich zu öffnen oder ihre eigenen Bedürfnisse klar zu formulieren. Bewusst gesetzte persönliche Grenzen helfen ihnen, harmonische Verbindungen aufzubauen.

Persönliche Entwicklung und Spiritualität - das Programm fordert zur Reflexion über eigene Glaubenssätze und Konditionierungen auf. Die Verbindung mit der eigenen spirituellen Kraft hilft dabei, innere Klarheit und Gelassenheit zu entwickeln.

Positive und negative Ausprägungen

Negative Aspekte

Tendenz zur Opferhaltung und Isolation

Schwierigkeiten, persönliche Grenzen zu setzen

Angst vor Ablehnung und sozialem Druck

Positive Aspekte

Starke analytische und intuitive Fähigkeiten

Fähigkeit, Menschen zu führen und zu inspirieren

Tiefe spirituelle Weisheit und Klarheit

Prognose & Entwicklungspotenzial

Dieses Programm lädt dazu ein, die eigene innere Kraft zu erkennen und zu nutzen. Menschen mit dem Code 4-12-19 haben das Potenzial, große Veränderungen anzustoßen – sowohl in ihrem eigenen Leben als auch in der Welt. Sie sind geborene Visionäre, die, wenn sie ihre Ängste und Zweifel überwinden, zu wahren Wegbereitern für eine neue Bewusstseinsstufe werden.

Quintessenz

Dieses Programm lehrt, sich selbst zu vertrauen, die eigenen Grenzen zu respektieren und die Balance zwischen Rückzug und Einflussnahme zu finden. Ein bewusster Umgang mit diesen Energien eröffnet neue Wege zur Selbstverwirklichung und einem erfüllten Leben.

Empfehlung

Menschen mit diesem Programm-Code stehen oft vor der Herausforderung, ihre Sensibilität und innere Weisheit mit der Außenwelt in Einklang zu bringen. Um das Potenzial dieses Codes voll auszuschöpfen, ist es entscheidend, bewusst mit den eigenen Grenzen umzugehen und die Selbstbestimmung zu stärken. Der erste Schritt besteht darin, sich der eigenen Muster bewusst zu werden: *In welchen Situationen neige ich dazu, mich zurückzuziehen oder mich zu stark an äußeren Erwartungen zu orientieren?* Durch tägliche Reflexion und gezielte Fragen wie *„Wo nehme ich mich selbst zurück?"* oder *„In welchen Bereichen fühle ich mich eingeschränkt?"* kann Klarheit entstehen.

Ein weiteres zentrales Element für die positive Entfaltung dieses Programms ist das bewusste Setzen von Grenzen. Es ist hilfreich, regelmäßig den eigenen Energiehaushalt zu überprüfen und sich bewusst zu fragen, ob man aus einem Ort der inneren Stärke oder aus einem Gefühl der Pflicht handelt. Klare Grenzen ermöglichen es, das eigene Wohlbefinden zu bewahren und gleichzeitig tiefgehende Verbindungen mit anderen aufzubauen. Unterstützend wirken hier Übungen wie Visualisierungen von energetischen Schutzräumen oder Rituale, die helfen, sich von belastenden Einflüssen zu befreien.

Da dieses Programm eine starke spirituelle Komponente besitzt, empfiehlt es sich, regelmäßig mit der eigenen Intuition zu arbeiten. Meditationen oder stille Momente der Innenschau helfen dabei, innere Antworten klarer wahrzunehmen. Besonders hilfreich sind geführte Meditationen zur Chakren-Harmonisierung oder Naturaufenthalte, die die Verbindung zur eigenen inneren Stimme stärken. Auch schreibende Reflexion, etwa durch Journaling, ermöglicht es, unbewusste Gedankenmuster ans Licht zu bringen und gezielt daran zu arbeiten.

Für den beruflichen und sozialen Bereich kann es hilfreich sein, das eigene Kommunikationsverhalten zu beobachten. Menschen mit diesem Code besitzen oft eine außergewöhnliche Klarheit im Denken, neigen jedoch manchmal dazu, sich aus Angst vor Ablehnung nicht voll auszudrücken. Übungen zur Stärkung des authentischen Selbstausdrucks, beispielsweise durch freies Sprechen oder bewusstes Teilen von Gedanken mit anderen, können dabei unterstützen, die eigene innere Wahrheit in die Welt zu tragen.

Ätherische Öle wie Weihrauch, Zypresse und Sandelholz helfen, die innere Stabilität zu fördern und sowohl Klarheit als auch Schutz zu stärken. Energetische Techniken wie Erdungsübungen oder sanfte Körperarbeit (z. B. Yoga oder Tai Chi) tragen dazu bei, das Gleichgewicht zwischen innerer Sensibilität und äußerer Standhaftigkeit zu finden. Eine stärkende Affirmation für dieses Programm könnte lauten: „Ich vertraue meiner inneren Weisheit und setze klare Grenzen, die mich schützen und gleichzeitig offen für das Leben halten."

Indem bewusst an diesen Aspekten gearbeitet wird, kann sich die volle Kraft dieses Programms entfalten. Wer lernt, seine Sensibilität als Stärke zu nutzen und sich gleichzeitig nicht von äußeren Einflüssen bestimmen zu lassen, kann zu einer inspirierenden Führungspersönlichkeit werden. Wahre innere Souveränität entsteht durch die bewusste Verbindung von Klarheit, Mitgefühl und Selbstbestimmung – ein Schlüssel, um den eigenen Platz in der Welt mit Sicherheit und Authentizität einzunehmen.

CODE 7-7-14 / SCHLÜSSEL 1

Der Schlüssel zum Erfolg – Zwischen Risiko, Ehrgeiz und Beharrlichkeit

Erfolg ist kein Zufall, sondern das Ergebnis einer Kombination aus Mut, kluger Strategie und einer tief verwurzelten inneren Überzeugung. Der Programm-Code 7-7-14 beschreibt Menschen, die das Potenzial haben, große Erfolge zu erzielen, doch der Weg dorthin ist nicht immer geradlinig. Sie sind mutig, dynamisch und oft bereit, große Risiken einzugehen, wenn sie spüren, dass der richtige Moment gekommen ist.

Doch dieser innere Antrieb kann auch in eine andere Richtung kippen - Wenn der Fokus fehlt, verlieren sich diese Menschen in Aktionismus und unnötigem Konkurrenzdenken. Sie stehen an der Schwelle zwischen disziplinierter Zielverfolgung und ziellosem Kampf gegen alles und jeden. Es gibt zwei Extreme - Entweder stürzen sie sich voller Leidenschaft in ein neues Projekt oder sie geraten in eine Phase der Stagnation, in der sie sich von Selbstzweifeln oder Faulheit aufhalten lassen.

Das Gesetz der Bewegung, das tief in diesem Code verankert ist, macht es unmöglich, stillzustehen. Menschen mit 7-7-14 müssen sich ständig weiterentwickeln, neue Herausforderungen suchen und über ihre eigenen Grenzen hinauswachsen. Doch wenn sie nicht lernen, ihre Energie zu kanalisieren, kann dieses Streben nach Erfolg ins Gegenteil umschlagen – in Überforderung, Unruhe und das Gefühl, niemals genug zu sein.

Die Harmonisierung der Chakren

Mūlādhāra-Chakra (Wurzelchakra)

Das Mūlādhāra-Chakra im Programm-Code 7-7-14 verbindet außergewöhnliche physische Kraft mit einem tiefen inneren Antrieb, sich zu beweisen. Dieses Chakra ist das Fundament für Überlebensinstinkte, Sicherheit und körperliche Widerstandsfähigkeit. Menschen mit dieser Konstellation haben ein starkes Durchhaltevermögen und neigen dazu, sich Herausforderungen zu stellen – sei es in Form von sportlichem Wettbewerb, beruflichem Ehrgeiz oder extremen Lebensweisen. Gleichzeitig besteht die Notwendigkeit, ein Gleichgewicht zwischen Bewegung und innerer Stabilität zu finden, um Überlastung oder gesundheitliche Erschöpfung zu vermeiden.

Die 7er-Energie bringt eine außergewöhnliche innere Stärke mit sich. Menschen mit dieser Energie haben eine natürliche Robustheit, sowohl physisch als auch mental. Sie sind belastbar und haben die Fähigkeit, langfristige Herausforderungen mit Geduld und Disziplin zu bewältigen. Gleichzeitig sind sie oft von einem starken Wettbewerbsdrang angetrieben und suchen den Vergleich mit anderen. Dies kann in positiven Ausdrucksformen zu sportlicher oder beruflicher Exzellenz führen, aber in niedrigen Schwingungen auch zu zwanghaftem Konkurrenzdenken oder destruktiven Extremen. Menschen mit dieser Energie neigen dazu, extreme Erfahrungen zu suchen – sei es durch Reisen, riskante Unternehmungen oder ein Leben am Limit. In sehr niedriger Schwingung kann dies in Aggression oder sogar selbstzerstörerischen Tendenzen münden, wenn der innere Druck zu groß wird.

Die 14er-Energie beeinflusst die Art und Weise, wie körperliche Energie genutzt wird. Sie verleiht eine sinnvolle, aber oft verzögerte Regeneration. Menschen mit dieser Frequenz haben eine natürliche Fähigkeit, ihre Kräfte gezielt einzusetzen, doch Selbstheilungsprozesse im Körper laufen oft langsamer ab. Krankheiten neigen dazu, sich zu verlängern, da sich der Organismus mehr Zeit für Selbstregulation nimmt. In niedriger Schwingung führt diese Energie dazu, dass ein Mensch mit dem Strom schwimmt und wenig Initiative zeigt, sein Leben aktiv zu verändern. Er kann in einer Komfortzone verharren, anstatt sich bewusst neuen Herausforderungen zu stellen.

Das Zusammenspiel von 7 und 14 im Wurzelchakra zeigt ein Spannungsfeld zwischen intensivem Handeln und dem Bedürfnis nach Stabilität. Während die 7 eine dynamische, nach außen gerichtete Kraft ist, neigt die 14 dazu, Prozesse zu verlangsamen und nicht aktiv einzugreifen. Menschen mit diesem Code profitieren davon, wenn sie bewusste Entscheidungen für ihren Lebensstil treffen - sie sollten lernen, ihre physische Energie gezielt einzusetzen, ohne sich zu erschöpfen, und gleichzeitig Strategien für langfristige Regeneration entwickeln.

Ätherische Öle wie Zeder, Vetiver und Patchouli unterstützen die Erdung und helfen dabei, überschüssige Energie zu stabilisieren. Körperliche Bewegung ist essenziell, um die Dynamik der 7 zu kanalisieren – besonders durch Kampfsport, Ausdauertraining oder Yoga, das gleichzeitig Erdung und Körperkontrolle fördert. Um die Tendenz der 14 zur Passivität auszugleichen, sind bewusste Herausforderungen hilfreich - kaltes Duschen, bewusste Disziplin-Routinen oder Intervalltraining helfen, den inneren Antrieb zu stärken.

Eine unterstützende Affirmation für dieses Chakra könnte lauten: „Ich nutze meine Kraft bewusst und erschaffe Stabilität in meinem Leben."

Wenn dieses Chakra in Harmonie ist, entsteht eine außergewöhnliche Balance zwischen physischer Stärke, Durchhaltevermögen und einem bewussten, stabilen Umgang mit den eigenen Ressourcen.

Manipūra-Chakra (Solarplexus-Chakra)

Das Manipūra-Chakra im Programm-Code 7-7-14 verbindet eine außergewöhnliche Vitalität mit einem natürlichen Führungsanspruch und dem Wunsch nach Unabhängigkeit. Dieses Chakra steht für persönliche Kraft, Selbstbewusstsein und die Fähigkeit, Ziele mit Entschlossenheit zu verfolgen. Menschen mit dieser Konstellation besitzen eine starke innere Dynamik, die sie zu Erfolg und Selbstverwirklichung antreibt, doch gleichzeitig besteht die Herausforderung, diesen Ehrgeiz mit Geduld und Ausgeglichenheit zu kombinieren.

Die 7er-Energie verleiht eine enorme Lebenskraft und den Drang, sich unabhängig und selbstbestimmt zu entfalten. Menschen mit dieser Energie sind natürliche Anführer, die oft informelle Führungsrollen übernehmen, ohne sich diese bewusst zu suchen. Sie besitzen die Fähigkeit, sich auf das Wesentliche zu konzentrieren und große Herausforderungen strategisch zu meistern. Besonders ausgeprägt ist ihr Wunsch nach Freiheit – sie brauchen Raum, um ihre Ideen umzusetzen, und fühlen sich eingeengt, wenn sie in starren Strukturen arbeiten müssen.

Ihre Zielstrebigkeit macht sie erfolgreich, doch wenn sie in niedriger Schwingung agieren, kann sich dies in Arroganz, Unhöflichkeit oder einer gewissen Rücksichtslosigkeit äußern. Sie neigen dann dazu, sich durch ihre Durchsetzungskraft Feinde zu machen oder in unüberlegte Machtkämpfe zu geraten.

Die 14er-Energie wirkt als ausgleichender Faktor, indem sie Geduld, Diplomatie und das Bedürfnis nach Harmonie mit sich bringt. Menschen mit dieser Energie verfügen über die Fähigkeit, Konflikte zu entschärfen und eine ausgewogene Lösung für schwierige Situationen zu finden. Sie besitzen eine natürliche Begabung, sich in gesellschaftlichen und beruflichen Strukturen zu bewegen, ohne sich unnötig Feinde zu machen. Gleichzeitig neigt diese Energie zur Bequemlichkeit - sie schätzt Komfort und ist weniger geneigt, große Risiken einzugehen. In niedriger Schwingung kann dies dazu führen, dass Herausforderungen als besonders schmerzhaft empfunden werden oder dass sich Süchte entwickeln, um innere Unruhe oder Druck auszugleichen.

Das Zusammenspiel von 7 und 14 im Solarplexus-Chakra zeigt einen interessanten Kontrast - Die 7 drängt zur schnellen, entschlossenen Umsetzung, während die 14 zur Moderation und zum Abwarten neigt. Menschen mit dieser Kombination profitieren davon, wenn sie lernen, ihre Energie in die richtigen Bahnen zu lenken, ohne sich durch Ungeduld oder das Bedürfnis nach sofortiger Bestätigung ausbremsen zu lassen. Sie sollten sich bewusst machen, dass Erfolg nicht immer im schnellen Durchsetzen liegt, sondern oft auch darin, langfristige Strategien zu verfolgen.

Ätherische Öle wie Zitrone, Ingwer und Grapefruit helfen, die Manipūra-Energie zu aktivieren und die eigene Kraft bewusst zu nutzen. Bewegung ist essenziell für dieses Chakra – insbesondere dynamische Sportarten wie Laufen, Kampfsport oder Krafttraining helfen, überschüssige Energie abzubauen und das innere Feuer gezielt zu nutzen. Gleichzeitig können Atemtechniken (z. B. Kapalabhati) und Meditation dabei helfen, emotionale Impulse zu kontrollieren und eine gesunde Balance zwischen Durchsetzungskraft und Gelassenheit zu entwickeln.

Eine unterstützende Affirmation für dieses Chakra könnte lauten: „Ich nutze meine innere Kraft mit Klarheit und Ausgeglichenheit. Ich handle entschlossen und mit Bedacht." Wenn dieses Chakra in Harmonie ist, entsteht eine außergewöhnliche Kombination aus Zielstrebigkeit, diplomatischem Geschick und persönlicher Erfüllung. Menschen mit dieser Energie können große Erfolge erzielen, ohne sich in Machtkämpfen zu verlieren – sie wissen, wann es an der Zeit ist zu handeln, und wann es besser ist, sich strategisch zurückzunehmen.

Anāhata-Chakra (Herzchakra)

Das Anāhata-Chakra im Programm-Code 7-7-14 verbindet Mut, Freiheitsdrang und Abenteuerlust mit einer tiefen inneren Harmonie und einem freundlichen, ausgeglichenen Wesen. Dieses Chakra steht für Liebe, Hingabe und die Fähigkeit, emotionale Verbindungen aufzubauen. Menschen mit dieser Konstellation besitzen ein offenes, begeisterungsfähiges Herz, doch sie stehen vor der Herausforderung, Nähe und Unabhängigkeit in Einklang zu bringen.

Die 7er-Energie verleiht eine große Leidenschaft für das Leben und den Mut, neue Wege zu gehen. Menschen mit dieser Energie haben keine Angst vor Risiken und lassen sich nicht von den Meinungen anderer beeinflussen. Sie handeln nach ihrem eigenen inneren Kompass und streben stets nach neuen Höhen, sei es im beruflichen, persönlichen oder spirituellen Bereich. Reisen, Veränderungen und Abenteuer bereichern ihr Herz und lassen sie wachsen. Gleichzeitig fällt es ihnen schwer, sich emotional vollständig an andere zu binden, da sie ihren Drang nach Freiheit über alles stellen. In Beziehungen kann dies dazu führen, dass sie sich unbewusst distanzieren oder Schwierigkeiten haben, sich langfristig auf eine tiefgehende emotionale Verbindung einzulassen.

Die 14er-Energie bringt eine sanftere, harmonischere Komponente in das Herzchakra. Sie verleiht eine ausgeprägte Freundlichkeit, eine loyale Haltung gegenüber anderen und die Fähigkeit, überall das Gute zu sehen. Menschen mit dieser Energie haben eine natürliche Begabung, Liebe und Harmonie in ihr Umfeld zu bringen und können selbst in den schwierigsten Situationen Positives entdecken. Ihre Bereitschaft, anderen zu helfen, ist groß – doch hier liegt auch eine mögliche Schwäche - In niedriger Schwingung kann sich diese Energie in einer oberflächlichen Teilnahme ausdrücken, bei der nach außen hin Mitgefühl gezeigt wird, während innerlich eine gewisse Gleichgültigkeit herrscht. Dies kann zu emotionaler Isolation oder einem unbewussten Rückzug aus zwischenmenschlichen Beziehungen führen.

Das Zusammenspiel von 7 und 14 im Herzchakra zeigt eine spannende Balance zwischen leidenschaftlicher Unabhängigkeit und tiefem Mitgefühl. Während die 7 nach neuen Erfahrungen strebt, sucht die 14 nach Frieden und Harmonie. Menschen mit dieser Konstellation profitieren davon, wenn sie lernen, sich emotional tiefer einzulassen, ohne dabei das Gefühl von Freiheit zu verlieren. Ihre größte Herausforderung ist es, sich nicht in Ruhelosigkeit oder oberflächlichen Begegnungen zu verlieren, sondern echte emotionale Tiefe zuzulassen.

Ätherische Öle wie Rose, Lavendel und Geranie unterstützen die Öffnung des Herzens und helfen, emotionale Klarheit zu gewinnen. Praktiken wie Herzmeditationen, bewusste Dankbarkeitsrituale und tiefe Atemübungen helfen dabei, die Balance zwischen Leidenschaft und innerer Ruhe zu finden. Körperlich kann sanfte Bewegung wie Tanz, Qi Gong oder entspannte Spaziergänge in der Natur helfen, das Herzchakra zu stabilisieren.

Eine unterstützende Affirmation für dieses Chakra könnte lauten: „Ich öffne mein Herz für die Liebe und lasse mich auf tiefe Verbindungen ein, ohne meine Freiheit zu verlieren.“

Wenn dieses Chakra in Harmonie ist, entsteht eine wunderbare Balance zwischen Mut, Abenteuerlust und tiefem Mitgefühl. Menschen mit dieser Energie können sowohl inspirierende Führungspersönlichkeiten als auch liebevolle, herzoffene Begleiter sein – vorausgesetzt, sie lassen sich darauf ein, dass wahre Freiheit und Liebe nicht im Entweder-Oder, sondern in der bewussten Integration beider Pole liegt.

Viśuddha-Chakra (Halschakra)

Das Viśuddha-Chakra im Programm-Code 7-7-14 verbindet eine starke Ausdruckskraft und Führungsfähigkeit mit Diplomatie und emotionaler Sensibilität. Dieses Chakra steht für Kommunikation, Wahrheit und die

Fähigkeit, sich authentisch auszudrücken. Menschen mit dieser Konstellation haben das Potenzial, kraftvolle Redner, inspirierende Führungspersönlichkeiten oder geschickte Vermittler zu sein, doch sie stehen vor der Herausforderung, eine Balance zwischen Dominanz und Harmonie zu finden.

Die 7er-Energie verleiht eine natürliche soziale Präsenz und den Drang, sich bemerkbar zu machen. Menschen mit dieser Energie haben oft eine unabhängige Meinung und äußern diese selbstbewusst. Ihre Kommunikationsweise ist direkt, oft humorvoll und von einem starken Bedürfnis nach Authentizität geprägt. Sie neigen dazu, als informelle Führungspersönlichkeiten wahrgenommen zu werden, da sie ihre Überzeugungen mit Klarheit und Überzeugung vertreten. Gleichzeitig kann diese Energie in niedriger Schwingung zu Konfliktbereitschaft, Unhöflichkeit oder dem übermäßigen Drang führen, die eigene Meinung anderen aufzuzwingen. Wer mit dieser Energie arbeitet, sollte darauf achten, dass Selbstbewusstsein nicht in Dominanz oder Aggression umschlägt.

Die 14er-Energie bringt eine sanftere, diplomatischere Note in das Kommunikationszentrum. Menschen mit dieser Energie besitzen ein feines Gespür für zwischenmenschliche Dynamiken und wissen, wie man Konflikte friedlich löst. Ihre Stimme hat oft eine angenehme, beruhigende Wirkung, und sie ziehen es vor, Probleme auf traditionelle Weise anzugehen, anstatt impulsiv zu reagieren. Diese Energie macht sie zu geschickten Verhandlern und Brückenbauern zwischen verschiedenen Standpunkten. In niedriger Schwingung kann sich die 14 jedoch in emotionaler Überempfindlichkeit, Stimmungsschwankungen oder dem Bedürfnis äußern, sich durch Tränen oder Hysterie Gehör zu verschaffen.

Das Zusammenspiel von 7 und 14 im Viśuddha-Chakra zeigt eine Balance zwischen kraftvoller, durchsetzungsstarker Kommunikation und einem feinfühligen, harmonischen Ausdruck. Während die 7 eine direkte, manchmal provokante Art der Selbstdarstellung fördert, sorgt die 14 für Diplomatie und Taktgefühl. Menschen mit dieser Kombination profitieren davon, wenn sie ihre Kommunikationsweise bewusst steuern – sie sollten lernen, wann es angebracht ist, entschlossen aufzutreten, und wann es hilfreicher ist, durch sanfte Worte Brücken zu bauen.

Ätherische Öle wie Pfefferminze, Eukalyptus und Kamille unterstützen die Klarheit der Stimme und helfen, das Viśuddha-Chakra in Balance zu bringen. Bewusstes Sprechen, Gesangsübungen oder das Praktizieren von Stimmarbeit kann helfen, die eigene Ausdruckskraft zu stärken und gleichzeitig unnötige Spannung in der Kehle zu lösen.

Besonders hilfreich sind Atemtechniken und Meditationen, die den freien Fluss der Sprache fördern und emotionale Hindernisse lösen.

Eine unterstützende Affirmation für dieses Chakra könnte lauten: „Ich drücke meine Wahrheit klar und respektvoll aus. Meine Worte schaffen Verbindung und Verständnis."

Wenn dieses Chakra in Harmonie ist, entsteht eine außergewöhnliche Kommunikationsfähigkeit, die sowohl kraftvoll als auch einfühlsam ist. Menschen mit dieser Energie können inspirieren, führen und zwischen unterschiedlichen Positionen vermitteln, ohne sich in Machtkämpfen oder emotionalen Überreaktionen zu verlieren. Wahre Ausdrucksstärke entsteht hier durch die bewusste Verbindung von Selbstbewusstsein und Empathie.

Ājñā-Chakra (Drittes Auge)

Das Ājñā-Chakra im Programm-Code 7-7-14 verbindet eine starke innere Überzeugung und strategische Denkfähigkeit mit einer stabilen, pragmatischen Sicht auf die Welt. Dieses Chakra steht für Intuition, geistige Klarheit und die Fähigkeit, verschiedene Szenarien bewusst zu durchdenken. Menschen mit dieser Kombination haben das Potenzial, entschlossene Entscheidungsträger zu sein, die Herausforderungen mit Mut und Disziplin begegnen. Gleichzeitig stehen sie vor der Herausforderung, sich nicht in einem ständigen Kampfmodus oder festgelegten Denkstrukturen zu verlieren.

Die 7er-Energie verleiht ein tiefes Vertrauen in sich selbst und die eigene Fähigkeit, Erfolg zu erzielen. Menschen mit dieser Energie haben eine außergewöhnliche mentale Stärke und sind in der Lage, schnell und präzise strategische Entscheidungen zu treffen. Sie sind mutig, entschlossen und lassen sich durch Hindernisse nicht von ihrem Weg abbringen. Feinde, Konkurrenz oder Widerstände betrachten sie oft als Ansporn, noch weiterzugehen. Ihr eiserner Wille ermöglicht es ihnen, in stressigen oder herausfordernden Situationen Ruhe zu bewahren und konzentriert zu bleiben. Doch diese Energie kann in niedriger Schwingung dazu führen, dass das Leben als permanenter Kampf wahrgenommen wird. Wer mit dieser Energie arbeitet, sollte darauf achten, dass Zielstrebigkeit nicht in eine defensive Haltung oder ein Misstrauen gegenüber anderen umschlägt.

Die 14er-Energie sorgt für eine gesunde, ausgeglichene Psyche und eine realistische Denkweise. Menschen mit dieser Energie neigen zu vernünftigen Entscheidungen, die auf praktischen Überlegungen beruhen. Ihr Denken ist oft bodenständig und weniger von abstrakten spirituellen Konzepten geprägt. Sie analysieren Informationen durch einen pragmatischen Filter und bevorzugen bewährte Methoden. Gleichzeitig kann diese Energie in niedriger Schwingung dazu führen, dass sich Denkweisen verfestigen und die Person anfängt, unkritisch gesellschaftlichen Normen oder festgelegten Mustern zu folgen. In extremen Fällen kann es zu einem eingeschränkten Denken kommen, das neue Perspektiven oder kreative Ideen blockiert.

Das Zusammenspiel von 7 und 14 im Ājñā-Chakra zeigt eine Balance zwischen selbstbewusstem, strategischem Denken und einer stabilen, vernunftbasierten Herangehensweise. Während die 7 visionär und zielgerichtet ist, sorgt die 14 für Bodenhaftung und Realismus. Menschen mit dieser Kombination profitieren davon, wenn sie ihre Intuition bewusst mit ihrer praktischen Denkweise verbinden.

Du solltest dich regelmäßig fragen: *„Treffe ich meine Entscheidungen aus wirklicher Klarheit oder folge ich unbewusst einem vorgegebenen Muster?"*

Ätherische Öle wie Rosmarin, Sandelholz und Salbei unterstützen geistige Klarheit und fördern ein offenes, flexibles Denken. Mentale Übungen wie kritisches Reflektieren, strategische Visualisierung und Meditation zur Erweiterung der Wahrnehmung helfen, Denkblockaden zu lösen und eine Verbindung zwischen Verstand und Intuition herzustellen. Körperliche Bewegung, insbesondere bewusste Spaziergänge oder dynamische Atemtechniken (z. B. Pranayama), kann helfen, eingefahrene Gedankenmuster zu lockern und neue Perspektiven zu ermöglichen.

Eine unterstützende Affirmation für dieses Chakra könnte lauten: „Ich nutze meine geistige Klarheit, um weise und offen zu entscheiden. Ich vertraue meiner Intuition und erkenne neue Möglichkeiten."

Wenn dieses Chakra in Harmonie ist, entsteht eine außergewöhnliche Kombination aus strategischem Weitblick, pragmatischer Intelligenz und entschlossener Zielverfolgung. Menschen mit dieser Energie können herausragende Denker und Macher sein, die sowohl visionär als auch realistisch handeln. Der Schlüssel zur vollen Entfaltung liegt in der Fähigkeit, über gesellschaftliche Vorgaben hinauszublicken und das eigene Potenzial bewusst zu formen.

Sahasrāra-Chakra (Kronenchakra)

Das Sahasrāra-Chakra im Programm-Code 7-7-14 verbindet eine starke Präsenz in der Welt mit einem tiefen inneren Streben nach Harmonie und spiritueller Klarheit. Dieses Chakra ist der Sitz des höheren Bewusstseins, der göttlichen Verbindung und der Erkenntnis, dass alles im Leben eine tiefere Bedeutung hat. Menschen mit dieser Konstellation besitzen eine ausgeprägte Fähigkeit zur Selbstdarstellung, ein intensives Bedürfnis, sich von der Masse abzuheben, und gleichzeitig die innere Aufgabe, Gelassenheit und geistige Balance zu finden.

Die 7er-Energie bringt eine außergewöhnliche Dynamik ins Kronenchakra. Menschen mit dieser Energie stehen oft im Mittelpunkt des Geschehens, sei es durch ihren aktiven Lebensstil, ihre charismatische Ausstrahlung oder ihre Bereitschaft, Veränderungen voranzutreiben. Sie suchen das Rampenlicht, sei es bewusst oder unbewusst, und neigen dazu, ihr Leben mit intensiven Erlebnissen zu füllen. Sie haben ein starkes Bedürfnis, sich auszudrücken, sich abzuheben und eine tiefere Bedeutung in ihrem Handeln zu finden. In niedriger Schwingung kann sich diese Energie jedoch in Unruhe, Chaos oder dem Zerstreuen der eigenen Kräfte auf zu viele verschiedene Ziele äußern. Aggression, Verwirrung oder der Drang, ständig etwas Neues zu erleben, ohne innere Stabilität zu entwickeln, können dazu führen, dass der eigentliche spirituelle Weg aus den Augen verloren wird.

Die 14er-Energie bringt eine tiefere spirituelle Dimension ins Sahasrāra-Chakra. Menschen mit dieser Energie haben die Lebensaufgabe, inneren Frieden und ein geistiges Gleichgewicht zu entwickeln. Sie brauchen spirituelle Erkenntnisse und Unterstützung, um sich von Illusionen und falschen Mustern zu befreien. Ein zentrales Thema dieser Energie ist die Erkenntnis, dass alles im Leben aus einem bestimmten Grund geschieht – und dass wahres Glück nicht in äußeren Erfolgen, sondern in innerer Mäßigung liegt. Während sie in ihrer höheren Schwingung eine tiefe Weisheit entwickeln und mit wenig zufrieden sein können, kann sich diese Energie in niedriger Schwingung als ein Gefühl der Orientierungslosigkeit oder ein Rückzug aus dem aktiven Leben zeigen. In seltenen Fällen führt sie zur Askese oder dem Wunsch nach einem klösterlichen Leben.

Das Zusammenspiel von 7 und 14 im Kronenchakra zeigt eine starke innere Spannung zwischen äußeren Erfolgen und dem Bedürfnis nach spiritueller Tiefe. Während die 7 nach Aktivität, Selbstausdruck und Präsenz in der Welt strebt, bringt die 14 das Streben nach innerer Harmonie, Mäßigung und spiritueller Erkenntnis. Menschen mit dieser Kombination profitieren davon, wenn sie lernen, ihre äußere Energie mit innerer Gelassenheit in Einklang zu bringen. Sie sollten sich regelmäßig fragen: *„Handle ich aus einem inneren Gefühl der Klarheit heraus oder treibt mich die Angst, etwas zu verpassen?"*

Ätherische Öle wie Weihrauch, Lavendel und Myrrhe helfen, das Sahasrāra-Chakra zu stabilisieren und eine tiefere Verbindung zur eigenen spirituellen Wahrheit herzustellen. Meditationen, insbesondere solche, die auf Achtsamkeit und innere Stille fokussiert sind, unterstützen die bewusste Integration dieser beiden Energien. Körperlich kann sanfte Bewegung wie Yoga, Tai Chi oder achtsame Spaziergänge helfen, das Gleichgewicht zwischen äußeren Aktivitäten und innerer Ruhe zu fördern.

Eine unterstützende Affirmation für dieses Chakra könnte lauten: „Ich finde meine Erfüllung in der Balance zwischen Selbstausdruck und innerer Gelassenheit."

Wenn dieses Chakra in Harmonie ist, entsteht eine außergewöhnliche Verbindung zwischen Aktivität und Stille, zwischen äußeren Erfolgen und innerer Erfüllung. Menschen mit dieser Energie können sowohl kraftvolle Schöpfer als auch weise spirituelle Begleiter sein – vorausgesetzt, sie erkennen, dass wahre Größe nicht in externer Anerkennung liegt, sondern in der Fähigkeit, mit sich selbst im Reinen zu sein.

Praktische Anwendungsbeispiele

Berufliche Verwirklichung durch Mut und Entschlossenheit: Menschen mit 7-7-14 sind oft in Führungspositionen, im Unternehmertum oder in kreativen Berufen erfolgreich. Sie bringen Innovation und Leidenschaft mit, aber müssen darauf achten, sich nicht zu übernehmen oder ständig neue Projekte zu starten, ohne sie abzuschließen.

Beziehungen zwischen Selbstbestimmung und Nähe: In Partnerschaften sind sie oft unabhängig und brauchen viel Freiraum. Gleichzeitig sehnen sie sich nach echter Verbindung, haben aber Angst, sich zu verlieren. Die Herausforderung besteht darin, eine Balance zwischen Eigenständigkeit und tiefem Vertrauen zu finden.

Lebensrhythmus zwischen Aufstieg und Ruhe: Das Gesetz der Bewegung bringt große Erfolge, doch es fordert auch Momente der Reflexion und Erholung. Wer mit diesem Programm lebt, kann lernen, sich bewusst Pausen zu gönnen, um nicht in einen endlosen Kreislauf aus Aktivität und Erschöpfung zu geraten.

Positive und negative Ausprägungen

Negative Aspekte

Ruhelosigkeit und das Gefühl, niemals genug erreicht zu haben.

Schwierigkeiten, sich langfristig auf ein Ziel oder eine Beziehung einzulassen.

Übermäßige Risikobereitschaft oder impulsive Entscheidungen.

Tendenz, Konkurrenzkämpfe zu führen, auch wenn sie nicht notwendig sind.

Positive Aspekte

Starke Willenskraft und Fähigkeit, Herausforderungen zu meistern.

Große Resilienz und Belastbarkeit.

Mut, neue Wege zu gehen und innovative Lösungen zu finden.

Fähigkeit, andere zu inspirieren und als Vorbild zu wirken.

Prognose & Entwicklungspotenzial

Der Programm-Code 7-7-14 fordert dazu auf, den eigenen Erfolgsweg bewusst zu gestalten. Wer es meistert, kann enorme Höhen erreichen, doch das Geheimnis liegt in der Balance: Nicht nur nach außen streben, sondern auch nach innen schauen.

Die größte Entwicklungsmöglichkeit besteht darin, Erfolg nicht nur als Ziel, sondern als Prozess zu begreifen. Wer es schafft, seine Energie gezielt einzusetzen, wird nicht nur für sich selbst, sondern auch für andere ein Vorbild sein.

Quintessenz

Das Programm 7-7-14 bringt die Kraft des Erfolgs und die Herausforderung, ihn in Einklang mit innerer Zufriedenheit zu bringen. Es fordert dazu auf, mutig zu handeln, aber auch innezuhalten und den eigenen Weg mit Klarheit und Weisheit zu gehen.

Empfehlung

Menschen mit diesem Programm besitzen ein außergewöhnliches Potenzial für Erfolg, doch ihr Weg ist geprägt von Extremen - zwischen rastlosem Ehrgeiz und Phasen der Stagnation besteht die Herausforderung darin, Energie gezielt zu steuern. Erfolg ist hier kein Zufall, sondern die bewusste Kombination aus Mut, Strategie und innerer Klarheit. Wer mit diesem Programm arbeitet, sollte sich fragen: *„Lebe ich meinen Ehrgeiz bewusst oder lasse ich mich von der Jagd nach Erfolg antreiben?"*

Psychologisch ist es entscheidend, das eigene Erfolgsverständnis zu hinterfragen. *Ist Erfolg ein äußeres Ziel oder eine innere Haltung?* Menschen mit 7-7-14 neigen dazu, ständig in Bewegung zu sein, doch wahrer Erfolg entsteht nicht allein durch Aktion, sondern durch gezielte, nachhaltige Entscheidungen. Wer sich Zeit nimmt, langfristige Strategien zu entwickeln, anstatt impulsiv in neue Projekte zu springen, wird seine Energie effektiver nutzen.

Emotionale Regulation ist ein wichtiger Schlüssel - Das Solarplexus-Chakra (Manipūra) ist in diesem Programm besonders aktiv, was bedeutet, dass diese Menschen oft mit einem starken Selbstbewusstsein auftreten. Doch wenn diese Energie nicht bewusst gelenkt wird, kann sie sich in Konkurrenzdenken, Ego-Konflikten oder Überforderung äußern. Achtsamkeitsübungen, bewusste Reflexionsphasen und Journaling helfen, die eigenen Motivationen zu klären und den Fokus auf sinnvolle, erfüllende Ziele zu richten. Körperlich erfordert dieser Programm-Code eine Balance zwischen Bewegung und Erholung. Das Gesetz der Bewegung sorgt dafür, dass Stillstand kaum möglich ist – doch das bedeutet nicht, dass permanente Aktivität der Schlüssel ist.

Gezielte körperliche Übungen wie HIIT, Laufen oder Krafttraining helfen, überschüssige Energie positiv zu kanalisieren. Gleichzeitig sind Entspannungspraktiken wie Yoga, Tai-Chi oder Atemtechniken wichtig, um den Körper nicht in einen ständigen Erschöpfungszustand zu versetzen. Das Nervensystem sollte gezielt gestärkt werden, da Menschen mit 7-7-14 oft unter mentaler Anspannung oder Stress leiden. Regelmäßige Meditation, progressive Muskelentspannung oder autogenes Training sind effektive Methoden, um emotionale und körperliche Anspannung abzubauen. Wer spürt, dass Unruhe oder Rastlosigkeit dominiert, kann durch bewusste Pausen und Entspannungsrituale die Kontrolle über seine Energie zurückgewinnen.

In Beziehungen zeigt sich oft ein Spannungsfeld zwischen Eigenständigkeit und Nähe. Menschen mit diesem Programm-Code haben eine starke Persönlichkeit und brauchen Freiheit, doch gleichzeitig besteht eine tiefe Sehnsucht nach echter Verbindung. Körperarbeit mit Partnerübungen, bewusste Berührungen (z. B. durch Massagen oder Tanz) oder gemeinsamer Sport können helfen, emotionale Distanz zu überbrücken und Bindung auf einer physischen Ebene zu stärken.

Ätherische Öle wie Rosmarin, Bergamotte und Pfefferminze unterstützen den Fokus und die mentale Klarheit, während erdende Öle wie Vetiver, Sandelholz oder Patchouli helfen, die überschüssige Energie zu stabilisieren.

Eine stärkende Affirmation könnte lauten: „Ich lenke meine Energie bewusst und erreiche meine Ziele mit Klarheit und Ausdauer."

Wer sich der eigenen Muster bewusst wird, sowohl psychisch als auch körperlich, wird erkennen, dass der wahre Schlüssel zum Erfolg nicht nur im äußeren Streben liegt, sondern in der Fähigkeit, Energie klug zu steuern. Die Kunst besteht darin, Ehrgeiz mit Weitsicht zu kombinieren, Risiken gezielt einzugehen und im richtigen Moment innezuhalten, um mit neuer Kraft voranzugehen.

CODE 17-10-11 / SCHLÜSSEL 2

Erleuchte deinen Stern – Zwischen Perfektionismus, Inspiration und Selbstzweifeln

Jeder Mensch trägt einen inneren Stern in sich – eine leuchtende Essenz, die ihn einzigartig macht. Doch nicht jeder erlaubt sich, dieses Licht in voller Kraft strahlen zu lassen. Das Programm 17-10-11 beschreibt Menschen, die zwischen der Sehnsucht nach Größe und der Angst vor Fehlern schwanken. Sie haben ein ausgeprägtes Bedürfnis nach Perfektion und setzen sich selbst oft unter enormen Druck.

Schon früh in ihrem Leben lernen sie, dass Fehler Schwäche bedeuten und dass nur Perfektion Anerkennung bringt. Diese tiefsitzenden Glaubenssätze können dazu führen, dass sie sich selbst abwerten, weil sie sich nie „gut genug" fühlen. Gleichzeitig tragen sie eine enorme kreative Energie in sich, die sie dazu antreibt, sich auf irgendeine Weise auszudrücken – sei es durch Kunst, Spiritualität oder intellektuelle Leistungen.

Doch hier liegt die Herausforderung - Wenn sie ihre Kreativität nicht mit einem tiefen Selbstvertrauen verbinden, geraten sie in einen Kreislauf aus Zweifeln, Angst und Selbstsabotage. Der Perfektionismus hält sie gefangen – entweder tun sie nichts aus Angst, nicht perfekt zu sein, oder sie versuchen ständig, sich und anderen zu beweisen, dass sie außergewöhnlich sind.

Der Schlüssel zur Selbstheilung liegt darin, die eigene Einzigartigkeit anzuerkennen, ohne sich an unrealistischen Idealen zu messen. Nur wer sich selbst erlaubt, authentisch zu sein – mit Stärken und Schwächen – kann wahre Erfüllung finden.

Die Harmonisierung der Chakren

Mūlādhāra-Chakra (Wurzelchakra)

Das Mūlādhāra-Chakra im Programm-Code 17-10-11 verbindet eine außergewöhnliche Überlebensfähigkeit, körperliche Regeneration und eine tiefe Sehnsucht nach spiritueller Reinheit. Dieses Chakra ist das Fundament für Stabilität, Urvertrauen und die physische Widerstandsfähigkeit im

Leben. Menschen mit dieser Konstellation besitzen ein starkes inneres Potenzial, doch sie stehen vor der Herausforderung, ihre Energie bewusst zu lenken und ihre körperlichen sowie spirituellen Bedürfnisse in Einklang zu bringen.

Die 10er-Energie verleiht eine besondere Dynamik – sie kann sowohl Glück und Unverwundbarkeit schenken als auch in niedrigeren Schwingungen für Unsicherheit und Kraftlosigkeit sorgen. Menschen mit dieser Energie haben oft das Gefühl, dass das Leben eine Art „Glücksrad" ist, das sich unvorhersehbar dreht. Sie besitzen eine hohe Überlebensfähigkeit und scheinen in kritischen Momenten immer wieder aufzustehen. Diese Energie macht sie widerstandsfähig, doch sie erfordert ein bewusstes Verständnis der eigenen Kraft. Wenn sie im Gleichgewicht ist, verleiht sie eine undurchdringliche Gesundheit und die Fähigkeit, sich von jeglichen Herausforderungen zu erholen. Ist sie unausgeglichen, kann sie zu einem Gefühl der Machtlosigkeit oder einem Mangel an Vertrauen in die eigenen Einflussmöglichkeiten führen. Die Verbindung zu Svādhisthāna ist hier entscheidend, da sie bestimmt, ob diese Energie als Unterstützung oder als Hindernis im Leben wirkt.

Die 11er-Energie bringt eine außergewöhnliche Regenerationsfähigkeit mit sich. Menschen mit dieser Frequenz besitzen eine natürliche Gabe, sich nach schweren Krankheiten oder Rückschlägen körperlich und mental zu erholen. Sie haben eine starke Hingabe – sei es an eine Aufgabe, eine Beziehung oder eine persönliche Mission. Gleichzeitig besteht ein starkes Bedürfnis nach Liebe, das oft mit einer intensiven Verbindung zum physischen Körper einhergeht. Diese Menschen neigen dazu, viel Wert auf ihre körperliche Fitness zu legen und streben nach Perfektion in ihrem äußeren Erscheinungsbild. In niedriger Schwingung kann dies zu einer übermäßigen Konzentration auf das Körperliche führen, die innere spirituelle Aspekte vernachlässigt.

Die 17er-Energie bringt eine starke Trennung zwischen der materiellen und spirituellen Welt mit sich. Menschen mit dieser Energie haben oft das Gefühl, nicht vollständig mit der physischen Realität verbunden zu sein, da ihr Geist stark auf höhere Ideale ausgerichtet ist. Dies kann zu einer Tendenz führen, sich vom weltlichen Leben zu isolieren oder ein asketisches Leben zu bevorzugen. Manche neigen dazu, aufgrund ihres Idealismus unfreiwillig ins Zölibat zu gehen oder körperliche Bedürfnisse zu unterdrücken, um sich stärker auf ihre spirituelle Entwicklung zu konzentrieren. Dies kann jedoch zu einer Disharmonie führen, wenn der Körper vernachlässigt wird oder physische Erfahrungen als hinderlich für den spirituellen Weg angesehen werden.

Das Zusammenspiel von 10, 11 und 17 im Wurzelchakra zeigt eine faszinierende Spannung zwischen körperlicher Stärke, der Fähigkeit zur Regeneration und einer tiefen Sehnsucht nach höheren Idealen. Während die 10 für Glück und Überlebenskraft steht, verleiht die 11 eine starke Regenerationsfähigkeit, und die 17 zieht die Energie in eine spirituelle Richtung. Menschen mit dieser Kombination profitieren davon, wenn sie lernen, eine Balance zwischen physischer Präsenz und ihrer spirituellen Ausrichtung zu finden.

Ätherische Öle wie Patchouli, Zeder und Vetiver helfen, das Mūlādhāra-Chakra zu stabilisieren und die Verbindung zur Erde zu stärken. Körperlich können Yoga, Erdungsübungen oder sanfte Kraftübungen helfen, die Energie im Körper bewusster zu spüren und das Gleichgewicht zwischen Materie und Spiritualität zu finden. Regelmäßige Naturaufenthalte unterstützen dabei, die Verbindung zur physischen Realität zu stärken, ohne sich von spirituellen Idealen zu entfernen.

Eine unterstützende Affirmation für dieses Chakra könnte lauten:
„Ich bin geerdet, stark und vertraue meiner Fähigkeit, mein Leben bewusst zu gestalten."

Wenn dieses Chakra in Harmonie ist, entsteht eine außergewöhnliche innere Stabilität, die sowohl körperliche als auch geistige Widerstandsfähigkeit umfasst. Menschen mit dieser Energie haben die Möglichkeit, das Beste aus beiden Welten zu vereinen – sie können ihr körperliches Potenzial voll entfalten, während sie gleichzeitig tief mit ihrer spirituellen Wahrheit verbunden sind.

Svādhisthāna-Chakra (Sakralchakra)

Das Svādhisthāna-Chakra im Programm-Code 17-10-11 vereint intensive Sexualität, magnetische Anziehungskraft und eine tiefe Sehnsucht nach idealisierter Liebe. Dieses Chakra ist das Zentrum der Emotionen, der Sinnlichkeit und der kreativen Energie. Menschen mit dieser Konstellation haben ein stark ausgeprägtes Bedürfnis nach intimer Verbindung, doch sie stehen vor der Herausforderung, ihr sexuelles und emotionales Verlangen mit realistischen Erwartungen in Einklang zu bringen.

Die 10er-Energie macht die erste sexuelle Erfahrung zu einem entscheidenden Moment im Leben. Menschen mit dieser Energie entwickeln ihr sexuelles Selbstverständnis stark anhand des ersten Partners oder der ersten intimen Erlebnisse. Ihr Sexualleben ist stark von dem Menschen abhängig, mit dem er sich verbindet – eine harmonische Partnerschaft kann ihn sexuell erblühen lassen, während eine negative Erfahrung zu Unsicherheiten oder einem Ungleichgewicht führen kann. In niedriger Schwingung neigt diese Energie entweder zu kurzfristigen, unverbindlichen sexuellen Beziehungen oder zu einem Gefühl der Enge und Zurückhaltung im Sexualleben. Es ist daher essenziell, sich bewusst mit den eigenen Erfahrungen auseinanderzusetzen und gegebenenfalls alte emotionale Muster zu transformieren.

Die 11er-Energie verstärkt die magnetische Ausstrahlung und die sexuelle Anziehungskraft. Menschen mit dieser Energie besitzen ein hohes Energiepotenzial, das sie in ihren Beziehungen und in ihrer physischen Präsenz zum Ausdruck bringen. Sie haben eine intensive Leidenschaft und ein starkes Bedürfnis nach körperlicher Nähe. Ihre Hingabe macht sie zu einfühlsamen Liebhabern, doch wenn sie in niedriger Schwingung sind, fällt es ihnen schwer, ihre sexuelle Energie zu kontrollieren – sie können sich entweder von Instinkten leiten lassen oder ihre eigenen Fantasien und Wünsche unterdrücken, aus Angst vor Ablehnung oder Unverständnis. Diese Energie erfordert eine bewusste Auseinandersetzung mit der eigenen Sexualität, um eine gesunde, erfüllende Balance zu finden.

Die 17er-Energie bringt eine Tendenz zur Idealisierung des Partners mit sich. Menschen mit dieser Energie sehnen sich nach einer tiefen, fast spirituellen Verbindung, die über reine körperliche Lust hinausgeht. Sie neigen dazu, sich in Fantasien zu verlieren oder eine platonische Liebe einem rein physischen Verhältnis vorzuziehen. In ihrer höchsten Schwingung verleiht diese Energie eine außergewöhnliche Sinnlichkeit und die Fähigkeit, eine tiefe emotionale und körperliche Verbindung mit einem Partner aufzubauen. In niedriger Schwingung kann sie jedoch zu emotionaler Distanz, Kälte oder einer tiefen inneren Unzufriedenheit führen. Manche Menschen mit dieser Energie erleben geheime oder nicht erfüllte Sehnsüchte, die sich in unerreichbaren Beziehungen oder einem ewigen Streben nach „dem perfekten Partner" äußern.

Das Zusammenspiel von 10, 11 und 17 im Sakralchakra erzeugt eine vielschichtige Dynamik - Während die 10 durch die erste Erfahrung geprägt und das Sexualleben stark vom Partner beeinflusst wird, verstärkt die 11 das Verlangen nach körperlicher Nähe und sinnlichem Ausdruck. Gleichzeitig bringt die 17 eine tiefe Sehnsucht nach einer idealisierten, fast unerreichbaren Liebe. Menschen mit dieser Kombination profitieren davon, wenn sie lernen, ihre sexuellen Wünsche mit realistischen Beziehungsdynamiken in Einklang zu bringen.

Du solltest dich regelmäßig fragen: *„Sehne ich mich nach einer perfekten Liebe, die nur in meiner Vorstellung existiert, oder kann ich mein Glück in der Realität finden?"*

Ätherische Öle wie Ylang-Ylang, Rose und Patchouli unterstützen die Öffnung des Svādhisthāna-Chakras und helfen dabei, sexuelle und emotionale Hindernisse zu lösen. Bewusste Körperarbeit wie Tanz, sinnliche Bewegungsmeditationen oder Tantra-Übungen können helfen, die eigene Sexualität auf eine tiefere, bewusstere Ebene zu heben. Journaling oder reflektierendes Schreiben über eigene Erwartungen und Wünsche kann dabei helfen, eine klarere Sicht auf emotionale und sexuelle Bedürfnisse zu gewinnen.

Eine unterstützende Affirmation könnte lauten: „Ich erlaube mir, meine Sinnlichkeit und meine Sehnsüchte frei und bewusst zu erleben."

Wenn dieses Chakra in Harmonie ist, entsteht eine außergewöhnliche Verbindung zwischen Leidenschaft, tiefer emotionaler Nähe und einem erfüllten, bewussten Sexualleben. Menschen mit dieser Energie haben die Möglichkeit, sowohl körperlich als auch emotional intensive Beziehungen zu führen, in denen wahre Intimität auf allen Ebenen erlebt wird.

Anāhata-Chakra (Herzchakra)

Das Anāhata-Chakra im Programm-Code 17-10-11 bringt eine komplexe Mischung aus emotionaler Zurückhaltung, intensiver Hingabe und einer tiefen Sehnsucht nach spiritueller Verbundenheit. Menschen mit dieser Kombination haben oft Schwierigkeiten, ihre Gefühle offen auszudrücken, und neigen dazu, ihre Emotionen eher durch Taten als durch Worte zu zeigen.

Die 10er-Energie bringt eine starke Selbstdisziplin mit sich und stellt Erfolg, Arbeit oder persönliche Projekte oft über romantische Beziehungen. Gefühle werden kontrolliert oder als zweitrangig betrachtet, was dazu führen kann, dass Emotionen unterdrückt werden. Gleichzeitig gibt es eine gewisse Fixierung auf vergangene Beziehungen – sie kehren häufig zu alten Partnern zurück oder ziehen immer wieder denselben Typ Mensch an. Das emotionale Muster wird oft von elterlichen Prägungen beeinflusst, was dazu führt, dass in Beziehungen unbewusst bekannte Dynamiken wiederholt werden.

Die 11er-Energie verstärkt die emotionale Intensität und bringt die Ambivalenz von Liebe und Hass ins Spiel. Menschen mit dieser Energie sind in der Lage, tiefe Hingabe zu empfinden, können aber ebenso schnell in Wut oder Abneigung umschlagen. Diese Energie verleiht eine ausgeprägte Reaktionsfähigkeit und den Drang, sich für andere einzusetzen – besonders für Menschen, die als schwach oder benachteiligt wahrgenommen werden. Doch in niedriger Schwingung zeigt sich hier auch eine manipulative Tendenz - Gefühle und Emotionen werden bewusst eingesetzt, um Einfluss auf andere zu nehmen. Manchmal neigt diese Energie dazu, Beziehungen zu dominieren und die eigenen Interessen über die Bedürfnisse des Partners zu stellen.

Wer sich dieser Dynamik nicht bewusst ist, kann entweder zu einem menschlichen „Spender" werden, der sich emotional aufopfert, oder zu jemandem, der von anderen Energie zieht.

Die 17er-Energie bringt eine tiefe innere Strahlkraft und ein hohes ethisches Bewusstsein mit sich. Menschen mit dieser Frequenz haben eine natürliche Loyalität und sind von Herzen bereit, anderen zu helfen. Sie strahlen eine besondere Wärme aus, die für ihre Umgebung beruhigend und inspirierend sein kann. Gleichzeitig besteht eine starke Sehnsucht nach spiritueller Nähe und einer tiefen, fast göttlichen Verbindung zu einem Partner. Dies kann jedoch dazu führen, dass weltliche, „normale" Beziehungsformen als unzureichend empfunden werden. In niedriger Schwingung kann sich diese Energie in Kälte, Isolation oder einem Rückzug aus zwischenmenschlichen Verbindungen äußern. Das Ideal von Liebe wird dann so hoch gesetzt, dass reale Beziehungen nicht mehr genügen.

Menschen mit 17-10-11 im Herzchakra stehen vor der Aufgabe, emotionale Stabilität und Klarheit zu entwickeln. Sie müssen lernen, sich selbst zu erlauben, Emotionen in all ihren Facetten zu erleben, ohne sie zu kontrollieren oder zu unterdrücken. Es ist wichtig, ein Gleichgewicht zwischen Hingabe und gesunden Grenzen zu finden.

Ätherische Öle wie Rose, Lavendel und Geranie helfen, das Herzchakra zu öffnen und emotionale Blocks zu lösen. Atemübungen, bewusste Berührung und sanfte Körperarbeit unterstützen den Prozess der Herzöffnung und fördern die Fähigkeit, Liebe bewusst und ausgeglichen zu leben.

Viśuddha-Chakra (Halschakra)

Das Viśuddha-Chakra im Programm-Code 17-10-11 verbindet eine wechselhafte Wahrnehmung der Welt, diplomatische Kommunikationsfähigkeiten und charismatische Ausstrahlung. Menschen mit dieser Kombination erleben ihre Realität stark durch ihre momentane Stimmung.

Die 10er-Energie sorgt für eine flexible, aber auch unbeständige Sichtweise – an guten Tagen erscheint die Welt voller Möglichkeiten, Wünsche erfüllen sich scheinbar mühelos, und die Kommunikation ist offen und vertrauensvoll. An schwierigen Tagen kann sich jedoch das Gegenteil zeigen - Misstrauen, Unsicherheit und die Tendenz, sich von anderen abzukapseln.

Diese Menschen glauben oft an eine Art Schicksalsbestimmung, was dazu führen kann, dass sie entweder voller Zuversicht handeln oder sich von einer fatalistischen Haltung leiten lassen. Ihre Sprache reflektiert dieses innere Auf und Ab.

Die 11er-Energie macht sie zu einfühlsamen, diplomatischen und taktvollen Sprechern. Sie haben die Gabe, durch Worte zu überzeugen, zu vermitteln und Harmonie zu schaffen. Menschen mit dieser Frequenz sind oft geborene Mediatoren, die in Gesprächen zwischen verschiedenen Positionen ausgleichen können. Gleichzeitig kann sich diese Energie in niedriger Schwingung als Manipulation zeigen; bewusst oder unbewusst nutzen sie Worte, um andere zu beeinflussen. Besonders auffällig ist, dass ihre Stimme eine besondere Kraft besitzt - sie kann beruhigen, inspirieren oder verletzen. In Momenten von Frustration oder Wut kann ein einziges Wort genügen, um tiefe Wunden zu hinterlassen.

Die 17er-Energie bringt eine besondere Strahlkraft und charismatische Ausdrucksstärke. Menschen mit dieser Frequenz haben die Fähigkeit, die Aufmerksamkeit anderer durch ihren Ausdruck, ihre Stimme oder ihre besondere Präsenz zu fesseln. Sie besitzen eine natürliche Begabung, Individualität in anderen zu erkennen und wertzuschätzen. Gleichzeitig sind sie wählerisch in ihren Kontakten – sie kommunizieren nicht mit jedem, sondern wählen bewusst aus, mit wem sie in tiefen Austausch treten. Dies kann zu einem gewissen Snobismus oder sozialer Distanz führen, besonders wenn das Bedürfnis nach Exklusivität überwiegt. In niedriger Schwingung neigt die 17 dazu, sich von der Welt zurückzuziehen oder sich emotional abzukapseln.

Menschen mit 17-10-11 im Viśuddha-Chakra müssen lernen, ihre Kommunikationsmuster bewusst zu steuern. Ihre Sprache sollte nicht von Stimmungsschwankungen oder unbewusster Manipulation geprägt sein, sondern von Klarheit und Wahrhaftigkeit. Es ist wichtig, die eigene Wortkraft zu erkennen und mit Bedacht einzusetzen. Ätherische Öle wie Pfefferminze, Eukalyptus und Sandelholz helfen dabei, das Halschakra zu harmonisieren und eine klare, aber warme Kommunikation zu fördern. Stimmarbeit, Gesangsübungen oder bewusste Atemtechniken unterstützen die volle Entfaltung des Viśuddha-Chakras.

Ājñā-Chakra (Drittes Auge)

Das Ājñā-Chakra im Programm-Code 17-10-11 verbindet hohe Intelligenz, strategisches Denken und eine außergewöhnliche Klarheit des Bewusstseins. Menschen mit dieser Kombination besitzen eine starke geistige Präsenz und die Fähigkeit, Situationen objektiv zu analysieren. Gleichzeitig können sie sich selbst und ihre Umgebung idealisieren, was zu überhöhten Erwartungen und einem verzerrten Realitätsbild führen kann.

Die 10er-Energie verleiht diesen Menschen eine besondere Fähigkeit, Wissen schnell aufzunehmen und zu verarbeiten. Sie sind oft als „Lieblinge des Schicksals" bekannt, da ihnen Gelegenheiten und Lösungen scheinbar mühelos zufallen. Sie besitzen eine ausgeprägte Gelehrsamkeit und haben eine starke Affinität zu technischen und analytischen Wissenschaften. Doch diese Energie birgt auch eine gewisse Vorsicht im Ausdruck – Menschen mit dieser Frequenz sollten achtsam sein, wie sie ihre Gedanken äußern, da sie entweder zu direkt oder zu unklar in ihrer Kommunikation sein können. In niedriger Schwingung kann sich die 10 durch mentale Überlastung äußern, die zu Schwindel, Druckveränderungen oder Kopfschmerzen führt.

Die 11er-Energie verstärkt die intellektuelle Brillanz und bringt eine positive, lösungsorientierte Denkweise mit sich. Menschen mit dieser Frequenz haben eine natürliche analytische Fähigkeit und können komplexe Probleme schnell erfassen und lösen. Ihr strategisches Denken ist auf positive Ergebnisse und Fortschritt ausgerichtet, was sie zu ausgezeichneten Planern, Beratern oder Visionären macht. Sie besitzen eine mentale Flexibilität, die ihnen ermöglicht, verschiedene Perspektiven einzunehmen und in schwierigen Situationen stets einen klaren Kopf zu bewahren.

Die 17er-Energie verleiht eine außergewöhnliche Bewusstseinsklarheit und die Fähigkeit, Einsichten und intuitive Erkenntnisse zu empfangen. Menschen mit dieser Frequenz haben ein lebendiges, erweitertes Bewusstsein und können ihre Ziele mit beeindruckender Klarheit definieren. Sie sind oft visionäre Denker, die ihre Umwelt objektiv einschätzen können. Gleichzeitig neigt die 17. Energie in niedriger Schwingung zu einer gewissen Selbstüberhöhung und überhöhten Erwartungen – sowohl an sich selbst als auch an andere. Diese Menschen neigen dazu, das Gewünschte zu idea-

lisieren und sich manchmal von der Realität zu entfernen. „Sternenfieber"
oder ein hohes Selbstwertgefühl können sie dazu verleiten, sich unbewusst
über andere zu stellen oder von sich selbst eine Perfektion zu erwarten,
die kaum erreichbar ist.

Menschen mit dem Code 17-10-11 im Ājñā-Chakra haben das Potenzial,
außergewöhnlich klare Denker und strategische Visionäre zu sein. Doch
sie sollten darauf achten, dass ihre Erwartungen an sich selbst und an ihre
Umgebung realistisch bleiben. Die Fähigkeit, ihre analytische Brillanz mit
Intuition zu kombinieren, ist ein Schlüssel zur vollen Entfaltung dieses
Programms.

Ätherische Öle wie Rosmarin, Weihrauch und Sandelholz unterstützen
die geistige Klarheit und fördern eine bewusste, klare Wahrnehmung.
Meditation, Visualisierungstechniken und regelmäßige Reflexion helfen,
die Energie des dritten Auges in Balance zu halten und Überforderung
zu vermeiden.

Eine unterstützende Affirmation für dieses Chakra könnte lauten: „Ich
erkenne die Realität mit Klarheit und nutze meine Intelligenz, um positive
Veränderungen zu bewirken."

Wenn dieses Chakra in Harmonie ist, entsteht eine außergewöhnliche
Verbindung zwischen analytischer Intelligenz, intuitivem Wissen und stra-
tegischer Klarheit. Menschen mit dieser Energie können zu einflussreichen
Denkern, Beratern oder Innovatoren werden, die nicht nur ihr eigenes
Leben, sondern auch das ihrer Mitmenschen positiv prägen.

Sahasrāra-Chakra (Kronenchakra)

Das Sahasrāra-Chakra im Programm-Code 17-10-11 verbindet eine tiefe
karmische Bestimmung, ein außergewöhnlich starkes Energiepotenzial
und eine enge Verbindung zu höheren Mächten. Menschen mit dieser
Konstellation haben oft das Gefühl, dass ihr Leben einer bestimmten
Mission folgt, und verspüren einen starken inneren Drang, ihren Platz im
größeren universellen Plan zu verstehen. Dieses Chakra ist der Sitz des
höheren Bewusstseins und der spirituellen Führung, doch die Herausforderung liegt darin, die Balance zwischen der irdischen Realität und der
spirituellen Dimension zu finden.

Die 10er-Energie bringt eine karmische Aufgabe mit sich, die in diesem Leben erfüllt werden muss, um wahre Erfüllung zu finden. Menschen mit dieser Energie spüren oft ein tiefes Schicksalsbewusstsein und können sich nicht einfach dem Fluss des Lebens hingeben, ohne eine höhere Bestimmung zu suchen. Sie fühlen sich regelrecht dazu verpflichtet, ihren Lebenssinn zu erkennen und zu verwirklichen. Gleichzeitig kann diese Energie zu einem ausgeprägten Fatalismus führen – die Überzeugung, dass alles vorherbestimmt ist, kann dazu führen, dass sie ihre eigene Handlungsmacht unterschätzen. Wer sich zu sehr auf die karmische Bürde fokussiert, kann sich in einer Endlosschleife von „Schicksalsschlägen" wiederfinden, anstatt aktiv das eigene Leben zu gestalten.

Die 11er-Energie verleiht eine außergewöhnliche spirituelle Kraft. Menschen mit dieser Frequenz besitzen ein enormes Energiepotenzial und haben oft eine natürliche Begabung für Rituale, Schamanismus oder magische Praktiken. Sie können das Bewusstsein anderer sanft beeinflussen und haben die Fähigkeit, Menschen auf einer tiefen Ebene zu berühren. Diese Energie bringt zudem eine große Leidenschaft mit sich – wenn sie ein Ziel verfolgen, tun sie es mit voller Hingabe und Intensität. Doch auch hier ist Balance gefragt - wird die Energie nicht bewusst gelenkt, kann sie zu innerer Unruhe oder Überforderung führen. Wer diese Kraft achtsam einsetzt, kann eine große spirituelle Wirkung auf sein Umfeld haben.

Die 17er-Energie bringt eine außergewöhnlich starke Verbindung zu höheren Mächten und eine Neigung zur Abkehr vom weltlichen Leben. Menschen mit dieser Frequenz besitzen hohe Ideale und streben nach einer reineren, spirituellen Wahrheit. Oft neigen sie dazu, in ihren eigenen Illusionen oder Träumen zu leben und sich von der physischen Realität abzukapseln. Diese Energie kann sowohl ein Tor zu außergewöhnlicher Kreativität als auch zu sozialer Isolation sein. Viele Menschen mit dieser Frequenz fühlen sich als Außenseiter oder spüren eine Distanz zum traditionellen Lebensweg, was sich unter anderem in einer Tendenz zum Leben außerhalb gesellschaftlicher Konventionen, wie zum Beispiel der Ehe, widerspiegeln kann. Ihr kreatives Potenzial ist enorm, doch es erfordert bewusste Integration in das Leben, um sich wirklich entfalten zu können.

Menschen mit dem Code 17-10-11 im Sahasrāra-Chakra stehen vor der Aufgabe, ihre spirituelle Mission mit einer gesunden Erdung zu verbinden. Sie müssen lernen, ihre hohe Energie gezielt zu nutzen, anstatt sich von karmischen Konzepten oder illusionären Vorstellungen leiten zu lassen. Meditation, Achtsamkeit und bewusste spirituelle Praktiken helfen dabei, das Gleichgewicht zwischen kosmischer Führung und praktischem Leben auf der Erde zu finden.

Ätherische Öle wie Weihrauch, Sandelholz und Myrrhe unterstützen die Verbindung zur höheren Bewusstseinsebene und helfen, spirituelle Klarheit zu erlangen. Stille Meditation, Energiearbeit oder bewusste Naturaufenthalte können dazu beitragen, sich auf die eigene Mission einzustimmen, ohne den Bezug zur Realität zu verlieren.

Eine unterstützende Affirmation für dieses Chakra könnte lauten: „Ich erkenne meine spirituelle Bestimmung und lebe sie im Einklang mit meiner inneren Wahrheit."

Wenn dieses Chakra in Harmonie ist, entsteht eine außergewöhnliche Balance zwischen spiritueller Weisheit, tiefer Inspiration und der Fähigkeit, das eigene Schicksal bewusst zu gestalten. Menschen mit dieser Energie können eine große Rolle in der spirituellen Entwicklung anderer spielen – vorausgesetzt, sie erkennen, dass wahre Erfüllung nicht nur im Jenseits, sondern auch im Hier und Jetzt liegt.

Praktische Anwendungsbeispiele

Der Weg zur Selbstakzeptanz - Menschen mit dem Code 17-10-11 neigen dazu, sich selbst zu hart zu beurteilen. Indem sie bewusst aufhören, sich mit anderen zu vergleichen, und stattdessen ihre eigene Entwicklung wertschätzen, gewinnen sie innere Freiheit.

Kreativität als Schlüssel zur Heilung - Viele Menschen mit diesem Programm-Code haben ein enormes kreatives Potenzial. Durch Kunst, Schreiben oder Musik können sie lernen, ihre Gefühle auszudrücken, ohne Angst vor Fehlern zu haben.

Lernen, Grenzen zu setzen - Diese Menschen neigen dazu, sich an andere zu klammern oder sich aus Angst vor Ablehnung selbst zu verlieren. Indem sie gesunde Grenzen setzen und sich selbst treu bleiben, können sie tiefere und erfüllendere Beziehungen führen.

Positive und negative Ausprägungen

Negative Aspekte

Perfektionismus und Angst vor Fehlern

Selbstzweifel und das Gefühl, nie gut genug zu sein

Emotionales Klammern an andere aus Angst vor Einsamkeit

Übermäßige Abhängigkeit von externer Bestätigung

Positive Aspekte

Inspirierende Ausstrahlung und kreative Genialität

Starke Intuition und spirituelle Weisheit

Fähigkeit, andere zu motivieren und Hoffnung zu schenken

Mut, den eigenen einzigartigen Weg zu gehen

Prognose & Entwicklungspotenzial

Dieses Programm fordert dazu auf, sich von der Angst vor Unvollkommenheit zu befreien und das eigene Licht ohne Einschränkungen strahlen zu lassen. Wer es meistert, kann zu einer Quelle der Inspiration werden – nicht durch Perfektion, sondern durch Authentizität. Die größte Entwicklungsmöglichkeit liegt darin, Erfolg nicht als äußere Leistung zu definieren, sondern als den Mut, den eigenen Weg zu gehen. Wer seine Kreativität mit Vertrauen verbindet, kann nicht nur sich selbst, sondern auch andere zum Leuchten bringen.

Quintessenz

Das Programm 17-10-11 ist eine Einladung, die eigene Einzigartigkeit zu erkennen und den Mut zu finden, authentisch zu leben. Wahre Erfüllung entsteht nicht durch Perfektion, sondern durch die Entscheidung, sich selbst zu lieben – so, wie man ist.

Empfehlung

Menschen mit diesem Programm-Code stehen oft vor der Herausforderung, ihre persönliche Identität in Beziehungen und im gesellschaftlichen Umfeld klar zu definieren. Sie neigen dazu, enge Verbindungen zu idealisieren, Verantwortung für die Gefühle anderer zu übernehmen oder sich selbst an zweite Stelle zu setzen. Die Schlüssel zur positiven Entfaltung dieses Codes liegen in der Selbstachtung, dem bewussten Setzen von Grenzen und der Fähigkeit, das eigene Leben mit Klarheit und Eigenverantwortung zu gestalten.

Die Beziehung zu den Eltern spielt eine zentrale Rolle im emotionalen Gleichgewicht dieses Programm-Codes. Auch wenn nicht alle familiären Bindungen harmonisch verlaufen, ist es essenziell, diese Beziehungen realistisch zu betrachten. Niemand kann die Rolle eines Elternteils ersetzen, und es ist wichtig, zwischen tiefen Verbindungen und einer unbewussten Verlagerung von Erwartungen auf andere Menschen zu unterscheiden. Die Akzeptanz der eigenen Wurzeln schafft die Basis für eine authentische Selbstwahrnehmung.

Ein zentrales Thema dieses Codes ist das Selbstwertgefühl. Menschen mit dem Code 17-10-11 sollten sich bewusst machen, dass ihre Zeit, ihre Grenzen und ihre Bedürfnisse genauso wertvoll sind wie die der Menschen um sie herum. Es ist entscheidend, sich selbst mit Respekt zu begegnen und klare Grenzen zu setzen, anstatt sich durch äußere Erwartungen oder soziale Rollen definieren zu lassen. Dies erfordert bewusste Reflexion: *„Erkenne ich meinen eigenen Wert? Erlaube ich mir, Nein zu sagen, wenn es notwendig ist?"*

Die Fähigkeit zur Verhandlung ist ein weiterer Schlüssel zur Selbstheilung. Wer mit diesem Programm-Code lebt, hat oft die Tendenz, entweder zu sehr nachzugeben oder zu stark auf der eigenen Position zu beharren. Doch wahre Stärke liegt in der Kunst, Kompromisse zu schließen, ohne sich selbst dabei zu verlieren. Beziehungen – sei es in der Familie, Partnerschaft oder im beruflichen Umfeld – profitieren von der Fähigkeit, mit Offenheit und Respekt auf andere zuzugehen, ohne dabei die eigenen Bedürfnisse zu vernachlässigen.

In romantischen Beziehungen besteht die Herausforderung oft darin, den Partner nicht zu idealisieren. Menschen mit dem Code 17-10-11 haben eine ausgeprägte Fähigkeit, das Potenzial in anderen zu sehen, doch dies kann dazu führen, dass sie unrealistische Erwartungen aufbauen oder sich unbewusst selbst zurücknehmen, um Harmonie zu bewahren. Eine gleichberechtigte Partnerschaft bedeutet, dass beide Seiten auf Augenhöhe stehen – mit eigenen Stärken, Schwächen und individuellen Wegen. Wer sich selbst erlaubt, in einer Partnerschaft authentisch zu bleiben, schafft eine tiefere, erfüllendere Verbindung.

Ein wichtiger Aspekt zur Stabilisierung dieses Programms ist es, sich selbst Freiheiten zu gewähren. Das eigene Leben bewusst zu genießen, sich Wünsche zu erlauben und sich Raum für persönliches Wachstum zu geben, ist essenziell. Dabei geht es nicht um Maßlosigkeit, sondern um die bewusste Entscheidung, das Leben in vollen Zügen zu leben, anstatt sich durch äußere Zwänge oder Perfektionsansprüche einzuschränken.

Auch körperliche Signale sollten nicht ignoriert werden. Wer mit diesem Programm-Code lebt, neigt oft dazu, sich zu verausgaben – sei es in emotionalen, mentalen oder physischen Bereichen. Der Körper gibt klare Hinweise, wenn es Zeit ist, langsamer zu machen, sich auszuruhen und Energien bewusst zu regenerieren. Achtsame Bewegung (Yoga, Tai Chi), Meditation und eine gesunde Schlafhygiene können helfen, die eigene Balance zu wahren.

Zuletzt ist es entscheidend, Eigenverantwortung für das eigene Leben zu übernehmen. Niemand kann für einen anderen fühlen, entscheiden oder die Antworten auf die tiefsten Fragen des Lebens geben. Menschen mit dem Code 17-10-11 sollten sich daran erinnern, dass sie selbst der wichtigste Mensch in ihrem Leben sind – und dass es ihre Aufgabe ist, sich selbst mit Liebe, Respekt und Klarheit zu führen.

Ätherische Öle wie Lavendel, Sandelholz und Rosenholz unterstützen den Prozess der Selbstwahrnehmung und inneren Stabilität. Journaling oder tägliche Selbstreflexion können helfen, bewusste Entscheidungen zu treffen und das eigene Wachstum aktiv zu steuern.

Eine unterstützende Affirmation für dieses Programm könnte lauten: „Ich ehre meinen Wert, setze klare Grenzen und gestalte mein Leben in voller Eigenverantwortung."

Wenn dieses Programm bewusst gelebt wird, entsteht eine außergewöhnliche innere Kraft – eine Balance zwischen Selbstachtung, tiefen Beziehungen und der Fähigkeit, das Leben mit klarem Bewusstsein zu gestalten.

CODE 16-21-5 / SCHLÜSSEL 6

Kosmopolitismus und der eigene Platz im Leben Menschen - zwischen der Zerstörung alter Strukturen und der Schaffung neuer Lebenswege

Sie tragen das Potenzial für Weltoffenheit und universelle Verbindung in sich, können jedoch in Krisen geraten, wenn sie versuchen, an Vergangenem festzuhalten. Kosmopolitismus bedeutet, sich als Teil eines größeren Ganzen zu verstehen, die eigene Identität nicht nur durch Herkunft oder Nation zu definieren, sondern in einem globalen Kontext. Dieser Programm-Code kann dazu führen, dass ein Mensch seine Heimat verlässt oder in einem Umfeld mit starken Traditionen und Werten eine neue Basis sucht. Die Hauptthematik dieses Programm-Codes ist die Opposition zwischen Altem und Neuem - Traditionen, Glaubenssysteme und Weltbilder werden hinterfragt, teils zerstört, um Platz für eine erweiterte Perspektive zu schaffen. Menschen mit diesem Code können sich von gesellschaftlichen Strukturen eingeengt fühlen und streben nach einer größeren Freiheit und Selbstverwirklichung.

Die Harmonisierung der Chakren

Mūlādhāra-Chakra (Wurzelchakra)

Das Mūlādhāra-Chakra im Programm-Code 16-21-5 verbindet eine feine Wahrnehmung für äußere Energien, ein starkes Transformationspotenzial und eine rastlose Suche nach dem eigenen Platz in der Welt. Menschen mit dieser Kombination besitzen eine außergewöhnliche Anpassungsfähigkeit, die ihnen hilft, sich in verschiedenen Umgebungen zurechtzufinden.

Die 5er-Energie gibt ihnen eine starke Verbindung zu spirituellen und religiösen Strömungen, wodurch sie sich oft auf der Suche nach höheren Idealen befinden. Ihr Wille zum Leben entspringt weniger aus materiellen Zielen als aus spirituellen Bedürfnissen, was sie zu Suchenden macht, die immer nach tieferen Wahrheiten streben. Doch genau hier liegt auch eine Herausforderung - das unbewusste Streben nach einer übergeordneten Bedeutung kann sie dazu verleiten, sich zu sehr von äußeren Ideologien beeinflussen zu lassen oder sogar in extreme Glaubenssysteme abzudriften. Gleichzeitig ist ihr Energiepotenzial begrenzt – sie neigen dazu, sich schnell zu erschöpfen, insbesondere wenn geistige Belastung hinzukommt. In niedriger Schwingung kann sich eine Neigung zu süchtig machenden Verhaltensweisen entwickeln, besonders in Momenten der Orientierungslosigkeit.

Die 16er-Energie bringt ein hohes Energiepotenzial mit sich, das jedoch stark von der inneren Ausrichtung abhängt. Wer diese Frequenz bewusst lebt, kann tiefgreifende Transformationen durchlaufen und gestärkt daraus hervorgehen. Doch wenn die Energie nicht gezielt eingesetzt wird, kann sie sich in Chaos und Zerstörung manifestieren – sowohl im eigenen Leben als auch in der Umgebung. Menschen mit dieser Frequenz tendieren dazu, sich selbst stark zu kritisieren und erleben oft tiefgreifende Veränderungen, die sie entweder wachsen lassen oder ins Straucheln bringen. Wenn sie lernen, ihre Kraft bewusst zu lenken, können sie innere Stabilität aufbauen und sich von destruktiven Mustern befreien.

Die 21er-Energie verstärkt die innere Unruhe und das Bedürfnis, den eigenen Platz in der Welt zu finden. Menschen mit dieser Frequenz besitzen ein nahezu grenzenloses Energiepotenzial und eine außergewöhnliche Widerstandsfähigkeit. Sie sind in der Lage, große Herausforderungen zu meistern, doch oft fällt es ihnen schwer, sich auf einen festen Weg festzulegen. Stattdessen suchen sie ständig nach neuen Möglichkeiten, ohne wirklich zur Ruhe zu kommen. Sie fühlen sich von neuen Erfahrungen angezogen, haben aber Schwierigkeiten, langfristige Strukturen in ihrem Leben zu etablieren. Ihr Körper ist von Natur aus stark, doch wenn sie sich selbst überlasten oder ihre Energie nicht bewusst einteilen, kann sich das in gesundheitlichen Krisen äußern. In niedriger Schwingung zeigt sich die 21 als Vergänglichkeit – Menschen mit dieser Frequenz neigen dazu, sich von einem Abenteuer zum nächsten zu bewegen, ohne langfristig Wurzeln zu schlagen.

Menschen mit dem Code 16-21-5 im Mūlādhāra-Chakra müssen lernen, eine Balance zwischen Anpassungsfähigkeit und Erdung zu finden. Ihre größte Herausforderung besteht darin, sich nicht von äußeren Einflüssen oder innerer Unruhe treiben zu lassen, sondern bewusst für Stabilität in ihrem Leben zu sorgen. Erdende Routinen und Rituale helfen ihnen, die starke Transformationskraft der 16er-Energie positiv zu nutzen, während sie gleichzeitig die rastlose Energie der 21 in eine bewusste Richtung lenken können. Körperliche Aktivitäten, die sowohl Kraft als auch Struktur erfordern, wie Yoga oder achtsames Krafttraining, helfen dabei, den eigenen Körper als Anker zu nutzen. Ätherische Öle wie Vetiver, Zedernholz und Patchouli unterstützen die Erdung und fördern das innere Gleichgewicht.

Wer mit diesem Programm arbeitet, kann sich regelmäßig fragen: *„Nutze ich meine Energie bewusst oder lasse ich mich treiben?"* und *„Welche Stabilität kann ich mir in meinem Leben selbst geben?"*

Eine unterstützende Affirmation für dieses Chakra könnte lauten: „Ich bin geerdet, stabil und vertraue darauf, dass mein Weg sich in meinem eigenen Rhythmus entfaltet."

Wenn dieses Chakra in Harmonie ist, können Menschen mit dieser Energie außergewöhnliche Veränderungen bewirken – sowohl für sich selbst als auch für andere. Sie haben das Potenzial, innere und äußere Strukturen zu erschaffen, die aus tiefem Wissen und persönlicher Erfahrung heraus entstehen. Wer die Balance zwischen spiritueller Tiefe, persönlicher Stabilität und mutiger Erkundung des Lebens findet, wird zu einem starken, inspirierenden Wegbereiter für sich selbst und seine Umgebung.

Anāhata-Chakra (Herzchakra)

Das Anāhata-Chakra im Programm-Code 16-21-5 vereint eine tiefe Sensibilität, leidenschaftliche Emotionen und eine natürliche Sehnsucht nach freier, bedingungsloser Liebe. Menschen mit dieser Kombination erleben Liebe nicht nur als emotionale Verbindung, sondern auch als spirituelle Kraft.

Die 5er-Energie verleiht ihnen die Fähigkeit, mit offenem Herzen zu lieben und sich auf tiefe emotionale Bindungen einzulSie sind einfühlsam, intuitiv und geben alles von Herzen, wodurch sie oft als zuverlässige Unterstützer in ihrem Umfeld wahrgenommen werdenge Unterstützer in ihrem Umfeld wahrgenommen werden. Ihre Empathie ist stark ausgeprägt, und sie haben ein tiefes Bedürfnis, anderen zu helfen und emotionale Sicherheit zu schenken. Doch diese hohe Sensibilität kann auch dazu führen, dass sie sich selbst vernachlässigen oder in moralischen Konzepten verfangen, in denen sie klare Grenzen zwischen richtig und falsch ziehen. Wenn die Energie unausgeglichen ist, brauchen sie selbst viel emotionale Unterstützung und können in eine belehrende Haltung verfallen, indem sie anderen ihre Sichtweise von Liebe und Moral aufdrängen.

Die 16er-Energie bringt eine Intensität mit sich, die Liebe zu einer tiefgehenden und oft schicksalhaften Erfahrung macht. Menschen mit dieser Frequenz erleben starke emotionale Höhen und Tiefen, die sie innerlich prägen. Ihre Liebe gleicht einem Vulkan – leidenschaftlich, mitreißend, aber oft auch zerstörerisch, wenn alte Verletzungen nicht verarbeitet wurden. In ihrem Leben kommt es häufig zu tiefgreifenden Erfahrungen des Verlustes oder der Trennung, die ihr Herz fordern und zu spirituellem Wachstum drängen. Diese Energie kann sich in intensiven Herzensprüfungen äußern, die entweder zur inneren Selbstheilung oder zur Verbitterung führen. In niedriger Schwingung kann sie sich in Wut, Schmerz oder einer tiefen emotionalen Verschlossenheit zeigen, während in positiver Entfaltung eine außergewöhnliche Fähigkeit zur Transformation entsteht. Das Herz heilt durch Akzeptanz und das bewusste Loslassen alter Wunden, um Platz für eine neue, freiere Liebe zu schaffen.

Die 21er-Energie öffnet das Herz für eine bedingungslose, freie Form der Liebe. Menschen mit dieser Frequenz neigen dazu, Liebe ohne Bedingungen zu geben, ohne von ihrem Gegenüber eine bestimmte Reaktion zu erwarten. Ihre emotionale Unabhängigkeit macht sie zu inspirierenden Begleitern, die aus einem Zustand der inneren Fülle lieben können. Sie tragen keine Verbitterung in ihrem Herzen und sind in der Lage, Verletzungen schneller hinter sich zu lassen als andere. Doch diese Freiheit in der Liebe bringt auch Herausforderungen mit sich – sie neigen dazu, sich nicht dauerhaft an einen Menschen oder Situation zu binden, weil sie sich durch emotionale Verpflichtungen eingeengt fühlen. In niedriger Schwingung kann dies zu einem Gefühl der emotionalen Distanz oder Bindungslosigkeit führen. Wer sich zu stark auf die Unabhängigkeit fokussiert, läuft Gefahr, Nähe zu vermeiden und emotionale Beziehungen nur oberflächlich zu erleben.

Menschen mit dem Code 16-21-5 im Anāhata-Chakra stehen vor der Aufgabe, ihre Sensibilität und ihre emotionale Tiefe in eine bewusste, stabile Form der Liebe zu bringen. Sie müssen lernen, dass bedingungslose Liebe und gesunde Grenzen kein Widerspruch sind und dass emotionale Freiheit nicht bedeutet, tiefe Bindungen zu meiden. Oft liegt der Schlüssel zur inneren Balance darin, sowohl die leidenschaftliche Kraft der 16 als auch die Unabhängigkeit der 21 mit der liebevollen Empathie der 5 zu vereinen. Wer lernt, sein Herz in Offenheit zu halten, ohne sich selbst zu verlieren, kann außergewöhnliche emotionale Heilung erfahren und eine Liebe leben, die sowohl tief als auch frei ist.

Das Herzchakra wird durch bewusste Berührung, tiefe Gespräche und achtsames Loslassen alter Wunden gestärkt. Ätherische Öle wie Rose, Lavendel und Geranie unterstützen emotionale Stabilität, während sanfte Atemübungen und herzöffnende Yoga-Positionen helfen, geblockte Gefühle zu lösen.

Eine unterstützende Affirmation könnte lauten: „Ich erlaube mir, bedingungslos zu lieben und gleichzeitig in meiner eigenen Kraft zu stehen."

Wenn dieses Chakra in Harmonie ist, verbindet es leidenschaftliche Hingabe mit spiritueller Weite. Menschen mit dieser Energie haben das Potenzial, andere in ihrer eigenen Heilung zu begleiten, Liebe auf eine transformative Weise zu erfahren und tiefe emotionale Weisheit zu erlangen.

Ājñā-Chakra (Drittes Auge)

Das Ājñā-Chakra im Programm-Code 16-21-5 verbindet eine tief verwurzelte Verbindung zu spirituellem Wissen, eine intensive Wahrnehmung der Realität und die Fähigkeit, sich geistig und intellektuell mit den großen Fragen des Lebens auseinanderzusetzen. Dieses Chakra ist das Zentrum der mentalen Klarheit, der Intuition und der bewussten Umsetzung von Ideen in die Realität. Menschen mit dieser Konstellation besitzen eine ausgeprägte geistige Aktivität, doch die Art und Weise, wie sie Wissen verarbeiten und interpretieren, ist stark von ihren individuellen Überzeugungen geprägt.

Die 5er-Energie steht für eine Denkweise, die sich auf moralische Prinzipien, Traditionen und Glaubenssysteme stützt. Menschen mit dieser Frequenz haben ein tiefes Bedürfnis nach Orientierung durch höhere Werte und suchen oft nach spirituellen Lehrern oder Mentoren, die ihnen helfen, ihre Gedankenwelt zu strukturieren. Gleichzeitig besitzen sie eine natürliche Neigung zur Selbstreflexion und zur Wissensaneignung, was sie zu leidenschaftlichen Forschern und Sammlern von Erkenntnissen macht. Ihr Denken ist analytisch, aber auch stark von Emotionen beeinflusst – das Herz und der Verstand arbeiten nicht immer im Gleichklang, was zu inneren Spannungen führen kann. Sie müssen lernen, Emotionen bewusst zu regulieren, um sie nicht über die Vernunft dominieren zu lassen. Die Herausforderung besteht darin, ein eigenes, stabiles Wertesystem zu entwickeln, ohne sich zu sehr von äußeren Dogmen oder fixen Ideologien leiten zu lassen.

Die 16er-Energie bringt eine komplexe Weltanschauung mit sich, die von tiefen inneren Widersprüchen geprägt sein kann. Menschen mit dieser Frequenz sehen die Welt oft durch eine Brille der Herausforderung – sie hinterfragen vieles, analysieren tief und suchen nach verborgenen Zusammenhängen. Doch wenn sie auf etwas Unverständliches oder Schwieriges stoßen, kann dies zu innerer Anspannung und Aggression führen. Ihr Temperament ist oft hitzig, und sie neigen dazu, sich in Diskussionen zu verbeißen oder auf Konfrontation zu gehen, wenn ihre Sichtweise in Frage gestellt wird. In niedriger Schwingung kann diese Energie zu innerer Unruhe, Hysterie oder sogar manisch-depressiven Tendenzen führen. Wer diese Energie nicht bewusst steuert, kann sich in extremen Gedankenspiralen verlieren oder sich von irrationalen Ängsten leiten lassen. Gleichzeitig hat diese Energie ein starkes esoterisches Potenzial – Menschen mit dieser Frequenz haben oft eine natürliche Begabung für spirituelle oder mystische Wahrnehmungen, doch sie müssen lernen, diese Fähigkeiten bewusst zu integrieren, ohne sich in Illusionen oder mentalen Überreizungen zu verlieren.

Die 21er-Energie bringt eine ausgleichende Kraft in dieses Chakra, da sie für Harmonie und Offenheit steht. Menschen mit dieser Frequenz besitzen die Fähigkeit, verschiedene Perspektiven zu verstehen und andere mit ihrer Weltanschauung nicht zu verurteilen. Sie haben das Potenzial, ihre innere Ganzheit zu erkennen und dadurch Selbstheilung auf mentaler und emotionaler Ebene zu erfahren. Gleichzeitig sind sie dazu bereit, in der Gesellschaft eine aktive Rolle einzunehmen – sei es durch öffentliche Auftritte, eine berufliche Karriere oder eine Position, die es ihnen ermöglicht, mit vielen Menschen zu interagieren. Doch in niedriger Schwingung kann sich diese Energie als Größenwahn oder ein überhöhtes Selbstbild äußern. Menschen mit dieser Frequenz neigen dann dazu, sich selbst für unfehlbar zu halten oder sich mit übertriebenen Ambitionen unter Druck zu setzen.

Menschen mit dem Code 16-21-5 im Ājñā-Chakra stehen vor der Aufgabe, ihre Gedankenwelt bewusst zu ordnen und eine klare, aber flexible Wahrnehmung der Realität zu entwickeln. Sie müssen lernen, ihre starken emotionalen Reaktionen zu kontrollieren und ihr Wissen nicht nur analytisch, sondern auch intuitiv zu erfassen. Ihre Fähigkeit zur Reflexion kann ihnen helfen, spirituelle Einsichten zu gewinnen, doch sie sollten darauf achten, sich nicht von extremen Ideologien oder fixen Denkmustern einschränken zu lassen. Die Kombination aus analytischem Denken (5), intensiver Transformation (16) und harmonischer Weite (21) kann ihnen helfen, ihre Gedanken auf ein höheres Bewusstseinsniveau zu bringen und ihre geistige Kraft in einer positiven Weise zu nutzen.

Mentale Klarheit und geistige Ausgeglichenheit lassen sich durch Meditation, Visualisierungstechniken und bewusste Atemübungen fördern. Ätherische Öle wie Weihrauch, Sandelholz und Rosmarin unterstützen die geistige Konzentration und helfen, mentale Unruhe zu reduzieren.

Eine unterstützende Affirmation könnte lauten: „Ich vertraue meinem Verstand und meiner Intuition, um die Welt mit Klarheit und Weisheit zu erfassen."

Wenn dieses Chakra in Harmonie ist, entsteht eine außergewöhnliche Balance zwischen spirituellem Wissen, mentaler Schärfe und der Fähigkeit, das eigene Potenzial bewusst in die Welt zu tragen. Menschen mit dieser Energie können tiefe Einsichten gewinnen und ihr Wissen dazu nutzen, um sich selbst und andere in eine höhere Bewusstseinsebene zu führen.

Viśuddha-Chakra (Halschakra)

Das Viśuddha-Chakra im Programm-Code 16-21-5 verbindet emotionale Ausdruckskraft, eine starke soziale Präsenz und den Wunsch nach Kommunikation mit der Herausforderung, Worte bewusst und harmonisch einzusetzen. Menschen mit dieser Konstellation nehmen die Realität stark emotional wahr und neigen dazu, ihre Gefühle direkt in Worte zu übersetzen.

Die 5er-Energie verleiht ihnen eine natürliche Fähigkeit zur Geselligkeit und Überzeugungskraft. Sie wissen, wie sie Vertrauen aufbauen und andere mit ihrer Sprache berühren können. Gespräche mit ihnen sind oft angenehm, lebendig und voller Energie. Doch hinter dieser Offenheit verbirgt sich oft eine gewisse Undurchschaubarkeit – sie können ihr wahres Selbst geschickt hinter einer sozialen Maske verbergen und sich an verschiedene Gesprächssituationen anpassen. Ihre Kommunikationsweise ist emotional gefärbt, oft ausführlich und detailreich, was ihnen hilft, Aufmerksamkeit zu erregen. Gleichzeitig haben sie eine starke Neigung zur spirituellen oder religiösen Entwicklung, da sie sich mit größeren Sinnfragen auseinandersetzen und nach höheren Wahrheiten suchen. Doch wenn diese Energie in einer niedrigeren Schwingung wirkt, kann sie sich in Schwierigkeiten beim Bewahren von Geheimnissen, Unbeständigkeit oder einer Neigung zu übermäßiger Emotionalität in der Sprache äußern.

Die 16er-Energie bringt eine intensive Dynamik in das Ausdrucksverhalten und kann zu verbalen Spannungen führen. Menschen mit dieser Frequenz neigen dazu, sich durch Konflikte oder hitzige Diskussionen selbst zu behaupten. Sie haben ein starkes Bedürfnis nach Selbstbestätigung und ziehen oft unbewusst Auseinandersetzungen an, weil sie sich über Sprache und Meinungsstärke definieren. Ihre Worte können provokant, direkt und manchmal verletzend sein, besonders wenn sie das Gefühl haben, nicht gehört oder respektiert zu werden. Sie haben die Tendenz, das Alte zu zerstören, um Platz für Neues zu schaffen, was sich in einer oft rebellischen Art der Kommunikation äußern kann. Diese Energie kann dazu führen, dass sie ihre Position mit Nachdruck vertreten, was in niedriger Schwingung zu Streitlust oder verbaler Aggressivität ausarten kann. Auch auf körperlicher Ebene zeigt sich diese Energie – Menschen mit dieser

Konstellation haben oft eine Veranlagung zu Schilddrüsenproblemen oder einer erhöhten Empfindlichkeit gegenüber elektrischen Impulsen, was sich in starken energetischen Reaktionen auf Blitze, Strahlung oder plötzliche Stromstöße zeigen kann.

Die 21er-Energie bringt Offenheit und die Fähigkeit, sich in verschiedene soziale Strukturen zu integrieren. Menschen mit dieser Frequenz haben einen ausgeprägten Wunsch, mit anderen in Kontakt zu treten, neue Bekanntschaften zu machen und sich in einem weiten, globalen Netzwerk zu bewegen. Ihre Kommunikation ist anpassungsfähig, charmant und oft inspirierend. Sie haben eine große Freude daran, sich mit unterschiedlichen Menschen auszutauschen, Kulturen zu entdecken und ihre Ideen mit der Welt zu teilen. Sie können sich mit Leichtigkeit in verschiedene Gesprächsthemen einbringen und haben oft ein Talent dafür, Brücken zwischen verschiedenen Sichtweisen zu bauen. Doch in niedriger Schwingung kann sich diese Energie in Feindseligkeit, Rachsucht oder einem übermäßigen Bedürfnis nach sozialer Anerkennung zeigen. Wenn sie sich nicht ausreichend wertgeschätzt fühlen, können sie dazu neigen, sich verbal zu verteidigen oder durch Manipulation Aufmerksamkeit zu erlangen.

Menschen mit dem Code 16-21-5 im Viśuddha-Chakra stehen vor der Aufgabe, ihre Sprachkraft bewusst und verantwortungsvoll einzusetzen. Sie haben das Potenzial, große soziale Netzwerke aufzubauen, durch ihre Worte zu inspirieren und gesellschaftlich eine aktive Rolle einzunehmen. Doch sie müssen darauf achten, ihre Kommunikation nicht als Mittel der Selbstbestätigung oder als Waffe in Konflikten zu nutzen. Ihre Stärke liegt in ihrer Fähigkeit, andere mit ihren Worten zu bewegen, doch dies erfordert Bewusstsein über den eigenen Ausdruck und den Einfluss, den Worte auf andere haben können.

Ein bewusster Umgang mit Sprache und der Fokus auf konstruktive Kommunikation helfen, die starken Energien dieses Chakras in eine positive Richtung zu lenken. Atemübungen, Singen oder das bewusste Arbeiten mit der Stimme können helfen, den Ausdruck klar und zentriert zu halten.

Ätherische Öle wie Pfefferminze, Eukalyptus und Sandelholz unterstützen die Harmonisierung des Halschakras und helfen, verbale Spannungen zu lösen.

Eine unterstützende Affirmation könnte lauten: „Ich drücke meine Wahrheit mit Klarheit, Bewusstsein und positiver Kraft aus."

Wenn dieses Chakra in Balance ist, verbindet es sprachliche Gewandtheit mit einer natürlichen sozialen Intelligenz und der Fähigkeit, durch Worte eine tiefere Verbindung mit der Welt herzustellen. Menschen mit dieser Energie haben das Potenzial, als starke Kommunikatoren, inspirierende Redner oder kulturelle Brückenbauer zu wirken – wenn sie ihre Sprache mit Weisheit, Empathie und innerer Klarheit nutzen.

Ājñā-Chakra (Drittes Auge)

Das Ājñā-Chakra im Programm-Code 16-5-21 verbindet intellektuelle Strenge, spirituelle Suche und die Herausforderung, emotionale Balance zu finden. Es ist das Zentrum der Erkenntnis, der geistigen Disziplin und des Strebens nach innerer und äußerer Harmonie. Menschen mit dieser energetischen Konstellation haben die Fähigkeit, tief in komplexe Wissenssysteme einzutauchen und diese mit einem breiten, universellen Verständnis zu verbinden. Gleichzeitig stehen sie vor der Aufgabe, die Balance zwischen rigider Struktur, emotionaler Offenheit und dem Streben nach spiritueller Erleuchtung zu finden.

Die 16er-Energie bringt eine komplexe, oft herausfordernde Weltanschauung mit sich. Menschen mit dieser Frequenz neigen dazu, ihre Wahrnehmung durch strenge Rahmen und Prinzipien zu begrenzen, was zu inneren Spannungen führen kann. Diese Spannungen können sich in Reizbarkeit, Aggressivität oder sogar in neurotischen Mustern manifestieren. Die 16 fordert dazu auf, alte Muster loszulassen und sich von begrenzenden Vorstellungen zu befreien, um Platz für neue, frische Perspektiven zu schaffen. In ihrer höheren Schwingung eröffnet diese Energie den Zugang zu tiefer Weisheit und spiritueller Führung.

Die 5er-Energie hingegen steht für Glauben, Moral und die Verbindung zu Traditionen. Menschen mit dieser Energie suchen oft nach spirituellen Mentoren oder Lehrern, ohne dabei in die Falle der blinden Verehrung zu geraten. Sie sind Wissenssammler und Forscher, die daran interessiert sind, ihr eigenes Verständnissystem zu entwickeln. Diese Energie bringt jedoch auch die Herausforderung mit sich, Emotionen zu kontrollieren und ein Gleichgewicht zwischen Herz und Verstand zu finden. Das Überwiegen von Emotionen über die Vernunft kann zu inneren Konflikten führen, die es zu meistern gilt.

Die 21er-Energie bringt das Streben nach Harmonie mit sich selbst und der Welt mit sich. Menschen mit dieser Frequenz verfügen über ein breites, offenes Denken und die Fähigkeit, andere zu verstehen und zu akzeptieren. Sie sind bereit für öffentliche Anerkennung, Ruhm und eine aktive soziale Rolle. In niedriger Schwingung kann diese Energie jedoch in Größenwahn oder einen Napoleon-Komplex umschlagen. Die Herausforderung besteht darin, die Balance zwischen innerer Harmonie und äußerem Erfolg zu finden, ohne sich in Selbstdarstellung zu verlieren.

Die Kombination dieser Energien im Ajñā-Chakra fordert dazu auf, strenge geistige Disziplin mit emotionaler Intelligenz und spiritueller Offenheit zu verbinden. Die 16. Energie bringt die Notwendigkeit von Struktur und Weisheit, die 5. Energie ermutigt zur spirituellen Suche und zum Aufbau eines eigenen Wissenssystems, während die 21. Energie das Streben nach Harmonie und sozialer Akzeptanz fördert. Wenn diese Energien in Einklang gebracht werden, entsteht eine kraftvolle geistige und spirituelle Präsenz, die sowohl im persönlichen als auch im öffentlichen Leben von großer Bedeutung sein kann.

Ätherische Öle wie Weihrauch, Sandelholz und Lavendel unterstützen die geistige Klarheit und fördern die Verbindung zwischen rationalem Denken, emotionaler Balance und spiritueller Weitsicht. Meditationen, die sich auf die Verbindung von Herz und Verstand konzentrieren, können helfen, die Balance zwischen diesen Energien zu finden und das Ajñā-Chakra bewusst zu aktivieren. Eine stärkende Affirmation für dieses Chakra könnte lauten:

„Ich verbinde Weisheit, Glauben und Harmonie, um mein wahres Selbst zu erkennen und in Einklang mit der Welt zu leben."

Wenn dieses Chakra in Balance ist, entsteht eine tiefe geistige Klarheit und emotionale Stabilität, die es ermöglicht, das eigene Leben mit Integrität, Weisheit und Harmonie zu gestalten.

Sahasrāra-Chakra (Kronenchakra)

Das Sahasrāra-Chakra im Programm-Code 16-21-5 vereint spirituelle Weitsicht, die Fähigkeit zur intellektuellen Selbstentwicklung und die Möglichkeit, durch tiefgreifende innere Wandlungsprozesse zu einer neuen Bewusstseinsebene zu gelangen. Menschen mit dieser Kombination haben einen ausgeprägten Drang nach Erkenntnis und sind ständig auf der Suche nach einer höheren Wahrheit, die über das Alltägliche hinausgeht. Sie sind von Natur aus Forscher des Lebens, die sich zwischen Rationalität und intuitiver Weisheit bewegen und stets nach einem umfassenderen Verständnis der Realität streben.

Die 5er-Energie verleiht eine außergewöhnliche Fähigkeit zur Selbstreflexion und zur Entwicklung eines individuellen Wertesystems, das sich nicht blind an bestehende Normen anpasst, sondern durch eigene Erfahrungen und Wissen geformt wird. Menschen mit dieser Frequenz haben oft eine starke Verbindung zu spirituellen oder philosophischen Konzepten und sind in der Lage, sich eine eigene Ideologie zu erschaffen, die über traditionelle Glaubenssysteme hinausgeht. Sie besitzen ein kreatives Talent und können ihr Wissen entweder künstlerisch oder wissenschaftlich ausdrücken. Viele von ihnen fühlen sich zur Forschung, zur Lehre oder zur akademischen Welt hingezogen, da sie eine tiefe Freude an der intellektuellen Auseinandersetzung mit dem Leben haben. Gleichzeitig haben sie die Gabe der Prophezeiung – nicht in einem übernatürlichen Sinne, sondern als Fähigkeit, Entwicklungen intuitiv vorherzusehen und große Zusammenhänge zu erkennen. Doch in niedriger Schwingung kann sich diese Energie in einer fixierten Denkweise äußern, in der sie sich auf bestimmte Überzeugungen versteifen und nicht mehr offen für neue Erkenntnisse sind.

Die 16er-Energie bringt eine starke Transformationskraft in dieses Chakra. Menschen mit dieser Frequenz sind Reformatoren, die dazu neigen, etablierte Konzepte und Weltbilder zu hinterfragen und oft radikal zu verändern. Sie durchleben intensive Lebensprüfungen, die sie zwingen, alte Strukturen hinter sich zu lassen und eine neue Sichtweise auf das Leben zu entwickeln. Diese Energie ist herausfordernd, denn sie verlangt, dass man sich von Illusionen löst und den Mut hat, sich mit den tiefsten Aspekten der eigenen Existenz auseinanderzusetzen. Menschen mit dieser Frequenz besitzen oft okkulte oder mystische Fähigkeiten, doch sie müssen lernen, mit diesen Kräften bewusst umzugehen. In niedriger Schwingung kann diese Energie zu Überheblichkeit oder Stolz führen, insbesondere wenn man glaubt, eine höhere Wahrheit gefunden zu haben und sich über andere stellt. Zudem besteht eine Veranlagung zu starken psychischen Schwankungen oder sogar psychischen Erkrankungen, wenn das Gleichgewicht zwischen Spiritualität und Erdung verloren geht.

Die 21er-Energie bringt eine grenzenlose Offenheit für die Möglichkeiten des Lebens. Menschen mit dieser Frequenz haben das Gefühl, dass ihnen die ganze Welt offensteht, und sie besitzen das Potenzial, große Visionen in die Realität umzusetzen. Sie sind von Natur aus expansiv, denken groß und lassen sich nicht von traditionellen Begrenzungen aufhalten. Diese Energie ermöglicht es, sowohl spirituelle als auch materielle Projekte erfolgreich zu realisieren und große Netzwerke aufzubauen. Doch wenn diese Energie unausgeglichen ist, kann sie in ein Gefühl der Sinnlosigkeit umschlagen – dann erscheint das Leben als ein endloser Strom von Möglichkeiten ohne klare Richtung oder tieferen Sinn. Menschen mit einer unausgeglichenen 21 können sich verloren fühlen, weil sie nicht wissen, wo sie hingehören oder was ihr wahres Ziel ist.

Menschen mit dem Code 16-21-5 im Sahasrāra-Chakra stehen vor der Aufgabe, ihr tiefes Wissen und ihre transformatorische Kraft auf eine Weise zu nutzen, die sowohl spirituell als auch praktisch wirksam ist. Sie müssen lernen, dass wahre Erkenntnis nicht nur im Zerstören alter Strukturen liegt, sondern auch in der Fähigkeit, neue Konzepte mit Bedacht und Weisheit aufzubauen. Ihr Verstand ist scharf und weitreichend, doch sie müssen darauf achten, sich nicht in intellektuellen oder spirituellen Konstrukten zu verlieren, sondern ihre Erkenntnisse bewusst in das Leben zu integrieren.

Regelmäßige Meditation, bewusste Stille und der Austausch mit Gleichgesinnten helfen, die starke Energie dieses Chakras auszubalancieren. Ätherische Öle wie Weihrauch, Sandelholz und Myrrhe unterstützen die Verbindung zum höheren Selbst und helfen, geistige Klarheit zu bewahren.

Eine unterstützende Affirmation könnte lauten: „Ich erkenne meine spirituelle Bestimmung und nutze meine Weisheit, um die Welt bewusst mitzugestalten.“

Wenn dieses Chakra in Harmonie ist, entsteht eine außergewöhnliche Verbindung zwischen tiefem Wissen, spiritueller Kraft und der Fähigkeit, neue Wege für sich und andere zu eröffnen. Menschen mit dieser Energie können zu Wegbereitern, Lehrern oder Visionären werden, die ihre Erkenntnisse mit Weisheit und Mitgefühl in die Welt tragen.

Positive und negative Ausprägungen

Positive Aspekte

Weltoffenheit und universelles Denken

Reise- und Lernfreude

Akzeptanz anderer Kulturen und Glaubensrichtungen

Fähigkeit, sich schnell an neue Situationen anzupassen

Stärke und Resilienz in Krisenzeiten

Negative Aspekte

Schwierigkeiten, ein dauerhaftes Zuhause zu finden

Angst vor Bindungen oder langfristigen Verpflichtungen

Identitätskrisen und innere Unruhe

Tendenz zu radikalen Entscheidungen oder sozialem Protest

Konflikte zwischen eigenen Überzeugungen und gesellschaftlichen Erwartungen

Prognose & Entwicklungspotenzial

Dieses Programm fordert dazu auf, sich ständig weiterzuentwickeln und den eigenen Platz in der Welt zu finden. Menschen mit dem Code 16-21-5 können als Brückenbauer zwischen Kulturen und Weltbildern fungieren. Wenn sie lernen, innere Stabilität mit äußerer Flexibilität zu vereinen, können sie große Visionen verwirklichen und inspirierende Vorbilder für andere sein.

Quintessenz

Dieses Programm lehrt, alte Begrenzungen zu überwinden und eine neue, weite Perspektive auf das Leben zu gewinnen. Es erfordert Mut, Offenheit und die Bereitschaft, sich immer wieder neu zu erfinden. Wer diesen Weg bewusst beschreitet, kann eine tiefe innere Freiheit erlangen.

Empfehlung

Menschen mit dem Programm 16-21-5 stehen oft zwischen der Herausforderung, Sicherheit und Struktur zu bewahren, während sie gleichzeitig dem inneren Ruf nach Veränderung, Expansion und Freiheit folgen. Diese Kombination bringt eine starke innere Spannung mit sich - Einerseits besteht der Wunsch nach Stabilität, andererseits ruft das Leben ständig dazu auf, neue Wege zu gehen und sich von alten Begrenzungen zu lösen.

Die 16er-Energie steht für tiefgreifende Transformation und die Notwendigkeit, alte Muster loszulassen. Menschen mit dieser Energie erleben oft Momente im Leben, in denen scheinbar feste Strukturen plötzlich wegbrechen – sei es durch äußere Umstände oder innere Unruhe. Diese Veränderungsprozesse können schmerzhaft erscheinen, sind jedoch essenziell für ihr persönliches Wachstum. Wer diese Energie bewusst annimmt, erkennt, dass jede Krise eine verborgene Chance für Neuanfang und Selbsterkenntnis birgt. Isolation ist dabei eine der größten Herausforderungen - die Tendenz, sich zurückzuziehen, wenn Unsicherheiten auftauchen, kann dazu führen, dass wertvolle Gelegenheiten verpasst werden. Der Schlüssel zur Entfaltung liegt darin, aktiv auf Menschen und Erfahrungen zuzugehen, anstatt sich vor möglichen Veränderungen zu fürchten.

Die 21er-Energie bringt einen natürlichen Drang nach Expansion und Erkundung mit sich. Menschen mit dieser Frequenz fühlen sich von neuen Erfahrungen angezogen und haben das Potenzial, große Dinge zu erreichen, wenn sie es wagen, über ihre bisherigen Grenzen hinauszuwachsen. Doch oft halten sie sich unbewusst zurück, aus Angst vor Unsicherheit oder dem Unbekannten. Die größte Entwicklungsmöglichkeit besteht darin, den eigenen Horizont aktiv zu erweitern – sei es durch Reisen, neue soziale Kontakte oder das Erlernen neuer Fähigkeiten. Wer sich bewusst mit neuen Ideen und Perspektiven auseinandersetzt, entdeckt nicht nur seine eigenen Stärken, sondern öffnet sich auch für unerwartete Chancen.

Die 5er-Energie verstärkt den Wunsch nach Freiheit und Abenteuer. Menschen mit dieser Frequenz fühlen sich lebendig, wenn sie sich in Bewegung befinden, neue Orte erkunden und ihre kreative Energie in das einbringen, was sie tun. Doch in niedriger Schwingung kann diese Energie auch zu Rastlosigkeit oder Unentschlossenheit führen. Die Herausforderung besteht darin, die Balance zwischen Spontaneität und bewusstem Handeln zu finden. Besonders wichtig ist es, herauszufinden, was im Leben wirklich Freude bereitet – oft liegt der Schlüssel zur wahren Erfüllung in einem langen vernachlässigten Talent oder Hobby, das eine tiefere Berufung in sich trägt.

Menschen mit dem Code 16-21-5 sollten sich bewusst von festgefahrenen Routinen lösen und aktiv neue Erfahrungen suchen. Leben, wie es sich richtig anfühlt, und nicht, wie es gesellschaftlich erwartet wird, ist eine essenzielle Lektion dieses Programm-Codes. Wenn es möglich ist, kann ein Wechsel des Tätigkeitsbereichs oder des Wohnortes eine erfrischende Perspektive bringen und neue Inspiration freisetzen. Widerstand gegen Veränderungen führt nur zu innerer Unruhe – wer die Bewegung des Lebens annimmt, wird feststellen, dass gerade in unerwarteten Wendungen oft die größten Geschenke liegen.

Ätherische Öle wie Zitrone, Ingwer und Bergamotte unterstützen den Mut zur Veränderung und helfen dabei, Energieblocks zu lösen. Meditationen auf das Sakral- und Solarplexus-Chakra, kreative Tätigkeiten und bewusste Bewegung – sei es durch Reisen, Tanz oder Sport – können dazu beitragen, die eigene Energie in den Fluss zu bringen.

Eine unterstützende Affirmation für dieses Programm könnte lauten: „Ich öffne mich für neue Erfahrungen und lasse mich mit Vertrauen auf die Veränderungen des Lebens ein."

Wenn dieser Programm-Code bewusst gelebt wird, entfaltet sich eine außergewöhnliche Fähigkeit, das Leben in all seinen Facetten zu genießen und tiefes persönliches Wachstum zu erfahren. Menschen mit dieser Energie haben das Potenzial, nicht nur ihr eigenes Leben, sondern auch das ihrer Mitmenschen durch ihre Offenheit, Neugier und transformative Kraft zu bereichern.

CODE 12-12-6 / 6-6-12 / SCHLÜSSEL 3 & 6

Der Weg zu dir selbst – Die Kraft der Selbstverwirklichung

Wahre Erfüllung beginnt mit der Erkenntnis, dass der Schlüssel zum eigenen Glück nicht in der Bestätigung durch andere liegt, sondern im tiefen Verständnis und der Akzeptanz des eigenen Seins. Der Programm-Code 12-12-6 beschreibt Menschen, die oft zwischen Abwertung und innerer Weisheit schwanken. Sie tragen eine immense kreative Kraft in sich, haben aber Schwierigkeiten, sich selbst ernst zu nehmen und ihren eigenen Wert anzuerkennen.

Diese Menschen wachsen häufig mit überhöhten Erwartungen oder starren gesellschaftlichen Normen auf. Sie lernen früh, dass Liebe und Anerkennung an Bedingungen geknüpft sind – Leistung, Anpassung, das Zurückstellen eigener Bedürfnisse. Das Resultat: ein innerer Kampf zwischen dem Wunsch nach Unabhängigkeit und der Angst, ohne äußere Bestätigung nicht genug zu sein. Manche verharren in der Opferrolle, lassen andere über ihr Leben bestimmen und verlieren sich in der Erwartung, dass sich eines Tages alles von selbst fügt. Andere wiederum versuchen, sich durch übermäßige Leistung zu beweisen, um die Anerkennung zu erhalten, nach der sie sich sehnen.

Doch tief in ihrem Inneren wissen sie, dass wahre Zufriedenheit nicht im Außen zu finden ist. Das wahre Geschenk dieses Programm-Codes liegt in der Fähigkeit, den eigenen Wert unabhängig von äußeren Einflüssen zu erkennen. Der Weg zu sich selbst ist der Weg zur eigenen Einzigartigkeit – eine Reise, die durch Selbsterkenntnis, emotionale Heilung und kreative Entfaltung führt.

Die Harmonisierung der Chakren

Mūlādhāra-Chakra (Wurzelchakra)

Menschen mit dem Programm-Code 12-12-6 oder 6-6-12 im Mūlādhāra-Chakra stehen oft vor der Herausforderung, ein stabiles Fundament für ihr Leben zu schaffen. Ihr Energiepotenzial ist nicht immer konstant, und sie neigen dazu, zwischen Phasen der Stabilität und Momenten der

Unsicherheit zu schwanken. Eine grundlegende Schwierigkeit besteht in der Selbstakzeptanz – es kann schwerfallen, sich vollständig anzunehmen, insbesondere wenn Zweifel oder das Gefühl, nicht gut genug zu sein, im Hintergrund wirken. Diese innere Unsicherheit kann sich in Entscheidungsproblemen äußern, da das Vertrauen in die eigene Fähigkeit, klare und nachhaltige Wege einzuschlagen, fehlt. Oft suchen sie Bestätigung durch Beziehungen oder externe Faktoren, was zu instabilen Verbindungen oder einer Abhängigkeit von äußeren Meinungen führen kann.

Körperlich zeigt sich dieser Programm-Code in einer hohen Sensibilität gegenüber äußeren Einflüssen. Menschen mit dieser Konstellation haben eine ausgeprägte Wetterabhängigkeit, was bedeutet, dass ihr Wohlbefinden stark von klimatischen Bedingungen beeinflusst werden kann. Auch erbliche Faktoren spielen eine große Rolle – sowohl in Form von Talenten, die sich in bestimmten Lebensbereichen manifestieren, als auch in gesundheitlichen Herausforderungen. Besonders die Wirbelsäule, der Bewegungsapparat und das Kreislaufsystem sind anfällig für Schwächen, weshalb es essenziell ist, auf eine bewusste Lebensweise zu achten. Eine gesunde Ernährung, regelmäßige Bewegung und der bewusste Wechsel zwischen Aktivität und Erholung können dazu beitragen, das körperliche Gleichgewicht zu stabilisieren. Da der Körper empfindlich auf Stress reagiert, ist es wichtig, auf Signale von Überlastung zu achten und präventiv für ausreichend Entspannung zu sorgen.

Emotional kann dieser Code mit tief verwurzelten Ängsten verbunden sein. Die Tendenz, sich als Opfer der Umstände zu fühlen, kann zu einem Gefühl der Hilflosigkeit führen, dass das eigene Wachstum bremst. Es besteht die Gefahr, sich in negativen Gedankenmustern oder in Selbstzweifeln zu verlieren, anstatt aktiv Veränderungen herbeizuführen. Der Schlüssel liegt darin, sich der eigenen inneren Stärke bewusst zu werden und sich nicht von vergangenen Erfahrungen oder gesellschaftlichen Erwartungen definieren zu lassen. Wer lernt, sich selbst zu vertrauen und eigenverantwortlich Entscheidungen zu treffen, kann eine neue Stabilität im Leben aufbauen. Dabei hilft es, regelmäßig zu reflektieren, welche Überzeugungen das eigene Handeln beeinflussen und ob diese noch dienlich sind oder losgelassen werden dürfen.

Auf mentaler Ebene ist dieses Programm oft mit einem tiefen Zugang zu feinstofflichen Ebenen verbunden. Die Fähigkeit zu außerkörperlichen Erfahrungen oder astralen Reisen ist möglich, was eine starke spirituelle Verbindung andeutet. Allerdings kann diese Gabe auch zu einer Flucht aus der physischen Realität führen, insbesondere wenn das irdische Leben als belastend oder schwer empfunden wird. Der Weg zu mehr innerer Balance besteht darin, sowohl die spirituelle als auch die materielle Welt als gleichwertig zu betrachten und sich nicht in einer der beiden zu verlieren. Meditation, bewusste Visualisierung und Achtsamkeitspraktiken können helfen, eine Brücke zwischen diesen beiden Bereichen zu schlagen.

Menschen mit diesem Programm profitieren davon, wenn sie lernen, ihre Energie bewusst zu lenken, anstatt sich von äußeren Umständen beeinflussen zu lassen. Der Aufbau eines klaren Tagesrhythmus, feste Routinen und bewusste Selbstfürsorge stärken das innere Fundament und helfen dabei, das Gefühl von Unsicherheit oder Opferrolle zu transformieren. Der wichtigste Schritt besteht darin, sich selbst als Schöpfer des eigenen Lebens zu erkennen und bewusst Verantwortung für das eigene Wohlbefinden zu übernehmen. Indem sie lernen, sich selbst zu vertrauen und ihre eigene Kraft anzuerkennen, können sie aus ihrer vermeintlichen Schwäche eine ihrer größten Stärken machen.

Svādhisthāna-Chakra (Sakralchakra)

Menschen mit dem Programm 12-12-6 oder 6-6-12 im Svādhisthāna-Chakra erleben oft eine tiefe innere Spannung zwischen dem Wunsch nach Nähe und der Angst vor Intimität. Sie sind sensibel für zwischenmenschliche Dynamiken, neigen jedoch dazu, sich selbst in Beziehungen zu idealisieren oder unrealistische Erwartungen an einen Partner zu stellen. Dies kann sich in einer Tendenz zur Verliebtheit ohne echte emotionale Verbindung äußern oder in der Angst, eine Beziehung einzugehen, weil das Bild vom perfekten Partner nicht erfüllt wird. Die eigene Attraktivität wird oft infrage gestellt, und das mangelnde Vertrauen in den eigenen Körper kann dazu führen, dass sie sich entweder stark zurückziehen oder sich in wechselnde Beziehungen stürzen, um Bestätigung zu finden.

Sexualität ist für diese Menschen oft ein innerer Kampf zwischen Sinnlichkeit und Zurückhaltung. Die 6er-Energie bringt eine idealisierte Vorstellung von Beziehungen mit sich, in der Liebe als eine harmonische, fast magische Erfahrung gesehen wird. Doch sobald diese Erwartungen von der Realität abweichen, können Enttäuschungen und Unsicherheiten entstehen. In niedriger Schwingung zeigt sich dies in einer Angst vor dem anderen Geschlecht oder der Vermeidung von Nähe aus Furcht, verletzt zu werden. Sie können sich in Tagträumen oder schwärmerischen Vorstellungen verlieren, anstatt ihre Bedürfnisse offen zu kommunizieren oder eine Beziehung auf Augenhöhe zu gestalten.

Die 12er-Energie verstärkt diese innere Ambivalenz noch weiter. Auf der einen Seite kann sie ein starkes Verlangen nach Verschmelzung mit einem Partner hervorrufen – eine Sehnsucht nach tiefer, bedingungsloser Intimität, bei der Sexualität als Mittel zur energetischen Verbindung erlebt wird. Menschen mit dieser Frequenz möchten oft nicht nur körperliche Nähe erfahren, sondern auch eine seelische Vereinigung, die weit über das Physische hinausgeht. Doch genau diese Tiefe kann einschüchternd wirken, weshalb sie sich entweder in extremen Bedingungen oder in unkonventionellen Ausdrucksformen der Sexualität wiederfinden. Auf der anderen Seite zeigt sich in niedriger Schwingung eine Zurückhaltung gegenüber körperlicher Nähe – Unsicherheit, Scham oder ein Gefühl der Unzulänglichkeit können sie dazu bringen, sich eher auf sich selbst zurückzuziehen, anstatt sich aktiv auf Beziehungen einzulassen.

Ein weiteres Merkmal dieses Programm-Codes ist die Tendenz zur Sublimation – ungenutzte sexuelle Energie wird häufig in kreative Prozesse umgeleitet. Viele mit dieser Konstellation finden in Kunst, Musik, Schreiben oder anderen Ausdrucksformen eine Möglichkeit, ihre tiefe Sinnlichkeit und Sehnsucht nach Verbindung auf einer nicht-physischen Ebene auszuleben. Doch während dieser kreative Ausdruck wertvoll und bereichernd sein kann, ist es ebenso wichtig, den eigenen Körper nicht zu vernachlässigen und bewusst mit der eigenen Sinnlichkeit in Kontakt zu treten. Der Weg zur Harmonisierung dieses Chakras liegt darin, sich selbst mit all seinen Facetten anzunehmen – sowohl die idealistischen Wünsche als auch die realen Bedürfnisse. Es geht darum, den eigenen Körper nicht als

Hindernis zu sehen, sondern als Ausdruck der eigenen Lebendigkeit und Sinnlichkeit. Praktiken wie Tanz, bewusste Berührung oder Körperarbeit können helfen, ein besseres Gefühl für den eigenen Körper zu entwickeln und die Verbindung zwischen Emotionen und körperlichem Ausdruck zu stärken.

Gleichzeitig ist es wichtig, gesunde und realistische Erwartungen an Beziehungen zu kultivieren. Anstatt sich in Fantasien oder Wunschdenken zu verlieren, können ehrliche Gespräche und bewusstes Erkunden von Nähe und Distanz helfen, authentische Verbindungen aufzubauen. Die eigene Sexualität bewusst zu erforschen – frei von Schuld, Scham oder gesellschaftlichen Erwartungen – kann ein kraftvoller Schritt hin zu mehr Selbstakzeptanz und erfüllter Intimität sein. Wenn dieses Chakra in Balance ist, entsteht eine tiefe Verbindung zwischen Sinnlichkeit, emotionaler Tiefe und kreativer Ausdruckskraft, die es ermöglicht, sowohl in Beziehungen als auch in der eigenen Selbstwahrnehmung eine erfüllte und authentische Präsenz zu finden.

Manipūra-Chakra (Nabelchakra)

Menschen mit dem Programm-Code 12-12-6 oder 6-6-12 im Manipūra-Chakra stehen in einem inneren Spannungsfeld zwischen dem Wunsch nach Anerkennung und der tiefen Unsicherheit über ihren eigenen Wert. Sie haben eine starke soziale Ader, sind kommunikativ und suchen die Verbindung mit anderen. Ihr natürliches Charisma und ihre warmherzige Art machen sie oft zur Seele einer Gruppe, doch gleichzeitig kämpfen sie mit der ständigen Frage, ob sie wirklich genug sind – ob sie sich erst Liebe verdienen müssen, bevor sie sie annehmen dürfen.

Die 6er-Energie bringt eine ausgeprägte Verliebtheit ins Leben, sowohl im romantischen als auch im zwischenmenschlichen Bereich. Menschen mit dieser Frequenz sehnen sich nach Liebe und Harmonie und haben das Bedürfnis, anderen zu gefallen. Sie genießen es, im Mittelpunkt zu stehen, doch diese Freude kann leicht in einen inneren Druck umschlagen, es allen recht machen zu müssen. In niedriger Schwingung führt das dazu, dass sie ihre eigenen Bedürfnisse zurückstellen und sich zu sehr nach äußerer Bestätigung richten.

Ihre Unentschlossenheit erschwert es ihnen, klare Entscheidungen zu treffen – sie fürchten, mit der falschen Wahl andere zu enttäuschen oder selbst nicht glücklich zu werden.

Die 12er-Energie verstärkt diese Ambivalenz noch weiter. Sie verleiht eine besondere Wahrnehmung der Realität und eine außergewöhnliche Kreativität, doch sie bringt auch eine Tendenz zum Selbstzweifel und zur Selbstaufopferung mit sich. Menschen mit dieser Energie haben ein großes Herz und den Wunsch, anderen zu helfen – oft jedoch auf Kosten ihrer eigenen Grenzen. Sie fühlen sich für das Glück anderer verantwortlich und geraten dadurch leicht in Situationen, in denen sie ausgenutzt oder übergangen werden. Ihre tiefe Empathie macht es ihnen schwer, Nein zu sagen, was dazu führen kann, dass sie sich in Verpflichtungen verstricken, die sie innerlich auslaugen. Schuldgefühle begleiten sie oft, sei es, weil sie glauben, nicht genug zu tun, oder weil sie das Gefühl haben, nicht genug zu sein.

Auch auf der materiellen Ebene zeigt sich diese Dynamik. Menschen mit dem Code 12-12-6 haben oft das Gefühl, dass Geld nur in begrenztem Maße in ihr Leben fließt. Sie neigen dazu, mehr zu geben als zu empfangen, sei es durch Großzügigkeit, unbedachte Investitionen oder durch die Tendenz, sich für andere finanziell oder emotional aufzuopfern. Sie können sich leicht in Schulden verstricken oder in Situationen geraten, in denen sie für andere haften, ohne eine faire Gegenleistung zu erhalten. Ihr Wunsch, allen zu helfen, kollidiert oft mit der Realität, dass sie nicht jeden retten können – eine Erkenntnis, die oft schmerzhaft, aber essenziell für ihr Wachstum ist.

Der Schlüssel zur Harmonisierung dieses Chakras liegt darin, gesunde Grenzen zu setzen und den eigenen Wert unabhängig von äußerer Anerkennung zu erkennen. Es ist wichtig zu verstehen, dass wahre Selbstlosigkeit nicht bedeutet, sich selbst aufzugeben, sondern dass wahre Großzügigkeit nur aus einem gefüllten Herzen kommen kann. Menschen mit diesem Programm-Code müssen lernen, ihre Hilfsbereitschaft mit klarem Bewusstsein zu steuern – nicht jeder, der Hilfe fordert, braucht oder verdient sie in dem Maße, wie sie bereit sind zu geben.

Ebenso geht es darum, die eigene kreative Kraft bewusst zu nutzen, anstatt sie durch Selbstzweifel oder ein Gefühl der Unzulänglichkeit zu blocken. Das Manipūra-Chakra steht für persönliche Kraft und Willensstärke – wer lernt, seine eigenen Entscheidungen zu treffen und sie selbstbewusst zu tragen, kann aus der Energie dieses Programm-Codes eine außergewöhnliche Strahlkraft entwickeln. Sich von Schuldkomplexen zu befreien, bedeutet auch, Verantwortung nur dort zu übernehmen, wo es wirklich nötig ist, und zu akzeptieren, dass nicht jeder Schmerz auf der Welt von ihnen gelindert werden kann.

Um die Energie des Manipūra-Chakras in Balance zu bringen, hilft es, sich bewusst auf die eigene innere Kraft zu konzentrieren. Praktiken wie Visualisierungen, in denen man sich selbst als selbstbewusst und entscheidungsstark sieht, können dabei unterstützen, innere Klarheit zu entwickeln. Sport oder körperliche Aktivität, die das innere Feuer stärkt – wie Yoga, Tanz oder Kampfsport – kann helfen, das Gefühl von Kontrolle über das eigene Leben zu verstärken.

Ebenso ist es wichtig, regelmäßig innezuhalten und sich zu fragen: *„Was will ich wirklich?* – unabhängig von den Erwartungen anderer.“

Aromatherapie mit Zitrone, Ingwer oder Pfefferminzöl unterstützt die Stärkung des Manipūra-Chakras und hilft, mentale Klarheit und innere Kraft zu entwickeln.

Eine unterstützende Affirmation könnte lauten: „Ich bin es wert, meine eigenen Entscheidungen zu treffen und meine Energie für das zu nutzen, was mir wirklich guttut.“

Wenn dieses Chakra in Balance ist, entsteht eine außergewöhnliche Verbindung zwischen Herzlichkeit, Kreativität und einer gesunden Selbstbestimmung. Menschen mit dieser Energie können inspirierende, charismatische und kraftvolle Persönlichkeiten sein, die durch ihre natürliche Ausstrahlung begeistern – vorausgesetzt, sie erkennen, dass ihr Wert nicht davon abhängt, wie viel sie für andere tun, sondern wie authentisch sie ihr eigenes Licht strahlen lassen.

Anāhata-Chakra (Herzchakra)

Das Anāhata-Chakra im Programm-Code 12-12-6 oder 6-6-12 vereint tiefe Liebesfähigkeit mit der Herausforderung, sich selbst nicht in dieser Hingabe zu verlieren. Menschen mit dieser Konstellation besitzen ein großes, offenes Herz und eine fast grenzenlose Fähigkeit zur Empathie. Sie spüren intensiv die Gefühle anderer und möchten Liebe auf die reinste Weise erleben. Doch diese Sensibilität macht sie auch verletzlich – sie neigen dazu, sich in Beziehungen aufzuopfern, stets das Wohl des anderen über ihr eigenes zu stellen und sich selbst dabei zu übersehen.

Die 6er-Energie bringt eine romantische, idealistische Vorstellung von Liebe mit sich. Menschen mit dieser Frequenz streben nach Harmonie und fühlen sich nur dann wirklich wohl, wenn sie sich von anderen angenommen und geschätzt fühlen. Sie haben den tiefen Wunsch, es allen recht zu machen, und passen sich oft den Erwartungen ihrer Partner oder ihres Umfelds an, um Konflikte zu vermeiden. Doch genau darin liegt eine ihrer größten Herausforderungen: Sie vergessen, dass echte Liebe nicht daraus entsteht, sich selbst aufzugeben, sondern daraus, sich in einer Verbindung authentisch zu zeigen. Die ständige Angst vor Ablehnung oder falschen Entscheidungen kann zu endlosen Zweifeln führen – sie fragen sich immer wieder, ob sie genug sind, ob sie das Richtige tun oder ob ihre Liebe ausreicht. Dadurch fällt es ihnen schwer, klare Grenzen zu setzen oder sich selbst an erste Stelle zu stellen.

Die 12er-Energie verstärkt diese Dynamik und bringt eine tief empfundene Verletzlichkeit mit sich. Menschen mit dieser Frequenz besitzen eine außergewöhnliche emotionale Feinfühligkeit und eine fast spirituelle Barmherzigkeit – sie sind bereit, für andere zu leiden, ohne eine Gegenleistung zu erwarten. Sie schenken großzügig ihre Zeit, ihr Mitgefühl und ihre Liebe, doch wenn diese Energie unausgeglichen ist, geraten sie leicht in das Muster des selbstlosen Opfers. Sie fühlen sich schnell als verkanntes Genie oder als unverstandene Seele, die immer gibt, aber wenig zurückbekommt. Ihre Neigung zur Selbstaufopferung kann so weit gehen, dass sie sich in unerwiderter Liebe verlieren oder sich emotional vollkommen in ihrem Partner auflösen, bis kaum noch etwas von ihrem eigenen Wesen übrigbleibt.

Diese emotionale Tiefe kann zu intensiven Liebeserfahrungen führen – doch wenn sie nicht bewusst gesteuert wird, bringt sie auch eine große Anfälligkeit für Enttäuschungen mit sich. Menschen mit diesem Programm-Code erleben oft unerfüllte Sehnsüchte, da sie dazu neigen, sich in ihren eigenen romantischen Idealen zu verlieren. Sie idealisieren ihren Partner, übersehen Warnsignale und setzen all ihre Hoffnungen auf eine Liebe, die sie vollständig erfüllen soll. Ihre extreme Sensibilität kann zudem dazu führen, dass sie Verletzungen lange in sich tragen – sie vergeben oft äußerlich, doch innerlich bleibt der Schmerz bestehen. In niedriger Schwingung entwickelt sich ein tiefes Gefühl der Verbitterung gegenüber der Welt – sie empfinden sich als ungerecht behandelt, nicht ausreichend wertgeschätzt oder vom Schicksal betrogen.

Auch körperlich kann sich dieses Ungleichgewicht manifestieren. Die 12er-Energie im Anāhata-Chakra bringt eine erhöhte Anfälligkeit für Herz-Kreislauf-Erkrankungen, da emotionale Verletzungen oft direkt im physischen Herzraum gespeichert werden. Menschen mit dieser Konstellation sollten besonders achtsam mit ihrem emotionalen Wohlbefinden umgehen, da ungelöste Herzwunden langfristig zu psychosomatischen Beschwerden führen können. Der Schlüssel zur Harmonisierung dieses Chakras liegt darin, Liebe nicht als Selbstaufgabe, sondern als bewusste, ausgeglichene Energie zu betrachten. Es geht darum, zu lernen, dass Geben und Nehmen in einer gesunden Balance stehen müssen – dass wahre Liebe nicht darin besteht, sich selbst aufzugeben, sondern sich selbst als wertvollen Teil der Beziehung zu sehen. Selbstfürsorge ist hier essenziell - Wer sich selbst mit Mitgefühl begegnet, kann auch Liebe auf eine stabile und erfüllende Weise erleben.

Um das Anāhata-Chakra in Balance zu bringen, hilft es, bewusst an der Selbstliebe zu arbeiten. Rituale der Selbstakzeptanz – wie Dankbarkeitstagebücher, Meditationen zur Herzöffnung oder achtsame Körperarbeit – können dabei unterstützen, die eigene Wertigkeit zu erkennen. Es ist wichtig, sich daran zu erinnern, dass wahre Liebe mit Selbstachtung beginnt. Auch das bewusste Setzen von Grenzen in zwischenmenschlichen Beziehungen ist entscheidend, um nicht in alten Mustern der Aufopferung oder Abhängigkeit gefangen zu bleiben.

Aromatherapie mit Rose, Ylang-Ylang oder Bergamotte kann dabei helfen, das Anāhata-Chakra zu harmonisieren und emotionale Wärme zu fördern.

Eine unterstützende Affirmation könnte lauten: „Ich erlaube mir, Liebe zu empfangen, ohne mich selbst aufzugeben."

Wenn dieses Chakra in Balance ist, entsteht eine außergewöhnliche Verbindung zwischen bedingungsloser Liebe, emotionaler Tiefe und gesunder Selbstachtung. Menschen mit dieser Energie haben die Fähigkeit, andere mit ihrer sanften, heilsamen Präsenz zu inspirieren – vorausgesetzt, sie lernen, dass wahre Liebe nicht aus Selbstaufopferung, sondern aus innerer Fülle entsteht.

Viśuddha-Chakra (Halschakra)

Das Viśuddha-Chakra im Programm-Code 12-12-6 oder 6-6-12 steht für eine sanfte, harmonische Kommunikation, aber auch für die Herausforderung, die eigene Wahrheit klar und selbstbewusst auszudrücken. Menschen mit dieser Konstellation besitzen eine natürliche Fähigkeit zur Diplomatie, ein starkes Bedürfnis nach zwischenmenschlicher Harmonie und ein ausgeprägtes Feingefühl für die Emotionen und Erwartungen ihres Gegenübers. Doch gerade diese Sensibilität kann dazu führen, dass sie sich oft mehr anpassen, als ihnen guttut, und ihre eigenen Bedürfnisse und Meinungen hintenanstellen.

Die 6er-Energie bringt hier eine tiefe Sehnsucht nach friedlicher und respektvoller Kommunikation mit sich. Menschen mit dieser Frequenz wünschen sich ein harmonisches Miteinander und neigen dazu, stets darauf bedacht zu sein, dass sich alle wohlfühlen. Sie besitzen eine einfühlsame Art zu sprechen und legen Wert darauf, niemanden zu verletzen. Ihr Charme und ihre Freundlichkeit machen sie zu geschätzten Gesprächspartnern, doch ihre Herausforderung besteht darin, nicht zu sehr von der Meinung anderer abhängig zu sein. Oft suchen sie Rat oder Bestätigung, bevor sie sich selbst eine Meinung bilden, und zögern, ihre Wahrheit auszusprechen – aus Angst, andere zu enttäuschen oder aus dem Gleichgewicht zu bringen. Diese Unsicherheit kann dazu führen, dass sie sich kommunikativ zurücknehmen oder opportunistisch wirken, indem sie versuchen, es allen recht zu machen, anstatt für ihre eigene Überzeugung einzustehen.

Die 12er-Energie verstärkt diese Dynamik, indem sie sowohl eine besondere Ausdruckskraft als auch die Tendenz zu Selbstzweifeln mit sich bringt. Menschen mit dieser Frequenz haben oft eine angenehme Stimme und eine natürliche Fähigkeit, durch Worte oder Gesang heilend zu wirken. Sie besitzen eine tiefe Verbindung zur Sprache als Werkzeug des Dienens – sei es durch Schreiben, Sprechen oder kreative Ausdrucksformen. Doch ihre größte Herausforderung besteht darin, an ihre eigene Stimme zu glauben. Sie neigen dazu, sich selbst in Frage zu stellen, ihre Gedanken und Meinungen zurückzuhalten oder sich in Schuldgefühlen zu verlieren, wenn sie das Gefühl haben, nicht den Erwartungen anderer zu entsprechen. In niedriger Schwingung kann dies dazu führen, dass sie sich sozial zurückziehen, Kommunikationsprobleme entwickeln oder sich durch Schweigen und Vermeidung schützen, anstatt ihre Wahrheit auszusprechen.

Diese inneren Spannungen können sich auf körperlicher Ebene manifestieren, insbesondere in Form von Hals- und Schilddrüsenerkrankungen, chronischen Stimmproblemen oder sogar Stottern. Menschen mit dieser Konstellation sind oft empfindlich gegenüber äußeren Einflüssen und benötigen viel Raum für innere Reflexion, um ihre Gedanken und Gefühle zu ordnen. Ihr Bedürfnis nach Ausdruck ist groß, doch wenn sie ihre Stimme nicht bewusst einsetzen, kann sich das in emotionaler Zurückhaltung, Frustration oder einer tiefen Sehnsucht nach Anerkennung äußern.

Die Aufgabe dieses Chakras ist es, die eigene Stimme als Ausdruck der inneren Wahrheit zu begreifen – nicht als Mittel zur Anpassung oder um Erwartungen zu erfüllen, sondern als authentische, klare und bewusste Kommunikation. Es geht darum, sich selbst mit der gleichen Sanftheit und Güte zu begegnen, die sie anderen entgegenbringen, und den Mut zu entwickeln, ihre Gedanken auszusprechen, ohne sich dabei klein oder schuldig zu fühlen.

Um das Viśuddha-Chakra in Balance zu bringen, hilft es, bewusst an der eigenen Ausdrucksfähigkeit zu arbeiten. Journaling, bewusstes Singen oder Stimmtraining können helfen, das Vertrauen in die eigene Stimme zu stärken. Auch achtsame Atemübungen oder das Rezitieren von Mantras können dazu beitragen, die Energie in diesem Bereich zu stabilisieren und einen klaren, ruhigen Ausdruck zu fördern.

Ebenso wichtig ist es, sich von äußeren Bewertungen zu lösen und sich immer wieder bewusst zu machen, dass die eigene Meinung genauso wertvoll ist wie die der anderen.

Aromatherapie mit Pfefferminze, Eukalyptus oder Myrrhe kann unterstützend wirken, um das Viśuddha-Chakra zu klären und die Ausdruckskraft zu stärken.

Eine unterstützende Affirmation könnte lauten: „Ich spreche meine Wahrheit klar und selbstbewusst, mit Liebe und Vertrauen."

Wenn dieses Chakra in Balance ist, entsteht eine außergewöhnliche Verbindung zwischen Einfühlungsvermögen, Ausdruckskraft und innerer Klarheit. Menschen mit dieser Energie können als inspirierende Sprecher, sanfte Heiler oder kreative Kommunikatoren wirken – vorausgesetzt, sie lernen, sich selbst nicht in den Stimmen anderer zu verlieren, sondern ihre eigene Wahrheit mit Mut und Liebe in die Welt zu bringen.

Ājñā-Chakra (Drittes Auge)

Das Ājñā-Chakra im Programm-Code 12-12-6 oder 6-6-12 beschreibt eine außergewöhnliche Verbindung zwischen kreativer Vorstellungskraft, intuitiver Wahrnehmung und einer tiefen Sehnsucht nach Schönheit und Harmonie. Menschen mit dieser Konstellation haben eine besondere Art, die Welt zu sehen – oft durch eine künstlerische oder spirituelle Linse, die ihnen erlaubt, Muster, Verbindungen und Bedeutungen zu erkennen, die anderen verborgen bleiben. Doch diese Gabe kann ebenso eine Herausforderung sein, wenn sie von Unsicherheiten, Selbstzweifeln oder einem Mangel an Vertrauen in die eigene Intuition begleitet wird.

Die 6er-Energie im Ājñā-Chakra bringt eine weiche, fantasievolle Sichtweise auf das Leben mit sich. Menschen mit dieser Frequenz neigen dazu, Liebe und zwischenmenschliche Beziehungen als zentrale Orientierungspunkte für ihre Wahrnehmung zu nutzen. Ihr Denken ist oft von Romantik und dem Wunsch nach Schönheit geprägt – sei es in Form von Kunst, Musik, Literatur oder emotional tiefgehenden Erfahrungen. Sie fühlen sich zu harmonischen, ästhetischen Umgebungen hingezogen und streben danach, das Leben durch Kreativität und emotionale Tiefe zu bereichern. Doch diese Idealvorstellung kann sie auch verletzlich machen, wenn die Realität nicht mit ihren Erwartungen übereinstimmt. Sie haben oft Schwierigkeiten, Entscheidungen zu treffen, da sie verschiedene Möglichkeiten abwägen und Angst davor haben, das „Falsche" zu wählen. Ihre Leichtgläubigkeit und ihr Glaube an Worte können dazu führen, dass sie sich von anderen beeinflussen lassen oder sich in romantischen oder illusionären Vorstellungen verlieren.

Die 12er-Energie verstärkt dieses kreative Potenzial und verleiht dem Denken eine unkonventionelle, oft geniale Note. Menschen mit dieser Frequenz besitzen eine außergewöhnliche Vorstellungskraft und die Fähigkeit, über den Tellerrand hinauszublicken. Sie sehen die Welt nicht in starren Strukturen, sondern in fließenden, miteinander verbundenen Möglichkeiten. Ihr Geist kann weit in spirituelle oder philosophische Bereiche vordringen, und sie fühlen sich oft zu mystischen oder esoterischen Konzepten hingezogen. Doch gerade diese Offenheit bringt auch Herausforderungen mit sich: Die Grenze zwischen Fantasie und Realität kann manchmal verschwimmen, und sie laufen Gefahr, sich in Illusionen oder unerfüllbaren Träumen zu verlieren. Ihre Gedanken sind tief, doch sie neigen dazu, sich in ihnen zu verstricken, besonders wenn Unsicherheiten oder Zweifel auftreten.

Auf der körperlichen Ebene kann sich dieses Spannungsfeld in Form von Migräne, Blutdruckproblemen oder einer allgemeinen Sensibilität gegenüber äußeren Reizen äußern. Menschen mit dieser Konstellation sind oft mental und emotional hochsensibel und nehmen Energien aus ihrer Umgebung intensiv wahr. Wenn sie sich zu sehr in ihren Gedanken verlieren oder ihre Intuition nicht ernst nehmen, kann dies zu mentaler Überforderung oder Erschöpfung führen. Gleichzeitig haben sie eine enorme kreative Kraft, die nach Ausdruck sucht – wenn sie jedoch nicht genutzt wird, kann sie sich als innere Unruhe oder ein Gefühl der Unzulänglichkeit bemerkbar machen.

Die Herausforderung dieses Chakras besteht darin, das Vertrauen in die eigene Wahrnehmung zu stärken, ohne sich von äußeren Meinungen oder unerreichbaren Idealvorstellungen verunsichern zu lassen. Es geht darum, die eigene Kreativität nicht nur als Flucht aus der Realität zu nutzen, sondern als Werkzeug zur bewussten Gestaltung des Lebens. Die Fähigkeit, Schönheit in der Welt zu erkennen, ist ein Geschenk –

doch sie muss mit einer gesunden Bodenständigkeit kombiniert werden, um nicht in Unsicherheiten oder ziellose Tagträumerei abzudriften. Um das Ājñā-Chakra in Balance zu bringen, hilft es, regelmäßige mentale Klarheit zu kultivieren. Meditation, Visualisierungsübungen und bewusste Achtsamkeit können dabei unterstützen, Gedanken zu ordnen und den eigenen Fokus zu schärfen. Kreative Tätigkeiten wie Malen, Schreiben oder Musik können helfen, die innere Welt nach außen zu bringen und das Vertrauen in die eigene Wahrnehmung zu stärken. Ebenso ist es wichtig, Entscheidungen bewusster zu treffen und sich nicht von äußeren Unsicherheiten oder idealisierten Vorstellungen leiten zu lassen.

Aromatherapie mit Lavendel, Sandelholz oder Myrrhe kann helfen, die mentale Klarheit zu fördern und innere Unruhe zu besänftigen.

Eine unterstützende Affirmation könnte lauten: „Ich vertraue meiner Intuition und meinem kreativen Potenzial. Meine Gedanken sind klar und inspiriert."

Wenn dieses Chakra in Balance ist, entsteht eine außergewöhnliche Verbindung zwischen intuitiver Weisheit, künstlerischem Ausdruck und mentaler Klarheit. Menschen mit dieser Energie können visionäre Denker, kreative Schöpfer oder spirituelle Lehrer sein – vorausgesetzt, sie lernen, ihre einzigartigen Wahrnehmungen bewusst und mit innerer Sicherheit in die Welt zu bringen.

Sahasrāra-Chakra (Kronenchakra)

Das Sahasrāra-Chakra im Programm-Code 12-12-6 oder 6-6-12 verbindet eine tiefe spirituelle Sensibilität mit einem ausgeprägten kreativen Potenzial und einer intensiven emotionalen Wahrnehmung der Welt. Menschen mit dieser Konstellation besitzen eine außergewöhnliche Fähigkeit, das Leben als harmonisches Ganzes zu begreifen und hinter die sichtbare Realität zu blicken. Sie empfinden eine natürliche Anziehung zu höheren Bewusstseinsebenen, spirituellen Erkenntnissen und intuitiven Einsichten, die ihnen oft eine tiefe Weisheit verleihen. Doch genau diese Verbindung zur feinstofflichen Welt kann auch zur Herausforderung werden, wenn sie dazu neigen, den Bezug zur Realität zu verlieren oder sich zu sehr von äußeren Umständen abhängig zu machen.

Die 6er-Energie verleiht diesem Chakra eine starke emotionale Färbung. Menschen mit dieser Frequenz erleben das Leben nicht nur durch den Intellekt, sondern vor allem durch ihr Herz. Sie nehmen die Welt in ihrer Schönheit, ihren Emotionen und ihren zwischenmenschlichen Beziehungen wahr. Sie haben ein tiefes Verständnis für die Psychologie der Menschen um sie herum und streben nach Harmonie in allen Lebensbereichen. Beziehungen spielen für sie eine zentrale Rolle, und sie empfinden Liebe nicht nur als romantische Erfahrung, sondern als universelle Kraft, die ihr gesamtes Dasein prägt. Ihre Emotionen sind oft so stark, dass sie das Bewusstsein überlagern – sie neigen dazu, sich von ihren Gefühlen leiten zu lassen, anstatt rational zu analysieren. Diese tiefe Sensibilität kann sie jedoch auch verletzlich machen, wenn sie sich von äußeren Energien zu stark beeinflussen lassen oder in emotionaler Abhängigkeit geraten.

Die 12er-Energie verstärkt die spirituelle und kreative Dimension dieses Chakras. Menschen mit dieser Frequenz besitzen eine außergewöhnliche Vorstellungskraft und ein starkes Bedürfnis, über den Tellerrand hinauszudenken. Sie haben die Gabe, in den schwierigsten Situationen einen Ausweg zu finden, da ihr Geist in Möglichkeiten denkt, anstatt sich auf Probleme zu fokussieren. Ihre Kreativität ist nicht nur künstlerischer Natur, sondern äußert sich auch in der Art und Weise, wie sie das Leben interpretieren und neue Wege finden, um Herausforderungen zu meistern. Oft haben sie eine tiefe Verbindung zu höheren Bewusstseinsebenen und empfangen intuitive Einsichten, die sie auf ihrem Weg leiten. Diese Verbindung kann sich in der Fähigkeit äußern, Visionen zu empfangen, feinstoffliche Energien zu spüren oder starke spirituelle Eingebungen zu haben. Viele Menschen mit dieser Energie fühlen sich zur Mystik, Philosophie oder Esoterik hingezogen, da sie das Bedürfnis haben, das Universum und ihre eigene Existenz in einem größeren Zusammenhang zu verstehen.

Doch genau diese Offenheit für das Höhere kann auch eine Gefahr bergen. In unausgeglichener Schwingung neigt die 12er-Energie dazu, in ein extremes Opferbewusstsein oder eine übersteigerte Selbstlosigkeit zu kippen. Menschen mit dieser Konstellation fühlen sich dann nicht selten verantwortlich für das Glück anderer, stellen ihre eigenen Bedürfnisse zurück oder geraten in Abhängigkeit von Menschen und Umständen. Sie können sich so stark mit dem Leid anderer identifizieren, dass sie ihre eigene Energie verlieren und sich ausgelaugt oder entwurzelt fühlen. Ihre spirituelle Verbindung kann sie dann nicht mehr tragen, sondern verstärkt das Gefühl der Hilflosigkeit oder der Entfremdung von der materiellen Welt.

Die Herausforderung dieses Chakras besteht darin, eine Balance zwischen der feinstofflichen Wahrnehmung und dem irdischen Leben zu finden. Es geht darum, die eigene Sensibilität als Geschenk zu betrachten, ohne sich in einer übermäßigen Opferhaltung oder in der Abhängigkeit von äußeren Einflüssen zu verlieren. Die Verbindung zu höheren Bewusstseinsebenen kann eine Quelle der Kraft und Inspiration sein, doch sie sollte nicht dazu führen, dass das Leben im Hier und Jetzt vernachlässigt wird. Menschen mit dieser Energie haben die Aufgabe, ihre spirituellen Gaben bewusst zu nutzen, ohne sich dabei selbst aufzugeben. Sie müssen lernen, ihre Visionen und Erkenntnisse in konkrete Formen zu bringen und ihre Kreativität als Ausdrucksmittel für ihr inneres Wissen zu verwenden.

Um das Sahasrāra-Chakra in Balance zu bringen, ist es hilfreich, regelmäßige Erdungspraktiken zu integrieren, um den Bezug zur physischen Realität nicht zu verlieren. Meditation, insbesondere geführte Visualisierungen oder stille Reflexion, kann helfen, die Verbindung zum höheren Selbst zu stabilisieren. Gleichzeitig ist es wichtig, sich bewusst mit der physischen Welt auseinanderzusetzen, beispielsweise durch kreative Projekte, bewusste Körperarbeit oder den Austausch mit inspirierenden Menschen, die ähnliche Werte teilen. Die Energie sollte nicht nur in geistigen Höhen schweben, sondern auch aktiv ins Leben integriert werden.

Aromatherapie mit Lotus, Weihrauch oder Lavendel kann helfen, das Kronenchakra zu klären und eine bewusste Verbindung zwischen spirituellem Bewusstsein und innerer Ruhe zu schaffen.

Eine unterstützende Affirmation könnte lauten: „Ich bin offen für die Weisheit des Universums und bleibe gleichzeitig in meiner eigenen Kraft und Balance."

Wenn dieses Chakra in Balance ist, entsteht eine außergewöhnliche Verbindung zwischen universeller Liebe, spiritueller Erkenntnis und schöpferischer Kraft. Menschen mit dieser Energie haben das Potenzial, als spirituelle Lehrer, Künstler oder visionäre Denker zu wirken – vorausgesetzt, sie lernen, ihr Wissen und ihre Sensibilität gezielt zu nutzen, anstatt sich in der Unendlichkeit der Möglichkeiten zu verlieren.

Praktische Anwendungsbeispiele

Selbstbewusste Entscheidungen treffen - Menschen mit dem Code 12-12-6 haben oft Schwierigkeiten, sich für einen Weg zu entscheiden. Indem sie lernen, auf ihre Intuition zu vertrauen und kleine, bewusste Schritte zu gehen, gewinnen sie an Selbstsicherheit.

Grenzen setzen und für sich selbst einstehen - Die Neigung zur Selbstaufopferung kann dazu führen, dass sie ihre eigenen Bedürfnisse übersehen. Sich bewusst Zeit für sich selbst zu nehmen und klare Grenzen zu setzen, stärkt das Selbstwertgefühl.

Kreativität als Ausdruck der eigenen Seele nutzen - Viele Menschen mit diesem Programm-Code haben eine außergewöhnlich kreative Gabe. Durch Schreiben, Malen, Musik oder andere kreative Formen können sie ihre innere Wahrheit ausdrücken und sich selbst neu entdecken.

Positive und negative Ausprägungen

Negative Aspekte

Schwierigkeiten, sich selbst wertzuschätzen

Abhängigkeit von der Meinung anderer

Selbstzweifel und Angst vor Fehlern

Übermäßige Anpassung, um akzeptiert zu werden

Positive Aspekte

Tiefe Intuition und Weisheit

Kreative Ausdruckskraft und Inspiration

Fähigkeit zur Selbsterkenntnis und inneren Transformation

Empathie und Mitgefühl für andere

Prognose & Entwicklungspotenzial

Der Programm-Code 12-12-6 fordert dazu auf, den eigenen Wert unabhängig von äußeren Einflüssen zu erkennen. Wer es meistert, kann tiefe Erfüllung finden, indem er seine Einzigartigkeit annimmt und sich von alten Mustern der Selbstabwertung befreit.

Die größte Entwicklungsmöglichkeit liegt darin, das Leben als einen Prozess der Selbsterkenntnis zu begreifen. Nicht, um sich anzupassen, sondern um das eigene Licht in voller Strahlkraft leuchten zu lassen.

Quintessenz

Der Programm-Code 12-12-6 ist eine Einladung, sich selbst zu entdecken, die eigenen Talente anzunehmen und den Mut zu finden, authentisch zu leben. Wer diesen Weg geht, wird nicht nur sich selbst, sondern auch anderen ein Licht auf ihrem eigenen Weg sein.

Empfehlung

Der Weg zu sich selbst beginnt dort, wo man aufhört, sich über äußere Erwartungen zu definieren. Menschen mit dem Programm-Code 12-12-6 / 6-6-12 tragen eine tiefe Sehnsucht nach Harmonie in sich, gepaart mit der Herausforderung, ihren eigenen Wert unabhängig von äußeren Bestätigungen zu erkennen. Sie besitzen eine außergewöhnliche Empfindsamkeit für das, was um sie herum geschieht, und sind oft Spiegel für die Emotionen anderer. Doch genau darin liegt ihre Gratwanderung – zwischen der Hingabe an das Leben und dem Gefühl, sich darin zu verlieren.

Dieser Programm-Code ist ein innerer Ruf, den eigenen Wert nicht durch das Wohlwollen anderer zu bestimmen, sondern durch die eigene innere Wahrheit. Oft neigt man dazu, sich nach Anerkennung und Zugehörigkeit zu sehnen, ohne dabei die Frage zu stellen, ob sie sich selbst diese Liebe bereits schenken. Der Drang, für andere da zu sein, ist stark – manchmal so sehr, dass sie sich in ihren eigenen Bedürfnissen übersehen. In ihrer tiefsten Essenz sind sie jedoch geborene Schöpfer, kreative Visionäre, die mit ihrer Feinfühligkeit eine besondere Tiefe ins Leben bringen. Diese Kreativität erfordert einen inneren Raum, in dem sie sich entfalten kann, frei von Selbstzweifeln und dem Gefühl, nicht genug zu sein.

Wer diesen Code in sich trägt, begegnet oft dem Konflikt zwischen Anpassung und Individualität. Sie haben gelernt, Erwartungen zu erfüllen, freundlich zu sein, niemanden zu verletzen – und doch bleibt die innere Frage - *Wer bin ich, wenn ich nicht mehr für andere funktioniere?* Die Antwort liegt nicht darin, sich zurückzuziehen oder sich gegen die Welt zu verschließen, sondern darin, bewusst den eigenen Raum einzunehmen. Sich selbst wahrzunehmen, mit all den Facetten – den leisen Zweifeln, den ungelebten Träumen, der Sehnsucht nach mehr – und daraus den Mut zu schöpfen, sich nicht länger hinter alten Mustern zu verstecken.

Dieser Code fordert dazu auf, Verantwortung für das eigene Leben zu übernehmen. Nicht in dem Sinne, dass man sich verpflichtet fühlt, für alle und jeden da zu sein, sondern in dem Bewusstsein, dass wahre Selbstverwirklichung nur entstehen kann, wenn man beginnt, sich selbst wirklich zu leben. Das bedeutet, sich mit seinen eigenen Grenzen auseinanderzusetzen und zu lernen, dass Nein-Sagen keine Ablehnung ist, sondern eine Form der Selbstachtung. Es bedeutet, sich zu erlauben, Fehler zu machen, ohne daran seinen Wert zu messen. Und es bedeutet, nicht länger an einem Idealbild festzuhalten, das nie erreicht werden kann, sondern sich als das zu sehen, was man ist - ein Mensch mit Tiefe, mit Licht und Schatten, mit unentdeckten Gaben und einer Seele, die nur darauf wartet, sich in ihrer ganzen Schönheit zu entfalten.

Die körperlichen Herausforderungen dieses Programm-Codes sind oft eng mit dem emotionalen Gleichgewicht verbunden. Eine hohe Wetterfühligkeit, Sensibilität gegenüber äußeren Einflüssen und eine Neigung zu

Erschöpfung oder chronischen Themen zeigen, wie wichtig es ist, für sich selbst zu sorgen. Wer sich zu sehr in das Leben anderer verstrickt, verliert oft die Verbindung zu seinem eigenen Körper. Regelmäßige Pausen, bewusste Bewegung und eine achtsame Ernährung helfen dabei, sich zu erden und nicht in der Selbstvergessenheit zu verlieren.

Auf mentaler Ebene sind Menschen mit dieser Konstellation oft tief in kreativen und spirituellen Gedankenwelten verankert. Sie haben einen natürlichen Zugang zu feinstofflichen Ebenen, können sich leicht in Träume, Visionen oder philosophische Überlegungen vertiefen. Doch wenn diese Energie nicht bewusst gesteuert wird, kann sie zu einer Flucht aus der Realität führen. Wer diesen Weg meistert, erkennt, dass Intuition und Rationalität keine Gegensätze sind, sondern sich ergänzen. Es geht darum, die eigenen Eingebungen nicht nur zu spüren, sondern auch in konkrete Handlungsschritte umzusetzen – aus Gedanken Entscheidungen werden zu lassen, aus Visionen gelebte Wirklichkeit.

Das Herz dieses Programm-Codes ist die Balance zwischen Geben und Empfangen. Die Liebe, die man sich selbst schenkt, ist der Maßstab für die Liebe, die man von anderen erwartet. Sich selbst treu zu bleiben, ohne Angst vor Zurückweisung. Mutig zu sein, ohne die Anerkennung anderer als Bestätigung zu brauchen. Und schließlich die eigene Kreativität zu leben – nicht um zu gefallen, sondern um das eigene Wesen auf die schönste Weise zum Ausdruck zu bringen.

Die größte Transformation geschieht, wenn Menschen mit diesem Code erkennen, dass sie nicht länger auf eine Erlaubnis warten müssen, um ihr volles Potenzial zu entfalten. Das Leben ruft sie nicht dazu auf, sich kleinzumachen oder in einer Rolle zu verharren, die sie aus Bequemlichkeit oder Angst übernommen haben. Es fordert sie auf, ihre Größe anzunehmen, sich in ihrer ganzen Tiefe zu zeigen und die Kunst der Selbstverwirklichung zu meistern – nicht als Perfektion, sondern als gelebte Wahrheit.

CODE 21-5-11 / SCHLÜSSEL 1

Der Kodex eines Weltbürgers – Zwischen Ruhm, Freiheit und Identität

Die Welt kennt keine Grenzen – zumindest für diejenigen, die mit dem Programm 21-5-11 geboren wurden. Diese Menschen sind Entdecker, Visionäre und Diplomaten des Lebens. Sie besitzen das tiefe Bedürfnis, die Welt zu erforschen, Wissen zu sammeln und sich unabhängig von gesellschaftlichen Konventionen frei zu entfalten. Doch diese Freiheit bringt auch Herausforderungen mit sich: *Wie bleibt man sich selbst treu, wenn man ständig in Bewegung ist? Wie findet man Stabilität, ohne sich eingeengt zu fühlen?*

Menschen mit dem Code 21-5-11 tragen oft einen starken inneren Konflikt in sich: Einerseits suchen sie nach Anerkennung und Zugehörigkeit, andererseits haben sie Angst vor Einengung und Verantwortung. Dieses Spannungsfeld kann sich in widersprüchlichem Verhalten äußern – mal als charismatische Führungspersönlichkeit, mal als unsteter Wanderer, der nirgendwo Wurzeln schlägt.

Das zentrale Thema dieses Programms ist die Heilung des Traumas des Ausgestoßenen und des Verrats. Viele Menschen mit dieser Konstellation haben in früheren Leben oder ihrer Kindheit erlebt, dass sie nicht akzeptiert wurden – sei es durch gesellschaftliche Normen, Familienstrukturen oder schmerzhafte Trennungen. Sie haben gelernt, sich anzupassen, aber gleichzeitig eine innere Unabhängigkeit zu bewahren.

Ihr größtes Potenzial liegt in ihrer Fähigkeit, Brücken zwischen verschiedenen Welten zu schlagen – sei es zwischen Kulturen, sozialen Gruppen oder spirituellen und materiellen Lebenswegen. Doch wenn sie dieses Potenzial nicht bewusst nutzen, können sie sich in Oberflächlichkeit, Doppelzüngigkeit oder einem unaufhörlichen Streben nach Status und Anerkennung verlieren.

Die Harmonisierung der Chakren

Svādhisthāna

Das Svādhisthāna-Chakra ist das Zentrum von Emotionen, Kreativität und sinnlicher Erfahrung. In diesem Programm-Code zeigt sich eine facettenreiche Verbindung zwischen Sehnsucht nach tiefgehender, spiritueller Intimität und einem kraftvollen, magnetischen Ausdruck der eigenen Sexualität.

Die 5er-Energie bringt eine tiefe, selbstlose, emotionale Bindung mit sich. Menschen mit dieser Frequenz empfinden Liebe und Intimität oft auf einer spirituellen Ebene, fernab von rein körperlichen Bedürfnissen. Sie streben nach einer ehrlichen und vertrauensvollen Verbindung, sind loyal und engagiert, doch können sie sich mitunter schwertun, ihre eigenen Bedürfnisse klar zu artikulieren. In niedriger Schwingung kann sich dies als unterdrückte Sehnsucht oder sogar als Gefühl der Entfremdung im eigenen Körper zeigen.

Die 11er-Energie verleiht diesem Chakra einen starken magnetischen Ausdruck. Es ist, als ob eine unsichtbare Kraft Menschen in ihren Bann zieht. Wer mit dieser Energie arbeitet, besitzt eine natürliche Anziehungskraft und eine intensive Ausstrahlung. Doch in niedriger Frequenz kann dies zu einem inneren Konflikt führen - Während die äußere Welt einen als verführerisch und begehrenswert wahrnimmt, besteht im Inneren möglicherweise Angst, diese Energie wirklich anzunehmen oder auszudrücken. Schwierigkeiten, die eigenen Wünsche offen zu kommunizieren oder Unsicherheiten bezüglich der eigenen Sexualität sind mögliche Herausforderungen.

Die 21er-Energie hingegen bringt ein großes sexuelles Potenzial mit sich und lässt jegliche Einschränkungen in der Sinnlichkeit verschwinden. Menschen mit dieser Energie sind frei von sexuellen Komplexen, gehen offen auf neue Begegnungen zu und fühlen sich von Natur aus wohl in ihrem Körper. Familie und Kinder haben hier einen besonderen Stellenwert – nicht nur als biologische Einheit, sondern als tief empfundenes Gefühl der Zugehörigkeit. Doch wenn diese Energie nicht in Balance ist, kann es zu Schwierigkeiten im Privatleben kommen. Beziehungen verlaufen unstet, Partnerschaften scheinen keine Beständigkeit zu haben, und emotionale

Bindungen werden schnell eingegangen, aber ebenso schnell wieder gelöst. Ein bewusster Zugang zur eigenen Sinnlichkeit ist essenziell. Es geht nicht nur um die sexuelle Energie, sondern auch um die Fähigkeit, Emotionen frei fließen zu lassen, Kreativität auszudrücken und eine tiefe Verbindung mit sich selbst herzustellen. Berührungen, Tanz oder Wassertherapie können helfen, stagnierende Energien in diesem Bereich sanft zu lösen.

Ätherische Öle wie Ylang-Ylang und Patchouli können unterstützend wirken, um das Vertrauen in den eigenen Körper und die eigene Anziehungskraft zu stärken. Während Jasmin und Rose helfen, Sinnlichkeit bewusst wahrzunehmen, fördert Zimt die wärmende, energetisierende Seite der Sexualität.

Schließlich geht es darum, das Gleichgewicht zwischen Kontrolle und Hingabe zu finden. Wer sich selbst erlaubt, Wünsche und Bedürfnisse ohne Scham oder Zurückhaltung auszudrücken, öffnet sich für tiefe, erfüllende Begegnungen – mit anderen, aber vor allem mit sich selbst.

Anāhata (Herzchakra)

Das Anāhata-Chakra ist das Zentrum der bedingungslosen Liebe, des Mitgefühls und der inneren Harmonie. In diesem Programm-Code zeigt es sich als dynamische Kraft zwischen Hingabe und Unabhängigkeit, zwischen tiefem Einfühlungsvermögen und der Fähigkeit, sich nicht von Emotionen anderer mitreißen zu lassen.

Die 5er-Energie bringt eine Liebe mit sich, die über das rein Menschliche hinausgeht. Hier geht es um eine spirituelle Verbindung, die von tiefer Empathie, Intuition und echter Aufrichtigkeit geprägt ist. Menschen mit dieser Energie lieben ohne Bedingungen, sie gehen durch die Welt mit einem offenen Herzen und spüren die Emotionen anderer tief in sich. In hoher Schwingung sind sie verlässliche Wegbegleiter, die immer eine helfende Hand reichen und ihre eigenen Werte mit Überzeugung leben. Doch wenn diese Energie aus dem Gleichgewicht gerät, kann sie sich in einer übertriebenen Fixierung auf Moral, Bewertungen und Urteile manifestieren. Es kann das Gefühl entstehen, für alles und jeden verantwortlich zu sein oder anderen zu erklären, wie sie ihr Leben richtig zu führen haben.

Die 11er-Energie macht die emotionale Intensität dieses Programm-Codes spürbar. Liebe und Hass liegen hier oft nah beieinander. Diese Menschen sind leidenschaftlich, hingebungsvoll und bereit, für andere einzustehen. Doch in niedriger Schwingung kann diese Intensität kippen – emotionale Manipulation, Dominanz in Beziehungen oder die Neigung, andere durch Gefühle zu steuern, können herausfordernde Muster sein. Es ist ein schmaler Grat zwischen aufrichtiger Unterstützung und unbewusstem Energieraub. Wer lernt, Emotionen bewusst zu lenken, statt sie zu unterdrücken oder unkontrolliert auszuleben, kann aus dieser Energie eine Quelle von unerschütterlicher Kraft machen.

Die 21er-Energie bringt eine völlig neue Perspektive in das Herzchakra. Sie steht für eine grenzenlose Liebe, die frei von Besitzansprüchen oder Erwartungen ist. Menschen mit dieser Energie spüren eine tiefe Verbindung zur Welt, zu allem Lebendigen – doch sie neigen dazu, sich emotional nicht zu stark zu binden. Sie sind unabhängig in ihrer Liebe, vergeben schnell und tragen keine alten Wunden mit sich. Ihre Liebe ist nicht auf einen einzigen Menschen begrenzt, sondern strahlt in viele Richtungen. Doch wenn diese Energie aus dem Gleichgewicht gerät, kann sich ein Gefühl von Unverbindlichkeit oder emotionaler Distanz zeigen. In niedriger Schwingung fällt es schwer, tiefe, beständige Beziehungen aufzubauen oder sich wirklich auf eine Partnerschaft einzulassen.

Die Herausforderung dieses Programm-Codes liegt in der Balance zwischen bedingungsloser Liebe und gesunden Grenzen. Menschen mit dem Code 21-5-11 dürfen lernen, dass es möglich ist, offen und liebevoll zu sein, ohne sich selbst zu verlieren. Die Verbindung zur eigenen Herzkraft wird gestärkt, wenn man bewusst zwischen Mitgefühl und Selbstschutz unterscheidet.

Energetisch hilft es, das Herz durch bewusste Berührung, Atemtechniken oder Meditation zu öffnen. Klangheilung mit Mantras oder Frequenzen (z. B. 639 Hz) kann das Herzchakra dabei unterstützen, sich sanft und stabil zu entfalten.

Ätherische Öle wie Rose und Bergamotte verstärken die Fähigkeit, sich tief mit sich selbst und anderen zu verbinden. Neroli kann dabei helfen, emotionale Wunden sanft zu heilen, während Geranie das Herz öffnet und gleichzeitig Schutz bietet.

Die größte Erfüllung für dieses Chakra liegt darin, sich selbst genauso viel Liebe zu schenken, wie man es anderen gegenüber tut. Wer erkennt, dass Freiheit und tiefe Verbundenheit sich nicht ausschließen, sondern einander bereichern, kann die Kraft des Anāhata-Chakras voll entfalten.

Viśuddha (Halschakra)

Das Viśuddha-Chakra ist der Schlüssel zur authentischen Ausdruckskraft und zur Fähigkeit, mit der Welt in den richtigen Dialog zu treten. In diesem Programm-Code entfaltet sich eine besondere Dynamik - Menschen mit dem Code 21-5-11 haben das Talent, Worte mit Eleganz und Überzeugung einzusetzen, ihre Stimme geschickt zu nutzen und Menschen durch ihre Art der Kommunikation zu berühren. Doch diese Gabe bringt auch Herausforderungen mit sich – die Balance zwischen Wahrhaftigkeit und Anpassung, zwischen Diplomatie und der Gefahr, sich selbst in verschiedenen Rollen zu verlieren.

Die 5er-Energie verleiht eine hoch emotionale Wahrnehmung der Realität. Kommunikation ist nicht nur ein Mittel des Ausdrucks, sondern ein Weg, tiefer zu fühlen, zu verstehen und andere in ihre Welt einzuladen. Menschen mit dieser Energie sprechen oft mit Begeisterung, sie können überzeugen und inspirieren. Doch sie neigen auch dazu, sich hinter einer Maske zu verstecken – mal charmant, mal geheimnisvoll, doch nicht immer authentisch. Der Wunsch nach Zugehörigkeit kann dazu führen, dass sie sich verschiedenen sozialen Kreisen anpassen und ihre wahre Meinung zurückhalten.

Die 11er-Energie verstärkt die Fähigkeit zur Diplomatie. Wer mit dieser Energie spricht, kann Brücken bauen, sanft überzeugen und mit Worten neue Realitäten erschaffen. Doch diese Fähigkeit kann in niedriger Schwingung auch zur Manipulation führen.

Menschen mit dieser Energie haben das Gespür für die richtigen Worte zur richtigen Zeit – doch wenn sie diese Fähigkeit nicht bewusst nutzen, können sie Worte einsetzen, um sich Vorteile zu verschaffen oder um andere subtil zu lenken.

Die 21er-Energie bringt eine grenzenlose Offenheit für Kommunikation. Menschen mit dieser Frequenz wollen mit allen sprechen, sich vernetzen, reisen und neue Perspektiven entdecken. Sie lieben es, sich mit verschiedenen Kulturen, Menschen und Denkweisen auseinanderzusetzen. Doch gerade diese Offenheit kann auch zur Herausforderung werden – wenn sie sich zu sehr darauf konzentrieren, von allen akzeptiert zu werden, verlieren sie sich in oberflächlichen Gesprächen oder Widersprüchlichkeiten. In niedriger Schwingung kann sich die Energie in Feindseligkeit oder unkontrollierter Wut entladen, wenn ihre Worte nicht gehört oder ihre Ansichten nicht respektiert werden.

Dieser Programm-Code lädt dazu ein, die eigene Stimme bewusst zu finden – eine Stimme, die nicht nur harmoniert, sondern auch wahrhaftig ist. Es geht darum, authentisch zu kommunizieren, ohne sich anzupassen oder in Rollen zu verstricken. Meditationen, in denen die eigene Wahrheit ausgesprochen wird, können helfen, den inneren Ausdruck zu klären.

Stimmarbeit, wie bewusste Atemtechniken oder Toning (z. B. durch das Mantra HAM, das mit Viśuddha in Resonanz steht), kann das Chakra aktivieren. Auch bewusstes Schweigen kann helfen – denn wer immer spricht, verliert manchmal die Fähigkeit, wirklich zuzuhören.

Ätherische Öle wie Pfefferminze oder Eukalyptus können dabei unterstützen, Klarheit in die eigene Ausdruckskraft zu bringen, während Lavendel hilft, die Stimme mit Ruhe und Sanftheit zu füllen. Besonders in Momenten der Unsicherheit kann Blauer Rainfarn helfen, die eigene Wahrheit ohne Angst vor Ablehnung auszusprechen.

Die Kunst besteht darin, Worte mit Verantwortung zu nutzen – nicht als Mittel der Kontrolle oder um Anerkennung zu erlangen, sondern als Werkzeug der Ehrlichkeit und Inspiration. Wer mit diesem Programm-Code lebt, kann durch seine Stimme die Welt bewegen – solange er sich selbst nicht im Echo der vielen Möglichkeiten verliert.

Ājñā (Drittes Auge)

Das Ājñā-Chakra steht für Intuition, Erkenntnis und den Zugang zu höheren Wahrheiten. In diesem Programm-Code zeigt sich ein starkes Bedürfnis nach Wissen, Verstehen und Weitsicht – doch je nach Schwingungsebene kann dies entweder zu spiritueller Klarheit oder zu Überheblichkeit und Illusion führen.

Die 5er-Energie bringt ein tiefes Fundament aus Glauben, Moral und Tradition mit sich. Menschen mit dieser Frequenz betrachten Wissen nicht nur analytisch, sondern auch durch die Linse eines tieferen Glaubenssystems. Sie haben oft das Bedürfnis nach einem spirituellen Lehrer oder Mentor, können jedoch Gefahr laufen, sich zu sehr an äußere Autoritäten zu klammern oder sich Idealen zu unterwerfen, die nicht wirklich ihrem eigenen inneren Wissen entsprechen. Ihr Denken ist forschend und methodisch, doch die Herausforderung liegt darin, nicht blind an Dogmen oder überholten Strukturen festzuhalten.

Die 11er-Energie verleiht dem Ājñā-Chakra außergewöhnliche Klarheit und eine hohe geistige Schärfe. Menschen mit dieser Energie verfügen über analytische Fähigkeiten, strategisches Denken und die Gabe, schnell Zusammenhänge zu erkennen. Ihr Geist ist aktiv, wach und in der Lage, Probleme effizient zu lösen. Sie neigen dazu, nach positiven Ergebnissen zu streben und in großen Visionen zu denken. Doch wenn diese Energie in niedriger Schwingung erlebt wird, kann der analytische Verstand zu stark dominieren, sodass der Zugang zur eigenen Intuition verloren geht.

Die 21er-Energie verleiht eine natürliche Harmonie mit sich selbst und der Welt. Diese Menschen sind offen, anpassungsfähig und haben die Fähigkeit, verschiedene Perspektiven zu integrieren. Sie besitzen eine hohe soziale Intelligenz und das Talent, Menschen und Ideen miteinander zu verbinden. Doch wenn diese Energie in niedriger Schwingung erlebt wird, kann sich ein Größenwahn entwickeln – das Gefühl, über allen zu stehen oder eine unantastbare Autorität zu sein. Es kann eine Neigung entstehen, sich als Wissensführer oder „erleuchteter Lehrer" zu sehen, ohne die eigene Entwicklung kritisch zu hinterfragen.

Dieser Programm-Code lädt dazu ein, zwischen Logik und Intuition eine Brücke zu schlagen. Es geht nicht nur darum, Wissen zu sammeln, sondern auch um die Fähigkeit, sich für höhere Einsichten zu öffnen. Meditationen, in denen die eigene Wahrnehmung geschult wird – beispielsweise durch Visualisierungstechniken oder das bewusste Beobachten von Gedanken – können helfen, das Ajñā-Chakra zu stärken. Das bewusste Zulassen von Stille ist eine wichtige Übung für Menschen mit diesem Programm-Code. Der Geist ist oft aktiv und sucht ständig nach neuen Informationen, doch wahre Einsicht entsteht in der Ruhe. Achtsamkeitsübungen, bei denen Gedanken beobachtet werden, ohne sie zu bewerten, können dabei helfen, den Geist zu klären.

Ätherische Öle wie Sandelholz oder Weihrauch können die spirituelle Wahrnehmung fördern, während Lavendel hilft, den Geist zu beruhigen und die Intuition sanft zu stärken. Besonders Blaue Kamille kann nützlich sein, um überaktive mentale Prozesse auszugleichen und mehr innere Klarheit zu gewinnen.

Die Herausforderung dieses Programms besteht darin, Erkenntnisse nicht nur auf intellektueller Ebene zu suchen, sondern sie auch mit der eigenen Intuition und der körperlichen Realität in Einklang zu bringen. Wer es meistert, den analytischen Verstand mit innerer Weisheit zu verbinden, kann ein wahrer Visionär werden – ein Mensch, der nicht nur Wissen ansammelt, sondern auch neue Wege für sich und andere eröffnet.

Sahasrāra (Kronenchakra)

Das Sahasrāra-Chakra ist das Tor zur höchsten Bewusstseinsebene und verbindet den Menschen mit einem universellen Wissen. Menschen mit diesem Code haben oft das Gefühl, dass ihnen unbegrenzte Möglichkeiten zur Verfügung stehen – sowohl geistig als auch in der materiellen Welt. Sie sind geboren, um neue Wege zu gehen, große Konzepte zu entwerfen und eine tiefere Wahrheit zu erkennen. Doch genau hier liegt die Herausforderung - *Ist diese Freiheit ein Geschenk oder eine Last? Finden sie ihren eigenen spirituellen Kompass, oder verlieren sie sich in der Unendlichkeit der Möglichkeiten?*

Die 5er-Energie bringt das Potenzial, tiefe spirituelle Weisheit zu erlangen und eigene Ideologien zu erschaffen. Menschen mit dieser Frequenz sind oft als Lehrer, Philosophen oder Visionäre tätig, die Wissen aus verschiedenen Quellen vereinen und daraus neue Konzepte formen. Doch Vorsicht: zu viel Theoriebildung ohne praktische Umsetzung kann zu einem Leben führen, das sich mehr in Gedankenwelten als in der Realität abspielt. Die Herausforderung liegt darin, spirituelle Erkenntnisse in den Alltag zu integrieren und sich nicht in Dogmatismus zu verlieren.

Die 11er-Energie verstärkt die spirituelle Sensibilität und das Potenzial für Transformation. Menschen mit dieser Energie haben oft das Gefühl, eine besondere Mission zu haben, eine Bestimmung, die sie antreibt. Sie besitzen eine natürliche Fähigkeit, andere durch ihr Charisma und ihre Ausstrahlung zu inspirieren. Viele fühlen sich von esoterischen oder mystischen Praktiken angezogen und können einen intuitiven Zugang zu Schamanismus, Energiearbeit oder ritueller Magie haben. Doch auf niedrigeren Schwingungen kann diese Energie zu Selbstüberschätzung oder Manipulation führen. Wer die Fähigkeit hat, andere zu beeinflussen, sollte sich stets der Verantwortung bewusst sein, die damit einhergeht.

Die 21er-Energie öffnet das Bewusstsein für eine Welt ohne Grenzen. Menschen mit dieser Frequenz sind oft Weltenbummler – nicht nur im physischen Sinne, sondern auch im Geist. Sie denken global, vernetzen sich über Kulturen und Religionen hinweg und suchen nach der ultimativen Wahrheit. Doch auf niedriger Schwingung kann sich dies als Orientierungslosigkeit zeigen - zu viele Optionen, zu viele offene Türen, zu viele unbeendete Projekte. In extremen Fällen kann sich diese Energie als Größenwahn manifestieren – das Gefühl, über allen anderen zu stehen oder eine außergewöhnliche Bestimmung zu haben, ohne tatsächlich etwas zu bewirken.

Balance und Harmonisierung

Um das Sahasrāra-Chakra in Balance zu bringen, ist es entscheidend, Bodenhaftung zu bewahren. Menschen mit dem Code 21-5-11 neigen dazu, sich in Ideen und Konzepten zu verlieren – Meditation mit Erdungstechniken kann helfen, das Bewusstsein in den Körper zu bringen.

Einfache Rituale wie Barfußlaufen oder der bewusste Aufenthalt in der Natur helfen, spirituelle Erkenntnisse zu verankern und in den Alltag zu integrieren.

Ätherische Öle wie Frankincense (Weihrauch) und Lavendel unterstützen die Öffnung des Kronenchakras, während Zedernholz oder Vetiver helfen, eine stabile Verbindung zwischen geistiger Klarheit und physischer Realität zu schaffen. Klangmeditationen, insbesondere mit 432-Hz-Musik oder tibetischen Klangschalen, können helfen, den Geist zu beruhigen und sich auf das Wesentliche zu fokussieren.

Letztlich geht es darum, die eigene Größe zu erkennen, ohne sich in der Unendlichkeit zu verlieren. Wer mit diesem Code lebt, sollte sich immer wieder bewusst machen, dass wahre Erfüllung nicht in einem ständigen Streben nach mehr liegt, sondern in der Kunst, das Jetzt in seiner ganzen Tiefe zu erfahren.

Praktische Anwendungsbeispiele

Berufliche Verwirklichung durch Weltgewandtheit - Menschen mit diesem Programm sind oft in internationalen Berufen erfolgreich – sei es in Diplomatie, Medien, Coaching oder Forschung. Sie sind geborene Netzwerker, müssen aber darauf achten, dass sie nicht nur oberflächliche Kontakte pflegen.

Beziehungen zwischen Freiheit und Verbindlichkeit - sie haben ein starkes Bedürfnis nach Autonomie, sehnen sich aber gleichzeitig nach tiefer Verbindung. Der Schlüssel liegt darin, eine Beziehung zu finden, die auf gegenseitigem Respekt und Freiheit basiert.

Persönliches Wachstum durch innere Stabilität - das größte Wachstumspotenzial liegt darin, eine innere Heimat zu schaffen, anstatt sie im Außen zu suchen. Meditation, Reisen mit Sinn und bewusste Selbstreflexion helfen ihnen, ihr volles Potenzial zu entfalten.

Positive und negative Ausprägungen

Negative Aspekte

Heuchelei und Doppelleben in Beziehungen

Ständiges Streben nach Anerkennung und Ruhm

Angst vor Verantwortung und Verpflichtungen

Manipulative oder egozentrische Tendenzen

Positive Aspekte

Kosmopolitische Denkweise und Akzeptanz unterschiedlicher Kulturen

Inspirierende Ausstrahlung und charismatische Persönlichkeit

Fähigkeit, Brücken zwischen Menschen und Ideen zu schlagen

Mut, sich neuen Herausforderungen zu stellen

Prognose & Entwicklungspotenzial

Das Programm 21-5-11 fordert dazu auf, die Balance zwischen Unabhängigkeit und Zugehörigkeit zu finden. Menschen mit diesem Code haben das Potenzial, große gesellschaftliche Veränderungen anzustoßen – doch der Schlüssel liegt darin, die Integrität zu bewahren und nicht in Oberflächlichkeit oder Machthunger abzudriften.

Wer es meistert, seine Freiheit mit Verantwortung zu verbinden, kann nicht nur sich selbst, sondern auch die Welt nachhaltig prägen.

Quintessenz

Dieses Programm lädt dazu ein, die Welt zu entdecken, sich selbst treu zu bleiben und mit Weisheit und Mut den eigenen Platz im Leben zu finden. Freiheit ist nicht das Fehlen von Grenzen, sondern die bewusste Entscheidung, wo man hingehört.

Empfehlung

Dein Körper ist dein Anker in einer Welt voller Möglichkeiten. Wenn du ständig in Bewegung bist – sei es im wörtlichen oder übertragenen Sinne – kann das dazu führen, dass dein Nervensystem dauerhaft auf Hochspannung läuft. Die Sehnsucht nach Veränderung und neuen Erfahrungen kann sich körperlich in Unruhe, Schlafstörungen oder Verdauungsproblemen äußern. Um deine Energie besser zu regulieren, kannst du Erdung bewusst in deinen Alltag integrieren. Bewegung in der Natur hilft dir, deine Gedanken zu sortieren und deinen Geist zu beruhigen.

Barfußlaufen auf Gras oder Sand verbindet dich mit der Erde und gleicht übermäßige Rastlosigkeit aus. Fließende Bewegungsformen wie Tai Chi oder Qi Gong bringen Stabilität und innere Zentrierung. Wenn du oft verspannt bist oder dich getrieben fühlst, können Dehnübungen oder Yin Yoga dein Ungleichgewicht lösen und dein Nervensystem entspannen.

Atmung ist ein Schlüssel zur inneren Balance. Menschen mit diesem Programm-Code neigen dazu, unbewusst flach zu atmen, besonders wenn sie sich unter Druck gesetzt fühlen oder das Gefühl haben, sich ständig anpassen zu müssen. Bewusstes, langsames Ein- und Ausatmen durch die Nase oder Techniken wie die Wechselatmung helfen dir, in stressigen Momenten zur Ruhe zu kommen und mehr Klarheit zu gewinnen.

Auch ätherische Öle können dich dabei unterstützen, sowohl deine Freiheitsliebe als auch deine innere Stabilität in Einklang zu bringen. Sandelholz fördert Erdung und hilft dir, innere Ruhe zu finden, wenn du dich rastlos fühlst. Bergamotte bringt Leichtigkeit und unterstützt dich, wenn du das Gefühl hast, dich anpassen zu müssen, um akzeptiert zu werden. Vetiver verleiht Stabilität und Sicherheit, besonders wenn du dich oft wie eine nomadische Seele fühlst. Grapefruit hebt deine Stimmung und fördert Selbstakzeptanz, wenn du dich von den Erwartungen anderer lösen möchtest. Frankincense stärkt die Verbindung zu deiner inneren Weisheit und hilft dir, deine eigene Identität zu erkennen und zu leben.

Wenn du spürst, dass bestimmte Muster sich immer wiederholen oder dass dir eine bewusste Ausrichtung fehlt, kann eine energetische Balance wertvolle Unterstützung bieten.

Eine Chakren-Harmonisierung, Körperprozesse oder Reiki-Sitzung hilft dir, dein inneres Ungleichgewicht zu lösen und dein Energiefeld auszubalancieren. Klangheilung mit tibetischen Klangschalen oder binaurale Frequenzen wirken tief auf dein Nervensystem ein und helfen dir, in deiner Mitte anzukommen.

Vielleicht merkst du auch, dass sich alte Muster nicht nur in deinen Gedanken, sondern auch in deinem Körper zeigen. Dein Körper speichert Erinnerungen an vergangene Verletzungen, Zurückweisungen und ungelöste Emotionen. Regelmäßige Bewegung, achtsame Berührung oder bewusstes Atmen können dich darin unterstützen, diese Spannungen loszulassen. Besonders herzöffnende Übungen oder Techniken zur Erdung helfen dir, dich innerlich zu stabilisieren und deine eigene Präsenz in der Welt zu stärken.

Wenn du Unterstützung möchtest, kann einer unserer erfahrenen Matrix-Berater dir helfen, deine persönlichen Muster zu erkennen und aufzulösen. Durch gezielte Analysen kannst du verstehen, welche unbewussten Programme dich lenken und wie du sie nachhaltig transformieren kannst. Letztlich geht es darum, eine Freiheit zu entwickeln, die nicht von äußeren Umständen abhängt, sondern aus dir selbst heraus entsteht. Dein Körper kann dabei dein stärkster Verbündeter sein, wenn du lernst, ihn bewusst wahrzunehmen und ihm zu vertrauen.

CODE 11-4-20 / SCHLÜSSEL 8

Der Kodex der Persönlichkeitsintegration – Zwischen Erfolg, Kontrolle und Selbstverwirklichung

Menschen mit dem Programm 11-4-20 tragen eine kraftvolle innere Dynamik, die zwischen Ehrgeiz, Kontrolle und tiefer Intuition schwankt. Ihr Lebensweg ist oft von großen Transformationen und existenziellen Fragen geprägt: *Wie gelingt es, Macht und Erfolg ohne Manipulation oder Konkurrenzstreben zu erlangen? Wie kann man seine Stärke entfalten, ohne in rigide Strukturen zu verfallen?* Dieses Programm bringt eine starke Verbindung zwischen körperlicher, emotionaler und spiritueller Energie mit sich. Die Herausforderung liegt darin, alte Muster der Machtausübung, Kontrolle oder Eifersucht zu erkennen und in positive Selbstverantwortung und Führungsqualitäten zu verwandeln. Diejenigen, die diese Lektionen meistern, können als Pioniere und Visionäre neue Wege beschreiten und andere inspirieren.

In der negativen Ausprägung können Menschen mit diesem Code sich in Konkurrenzdenken, Karrieresucht oder Kontrollzwang verlieren. Wenn sie ihre Kraft jedoch bewusst nutzen, sind sie in der Lage, eine tiefe Balance zwischen Führung und Hingabe, zwischen Struktur und Kreativität zu finden.

Die Harmonisierung der Chakren

Mūlādhāra (Wurzelchakra)

Das Wurzelchakra im Programm 11-4-20 bringt eine außergewöhnliche Lebensenergie und Widerstandskraft mit sich. Es verleiht dir eine tiefe Verbindung zur physischen Welt, zur eigenen Herkunft und zur materiellen Sicherheit. Deine Fähigkeit, Ausdauer und Stabilität aufzubauen, ist enorm – doch gleichzeitig kann sich daraus auch ein unbewusstes Festhalten an alten Strukturen oder ein ausgeprägter Wunsch nach Kontrolle entwickeln.

Mit der 4er-Energie besitzt du eine starke körperliche Grundlage und eine natürliche Robustheit. Du bist jemand, der sich gerne auf Bewährtes verlässt und Sicherheit über Experimente stellt. Traditionen, Heimat und klare Regeln geben dir Orientierung. In positiver Schwingung nutzt du diese Energie, um eine stabile Basis für dich und andere zu schaffen. Doch wenn das Wurzelchakra geblockt ist, kann sich diese Stabilität in Unflexibilität oder übermäßigen Konservatismus verwandeln – die Angst vor Veränderung wird dann stärker als das Vertrauen ins Leben.

Die 11er-Energie verstärkt deine Regenerationskraft. Du kannst aus schwierigen Situationen gestärkt hervorgehen und hast ein tiefes Bedürfnis nach Liebe und Zugehörigkeit. Dein Körper zeigt dir sehr schnell, wenn du nicht im Einklang mit deinen Bedürfnissen lebst – körperliche Verspannungen oder Stressreaktionen sind oft ein Hinweis darauf, dass du dir zu viel auflädst, ohne dir selbst Raum zur Regeneration zu geben.

Mit der 20er-Energie besitzt du eine unerschöpfliche Lebenskraft, die sich durch beständige Veränderungen ausdrückt. Du hast die Gabe, immer wieder neu anzufangen und mutig in neue Phasen deines Lebens einzutreten. Doch diese Kraft kann sich in niedrigeren Schwingungen auch in Rastlosigkeit oder einem Gefühl der Getriebenheit zeigen. Wenn du zu sehr im Sicherheitsdenken verharrst, kannst du die Chancen des Wandels übersehen.

Für deine körperliche und emotionale Balance ist es essenziell, dass du lernst, Sicherheit nicht nur in äußeren Strukturen zu suchen, sondern sie in dir selbst zu verankern. Körperliche Bewegung, insbesondere Krafttraining, Wandern oder Erdungsübungen wie Barfußlaufen, hilft dir, diese Energie bewusst zu lenken.

Ätherische Öle wie Patchouli, Vetiver und Zedernholz stärken deine Erdung und helfen dir, innere Stabilität zu finden, ohne in Kontrolle oder Sturheit zu verfallen. Myrrhe oder Frankincense (Weihrauch) unterstützen dich darin, dich für Veränderungen zu öffnen, ohne dabei das Gefühl von Sicherheit zu verlieren.

Wenn du spürst, dass du dich an überholte Muster klammerst, frage dich: *Wo in meinem Leben halte ich an etwas fest, das mich eigentlich begrenzt?* – denn wahre Sicherheit entsteht nicht durch Kontrolle, sondern durch das Vertrauen, dass du in jedem Moment die Kraft hast, neue Wege zu gehen.

Svādhisthāna (Sakralchakra)

Das Sakralchakra im Programm 11-4-20 verleiht dir eine kraftvolle, lebendige Energie, die sowohl emotionale Tiefe als auch eine starke Sinnlichkeit umfasst. Deine Beziehungen sind von Intensität und Hingabe geprägt – doch je nach deiner Schwingung kann sich diese Energie in erfüllender Partnerschaft oder in Unsicherheiten und Kontrollmechanismen ausdrücken.

Die 4er-Energie bringt eine tiefe Sehnsucht nach Beständigkeit und Struktur in Beziehungen. Du bist nicht jemand, der sich leicht auf oberflächliche Affären einlässt – für dich zählt Verlässlichkeit und ein solides Fundament, auf dem eine Beziehung wachsen kann. Gleichzeitig bist du pragmatisch in deinem Zugang zu Partnerschaften und Sexualität. Emotionale Verstrickungen oder unstabile Beziehungen entsprechen nicht deinem natürlichen Rhythmus, du suchst nach einer Verbindung, die Sinn und Tiefe hat.

Die 11er-Energie verstärkt deine magnetische Ausstrahlung und dein hohes Energiepotenzial. Du ziehst Menschen auf natürliche Weise an und besitzt eine kraftvolle Präsenz. Diese Energie kann sich sowohl in leidenschaftlicher Hingabe als auch in einem ständigen Drang nach intensiven Erfahrungen äußern. In niedrigen Schwingungen kann es dir schwerfallen, deine sexuelle Energie bewusst zu lenken – du könntest in Extremen leben, zwischen Zurückhaltung und impulsiver Hingabe. Angst davor, deine wahren Wünsche zu äußern oder Unsicherheiten bezüglich deiner sexuellen Identität, können dich daran hindern, dich vollkommen auf eine erfüllte Intimität einzulassen.

Mit der 20er-Energie erlebst du Sexualität als eine tiefgehende Erfahrung, die dich mit anderen auf mehreren Ebenen verbindet. Du hast eine starke Vorstellung davon, was du in einer Beziehung brauchst, und suchst oft nach einem tiefgründigen Partner, der deine Vision von Liebe und Familie teilt.

Gleichzeitig können hohe Erwartungen an den Partner entstehen, die, wenn sie nicht erfüllt werden, zu Frustration oder dem Gefühl führen, nicht ganz angekommen zu sein.

Damit deine emotionale und sexuelle Energie in Balance bleibt, ist es wichtig, dass du lernst, deine Wünsche klar zu kommunizieren, ohne Angst vor Zurückweisung zu haben. Tanz, Wassertherapie und kreative Ausdrucksformen wie Malen oder Schreiben helfen dir, deine Sinnlichkeit und Emotionen auf eine bewusste Weise zu leben.

Ätherische Öle wie Ylang-Ylang, Sandelholz und Orange unterstützen dich dabei, deine innere Leidenschaft harmonisch auszuleben, während Geranium und Jasmin dir helfen, emotionale Hindernisse in Beziehungen zu lösen. Falls du das Gefühl hast, dich in Erwartungshaltungen oder Kontrolle zu verstricken, können Lavendel oder Bergamotte dir helfen, Entspannung in deine Emotionen zu bringen und Vertrauen in den natürlichen Fluss von Beziehungen zu entwickeln.

Reflektiere regelmäßig: *Lebe ich meine Wünsche frei aus oder halte ich mich zurück, aus Angst, nicht akzeptiert zu werden?* Wenn du erkennst, dass du deine Bedürfnisse unterdrückst, dann erinnere dich daran, dass wahre Intimität nur dort entstehen kann, wo Offenheit und Vertrauen herrschen.

Anāhata (Herzchakra)

Das Herzchakra im Programm-Code 11-4-20 spiegelt einen tiefen inneren Konflikt wider - zwischen der Sehnsucht nach echter Verbundenheit und dem Bedürfnis nach Kontrolle und Unabhängigkeit. Liebe ist für dich nicht einfach nur ein Gefühl, sondern ein bewusster Akt, den du mit großer Sorgfalt wählst. Du öffnest dein Herz nicht leichtfertig, sondern nur für Menschen, die deine Werte und deine Integrität teilen.

Die 4er-Energie verleiht dir eine tiefe emotionale Selbstkontrolle und das Bedürfnis, deine Gefühle nicht unüberlegt nach außen zu tragen. Du bist jemand, der in Beziehungen Stabilität und Verlässlichkeit sucht – deine Liebe ist beständig, tief und auf lange Sicht ausgelegt. Gleichzeitig kann diese Energie dazu führen, dass du dich emotional verschließt oder Schwierigkeiten hast, Verletzlichkeit zu zeigen. Du neigst dazu, Gefühle als Schwäche zu betrachten und emotionale Kontrolle als Zeichen von Stärke. In niedriger Schwingung kann dies zu einem verschlossenen Herzen führen, das Angst vor emotionaler Nähe hat oder Zuneigung nur durch Kontrolle ausdrücken kann.

Die 11er-Energie bringt starke emotionale Intensität mit sich. Du kannst tiefe Hingabe empfinden und bist fähig, für Menschen, die dir wichtig sind, alles zu geben. Doch wenn du verletzt wirst, kann deine Liebe schnell in Wut oder Ablehnung umschlagen. Deine Emotionen sind kraftvoll – du liebst mit vollem Herzen, doch wenn du enttäuscht wirst, ziehst du dich radikal zurück oder entwickelst manipulative Tendenzen, um deine Gefühle zu schützen. Die Fähigkeit, sich für Schwächere einzusetzen und sich leidenschaftlich für Gerechtigkeit zu engagieren, kann in positiver Schwingung dazu führen, dass du andere inspirierst und unterstützt. In niedriger Schwingung kann es jedoch dazu führen, dass du durch Emotionen manipulierst oder dich in toxischen Dynamiken verstrickst.

Die 20er-Energie bringt die Fähigkeit, universelle Gerechtigkeit zu erkennen. Dein Herz ist in der Lage, tiefe Zusammenhänge zu verstehen und das große Ganze zu erfassen. Du besitzt eine außergewöhnliche Intuition für zwischenmenschliche Beziehungen und kannst erkennen, wer ehrlich mit dir ist und wer nicht. Dein Gerechtigkeitssinn zeigt sich besonders in deinen tiefen Überzeugungen – du kannst klare Grenzen setzen, wenn du spürst, dass Menschen dich nicht wertschätzen oder ausnutzen wollen. Doch wenn deine Energie niedrig schwingt, kannst du ein innerlich unruhiges Herz haben, das immer auf der Suche nach etwas Besserem ist, oder dich in Selbstzweifeln verlieren, wenn Dinge nicht so laufen, wie du es dir wünschst.

Um dein Herzchakra in eine harmonische Schwingung zu bringen, ist es essenziell, deine Kontrolle loszulassen und echte emotionale Tiefe zuzulassen. Liebe kann nicht durch Regeln oder Perfektion erzwungen werden – sie entsteht aus Authentizität und Offenheit.

Ätherische Öle wie Rose, Geranie und Bergamotte können dir helfen, deine Emotionen auszubalancieren und dich für tiefere Verbindungen zu öffnen. Die Kombination aus körperlicher Bewegung – insbesondere sanften

Herzöffnern im Yoga – und bewusster Reflexion über deine Beziehungs-muster kann dich dabei unterstützen, emotionale Kontrolle mit echter Hingabe in Einklang zu bringen.

Es geht nicht darum, dich emotional unkontrolliert hinzugeben, sondern darum, eine gesunde Balance zwischen Selbstschutz und Vertrauen zu finden. Dein Herz besitzt die Fähigkeit, andere zu inspirieren und tiefe Verbindungen zu schaffen – aber erst, wenn du dich selbst für die Liebe öffnest, ohne Angst, Kontrolle oder Zweifel.

Viśuddha (Halschakra)

Das Viśuddha-Chakra im Programm-Code 11-4-20 bringt eine außer-gewöhnliche Verbindung zwischen Führungskraft, Diplomatie und der Fähigkeit zur Inspiration mit sich. Deine Worte besitzen Kraft – sie kön-nen motivieren, verändern, aber auch dominieren oder verletzen. Dieses Chakra zeigt, wie du deine innere Wahrheit ausdrückst und ob du in der Lage bist, deine Gedanken und Überzeugungen klar und konstruktiv zu kommunizieren.

Die 4er-Energie verleiht dir eine natürliche Autorität. Du hast das Bedürf-nis, in Gesprächen präzise und auf den Punkt zu kommen, ohne unnötige Ausschweifungen. Deine Worte sind oft von Struktur, Logik und Klarheit geprägt, was dich zu einem starken Organisator und Entscheider macht. In positiver Schwingung kannst du als Führungspersönlichkeit auftreten, die mit ruhiger Überzeugungskraft Situationen lenkt und Verantwortung übernimmt. Doch wenn deine Energie unausgeglichen ist, kann sich dies in starren Meinungen, rigiden Ausdrucksweisen oder einem autoritären Kom-munikationsstil äußern. Dann neigst du dazu, Gespräche zu dominieren oder andere mit deiner Direktheit zu überfahren.

Die 11er-Energie bringt eine ausgeprägte soziale Intelligenz und eine in-tuitive Fähigkeit zur Diplomatie. Du besitzt eine natürliche Begabung, Menschen zusammenzubringen, zu verhandeln und Brücken zu bauen. Deine Offenheit ermöglicht es dir, auf andere einzugehen und in Gesprä-chen zwischen den Zeilen zu lesen. Gleichzeitig kann diese Energie dich in niedriger Schwingung dazu verleiten, Worte strategisch einzusetzen, um Situationen oder Menschen zu manipulieren.

Wenn du deine Kommunikation bewusst steuerst, kannst du jedoch sanft, aber bestimmt überzeugen und Frieden in herausfordernde Situationen bringen.

Die 20er-Energie gibt dir die Fähigkeit, durch deine Worte zu inspirieren und andere zu motivieren. Du kannst ein Visionär sein, dessen Gedanken und Ideen auf fruchtbaren Boden fallen. Du hast die Gabe, mit deinen Worten große Veränderungen herbeizuführen, doch wenn deine Energie niedrig schwingt, kann sich das in impulsiven Äußerungen, übermäßiger Kritik oder verbalen Machtspielen äußern. Du könntest dann dazu neigen, in hitzigen Momenten Dinge zu sagen, die du später bereust, oder dich sprachlich zurückzuziehen, wenn du nicht die gewünschte Reaktion bekommst.

Um dein Halschakra in Harmonie zu bringen, ist es wichtig, bewusst auf deine Kommunikation zu achten. Frage dich: *Nutze ich meine Worte, um Brücken zu bauen oder um Macht auszuüben? Drücke ich meine Wahrheit authentisch aus oder halte ich mich zurück?*

Ätherische Öle wie Pfefferminze, Eukalyptus und Lavendel können dir helfen, dein Viśuddha-Chakra zu klären und Blocks in deiner Stimme und Kommunikation zu lösen. Besonders hilfreich sind Atemübungen, Gesangs- oder Stimmarbeit, um deine Ausdruckskraft zu stärken.

Wenn du spürst, dass du in Gesprächen schnell in eine dominante oder defensive Haltung verfällst, übe bewusstes Zuhören. Deine wahre Stärke liegt nicht nur in der Fähigkeit, überzeugend zu sprechen, sondern auch darin, den Raum für echte Gespräche zu öffnen. Deine Worte können für andere eine Quelle der Motivation, Klarheit und Führung sein – aber erst, wenn du sie mit Bewusstsein, Weisheit und Empathie einsetzt.

Ājñā-Chakra (Drittes Auge)

Das Ājñā-Chakra im Programm-Code 4-11-20 verbindet analytische Intelligenz mit strategischem Denken und höherem Bewusstsein. Dieses Chakra steht für Klarheit, Einsicht und die Fähigkeit, die Welt sowohl rational als auch intuitiv zu erfassen. Deine Gedanken formen deine Realität – sie können Strukturen schaffen, Lösungen finden, aber auch Zweifel und übermäßige Kontrolle hervorrufen.

Dieses Chakra zeigt, wie du mit deiner Wahrnehmung arbeitest und ob du in der Lage bist, Wissen und Intuition in Einklang zu bringen.

Die 4er-Energie verleiht dir einen scharfen Verstand und eine Vorliebe für Struktur. Du neigst dazu, die Welt analytisch zu betrachten und setzt auf Logik, um Klarheit in komplexe Themen zu bringen. Deine Fähigkeit, präzise zu denken und systematisch zu analysieren, macht dich zu einem exzellenten Planer und Strategen. In positiver Schwingung nutzt du diese Energie, um fundierte Entscheidungen zu treffen und durch strukturiertes Denken Erfolge zu erzielen. Doch wenn die Energie unausgeglichen ist, kann sie sich in übermäßiger Skepsis, Perfektionismus oder einer starren Denkweise äußern. Dann neigst du dazu, Dinge zu zerdenken oder dich ausschließlich auf Fakten zu verlassen, ohne deiner Intuition Raum zu geben.

Die 11er-Energie bringt eine außergewöhnliche geistige Flexibilität mit sich. Du besitzt eine hohe Intelligenz, die nicht nur analytisch, sondern auch intuitiv ist. Dein strategisches Denken ist nicht nur auf Logik, sondern auch auf positive Ergebnisse ausgerichtet. Die Fähigkeit, schnell Lösungen für Probleme zu finden, kommt nicht nur aus Wissen, sondern auch aus einer tiefen, inneren Weisheit. Diese Energie gibt dir ein starkes Gespür für zwischenmenschliche Dynamiken und erlaubt dir, Gedanken und Ideen auf eine inspirierende Weise zu formulieren. Wenn diese Schwingung jedoch niedrig ist, kann sich das in übermäßiger Rationalisierung oder in der Unfähigkeit äußern, Entscheidungen zu treffen, weil du jede Möglichkeit bis ins Detail analysierst.

Die 20er-Energie öffnet das Tor zu höherem Bewusstsein. Sie verleiht dir eine ausgeprägte Wahrnehmung für das Unsichtbare – in Form von Hellsehen, Hellhören oder einem klaren Wissen. Du hast die Fähigkeit, Muster zu erkennen und Zusammenhänge zu verstehen, die anderen verborgen bleiben. Diese Energie bringt den Fokus auf beruflichen und sozialen Erfolg, indem du deine geistigen Fähigkeiten in die Welt bringst und dein Wissen mit anderen teilst. Doch wenn die Schwingung niedrig ist, kann sich das in innerer Verwirrung, Unentschlossenheit oder einer Neigung zu psychischen Belastungen äußern. In solchen Momenten könnte es dir schwer fallen, zwischen Realität und Illusion zu unterscheiden und dich durch Zweifel und Ängste davon abhalten lassen, dein volles Potenzial zu entfalten.

Um dein Ājñā-Chakra in Harmonie zu bringen, ist es wichtig, die Balance zwischen kritischem Denken und intuitiver Wahrnehmung zu finden. *Nutze ich meine analytischen Fähigkeiten, um Klarheit zu gewinnen, oder verstricke ich mich in endlose Gedanken? Vertraue ich meiner Intuition oder hinterfrage ich sie ständig?*

Ätherische Öle wie Weihrauch, Sandelholz und Myrrhe können dir helfen, dein Ājñā-Chakra zu aktivieren und geistige Klarheit zu fördern. Besonders hilfreich sind Meditationen, Visualisierungsübungen und bewusste Reflexion, um deine Wahrnehmung zu schärfen.

Wenn du bemerkst, dass du dich zu sehr auf reine Logik verlässt oder das Gefühl hast, den Zugang zu deiner Intuition zu verlieren, versuche, deine Gedanken bewusst zu beruhigen. Deine wahre Kraft liegt in der Verbindung von Verstand und Intuition – wenn du beides in Einklang bringst, kannst du mit außergewöhnlicher Klarheit und Weitsicht durchs Leben gehen.

Sahasrāra-Chakra (Kronenchakra)

Das Sahasrāra-Chakra im Programm-Code 4-11-20 verbindet spirituelle Klarheit mit einem starken Energiepotenzial und dem Zugang zu höheren Bewusstseinsebenen. Dieses Chakra ist das Tor zur universellen Weisheit und zur Verbindung mit der göttlichen Quelle. Es zeigt, wie du dein höheres Selbst verwirklichst und ob du bereit bist, deine spirituelle Mission in die Welt zu tragen.

Die 4er-Energie verleiht dir ein klares Wertesystem und eine nüchterne Herangehensweise an spirituelle Konzepte. Du benötigst Strukturen, um deine spirituellen Einsichten zu festigen und langfristig in dein Leben zu integrieren. Dein Bewusstsein ist geprägt von einer pragmatischen Spiritualität, die sich auf den Schutz und den Erhalt funktionierender Systeme konzentriert. In positiver Schwingung erlaubt dir diese Energie, dein Wissen auf eine bodenständige und verständliche Weise zu vermitteln, ohne dich in abstrakte Theorien zu verlieren. Doch wenn diese Energie unausgeglichen ist, kann sie zu einem starren Festhalten an alten Glaubenssätzen führen. Dann äußert sich die 4. Energie in Konservatismus, Verknöcherung oder sogar einem dogmatischen Denken, das dich daran hindert, dich weiterzuentwickeln.

Die 11er-Energie bringt eine außergewöhnliche spirituelle Strahlkraft mit sich. Du besitzt ein starkes Energiepotenzial und das natürliche Bedürfnis, dich auf höchstem Niveau auszudrücken. Diese Energie verleiht dir eine tiefe Verbindung zur rituellen Magie, zum Schamanismus und zur Arbeit mit den Elementen. Du hast die Fähigkeit, durch Bewusstseinsarbeit und innere Alchemie Veränderungen in dir und deiner Umgebung herbeizuführen. Deine Leidenschaft und dein tiefes inneres Feuer treiben dich dazu, deine spirituelle Kraft aktiv zu nutzen. In positiver Schwingung kannst du sanft, aber wirkungsvoll das Bewusstsein anderer Menschen beeinflussen und sie auf ihrem Weg begleiten. Wenn diese Energie jedoch unausgeglichen ist, kann sie zu einer Überbetonung der eigenen spirituellen Fähigkeiten führen, was sich in einer Egozentrierung oder einem unkontrollierten Energieeinsatz äußern kann.

Die 20er-Energie öffnet den Zugang zum universellen Informationsfeld und zur tiefen spirituellen Weisheit. Du hast die Fähigkeit, neue Bewusstseins-Szenarien zu erschaffen – sowohl für dich selbst als auch für die Gesellschaft. Dein Geist ist in der Lage, große kosmische Zusammenhänge zu erfassen und sich mit höheren Dimensionen zu verbinden. Du hast eine starke Verbindung zu spirituellen Führern und höheren Mächten, und deine Einsichten können von Erinnerungen an vergangene Inkarnationen begleitet sein. Diese Energie verleiht dir das Gefühl, eine bedeutende Mission zu haben, die über dein persönliches Leben hinausgeht. Soziale Erfüllung ist für dich von großer Bedeutung, denn du fühlst dich berufen, deine Weisheit und dein Wissen mit anderen zu teilen. In niedriger Schwingung kann sich diese Energie jedoch in einer Überforderung oder einer Flucht in spirituelle Illusionen äußern. Es kann sein, dass du Schwierigkeiten hast, zwischen Visionen und Realität zu unterscheiden oder dass du dich nach schweren Lebenskrisen von deinem Weg entfremdest. Doch die Kraft der 20 ermöglicht es dir, nach jedem Sturz eine tiefe Wiedergeburt zu erleben.

Um dein Sahasrāra-Chakra in Harmonie zu bringen, ist es wichtig, eine Balance zwischen Erdung und Spiritualität zu finden.

Nutze ich meine spirituellen Einsichten, um mein Leben bewusst zu ge-
stalten, oder verliere ich mich in Theorien? Bin ich offen für neue Er-
kenntnisse, oder halte ich an überholten Vorstellungen fest? Wie kann
ich meine spirituellen Fähigkeiten mit meiner sozialen Verantwortung
verbinden?

Ätherische Öle wie Weihrauch, Myrrhe und Lotus können dir helfen, dein
Sahasrāra-Chakra zu öffnen und eine tiefe Verbindung zur göttlichen Quelle herzustellen. Besonders hilfreich sind Meditation, Kontemplation und
bewusstes Atmen, um dein Bewusstsein zu klären und deine spirituellen
Visionen in gelebte Weisheit zu verwandeln.

Wenn du spürst, dass du dich von der Realität entfernst oder dich in abstrakten Konzepten verlierst, erinnere dich daran, dass wahre Erleuchtung
nicht im Rückzug, sondern in der bewussten Integration von Spiritualität
in den Alltag liegt. Deine wahre Kraft entfaltet sich, wenn du die Verbindung zwischen Himmel und Erde lebst – mit Weisheit, Klarheit und
einem offenen Geist.

Praktische Anwendungsbeispiele

Karriere und Erfolg - Dieses Programm bringt starke Leadership-Fähigkeiten
mit sich. Menschen mit diesem Code sind oft in hohen Positionen oder
streben nach Karrierefortschritt. Ihr Potenzial liegt in der Fähigkeit, nachhaltige Strukturen zu erschaffen, wenn sie ihre Macht bewusst einsetzen.

Beziehungen und soziale Interaktion - Während sie eine starke Anziehungskraft besitzen, müssen sie lernen, Kontrolle und Vertrauen in Balance zu
bringen. Eine bewusste Kommunikation hilft ihnen, tiefere Verbindungen
zu schaffen.

Persönliche Entwicklung - Das größte Wachstumspotenzial liegt in der
Transformation von Konkurrenzdenken und Machtstreben in eine authentische und visionäre Führung.

Positive und negative Ausprägungen

Negative Aspekte

Kontrollzwang und Manipulation

Karrierismus um jeden Preis

Schwierigkeiten, emotionale Tiefe zuzulassen

Positive Aspekte

Starke Führungsqualitäten

Visionäre Denkweise

Fähigkeit, nachhaltige Veränderungen zu bewirken

Prognose & Entwicklungspotenzial

Menschen mit diesem Programm-Code haben das Potenzial, große Strukturen aufzubauen und in ihrer Karriere oder spirituellen Entwicklung weit zu kommen. Der entscheidende Punkt ist, wie sie mit ihrer Macht umgehen – *nutzen sie sie für das Wohl aller oder verfallen sie in Konkurrenzdenken?* Wer die Balance zwischen Autorität, Empathie und Weisheit findet, kann nicht nur sich selbst, sondern auch die Welt verändern.

Quintessenz

Dieser Programm-Code fordert dazu auf, sich als bewusster Leader zu entwickeln, Kontrolle loszulassen und innere Weisheit zu entfalten. Wer diesen Weg geht, wird tiefe innere Erfüllung und nachhaltigen Erfolg erfahren.

Empfehlung

Es ist an der Zeit, dich in deiner ganzen Stärke anzuerkennen – nicht als jemand, der Erfolg durch Kontrolle oder harte Strukturen erlangt, sondern als eine Führungspersönlichkeit, die mit Klarheit, Integrität und Weisheit handelt. Vielleicht hast du in der Vergangenheit das Gefühl gehabt, dass du dich beweisen oder härter arbeiten musst als andere, um deinen Platz zu sichern.

Doch wahre Macht kommt nicht aus dem Zwang, sondern aus der tiefen Überzeugung, dass du bereits alles in dir trägst, was du brauchst.

Lerne, Kontrolle loszulassen, ohne deine Führungsqualitäten zu verlieren. Du musst nicht alles bis ins kleinste Detail planen oder andere dirigieren, um erfolgreich zu sein. Vertrauen ist eine kraftvolle Ressource, die dich weiterbringt als bloßer Wille. Wenn du bemerkst, dass du dich immer wieder in Gedankenschleifen von „Ich muss es alleine machen" oder „Niemand versteht meine Vision" verlierst, dann hinterfrage: *Wo in meinem Leben darf ich mehr Kooperation und Unterstützung zulassen?*

Es ist nicht nötig, dich gegen andere zu messen oder in Konkurrenzdenken zu verfallen. Dein Weg ist einzigartig, und dein Erfolg wird umso nachhaltiger, je mehr du auf innere Balance statt auf äußere Dominanz setzt. Es ist kein Zeichen von Schwäche, anderen Raum zu geben oder auf neue Impulse einzugehen – im Gegenteil, es macht dich zu einer noch stärkeren Führungspersönlichkeit.

Vielleicht hast du dich auch oft in einem ständigen Spannungsfeld zwischen Struktur und Kreativität befunden. Wenn du zu sehr auf Ordnung bestehst, erstickst du deine eigene Innovationskraft. Wenn du dich nur auf kreative Impulse verlässt, fehlt dir das Fundament. Die Lösung liegt in der Balance. *Was würde passieren, wenn du dir erlaubst, Kontrolle abzugeben, um etwas Größeres entstehen zu lassen?*

Körperlich kann sich dein innerer Druck in Verspannungen, Kopfschmerzen oder Magenbeschwerden äußern – dein Körper reagiert auf festgefahrene Strukturen genauso wie dein Geist. Bewegung, insbesondere Sportarten wie Kampfsport, Yoga oder Tanz, kann dir helfen, die in dir angestaute Energie freizusetzen und deine innere Balance zu finden. Unterstützend wirken ätherische Öle wie Black Spruce oder Myrrhe, um dich mit deiner tiefen inneren Führung zu verbinden. Zedernholz oder Vetiver helfen dir, loszulassen, während Basilikum und Bergamot dein Selbstbewusstsein stärken und dir Leichtigkeit bringen.

Gönne dir regelmäßig Momente der Reflexion, um sicherzustellen, dass du deine Macht nicht aus alten Mustern heraus nutzt, sondern bewusst und mit Klarheit. Journaling oder eine tägliche Meditation können dir helfen, innere Kontrolle durch bewusste Selbstführung zu ersetzen. Falls du feststellst, dass du immer wieder in ungesunde Dynamiken rutschst, kann einer unserer Matrix-Berater mit jahrelanger Erfahrung dir helfen, unbewusste Programme zu erkennen und nachhaltig zu transformieren.

Letztlich fordert dieser Programm-Code dich dazu auf, eine neue Definition von Erfolg zu entwickeln – eine, die nicht auf Härte, sondern auf Bewusstheit basiert. Die größte Stärke liegt nicht darin, andere oder dich selbst zu kontrollieren, sondern darin, mit Klarheit, Souveränität und einer offenen Haltung zu führen. Je mehr du dich selbst in dieser Haltung verankerst, desto mehr wirst du in deinem Leben nicht nur Erfolg haben, sondern auch Erfüllung finden.

CODE 20-6-8 / SCHLÜSSEL 7

Der Code der zweiten Chance – Wiederherstellung, Erneuerung und karmische Klärung

Es gibt Momente im Leben, in denen alles auf Veränderung hinweist. Der Programm-Code 20-6-8 beschreibt genau diese Phasen, in denen sich ein neuer Lebenszyklus öffnet. Menschen mit diesem Code stehen an der Schwelle zu tiefgreifenden Transformationen, sei es durch eine unerwartete Erkenntnis, die Offenlegung eines lange verborgenen Geheimnisses oder die Wiedervereinigung mit einer alten Verbindung, die neue Perspektiven eröffnet. Es ist, als würde ein Schleier vor den Augen gelüftet, und plötzlich wird klar, was wirklich zählt.

Diese Energie bringt die Möglichkeit, alte Lasten abzulegen und eine völlig neue Wahrnehmung der eigenen Welt zu entwickeln. Wer sich darauf einlässt, kann nicht nur seine innere Berufung erkennen, sondern auch erleben, wie sich äußere Umstände durch innere Klarheit neu ordnen. Häufig spiegeln sich diese Veränderungen sogar im Äußeren wider – die Ausstrahlung wird frischer, das Gesicht offener, als ob ein innerer Neubeginn auch körperlich sichtbar wird.

Doch diese Erneuerung betrifft nicht nur die eigene Persönlichkeit, sondern auch das soziale Umfeld. Alte Missstände in der Familie können transformiert werden, zerbrochene Beziehungen finden eine neue Basis, und karmische Schulden werden beglichen. In vielen Fällen geht es um zweite Chancen – sei es durch die Versöhnung mit einem lange entfremdeten Menschen, eine plötzliche Verbesserung der Gesundheit oder die Wiederherstellung von Werten und Traditionen, die über Generationen weitergegeben wurden.

Das innere Engagement – Was bedeutet es wirklich?

Menschen mit dem Code 20-6-8 stehen vor der Herausforderung, eine tiefere Verbindung zu ihren Werten und Überzeugungen zu entwickeln. Engagement ist in diesem Programm ein zentrales Thema – die Fähigkeit, sich vollkommen einer Sache oder einem Menschen zu widmen, ohne dabei die eigene Integrität zu verlieren.

Doch wer sich nicht bewusst für seine Überzeugungen und Werte entscheidet, kann in die entgegengesetzte Dynamik geraten und sich als Spielball äußerer Umstände wiederfinden.

Es ist eine Energie, die zwischen Willensstärke und Nachgiebigkeit schwankt. Manche Menschen mit diesem Code erleben Phasen der Entschlossenheit, in denen sie klare Entscheidungen treffen und zielstrebig ihren Weg gehen. Andere hingegen kämpfen mit Unsicherheit, lassen sich von äußeren Einflüssen treiben und haben Schwierigkeiten, ihre eigenen Bedürfnisse klar zu definieren.

Die größte Herausforderung besteht darin, das innere Gleichgewicht zu finden. Wer in der Lage ist, seine Verpflichtungen bewusst zu wählen und sich nicht von Ängsten oder gesellschaftlichen Erwartungen leiten zu lassen, kann eine immense innere Stärke entwickeln. Doch wer sich vor Entscheidungen drückt oder sich fremden Ansprüchen unterordnet, läuft Gefahr, in ein Muster der Rückgratlosigkeit und Passivität zu verfallen.

Die Harmonisierung der Chakren

Mūlādhāra (Wurzelchakra)

Das Wurzelchakra bildet die Grundlage für Stabilität, Sicherheit und die tiefsten Prägungen eines Menschen – sowohl familiäre als auch karmische. In diesem Programm-Code zeigt sich ein Wechselspiel zwischen einem hohen Energiepotenzial und tiefen Begrenzungen.

Die 6er-Energie bringt eine Unsicherheit in grundlegende Lebensentscheidungen mit sich und kann dazu führen, dass Menschen mit diesem Code Schwierigkeiten haben, sich vollständig selbst anzunehmen. Sie suchen oft Halt in Beziehungen, können aber gleichzeitig vor emotionaler Tiefe zurückschrecken.

Die 8er-Energie verstärkt karmische Belastungen, insbesondere durch die Ahnenlinie. Sie bringt eine gewisse Strenge mit sich, die sich in Perfektionismus, rigiden Verhaltensmustern oder einem inneren Zwang zu Regeln und Strukturen äußern kann. Ein unausgeglichenes Wurzelchakra führt hier zu innerer Enge und dem Gefühl, in althergebrachten Mustern festzustecken – sei es durch gesellschaftliche Erwartungen, Familienwerte oder eigene Glaubenssätze. Es kann auch ein Hang dazu bestehen, sich selbst künstliche Grenzen zu setzen oder Schwierigkeiten beim Loslassen alter Vorstellungen zu haben.

Die 20er-Energie hingegen bringt eine starke Lebensenergie mit sich, die sowohl transformieren als auch erschüttern kann. Wer sich dieser Dynamik öffnet, erlebt ein Leben voller Veränderungen, oft mit radikalen Umbrüchen, die neue Perspektiven und Möglichkeiten mit sich bringen. In positiver Ausprägung bedeutet dies die Fähigkeit, sich immer wieder zu erneuern, alte Strukturen bewusst loszulassen und sich mit einer tiefen Lebensbejahung in neue Erfahrungen zu stürzen.

Dieses Chakra in Balance zu bringen, bedeutet, die Angst vor Unsicherheit loszulassen und Vertrauen in den eigenen Lebensweg zu entwickeln. Es geht darum, sich nicht an äußere Erwartungen oder strikte Regeln zu klammern, sondern die eigene Kraft aus der inneren Verwurzelung zu schöpfen.

Svādhisthāna (Sakralchakra)

Das Svādhisthāna-Chakra ist das Zentrum von Emotionen, Beziehungen, Kreativität und sinnlicher Erfahrung. In diesem Programm-Code zeigt sich eine starke Spannung zwischen tiefem Verlangen nach Verbindung und gleichzeitiger Unsicherheit im Umgang mit Intimität.

Die 6er-Energie bringt eine Sehnsucht nach romantischer Liebe, aber auch die Neigung, ein idealisiertes Bild von Beziehungen zu erschaffen. Menschen mit dieser Energie sehnen sich nach Harmonie, können aber Schwierigkeiten haben, ihren eigenen Körper oder ihr Aussehen vollständig zu akzeptieren. Oft projizieren sie unerfüllte Sehnsüchte auf einen Partner und erwarten, dass dieser ihre inneren Unsicherheiten ausgleicht. Gleichzeitig kann ein Mangel an Vertrauen in die eigene Attraktivität dazu führen, dass sie sich emotional oder körperlich zurückziehen, Angst vor Nähe entwickeln oder ihre Bedürfnisse hintanstellen.

Die 8er-Energie verstärkt dieses Spannungsfeld durch eine gewisse Enge im Ausdruck von Sexualität und Kreativität. Es kann schwerfallen, sich wirklich hinzugeben oder den eigenen Körper als Quelle von Freude zu erleben. Auf niedriger Frequenz führt dies zu einem Ungleichgewicht im kreativen Fluss, emotionaler Zurückhaltung oder einer Tendenz, sich in Schuldzuweisungen und Konflikten zu verstricken. Dies zeigt sich nicht nur in der Sexualität, sondern auch in partnerschaftlichen Beziehungen, in denen ein unbewusster Kontrollmechanismus aktiviert wird – entweder durch Zurückhaltung oder durch den Versuch, das Gegenüber zu dominieren.

Die 20er-Energie hingegen trägt eine starke Sehnsucht nach Erfüllung in sich. Sie bringt ein großes Bedürfnis nach tiefer körperlicher und emotionaler Verbindung, aber auch die Gefahr starker innerer Unzufriedenheit, wenn Erwartungen nicht erfüllt werden. Oft besteht eine Diskrepanz zwischen intensiven Wünschen und der tatsächlichen Fähigkeit, sich in einer Beziehung authentisch zu öffnen. Es kann ein Drang nach Bestätigung durch Sexualität entstehen, ebenso wie eine starke Fixierung auf äußere Beziehungsideale.

Wenn das Sakralchakra unausgeglichen ist, kann es sich durch wechselnde Beziehungen, Angst vor echter Nähe oder ein extremes Bedürfnis nach Kontrolle äußern. In positiver Balance hingegen zeigt sich hier eine tiefe emotionale Reife - die Fähigkeit, den eigenen Körper wertzuschätzen, Beziehungen bewusst zu gestalten und Sinnlichkeit als natürliche Lebensenergie anzunehmen.

Die Herausforderung dieses Codes liegt darin, die Angst vor Verletzlichkeit zu überwinden und die eigene innere Fülle zu entdecken, anstatt Erfüllung nur im Außen zu suchen. Wer lernt, seine Emotionen bewusst zu regulieren und Selbstannahme zu kultivieren, kann eine tiefe, authentische Verbindung zu sich selbst und anderen erleben.

Anāhata (Herzchakra)

Das Anāhata-Chakra ist das Zentrum von Liebe, Mitgefühl und emotionaler Verbindung. Im Code 20-6-8 zeigt sich hier eine intensive Dynamik zwischen dem Wunsch nach Harmonie und der inneren Spannung, die aus tiefen Fragen nach Gerechtigkeit, Selbstwert und Beziehungen entsteht.

Die 6er-Energie bringt eine starke Sehnsucht nach Liebe mit sich, aber auch eine Tendenz, sich emotional abhängig zu machen oder sich in Beziehungen zu verlieren. Menschen mit dieser Energie möchten es allen recht machen und haben oft Schwierigkeiten, eine klare Wahl zu treffen – sei es in Beziehungen oder in der eigenen Selbstdefinition. Das Bedürfnis, geliebt und geschätzt zu werden, kann so stark sein, dass sie sich selbst zurücknehmen oder sich zu sehr nach äußerer Anerkennung richten.

Häufig stellt sich die Frage: *„Wer bin ich außerhalb der Beziehungen zu anderen?"*

Die 8er-Energie verstärkt das Spannungsfeld zwischen Herz und Verstand. Sie bringt ein ausgeprägtes Gerechtigkeitsempfinden mit sich, aber auch eine Tendenz zur Kontrolle. Wer diese Energie trägt, möchte oft, dass alles „richtig" läuft – in Beziehungen, in der Welt, in der eigenen inneren Ordnung. Das Herz kann sich dadurch verschließen, wenn Enttäuschungen oder Ungerechtigkeiten zu tiefen Wunden führen. Menschen mit dieser Konstellation neigen dazu, hohe Erwartungen an andere zu stellen und ihre eigenen Gefühle rationalisieren zu wollen. Dabei fällt es ihnen schwer, wirklich loszulassen und Emotionen fließen zu lassen.

Die 20er-Energie hingegen trägt ein tiefes Wissen um die Kraft der Liebe und Transformation. Sie bringt Leidenschaft, aber auch eine innere Unruhe, die nach der höchsten Form der Gerechtigkeit sucht – sei es in persönlichen Beziehungen oder im Leben allgemein. Diese Energie kann dabei helfen, wahre Liebe von Illusionen zu unterscheiden und klare Entscheidungen im Herzen zu treffen. Sie öffnet das Potenzial für Mitgefühl, Führung und einen liebevollen Umgang mit sich selbst und anderen. Wenn das Herzchakra unausgeglichen ist, kann dies zu emotionaler Überforderung, Selbstzweifeln und Schwierigkeiten führen, bedingungslose Liebe anzunehmen – sowohl von anderen als auch von sich selbst. Auf niedriger Frequenz zeigt sich die Angst, verletzt zu werden, die zu Rückzug oder Misstrauen führen kann. In positiver Balance hingegen entfaltet sich hier ein großes Potenzial für authentische Verbindung - Menschen mit diesem Code können tiefe Liebe geben und empfangen, ohne sich selbst zu verlieren.

Die Herausforderung dieses Codes liegt darin, die Balance zwischen Mitgefühl und gesunden Grenzen zu finden. Wer lernt, zwischen emotionaler Offenheit und innerer Klarheit zu navigieren, kann das Herz als Quelle wahrer Stärke nutzen. Die Liebe, nach der gesucht wird, beginnt immer zuerst in einem selbst.

Viśuddha (Halschakra)

Das Viśuddha-Chakra steht für Ausdruck, Wahrheit und die Fähigkeit, sich selbst und seine Gedanken authentisch zu kommunizieren. Im Code 20-6-8 entsteht hier ein Spannungsfeld zwischen dem Bedürfnis nach Harmonie in der Kommunikation und der tiefen Sehnsucht nach Wahrheit und innerer Führung.

Die 6er-Energie verleiht diesem Chakra eine große Sensibilität für zwischenmenschliche Kommunikation. Menschen mit dieser Energie suchen nach Ausgleich und sanfter Verständigung. Sie möchten harmonische Beziehungen und vermeiden Konflikte, indem sie sich oft zurücknehmen oder ihre Meinung anpassen. Die Gefahr dabei ist, dass ihre eigene Stimme leise bleibt oder sie sich zu sehr nach der Meinung anderer richten.

Wer mit dieser Energie arbeitet, sollte sich fragen: *„Spreche ich meine Wahrheit oder sage ich das, was andere hören wollen?"*

Die 8er-Energie bringt eine starke innere Haltung mit sich, die sich jedoch oft erst nach außen durchsetzen muss. Menschen mit dieser Konstellation haben hohe Ansprüche an sich und andere, vor allem in Bezug auf Ehrlichkeit und Gerechtigkeit. Wenn sie in ihrer Kraft sind, kommunizieren sie mit Klarheit und Präzision. Doch wenn das Chakra unausgeglichen ist, kann es zu Misstrauen und innerer Zurückhaltung führen. Es fällt schwer, sich auszudrücken, weil die Angst besteht, nicht verstanden oder abgelehnt zu werden. Oft zeigen sich hier Themen wie das Gefühl, nicht gehört zu werden oder sich immer wieder beweisen zu müssen.

Die 20er-Energie verleiht der Stimme eine transformative Kraft. Menschen mit dieser Energie haben die Fähigkeit, andere zu inspirieren und mit ihren Worten große Veränderungen anzustoßen. Doch sie durchlaufen oft Phasen, in denen sie an sich selbst zweifeln oder das Gefühl haben, dass ihre Botschaft nicht ankommt. In niedriger Frequenz kann es zu einer ständigen Unzufriedenheit mit der eigenen Ausdruckskraft kommen, zu einem Gefühl des Stillstands oder sogar zu verbaler Manipulation. In hoher Frequenz hingegen zeigen sich Mut und eine außergewöhnliche Fähigkeit, Herausforderungen durch Sprache und klare Gedanken zu meistern.

Dieses Chakra mit 20-6-8-Code fordert dazu auf, die eigene Wahrheit zu finden und auszudrücken – nicht als Rebellion oder Widerstand, sondern als bewusste Selbstverwirklichung. Wer lernt, ehrlich, aber mit Feingefühl zu sprechen, ohne sich selbst zu zensieren oder andere zu verletzen, kann seine Stimme als kraftvolles Werkzeug der Veränderung einsetzen. Das eigene Wort besitzt eine große Resonanz – die Frage ist, wie bewusst und verantwortungsvoll es genutzt wird.

Eine Schlüsselübung für dieses Chakra ist es, sich regelmäßig zu fragen: *„Drücke ich meine Wahrheit aus, oder halte ich mich zurück, um anderen zu gefallen?"* Wer lernt, die eigene Stimme liebevoll und entschlossen zu nutzen, kann nicht nur für sich selbst Klarheit schaffen, sondern auch für andere zum Wegweiser werden.

Ājñā (Drittes Auge)

Das Ājñā-Chakra steht für Intuition, geistige Klarheit und das tiefere Verständnis für die verborgenen Zusammenhänge des Lebens. Im Code 20-6-8 bewegt sich dieses Chakra zwischen kreativer Wahrnehmung, Systemdenken und der Fähigkeit, tiefgreifende Bewusstseinsveränderungen zu erleben.

Die 6er-Energie bringt eine starke Empfänglichkeit für Schönheit, Harmonie und emotionale Verbindungen mit sich. Menschen mit dieser Energie im Ājñā-Chakra neigen dazu, die Welt durch das Prisma von Kunst, Liebe und ästhetischen Idealen zu betrachten. Sie besitzen oft eine romantisierte Vorstellung vom Leben und folgen ihrem Herzen, auch wenn der Verstand sagt, dass es unlogisch ist. Ihre Entscheidungskraft kann schwanken, da sie zwischen verschiedenen Möglichkeiten hin- und hergerissen sind. In niedriger Frequenz führt das zu Unsicherheit und Selbstzweifeln – sie fragen sich ständig, ob sie den richtigen Weg gehen. Hier ist es wichtig, sich bewusst auf die eigene innere Stimme zu verlassen und Vertrauen in die eigenen Entscheidungen zu entwickeln.

Die 8er-Energie verleiht dem dritten Auge eine strukturierte, systematische Denkweise. Hier geht es nicht um spontane Eingebungen, sondern um ein geordnetes Weltbild, das oft schon in der Kindheit geprägt wurde. Diese Energie bringt Klarheit und die Fähigkeit, komplexe Informationen zu analysieren, doch sie kann auch zur inneren Starrheit führen. Wer sich zu sehr an vorgegebenen Strukturen und Erwartungen orientiert, verliert möglicherweise den Zugang zu intuitivem Wissen.

Hier stellt sich die Frage: *„Glaube ich nur an das, was ich sehen und beweisen kann, oder öffne ich mich für eine tiefere Wahrheit?"*

Die 20er-Energie hebt dieses Chakra auf eine transformative Ebene. Sie schenkt Bewusstseinsdurchbrüche, prophetische Einsichten und eine natürliche Fähigkeit, Muster in größeren Zusammenhängen zu erkennen. Menschen mit dieser Energie haben oft ein starkes spirituelles Empfinden oder eine ausgeprägte mediale Begabung. Doch wenn die Energie unausgeglichen ist, kann sie ins Gegenteil umschlagen - ein Gefühl des Verlorenseins, der Zweifel an der eigenen Wahrnehmung oder sogar eine Tendenz zu übermäßiger Selbstanalyse und gedanklicher Zerrissenheit. In niedriger Frequenz kann die Angst entstehen, sich in Illusionen zu verlieren oder die Kontrolle über die eigene geistige Klarheit zu verlieren.

Dieses Chakra fordert dazu auf, eine Balance zwischen Logik und Intuition, Analyse und Eingebung zu finden. Menschen mit dem Code 20-6-8 sollten lernen, ihrem inneren Wissen zu vertrauen, anstatt sich ausschließlich auf äußere Bestätigungen zu verlassen. Es geht darum, die eigene Wahrnehmung nicht durch Selbstzweifel zu verwischen, sondern sich zu erlauben, neue Perspektiven zu erforschen. Eine Schlüsselübung für dieses Chakra ist die bewusste Reflexion: *„Treffe ich meine Entscheidungen aus Vertrauen oder aus Angst? Höre ich wirklich auf meine Intuition, oder lasse ich mich von äußeren Erwartungen leiten?"* Wer es schafft, den eigenen inneren Kompass zu stärken, kann mit diesem Code außergewöhnliche Erkenntnisse gewinnen und sein Bewusstsein auf eine neue Stufe heben.

Sahasrāra (Kronenchakra)

Das Sahasrāra-Chakra ist das Zentrum für spirituelle Weisheit, universelles Bewusstsein und die Verbindung zu höheren Ebenen der Existenz. In diesem Code zeigt es sich als eine dynamische Balance zwischen Harmonie, systemischem Denken und einer tiefen Verbindung zu höheren Kräften.

Die 6er-Energie bringt eine romantische und idealistische Wahrnehmung der Welt. Menschen mit dieser Energie im Kronenchakra erleben das Leben oft durch die Brille von Liebe, Inspiration und emotionaler Verbundenheit. Ihre Spiritualität ist nicht nur eine abstrakte Idee, sondern etwas, das sie in Beziehungen, Kunst und kreativem Ausdruck integrieren. Sie haben eine natürliche Fähigkeit, die psychologischen und emotionalen Mechanismen zwischen Menschen zu verstehen und nach einer tieferen Harmonie zu streben. Doch wenn diese Energie aus dem Gleichgewicht gerät, kann das zu einer Überbetonung der Emotionen führen – Entscheidungen werden dann aus Gefühlen statt aus einer tieferen, klaren Einsicht getroffen. Es kann auch passieren, dass sie ihre Wahrnehmung von Liebe und Verbundenheit idealisieren und sich in Illusionen oder unerfüllbaren Erwartungen verlieren.

Die 8er-Energie verankert das Sahasrāra-Chakra in einem strukturierten, systemischen Verständnis des Lebens. Hier wird das Schicksal als eine Abfolge von festgelegten Programmen und Lernaufgaben wahrgenommen – als eine Route, die entlang klarer Meilensteine verläuft. Menschen mit dieser Energie haben das Bedürfnis, das Universum in geordneten Bahnen zu verstehen, und können oft Konzepte wie Karma, Bestimmung und Lebensaufgaben gut erfassen. Doch wenn diese Energie zu dominant wird, kann das zu einer übermäßigen Fixierung auf „Schicksal als Plan" führen – sie fühlen sich dann wie Passagiere in ihrem eigenen Leben, unfähig, selbstgestaltend einzugreifen. Es gilt, einen Mittelweg zu finden zwischen dem Erkennen von Mustern und dem bewussten Nutzen des eigenen freien Willens.

Die 20er-Energie hebt dieses Chakra auf eine transformative Ebene der spirituellen Meisterschaft. Sie schenkt Menschen mit diesem Code eine starke Verbindung zu spirituellen Führern, höheren Mächten und der universellen Ordnung. Sie können oft tiefere Wahrheiten intuitiv erfassen, haben Zugang zu erweiterten Bewusstseinszuständen und erkennen die verborgenen Zusammenhänge hinter dem Sichtbaren. Viele mit dieser Energie besitzen natürliche esoterische und spirituelle Fähigkeiten – sei es in Form von Visionen, Hellsichtigkeit oder einem tiefen Verständnis der energetischen Dynamiken zwischen Menschen. Die Erinnerung an vergangene Inkarnationen kann ebenfalls präsent sein, wodurch sie Lebenssituationen aus einem größeren Zusammenhang heraus verstehen.

Doch wenn diese Energie unausgeglichen ist, kann sie das Gefühl erzeugen, von dieser Welt abgekoppelt zu sein. Menschen mit diesem Einfluss könnten sich isoliert fühlen oder Schwierigkeiten haben, ihr spirituelles Wissen praktisch in ihr Leben zu integrieren. Sie müssen lernen, dass Erleuchtung nicht nur in transzendenten Erfahrungen liegt, sondern auch im bewussten Handeln im Hier und Jetzt.

Dieses Chakra lädt dazu ein, sich immer wieder bewusst zu machen: *„Wie kann ich mein spirituelles Wissen in meine alltägliche Realität integrieren? Erkenne ich mich als Mitschöpfer meines Lebens oder überlasse ich alles nur dem 'Schicksal'?"* Wer dieses Bewusstsein entwickelt, kann sein volles Potenzial entfalten und eine tiefe Erfüllung in der Verbindung zwischen irdischer Realität und höherer Weisheit finden.

Praktische Anwendungsbeispiele

Menschen mit dem Code 20-6-8 haben oft ein starkes Bedürfnis nach Stabilität, doch paradoxerweise müssen sie lernen, Veränderungen anzunehmen, um diese Stabilität wirklich zu erreichen. Sie können in Berufen erfolgreich sein, die diplomatisches Geschick, strategisches Denken und soziale Intelligenz erfordern. Besonders in der Mediation, im Rechtswesen oder in der Organisationsentwicklung können sie ihre Fähigkeit zur Wiederherstellung von Ordnung nutzen.

In Beziehungen zeigt sich die Herausforderung, sich zwischen Bindung und Unabhängigkeit zu bewegen. Diese Menschen müssen lernen, zwischen Hingabe und Selbstachtung eine Balance zu finden. Wer sich nur an äußeren Erwartungen orientiert, kann in eine Abhängigkeit geraten, während diejenigen, die bewusst entscheiden, was sie wirklich wollen, tiefe und erfüllende Beziehungen erleben können. Das Gesetz der Erneuerung, das in diesem Code verankert ist, erinnert daran, dass jeder Moment eine neue Chance bietet. Wer bereit ist, sich auf diesen Fluss einzulassen, kann sich selbst immer wieder neu erfinden.

Positive und negative Ausprägungen

Menschen mit diesem Programm können eine außergewöhnliche Tiefe entwickeln, wenn sie sich auf ihre innere Wahrheit konzentrieren. Sie haben die Fähigkeit, Situationen aus verschiedenen Blickwinkeln zu betrachten und Lösungen zu finden, die langfristig Bestand haben. Ihre Integrität und Loyalität machen sie zu wertvollen Verbündeten, doch wenn sie sich von Ängsten oder alten Mustern leiten lassen, können sie in Unentschlossenheit oder Feindseligkeit verfallen.

Prognose & Entwicklungspotenzial

Das Programm 20-6-8 fordert dazu auf, die Vergangenheit zu reflektieren, aber nicht darin stecken zu bleiben. Wer sich bewusst für seine Werte entscheidet und den Mut hat, neue Wege zu gehen, kann alte Begrenzungen hinter sich lassen. In diesem Code liegt das Potenzial für tiefgreifende Veränderung – sei es durch persönliche Einsichten, die Versöhnung mit anderen oder die bewusste Gestaltung eines neuen Kapitels im Leben.

Quintessenz 20-6-8 ist der Code der zweiten Chance. Er zeigt, dass nichts endgültig ist und dass wir die Macht haben, unsere Geschichte neu zu schreiben. Wer lernt, sich bewusst für Veränderung und Klarheit zu entscheiden, kann sein volles Potenzial entfalten und eine neue Ebene der inneren Freiheit erreichen.

Empfehlung

Es ist an der Zeit, deine eigene Kraft wirklich anzuerkennen und dich von alten Mustern zu befreien, die dich daran hindern, deinen Weg klar und entschlossen zu gehen. Vielleicht hast du in der Vergangenheit oft das Gefühl gehabt, dich anpassen zu müssen, um Frieden zu wahren oder Konflikte zu vermeiden. Doch das Leben fordert dich jetzt auf, eine neue Haltung einzunehmen – eine, in der du deinen eigenen Wert erkennst und nicht länger zulässt, dass andere über deine Grenzen hinweggehen.

Lerne, deinen eigenen Standpunkt offen auszusprechen, ohne dich von der Angst vor Ablehnung zurückhalten zu lassen. Es ist vollkommen in Ordnung, wenn nicht jeder deine Entscheidungen gutheißt – du bist nicht hier, um es allen recht zu machen, sondern um authentisch zu leben. Wenn du bemerkst, dass du innerlich Groll hegst oder dich oft in Gedanken darüber verlierst, was andere tun oder lassen sollten, dann frage dich: *Habe ich meine eigene Wahrheit ausgesprochen? Habe ich meine Grenzen klar kommuniziert?*

Wut und Frustration sind nicht deine Feinde – sie sind Hinweise darauf, dass etwas in dir Gehör finden möchte. Anstatt diese Emotionen zu unterdrücken oder in stiller Feindseligkeit auszuleben, nutze sie als Antrieb, um aktiv Veränderungen herbeizuführen. Jedes Mal, wenn du deine Bedürfnisse klar formulierst, stärkst du deine innere Haltung. Das bedeutet nicht, aggressiv oder fordernd zu sein, sondern mit ruhiger Entschlossenheit zu stehen, wo du stehst.

Vielleicht spürst du auch, dass du lange Zeit fremdbestimmt warst – dass Erwartungen von außen dich mehr gelenkt haben, als dir bewusst war. Doch jetzt kannst du wählen. Du hast jede Sekunde die Wahl, Verantwortung für dein Leben zu übernehmen und nicht mehr auf Erlaubnis zu warten, bevor du handelst.

Es ist ein Weg, der Mut erfordert, denn dein Umfeld wird vielleicht auf deine Veränderung reagieren. Menschen, die es gewohnt sind, dass du dich anpasst oder zurückhältst, könnten versuchen, dich wieder in alte Rollen zu drängen. Lass dich davon nicht beirren. Bleib klar und ruhig, wenn du spürst, dass jemand deine Grenzen testet. Veränderung bedeutet nicht, dass du kämpfen musst – es reicht, wenn du beständig bei deiner Wahrheit bleibst.

Wenn du dir dabei Unterstützung wünschst, kann einer unserer Matrix-Berater mit jahrelangen Erfahrungen helfen, deine persönlichen Muster zu erkennen und zu durchbrechen. Durch gezielte Analysen zeigt er dir, welche unbewussten Programme dich lenken und wie du sie nachhaltig transformieren kannst. Ergänzend kannst du ätherische Öle nutzen, um dich emotional zu stabilisieren. Öle wie Valor oder Release unterstützen dich dabei, Klarheit und innere Stärke zu finden, während Sacred Mountain dir hilft, dich sicher und geerdet zu fühlen. Auch Journaling oder tägliche Reflexion über deine Fortschritte kann dir helfen, bewusster mit alten Mustern umzugehen und deinen neuen Weg mit Vertrauen zu gehen.

Letztlich geht es darum, dass du dich selbst in deinem eigenen Leben an erste Stelle setzt. Erkenne, dass du nicht machtlos bist, sondern jeden Tag neu wählen kannst. Die zweite Chance, die dieses Programm dir bietet, ist nicht nur eine Chance im Außen – sie ist eine Einladung, deine eigene Kraft zurückzuholen und dein Leben aktiv nach deinen Werten zu gestalten.

Vielleicht merkst du, dass alte Muster nicht nur in deinem Kopf, sondern auch in deinem Körper gespeichert sind. Dein Körper trägt Erinnerungen an vergangene Verletzungen, Zurückweisungen und ungelöste Emotionen. Regelmäßige Bewegung, wie sanftes Yoga, Tai Chi oder bewusste Atemtechniken, kann dir helfen, diese Spannungen loszulassen und dein Nervensystem zu regulieren. Besonders herzöffnende Übungen oder Techniken zur Erdung können dich darin unterstützen, deine innere Stabilität zu festigen. Auch Klänge und Frequenzen haben eine tiefgehende Wirkung auf dein Energiefeld. Mantras, wohltuende Frequenzen oder Klangmeditationen (z. B. mit tibetischen Klangschalen oder 432 Hz-Musik) können dich sanft begleiten, wenn du alte emotionale Verstrickungen lösen möchtest.

Falls du das Gefühl hast, dass sich gewisse Themen schwer alleine lösen lassen, kann energetische Arbeit wie Reiki, unsere Auswahl an über 60 Körperprozessen oder eine gezielte Aura-Reinigung helfen, um unbewusste Widerstände aufzulösen. Besonders bei Themen wie innerer Unsicherheit oder unklaren Abgrenzungen kann eine Chakren-Balance sinnvoll sein, um deine persönliche Mitte zu stärken.

Auch die Verbindung zur Natur kann dir helfen, dich selbst wieder zu spüren. Zeit im Wald, barfuß auf der Erde gehen oder bewusst mit Pflanzen und Bäumen in Kontakt treten, unterstützt dich dabei, dich innerlich zu stabilisieren. Ätherische Öle wie Cedarwood, Frankincense oder Grounding können diesen Prozess zusätzlich begleiten und dir helfen, dein Wurzelchakra zu stärken.

Schließlich ist es wichtig, dir selbst Zeit zu geben. Veränderung ist kein linearer Prozess – es wird Momente geben, in denen du zweifelst oder das Gefühl hast, in alte Muster zurückzufallen. Das ist völlig normal. Wichtig ist, dass du sanft mit dir bleibst und dich nicht verurteilst. Jeder bewusste Schritt zählt.

Kapitel 3

DIE ZEHN PORTALE DER BEWUSSTSEINS-ALCHEMIE – NAVIGIERE DURCH DIE MATRIX DES LEBENS

Unsere Realität ist gewebt aus Wahrnehmung, Erfahrung und Wahl. Doch oft erscheint es, als wären wir in einer unsichtbaren Matrix gefangen – geprägt von Überzeugungen, äußeren Erwartungen und tiefsitzenden Prägungen, die uns unbewusst leiten. Die 10 Portale der Bewusstseinsalchemie sind Wege der Transformation, die uns helfen, über diese Begrenzungen hinauszuwachsen und unser volles Potenzial zu entfalten. Sie sind keine starre Methode, sondern lebendige Werkzeuge, die sich mit unserer Entwicklung entfalten und uns immer wieder neue Türen öffnen.

PORTAL 1 - WÜRDE EIN TRANSZENDENTES WESEN DIES WIRKLICH WÄHLEN?

Jede Entscheidung, die du triffst, formt deine Realität. *Doch wie oft wählst du aus Angst, aus alten Mustern oder aus gesellschaftlicher Erwartung heraus? Was wäre, wenn du aus einer völlig neuen Perspektive wählen würdest – aus der Sicht eines transzendenten Wesens?* Ein transzendentes Wesen würde niemals aus Mangel, Angst oder Schuld heraus wählen. Es würde aus Leichtigkeit, Freude und unbegrenzten Möglichkeiten heraus entscheiden. Doch die meisten Menschen sind so sehr an Begrenzung gewöhnt, dass sie kaum bemerken, wie oft sie sich selbst einschränken. Die Fragen, die wir uns stellen, beeinflussen unser Denken, unsere Wahrnehmung und letztlich unsere Realität. Wenn du dich fragst: *„Warum passiert mir das immer wieder?"*, dann hältst du eine bestimmte Realität fest. Wenn du stattdessen fragst: *„Welche unendlichen Möglichkeiten gibt es hier für mich?"*, öffnest du ein neues Feld von Wahlmöglichkeiten.

Die Illusion der Begrenzung

Viele Menschen treffen Entscheidungen nicht basierend auf ihrer wahren inneren Weisheit, sondern auf Angst. Vielleicht kennst du das Gefühl, vor einer Wahl zu stehen und nicht zu wissen, was die „richtige" Entscheidung ist. In Wahrheit gibt es kein richtig oder falsch – es gibt nur Wahl. Doch wenn du deine Wahl aus Angst oder Schuld triffst, begrenzt du dich selbst.

Stell dir vor, du bist unglücklich in deinem Job. Du sehnst dich nach Veränderung, doch dein Verstand sagt dir: „Aber ich brauche Sicherheit."

Ein transzendentes Wesen würde sich niemals für eine Realität entscheiden, die nicht zur eigenen Freude beiträgt.

Ein transzendentes Wesen würde sich fragen: *„Was würde wirklich zu mir passen?"* oder *„Welche Möglichkeiten gibt es jenseits dessen, was ich bisher für möglich gehalten habe?"*

Ein weiteres Beispiel ist die Liebe. Viele Menschen bleiben in Beziehungen, die sie nicht erfüllen, aus Angst, allein zu sein. Sie glauben, dass sie keine andere Wahl haben. *Doch ist das wirklich wahr? Was wäre, wenn die Vorstellung, dass du allein bist, nur eine Illusion ist?* Ein transzendentes Wesen würde sich niemals für eine Beziehung entscheiden, die sich schwer oder einengend anfühlt. Es würde nach Möglichkeiten suchen, sich in Freude zu verbinden, ohne sich selbst zu verlieren.

Erkenne die Kraft deiner Wahl

Du hast immer die Wahl – in jedem Moment. Doch die meisten Menschen haben gelernt, dass sie ihre Wahlmöglichkeiten einschränken müssen. Sie denken, sie müssen in einem bestimmten Beruf bleiben, sie müssen in einer bestimmten Stadt leben, sie müssen sich so verhalten, wie es von ihnen erwartet wird. *Aber wer hat diese Regeln aufgestellt? Und was wäre, wenn du sie jederzeit ändern könntest?* Ein transzendentes Wesen würde niemals aus einer begrenzten Perspektive heraus wählen. Es würde immer die Frage stellen: *„Gibt es hier noch mehr?"* oder *„Welche Wahl würde mir am meisten Leichtigkeit und Freude bringen?"*

Eine einfache Übung, um aus der Begrenzung auszubrechen, ist die folgende:

Denke an eine Situation, in der du glaubst, keine Wahl zu haben.

„Ist das wirklich wahr?"

„Wenn ich ein transzendentes Wesen wäre, was würde ich hier wählen?"

Vielleicht fühlt es sich ungewohnt an, aber genau darum geht es – dein Bewusstsein über das hinaus zu erweitern, was du bisher für möglich gehalten hast.

Portal 2 - Die Illusion der festen Realität auflösen – Was, wenn alles veränderbar ist?

Es gibt Momente im Leben, in denen sich alles festgefahren anfühlt. Die Umstände scheinen gegen dich zu arbeiten, als wärst du in einem Netz aus Verpflichtungen, Erwartungen und äußeren Einflüssen gefangen. Vielleicht sitzt du in einem Job fest, der dich nicht erfüllt, aber du bleibst, weil du glaubst, dass es keine Alternativen gibt. Vielleicht hältst du an einer Beziehung fest, die dir längst nicht mehr guttut, aus Angst vor dem Alleinsein. Oder du kämpfst mit finanziellen Sorgen und bist überzeugt, dass es keinen Weg gibt, deine Situation zu verändern.

All das erscheint dir real. Greifbar. Faktisch. Und doch - *Was wäre, wenn nichts davon so fest wäre, wie es scheint?* Dieses Portal öffnet die Tür zu einer fundamentalen Erkenntnis - die Realität ist nicht in Stein gemeißelt. Sie ist formbar. Sie ist das Ergebnis deiner Wahrnehmung, deiner Überzeugungen, deiner Wahl.

Die Welt als Spiegel deiner Überzeugungen

Wir nehmen die Welt nicht einfach nur wahr – wir erschaffen sie aktiv mit. Alles, was du in deinem Leben erlebst, wird durch deine inneren Filter geformt. Dein Geist ist wie ein Projektor, der das Bild deiner Überzeugungen und Erfahrungen auf die Leinwand der Realität wirft.

Stell dir einen Mensch vor, der seit Jahren unglücklich bei seiner Arbeit ist. Er hat vielleicht den Glaubenssatz: „Ich muss hart arbeiten, um über die Runden zu kommen". Mit dieser inneren Überzeugung wird er immer wieder Situationen anziehen, die diese Realität bestätigen. Er wird anstrengende Jobs haben, wenig Wertschätzung erfahren und sich ausgelaugt fühlen – weil sein System darauf programmiert ist, dass Arbeit anstrengend sein muss.

Ein anderer Mensch hat hingegen die innere Überzeugung: „Ich werde für das bezahlt, was mir Freude macht". Für ihn entstehen immer wieder Gelegenheiten, die genau das ermöglichen. Er trifft die richtigen Menschen zur richtigen Zeit, bekommt unerwartete Angebote oder findet kreative Wege, um Geld zu verdienen – einfach, weil sein Geist eine andere Realität projiziert.

Doch was passiert, wenn du beginnst, deine Überzeugungen zu hinterfragen? Was, wenn du die Möglichkeit hättest, dein Denken zu verändern und damit eine völlig neue Realität zu erschaffen?

Das Leben ist Bewegung – außer, du hältst es fest Viele Menschen fühlen sich, als wären sie Opfer ihrer Umstände. Sie glauben, dass ihr Leben von äußeren Kräften bestimmt wird – von der Wirtschaft, der Familie, der Vergangenheit oder von Dingen, die „nun mal so sind". Doch in Wirklichkeit hält nur eine Sache die Realität in der Form, in der sie gerade existiert - die Art, wie du sie siehst.

Jedes Mal, wenn du sagst:

„Ich kann das nicht ändern."

„Das ist einfach so."

„So bin ich nun mal."

...hältst du deine eigene Welt an Ort und Stelle. Du gibst ihr eine Form, die scheinbar unveränderlich ist. Doch sobald du eine neue Frage stellst – *„Was wäre, wenn es anders ginge?"* – beginnt sich alles zu bewegen.

Hast du jemals erlebt, dass eine Situation, die du als ausweglos empfunden hast, sich plötzlich verändert hat, sobald du innerlich losgelassen hast? Vielleicht hast du eine Entscheidung hinausgezögert, weil du dachtest, dass du keine Wahl hast – und in dem Moment, in dem du akzeptiert hast, dass es keinen Sinn mehr macht, kam plötzlich eine Lösung von ganz alleine?

Das Leben ist nicht starr. Es ist ein ständig fließender Strom. Die einzige Konstante ist die Veränderung – doch wir halten oft an einer fixen Vorstellung fest, weil wir glauben, dass es uns Sicherheit gibt.

Wie du dich aus der Illusion befreist

Ein Mensch kann sein Leben lang an Überzeugungen festhalten, die ihn begrenzen, und es nicht einmal bemerken. Vielleicht kennst du jemanden, der immer wieder die gleichen Probleme in seinen Beziehungen hat – der immer wieder an Partner gerät, die ihn nicht wertschätzen, die distanziert oder verletzend sind.

Dieser Mensch könnte sagen: „So ist es eben. Beziehungen sind schwierig." Doch die Wahrheit ist: diese Muster wiederholen sich nicht, weil sie unvermeidlich sind, sondern weil tief in ihm ein Glaubenssatz wirkt, der das aufrechterhält. Vielleicht hat er gelernt, dass er für Liebe kämpfen muss, oder dass emotionale Nähe mit Schmerz verbunden ist.

Aber was, wenn er diesen Glaubenssatz hinterfragt?

Was, wenn er sich fragt: *„Wäre das wirklich meine Realität, wenn ich mich heute völlig neu erschaffen könnte?"*

Mit dieser Frage beginnt die Magie

Denn sobald du aufhörst, die Realität als unveränderlich anzusehen, beginnst du, sie bewusst zu gestalten. Die Kunst, die Realität zu verändern Wenn du aus diesem Portal heraustrittst, bist du nicht mehr jemand, der die Welt nur erträgt oder sich von ihr bestimmen lässt. Du beginnst, sie aktiv zu formen.

Die Veränderung beginnt in kleinen Momenten

Jedes Mal, wenn du eine neue Möglichkeit in Betracht ziehst, anstatt dich von einer scheinbaren Begrenzung einschüchtern zu lassen.

Jedes Mal, wenn du etwas loslässt, das dich festhält – sei es ein Job, eine Beziehung oder ein altes Selbstbild.

Jedes Mal, wenn du dich fragst, ob das wirklich die einzige Wahrheit ist, die existiert.

Es gibt unzählige Menschen, die bewiesen haben, dass Veränderung jederzeit möglich ist. Menschen, die scheinbar aus dem Nichts ein erfolgreiches Business erschaffen haben, nachdem sie jahrelang in finanziellen Schwierigkeiten waren. Menschen, die nach Jahrzehnten der Krankheit plötzlich Heilung erfahren haben. Menschen, die von einem Leben in Angst zu einem Leben in Freude übergegangen sind. All das beginnt mit der Bereitschaft, die Vorstellung einer festen Realität loszulassen.

Was wäre, wenn das Leben nicht aus einer Reihe unveränderlicher Gegebenheiten besteht, sondern aus einer Leinwand, auf der du jederzeit neu malen kannst?

Portal 3 - Die Kunst der bewussten Wahl – Erschaffe dein Leben aus Möglichkeiten statt aus Begrenzungen

Jeden Tag treffen wir zahllose Entscheidungen – von den scheinbar belanglosen bis hin zu den lebensverändernden. *Doch wie oft geschieht dies wirklich bewusst? Wie oft erkennen wir, dass jede Entscheidung nicht nur eine Reaktion auf äußere Umstände ist, sondern eine bewusste Wahl, die eine Tür öffnet – oder eine andere verschließt?*

Viele unserer Entscheidungen sind in Wahrheit keine freien Wahlen, sondern das Ergebnis von Prägungen, Ängsten, Erwartungen oder Gewohnheiten. Sie sind antrainierte Muster, die wir von unseren Eltern, unserer Kultur oder unserem Umfeld übernommen haben. Und so kommt es, dass viele Menschen ihr Leben nicht aktiv gestalten, sondern sich von äußeren Umständen, gesellschaftlichen Normen oder alten Überzeugungen treiben lassen.

Vielleicht kennst du das Gefühl, dass du eigentlich gern etwas verändern würdest – sei es dein Job, deine Beziehung, dein Wohnort oder dein Alltag, aber irgendwie scheinst du in einer unsichtbaren Struktur gefangen. Du hast das Gefühl, keine echte Wahl zu haben. *Doch was wäre, wenn du erkennen würdest, dass du jederzeit wählen kannst? Dass du in jedem Moment die Richtung deines Lebens neu bestimmen kannst?*

Bewusste Wahl ist weit mehr als nur eine rationale Entscheidung zwischen zwei Optionen. Sie ist ein tiefes Erkennen, dass du der Schöpfer deiner Realität bist. Jedes Mal, wenn du eine Wahl triffst, setzt du eine Energie in Bewegung, die deine Zukunft formt. Und doch geschieht es so oft, dass wir uns in der Illusion verfangen, keine Wahl zu haben.

Diese Illusion ist eines der stärksten Programme der Matrix – sie hält Menschen in Jobs, die sie unglücklich machen, in Beziehungen, die längst nicht mehr nährend sind, in Gewohnheiten, die ihrer Seele nicht mehr dienen.

Das System will, dass du glaubst, dass du begrenzt bist, dass es nur wenige Möglichkeiten gibt und dass du dich anpassen musst. *Doch was wäre, wenn du dich dieser Illusion bewusst entziehst?*

Die Falle der automatischen Entscheidungen

Viele Menschen glauben, dass sie ihr Leben bewusst gestalten, doch ein Großteil der täglichen Entscheidungen läuft auf Autopilot.

Hast du dich jemals gefragt, warum du morgens genau die gleiche Routine durchläufst? Warum du dieselben Wege zur Arbeit nimmst, dieselben Gespräche führst, dieselben Gedanken denkst? Warum du, obwohl du eigentlich unzufrieden bist, weiterhin das tust, was du tust?

Wir greifen zu den gleichen Speisen, ziehen die gleichen Kleidungsstücke an, sprechen mit den gleichen Menschen, treffen dieselben Beziehungsentscheidungen. Wir bleiben in Beziehungen, weil es einfacher ist als eine Trennung. Wir bleiben in Jobs, weil uns Sicherheit wichtiger erscheint als Erfüllung.

Doch ist das wirklich eine Wahl? Oder ist es einfach eine antrainierte Reaktion?

Wenn du genau hinsiehst, wirst du erkennen, dass viele deiner Entscheidungen nicht aus einer bewussten Wahl, sondern aus einem Automatismus heraus getroffen wurden. Vielleicht hast du dein Studium begonnen, weil es von dir erwartet wurde. Vielleicht bist du in einem bestimmten Beruf gelandet, weil man dir gesagt hat, dass es vernünftig sei. Vielleicht hast du dich gegen deine Träume entschieden, weil die Angst vor dem Scheitern größer war als der Mut zur Veränderung.

Doch was wäre, wenn du jetzt innehältst und eine neue Wahl triffst?

Die meisten Menschen verharren in unglücklichen Situationen, weil sie glauben, keine Wahl zu haben.

Doch die Wahrheit ist, dass du immer eine Wahl hast. Selbst wenn du dich heute für eine kleine Veränderung entscheidest – sei es ein neuer Gedanke, eine neue Perspektive oder eine neue Handlung – setzt du eine neue Energie in Bewegung.

Die Angst vor der falschen Entscheidung

Einer der häufigsten Gründe, warum Menschen nicht bewusst wählen, ist die Angst, die falsche Entscheidung zu treffen.

„Was, wenn ich es später bereue?"
„Was, wenn es nicht funktioniert?"
„Was, wenn es schlimmer wird als vorher?"

Diese Angst lähmt. Sie hält Menschen in Jobs, die sie nicht lieben, in Beziehungen, die sie nicht erfüllen, in Mustern, die sie begrenzen.

Doch jede Entscheidung öffnet eine neue Realität

Wenn du heute entscheidest, deinem Herzen zu folgen, wirst du neue Möglichkeiten entdecken, die dir vorher verborgen waren. Wenn du dich für einen mutigen Schritt entscheidest, wirst du Ressourcen in dir aktivieren, die du nie für möglich gehalten hast.

Ein gutes Beispiel ist eine Frau, die seit Jahren in einer unglücklichen Ehe lebt, aber sich nicht traut, einen Schritt in Richtung Veränderung zu gehen. Sie sagt sich - *„Ich bin schon so lange in dieser Beziehung – was, wenn ich niemand anderen finde?" „Was, wenn ich allein nicht zurechtkomme?"* Diese Angst hält sie gefangen. Sie glaubt, dass sie keine Wahl hat, obwohl sie in Wahrheit nur Angst vor Veränderung hat. *Doch was, wenn sie sich erlaubt, eine neue Wahl zu treffen?*

Wähle für den Moment – nicht für die Ewigkeit

Viele Menschen denken, dass eine Wahl für immer ist. Doch das stimmt nicht. Du kannst dich heute für etwas entscheiden – und morgen für etwas anderes. Du kannst heute in eine Richtung gehen und feststellen, dass du dich unterwegs veränderst. Und dann kannst du eine neue Wahl treffen.

Stell dir vor, du stehst an einer Wegkreuzung. Du wählst einen Pfad, gehst ihn entlang – und nach einer Weile stellst du fest, dass er dich nicht dorthin führt, wo du hinwillst. *Was machst du? Bleibst du auf diesem Weg, nur weil du ihn einmal gewählt hast? Oder erlaubst du dir, eine neue Richtung einzuschlagen?*

Wenn du erkennst, dass keine Wahl in Stein gemeißelt ist, wirst du leichter und flexibler. Du wirst mutiger, weil du weißt, dass du immer wieder neu wählen kannst.

Nutze die Energie der 10 Sekunden-Wahl – das Glücks – oder Schicksalsrad (Arkana 10)

Ein mächtiges Werkzeug, um dich aus der Starre herauszubringen, ist die 10-Sekunden-Wahl. Sie hilft dir, das Drama und die Schwere aus deinen Entscheidungen zu nehmen.

Stell dir vor, du hast nur 10 Sekunden zu leben.

Was würdest du in diesen 10 Sekunden tun?

Würdest du deine Energie damit verschwenden, dich zu sorgen?

Würdest du zögern?

Oder würdest du einfach wählen?

Nach diesen 10 Sekunden – wählst du erneut...

Wieder...

Und wieder...

Und wieder...

Diese Methode zeigt dir, dass du in jedem Moment eine neue Wahl treffen kannst.

Jede Wahl erschafft deine Realität

Vielleicht glaubst du, dass deine Entscheidungen nicht wirklich einen Einfluss haben. Doch das stimmt nicht. Jede Wahl sendet eine energetische Welle in dein Leben. Wenn du dich heute entscheidest, deine Selbstwahrnehmung zu verändern, werden sich auch deine Umstände verändern. Wenn du dich entscheidest, mehr Leichtigkeit in dein Leben zu lassen, werden plötzlich Möglichkeiten auftauchen, die du vorher nicht gesehen hast.

Jede Wahl verändert dein Energiefeld

Jede Wahl erschafft eine neue Realität

Jede Wahl ist ein Tor zu etwas Größerem

Was wäre, wenn du heute eine Wahl triffst, die dich näher an das bringt, was du wirklich möchtest? Was, wenn du dich nicht mehr fragst - „Was ist richtig?" sondern stattdessen - „Was ist möglich?"

Dieses Portal öffnet den Raum für bewusste Gestaltung. Es zeigt dir, dass du kein Opfer deiner Umstände bist, sondern ein Schöpfer, der in jedem Moment eine neue Wahl treffen kann.

Wähle bewusst. Wähle für dich. Wähle das Leben, das dich wirklich erfüllt.

PORTAL 4 - DIE FREIHEIT JENSEITS VON FORM, STRUKTUR UND BEDEUTUNG – ERKENNE, WAS WIRKLICH MÖGLICH IST

Wie oft in deinem Leben hast du dich an etwas festgehalten, weil du dachtest, dass es nur auf eine bestimmte Weise existieren oder funktionieren kann? Vielleicht hast du gelernt, dass Beziehungen feste Rollen haben müssen, dass Erfolg nach einem klaren Plan verläuft oder dass dein Körper eine begrenzte Kapazität hat. *Doch was wäre, wenn all das nur eine Konstruktion wäre – eine Form, eine Struktur, eine Bedeutung, die du dem Leben gegeben hast, die aber nicht die absolute Wahrheit ist?*

Dieses Portal fordert dich heraus, jenseits dieser Begrenzungen zu blicken. *Was wäre, wenn nichts eine festgelegte Form haben müsste? Was, wenn du erkennen würdest, dass Struktur oft mehr eine Begrenzung als eine Hilfe ist? Und was, wenn Bedeutung nicht inhärent existiert, sondern etwas ist, das du erst in die Dinge hineinlegst?*

In der Matrix des Lebens sind wir es gewohnt, nach festen Regeln zu leben. Wir glauben, dass bestimmte Dinge auf eine bestimmte Weise sein müssen, dass bestimmte Umstände unvermeidlich sind und dass es feste Wege gibt, um ans Ziel zu kommen. Doch die größte Freiheit entsteht dann, wenn wir bereit sind, alles als formbar, veränderbar und ohne festgelegte Bedeutung zu betrachten.

Wie Form, Struktur und Bedeutung dich gefangen halten Denke an einen Moment in deinem Leben, in dem du das Gefühl hattest, steckenzubleiben. Vielleicht war es eine Beziehung, die nicht mehr funktionierte, aber du hast sie trotzdem aufrechterhalten, weil du dachtest: „So funktioniert Liebe eben." Oder vielleicht hast du in einem Job ausgeharrt, obwohl er dich erschöpft hat, weil du glaubtest: „Das ist der Preis für Sicherheit."

Diese Überzeugungen sind das Produkt von Form, Struktur und Bedeutung, die du oder andere erschaffen haben. Sie erschaffen ein System, in dem du glaubst, dass es nur begrenzte Wege gibt, um zu leben, zu arbeiten oder zu lieben.

Doch was, wenn genau diese Konzepte die eigentliche Begrenzung sind? Stell dir vor, du hältst eine Tasse in der Hand. Die Form der Tasse bestimmt, wie du sie benutzen kannst – du kannst darin Wasser halten, aber nicht durch sie hindurchsehen. Nun stell dir vor, die Tasse wäre plötzlich formlos. Sie könnte zu allem werden - ein Glas, eine Vase, eine Skulptur oder einfach flüssige Energie. Genau so funktioniert deine Realität – solange du glaubst, dass etwas eine feste Form hat, bist du in dieser Wahrnehmung gefangen.

Dasselbe gilt für Struktur. Wenn du glaubst, dass du dein Leben in einer bestimmten Reihenfolge leben musst – Schule, Ausbildung, Karriere, Familie, Rente – dann wirst du alle anderen Möglichkeiten ausschließen. *Doch was, wenn es keine Struktur bräuchte? Was, wenn du dich in jedem Moment neu erschaffen könntest?*

Und schließlich Bedeutung - wir geben den Dingen um uns herum Bedeutung, doch diese Bedeutung ist nicht in Stein gemeißelt. Eine Trennung kann das Ende einer Geschichte sein – oder der Beginn einer neuen Freiheit. Ein finanzieller Verlust kann eine Katastrophe sein – oder eine Chance für einen neuen Start. Bedeutung existiert nur in deinem Kopf, nicht in der Realität selbst.

Das Festhalten an festen Strukturen – und wie du dich davon befreist

Viele Menschen leiden unter der Unsicherheit, wenn sich Dinge verändern. Sie haben gelernt, sich an Strukturen festzuhalten, weil diese Sicherheit bieten sollen. Doch oft ist es genau dieses Festhalten, das Schmerz verursacht.

Betrachten wir ein Beispiel

Lisa hatte jahrelang in einer Firma gearbeitet, in der alles nach einem festen Plan lief. Sie wusste, wann ihre Meetings waren, welche Aufgaben sie erledigen musste und was von ihr erwartet wurde. Doch innerlich fühlte sie sich leer. Als ihr Chef ihr schließlich kündigte, war sie am Boden zerstört – denn ihre ganze Realität hatte auf der Struktur dieses Jobs basiert. Sie hatte ihre Identität in diese Struktur eingefügt und glaubte, dass sie ohne sie nichts wert war.

Nach Wochen der Verzweiflung begann Lisa, sich zu fragen: *„Was, wenn ich diesen Moment als eine Möglichkeit betrachte, etwas völlig Neues zu erschaffen?"* Statt sich an ihre alte Struktur zu klammern, entschied sie sich, ihre Fähigkeiten auf neue Weise einzusetzen. Sie begann, freiberuflich zu arbeiten, reiste und entdeckte, dass sie ohne die feste Struktur viel kreativer war. Die Wahrheit ist: Struktur kann nützlich sein, solange sie dich unterstützt – doch sobald sie dich einengt, wird sie zu einem Käfig.

Die Illusion der Bedeutung – und die Freiheit, neu zu wählen Viele Menschen verbringen ihr Leben damit, sich an eine bestimmte Bedeutung zu klammern. Sie glauben, dass Erfolg nur dann wertvoll ist, wenn er durch harte Arbeit kommt, dass Liebe nur dann echt ist, wenn sie auf eine bestimmte Weise aussieht, oder dass Geld mit moralischen Fragen verknüpft ist. *Doch was wäre, wenn du selbst wählen könntest, welche Bedeutung du den Dingen gibst?*

Ein Beispiel

Tom hatte sich immer gewünscht, ein eigenes Unternehmen zu führen. Doch als er endlich sein Geschäft eröffnete, stellte er fest, dass es ihn nicht glücklich machte. Er fühlte sich genauso gefangen wie zuvor im Angestelltenverhältnis. Als er mit einem Mentor sprach, erkannte er: „Ich habe mir selbst die Bedeutung gegeben, dass Erfolg nur dann wertvoll ist, wenn er auf eine bestimmte Weise entsteht."

Als er sich erlaubte, diese Bedeutung zu verändern, begann er, sein Unternehmen so zu gestalten, dass es ihm wirklich Freude brachte – mit mehr Freiraum, mit mehr Leichtigkeit. Bedeutung ist eine Wahl.

Du kannst wählen, dass eine Herausforderung ein Problem ist – oder eine Möglichkeit zum Wachsen.

Du kannst wählen, dass eine Veränderung ein Verlust ist – oder eine neue Tür.

Du kannst wählen, dass deine Vergangenheit dich definiert – oder dass du dich in jedem Moment neu erschaffen kannst.

Wie du dich aus der Begrenzung befreist

Willst du erfahren, wie es ist, außerhalb von Form, Struktur und Bedeutung zu leben?

Dann beginne mit diesen Fragen

Welche Form gebe ich meinem Leben, die mich in Wirklichkeit begrenzt?

Welche Struktur halte ich für notwendig, die mich vielleicht klein hält?

Welche Bedeutung könnte ich heute loslassen, um mehr Freiheit zu erleben?

Diese Fragen sind keine einmalige Übung – sie sind ein Lebenswerkzeug. Jedes Mal, wenn du das Gefühl hast, festzustecken, frage dich: *„Was wäre hier möglich, wenn ich nicht an eine feste Form, Struktur oder Bedeutung gebunden wäre?"*

Jede Transformation beginnt mit der Bereitschaft, sich von alten Definitionen zu lösen.

Nichts in deinem Leben muss so bleiben, wie es ist. Du bist derjenige, der es formt.

Jenseits der Begrenzung leben

Dieses Portal ist eines der machtvollsten auf deinem Weg zur Bewusstseinsalchemie. Es zeigt dir, dass du nicht an das gebunden bist, was dir beigebracht wurde, was „normal" erscheint oder was du bisher für wahr gehalten hast. Form, Struktur und Bedeutung sind Werkzeuge – doch sie sind nicht die Realität. Sobald du das erkennst, beginnt dein wahres Leben.

Was kannst du heute neu wählen, wenn du bereit bist, alles zu hinterfragen? Die Matrix des Lebens ist nicht fest. Sie ist eine Leinwand – und du bist der Künstler.

Portal 5 - Die Freiheit jenseits von Urteil – Erkenne deine wahre Grösse

Dieses Portal öffnet den Raum für wahre Freiheit, denn es löst dich von der ständigen Selbstbewertung, dem Urteil über andere und dem Gefühl, nicht gut genug zu sein. Unser Leben ist oft geprägt von Urteilen – von der Gesellschaft, von unserem Umfeld und vor allem von uns selbst. Doch jedes Urteil ist eine Begrenzung, die uns daran hindert, unser wahres Potenzial zu erkennen und zu entfalten.

Die unsichtbaren Fesseln des Urteilens

Von klein auf lernen wir, was richtig und falsch, gut und schlecht, akzeptabel und inakzeptabel ist. Wir wachsen mit den Urteilen unserer Eltern, Lehrer und der Gesellschaft auf, die uns sagen, wie wir sein sollten, was wir tun dürfen und worin unser Wert liegt.

Und so entwickeln wir eine innere Stimme, die uns ständig bewertet

„Das war nicht gut genug."

„Du solltest disziplinierter sein."

„Andere machen es besser als du."

„Warum kannst du nicht einfach normal sein?"

Doch wer bestimmt eigentlich, was „normal" ist? Wer legt fest, was „gut" oder „schlecht" ist? Und was wäre, wenn alles nur eine Sichtweise wäre, die du verändern kannst?

Urteile sind keine Wahrheiten – sie sind Konstrukte, die uns klein halten. Sie geben uns das Gefühl, in einer bestimmten Art und Weise funktionieren zu müssen, um akzeptiert zu werden. Doch je mehr du versuchst, diesen unsichtbaren Regeln zu folgen, desto mehr entfernst du dich von deiner eigenen Essenz.

Die Last der Selbstbewertung

Eine der schmerzhaftesten Formen des Urteilens ist die Selbstbewertung. *Wie oft hältst du dich selbst zurück, weil du glaubst, nicht genug zu sein? Wie oft vergleichst du dich mit anderen und kommst zu dem Schluss, dass du nicht mithalten kannst? Oder versuchst, perfekt zu sein, um endlich das Gefühl zu haben, wertvoll zu sein?*

Doch Perfektion ist eine Illusion. Sie ist ein Gefängnis, das dich in einem ständigen Kreislauf aus Leistung, Angst und Unsicherheit gefangen hält. Denn egal, wie viel du erreichst, dein innerer Kritiker wird immer eine neue Schwachstelle finden.

Was wäre, wenn du aufhören würdest, dich selbst zu bewerten? Was wäre, wenn du stattdessen anerkennen würdest, dass du genau richtig bist – genau so, wie du bist?

Jeder Mensch hat eine einzigartige Energie, eine Essenz, die nicht in Kategorien oder Maßstäbe gepresst werden kann. Du bist kein Produkt, das optimiert werden muss. Du bist ein einzigartiges Bewusstsein, das sich in dieser Realität entfaltet.

Das Urteil über andere – ein Spiegel unserer Unsicherheiten

Nicht nur bewerten wir uns selbst, sondern auch die Menschen um uns herum. Wir urteilen über das Verhalten anderer, über ihre Entscheidungen, über ihr Aussehen, ihre Denkweise oder ihre Erfolge. Doch jedes Urteil, das du über andere fällst, hält dich selbst gefangen.

Wenn du jemanden als „zu laut" oder „zu egoistisch" bezeichnest, dann frage dich - *Wo in mir trage ich dieses Thema? Warum triggert es mich?* Oft spiegeln uns andere genau die Teile von uns selbst, die wir nicht sehen oder akzeptieren wollen.

Urteile erzeugen Trennung. Sie erschaffen Mauern zwischen dir und anderen. *Doch was wäre, wenn du aufhören würdest zu bewerten und stattdessen einfach beobachten würdest? Was wäre, wenn du anerkennen würdest, dass jeder Mensch seinen eigenen Weg geht – genau wie du?*

Jenseits von richtig und falsch – der Raum der Möglichkeiten

Wenn du dich von Urteilen befreist, entsteht ein völlig neuer Raum. Ein Raum, in dem du nicht länger versuchst, dich an ein Idealbild anzupassen, sondern in dem du einfach bist. Ein Raum, in dem du andere Menschen nicht durch die Brille von richtig oder falsch betrachtest, sondern sie als das siehst, was sie sind – bewusste Wesen mit ihren eigenen Erfahrungen und Entscheidungen.

Das bedeutet nicht, dass du mit allem einverstanden sein musst. Doch anstatt in Widerstand oder Kampf zu gehen, kannst du wählen, ob etwas für dich funktioniert oder nicht – ohne es bewerten zu müssen. Du kannst entscheiden, mit welchen Menschen du dich umgibst, welchen Wegen du folgst und welche Werte du in dein Leben integrierst, ohne in die Falle von „gut" oder „schlecht" zu tappen.

Wenn du nicht mehr bewertest, wirst du frei. Du beginnst, die Welt mit neuen Augen zu sehen – nicht als eine Ansammlung von Fehlern, sondern als ein Meer an Möglichkeiten.

Übungen zur Befreiung von Urteil

Wenn du dich von der Last des Urteilens befreien möchtest, kannst du bewusst bestimmte Schritte gehen.

Beobachte deine inneren Bewertungen - immer, wenn du dich selbst oder andere bewertest, halte inne und frage dich: *Ist das wirklich wahr? Oder ist es nur eine gelernte Sichtweise? Was ist hier sonst noch möglich?*

Statt dich zu verurteilen, weil du eine „falsche" Entscheidung getroffen hast, frage: *Welche neuen Möglichkeiten eröffnen sich mir daraus?*

Finde deine eigene Wahrheit - erkenne, dass alle Maßstäbe und Bewertungen von außen kommen. *Was ist für DICH stimmig? Welche Version von dir fühlt sich leicht und frei an?*

Übe radikale Selbstakzeptanz - stehe vor einem Spiegel, sieh dir in die Augen und sage dir: „Ich bin genau richtig, so wie ich bin." Wiederhole es, bis du es spürst.

Lass die Geschichten los - erkenne, dass jedes Urteil eine Geschichte ist, die du über dich oder andere erzählst. *Was wäre, wenn du heute eine neue Geschichte beginnst?*

Die Freiheit, einfach du selbst zu sein

Wenn du aufhörst zu bewerten, beginnt das Leben auf eine völlig neue Weise zu fließen. Du wirst leichter, freier, kreativer. Du verschwendest keine Energie mehr darauf, dich selbst oder andere in Kategorien zu pressen, sondern kannst dich dem Fluss des Lebens hingeben.

Dieses Portal lädt dich ein, alle alten Urteile loszulassen – die über dich selbst, über andere und über die Welt. Es erinnert dich daran, dass du niemandem beweisen musst, dass du wertvoll bist. Du bist bereits vollkommen.

Was wäre, wenn du dich heute von der Last des Urteilens befreien würdest?

Was wäre, wenn du ab jetzt mit offenem Herzen in die Welt blickst – ohne Schwere, ohne Scham, ohne das Gefühl, falsch zu sein?

Die Freiheit wartet bereits auf dich. Alles, was du tun musst, ist, sie zu wählen.

PORTAL 6 - DIE KLARHEIT DES GEISTES – BEFREI DICH VON BETÄUBUNG & ABLENKUNG

Unser Alltag ist durchzogen von Ablenkungen. Mal sind sie offensichtlich, mal treten sie in so subtiler Form auf, dass wir sie kaum als solche erkennen. Sie haben jedoch eines gemeinsam - sie halten uns davon ab, wirklich präsent zu sein. Sie trennen uns von unserer Wahrnehmung, unserem wahren Potenzial und unserer Fähigkeit, bewusst zu wählen. In einer Welt, die uns ununterbrochen Reize liefert, haben viele Menschen verlernt, in der Stille zu sein, sich selbst wahrzunehmen und in vollem Bewusstsein zu handeln.

Es gibt offensichtliche Betäubungen wie Alkohol, Drogen oder übermäßigen Konsum von Medikamenten, die das Bewusstsein dämpfen. Doch Betäubung zeigt sich auch in subtileren Formen – exzessive Ablenkung durch soziale Medien, ständiges Essen ohne Hunger, das Flüchten in Serien, Arbeit oder Beziehungen, die uns nicht erfüllen. All das sind Wege, sich nicht mit sich selbst auseinanderzusetzen, Emotionen nicht zu fühlen und inneren Fragen aus dem Weg zu gehen. Wer sich von solchen Mustern leiten lässt, lebt nicht sein eigenes Leben, sondern bewegt sich in einer Realität, die von Vermeidungsstrategien und unbewussten Mustern geprägt ist.

Doch warum greifen wir überhaupt zu diesen Ablenkungen? In vielen Fällen geht es um das Ausweichen vor Schmerz, Angst oder Unsicherheit. Die Intensität des Lebens kann überwältigend sein, besonders wenn man sich mit unangenehmen Wahrheiten konfrontiert sieht. Es scheint einfacher, sich durch äußere Reize zu betäuben, anstatt sich der eigenen Realität zu stellen. Doch genau hier liegt der größte Trugschluss - Alles, was verdrängt oder betäubt wird, bleibt bestehen. Es löst sich nicht auf, sondern staut sich an und tritt immer wieder in unser Bewusstsein – in Form von Unzufriedenheit, Erschöpfung oder dem Gefühl, im eigenen Leben nicht wirklich anwesend zu sein.

Viele Menschen sind sich nicht einmal bewusst, wie stark sie sich selbst betäuben. Sie halten ihr Verhalten für normal, weil es gesellschaftlich akzeptiert ist. Doch wenn wir innehalten und genau hinsehen, erkennen wir, wie oft wir nach Ablenkung suchen, um uns nicht mit der Stille oder unseren eigenen Gedanken auseinandersetzen zu müssen. *Wer hat nicht schon einmal das Handy in die Hand genommen, nur um sich für ein paar Minuten abzulenken? Wer hat nicht schon einmal einen Film geschaut, obwohl er eigentlich müde war, nur um nicht mit den eigenen Emotionen konfrontiert zu werden?* Diese scheinbar harmlosen Gewohnheiten sind tief in unserem Alltag verankert und bestimmen, wie wir unser Leben wahrnehmen.

Wenn wir beginnen, bewusst auf unsere Muster zu achten, öffnen wir die Tür zur Klarheit. Wahre Präsenz entsteht, wenn wir aufhören, uns zu betäuben, und stattdessen bereit sind, alles zu fühlen – auch das Unangenehme. Es bedeutet, sich nicht mehr vor der Intensität des Lebens zu fürchten, sondern sie anzunehmen und zu nutzen. Das bedeutet nicht, dass man nie wieder einen Film schaut oder ein Glas Wein trinkt, sondern dass man dies aus einer bewussten Wahl heraus tut und nicht als Mittel zur Flucht. Präsenz bedeutet, Entscheidungen mit Klarheit zu treffen, statt aus dem unbewussten Drang nach Betäubung oder Ablenkung heraus zu handeln.

Ein Beispiel

Jemand, der sich in einer unglücklichen Beziehung befindet, könnte sich unbewusst dazu entschließen, sich durch Arbeit oder ständige Aktivitäten abzulenken, anstatt sich mit der Wahrheit auseinanderzusetzen. Die eigentliche Frage – *„Bin ich glücklich?"* – wird verdrängt. Doch sie verschwindet nicht. Sie kehrt immer wieder zurück, oft in Form von Unzufriedenheit, Gereiztheit oder Erschöpfung. *Doch was passiert, wenn dieser Mensch beschließt, nicht mehr vor dieser Frage davonzulaufen? Was, wenn er sich erlaubt, der Wahrheit ins Gesicht zu sehen und neue Entscheidungen zu treffen?*

Ähnlich verhält es sich mit Menschen, die in ihrem Job feststecken, aber Angst haben, eine Veränderung anzugehen. Sie lenken sich mit Alltäglichem ab, reden sich ein, dass es „gar nicht so schlimm" ist, und übergehen dabei die innere Stimme, die nach einer neuen Richtung ruft. Doch Betäubung, egal in welcher Form, verhindert Wachstum. Sie hält uns an einem Punkt fest, an dem wir stagnieren, anstatt weiterzugehen.

Der erste Schritt zur Freiheit liegt darin, diese Muster zu erkennen und bewusst zu entscheiden, präsent zu sein. Das bedeutet, sich zu fragen: *Was versuche ich gerade zu vermeiden? Welche Emotionen oder Wahrheiten will ich nicht fühlen? Was würde passieren, wenn ich vollkommen präsent wäre?* Die Antworten auf diese Fragen können herausfordernd sein, doch sie sind der Schlüssel zu echter Veränderung. Sie ermöglichen es, sich nicht länger in Ablenkungen zu verlieren, sondern aktiv das eigene Leben zu gestalten.

Um diesen Weg zu gehen, braucht es Mut. Denn Klarheit kann unbequem sein. Sie konfrontiert uns mit der Wahrheit über unser Leben, unsere Entscheidungen und unsere inneren Konflikte. Doch genau hier liegt die größte Befreiung - Wenn wir bereit sind, hinzusehen, erkennen wir, dass wir die Kraft haben, unser Leben zu verändern. Wir erkennen, dass wir nicht Opfer unserer Umstände sind, sondern Schöpfer unserer Realität.

Es gibt viele Wege, um sich aus dem Griff der Betäubung zu befreien. Einer der wichtigsten ist, bewusste Räume der Stille zu schaffen – Zeiten ohne Ablenkung, in denen wir wirklich spüren, was in uns vorgeht. Meditation, achtsame Bewegung, Tage ohne digitale Reize oder bewusstes Atmen können helfen, sich selbst wieder näherzukommen. Es geht nicht darum, alles im Leben perfekt zu machen, sondern darum, bewusst zu wählen, wie wir unser Leben erfahren möchten.

Wenn du heute beginnst, dich selbst ehrlich zu fragen: *„Wo betäube ich mich noch?"*, öffnest du die Tür zu einer neuen Realität. Einer Realität, in der du nicht mehr von äußeren Reizen gesteuert wirst, sondern deine Klarheit nutzt, um bewusste Entscheidungen zu treffen. Das Leben ist nicht dazu da, betäubt zu werden – es ist dazu da, in seiner vollen Intensität erlebt zu werden. *Bist du bereit, wirklich wach zu sein?*

PORTAL 7 - DIE ILLUSION DES WETTBEWERBS & DEIN EINZIGARTIGER WEG ZUR FÜLLE

In einer Welt, die uns von klein auf lehrt, dass wir besser, schneller und erfolgreicher sein müssen als andere, ist es leicht, sich in einem ständigen Wettkampf zu verlieren. Ob in der Schule, im Beruf oder in sozialen Kreisen – überall scheint es darum zu gehen, sich zu beweisen, sich zu messen und mehr zu erreichen als andere.

Doch was, wenn dieser ständige Vergleich eine Illusion ist? Was, wenn wahre Größe nicht darin liegt, andere zu übertreffen, sondern den eigenen einzigartigen Weg zu gehen? Wettbewerb ist eines der stärksten Konzepte, die uns in dieser Realität gefangen halten. Er gibt uns das Gefühl, dass wir nur dann wertvoll sind, wenn wir uns gegen andere behaupten. Doch in Wahrheit führt der ständige Vergleich dazu, dass wir den Zugang zu unserer eigenen Kreativität, Intuition und Freude verlieren. Wenn du dich darauf konzentrierst, besser zu sein als jemand anderes, lebst du nicht mehr dein eigenes Leben – du versuchst lediglich, eine andere Version von dir selbst zu erschaffen, die nicht aus deiner Essenz kommt.

Stell dir vor, du bist in einem Wettlauf, aber du kennst die Strecke nicht. Du weißt nicht, wo das Ziel ist oder was der Gewinn sein soll, doch alle um dich herum rennen und du fühlst dich gezwungen, mitzuhalten. Du rennst schneller, gibst alles – doch irgendwann bemerkst du, dass du dich immer weiter von dem entfernst, was dich wirklich erfüllt. Dieser Wettlauf ist nichts anderes als der ewige Versuch, sich mit anderen zu vergleichen und sich in einem System zu behaupten, das niemals wirklich Zufriedenheit bringt.

Doch was passiert, wenn du einfach stehen bleibst? Was, wenn du aus dem Rennen aussteigst und beginnst, deinen eigenen Weg zu gehen? Plötzlich siehst du, dass es gar nicht nötig ist, mit anderen zu konkurrieren. Dein Leben ist kein Wettkampf, sondern eine Entdeckungsreise – und der einzige Maßstab, an dem du dich messen solltest, ist deine eigene innere Wahrheit.

Ein häufiges Beispiel für die Falle des Wettbewerbs ist der berufliche Erfolg. Viele Menschen glauben, dass sie nur dann etwas erreichen können, wenn sie härter arbeiten als andere, sich besser präsentieren oder in bestimmten Strukturen brillieren. Doch immer wieder gibt es Menschen, die außerhalb des klassischen Systems ihren eigenen Weg finden – und dadurch nicht nur Erfolg, sondern auch Erfüllung erleben. Sie haben aufgehört, sich mit anderen zu messen, und stattdessen erkannt, dass ihre Einzigartigkeit ihr größtes Kapital ist.

Auch in persönlichen Beziehungen zeigt sich der zerstörerische Einfluss des Wettbewerbs. *Wie oft versuchen wir, besser, attraktiver oder liebenswerter als andere zu sein, um Anerkennung oder Liebe zu bekommen?* Doch wahre Verbundenheit entsteht nicht durch Konkurrenz, sondern durch Authentizität. Wer sich nicht mehr in der Angst verliert, nicht gut genug zu sein, und stattdessen beginnt, seine eigene Wahrheit zu leben, wird Beziehungen auf einer völlig neuen Ebene erfahren.

Ein weiteres Beispiel ist die kreative Entfaltung. Künstler, Schriftsteller, Musiker oder Unternehmer erleben oft den Druck, sich gegen andere durchzusetzen, um erfolgreich zu sein. Doch die inspirierendsten Menschen sind nicht diejenigen, die versuchen, jemand anderen zu übertreffen – sondern diejenigen, die ihre eigene Stimme finden. Statt zu fragen: *„Wie kann ich besser sein als jemand anderes?"* solltest du dich fragen: *„Was kann ich erschaffen, das es nur durch mich geben kann?"* Diese Perspektive verändert alles.

Die Wahrheit ist - Es gibt keinen echten Wettbewerb. Niemand hat genau deine Erfahrungen, deine Perspektiven, deine Energie. Niemand kann die Dinge auf genau die gleiche Weise tun wie du. Dein Wert liegt nicht darin, besser als andere zu sein, sondern darin, deine eigene Einzigartigkeit in die Welt zu bringen.

Doch um aus dem Kreislauf des Vergleichs auszusteigen, braucht es Bewusstsein. Es bedeutet, sich immer wieder zu fragen: *„Tue ich das, weil es mich wirklich erfüllt, oder weil ich mich beweisen will?" „Wähle ich diesen Weg, weil er mich glücklich macht, oder weil ich denke, dass ich damit Anerkennung bekomme?"*

Je ehrlicher du dir diese Fragen stellst, desto mehr wirst du erkennen, wo du noch in der Falle des Wettbewerbs gefangen bist.

Ein kraftvoller Weg, um diese Dynamik zu durchbrechen, ist es, sich auf Kooperation, statt Konkurrenz zu fokussieren. *Was wäre, wenn du andere Menschen nicht als Rivalen, sondern als Inspirationsquelle betrachten würdest? Was wäre, wenn du ihre Erfolge nicht als Bedrohung, sondern als Beweis für das Potenzial sehen würdest, das auch in dir steckt?* Jeder Mensch, der seinen eigenen Weg geht, zeigt dir, dass es möglich ist – auch für dich.

Die Bewusstseinsalchemie dieses Portals lädt dich ein, dich aus der Illusion des Wettbewerbs zu befreien und die Freude an deiner eigenen Reise wiederzuentdecken. Es gibt nichts, dass du „gewinnen" musst. Dein Leben ist kein Wettkampf – es ist eine Einladung zur Entfaltung. Die größte Freiheit liegt darin, deinen eigenen Weg zu gehen, ohne dich mit anderen zu vergleichen. Denn wenn du deine eigene Größe erkennst, wird es keine Konkurrenz mehr geben – nur noch unendliche Möglichkeiten.

PORTAL 8 - DIE MACHT DER WAHRHEIT – BEFREIE DICH VON DEINER GESCHICHTE

Menschen leben in Geschichten. Sie erzählen sich immer wieder, wer sie sind, was sie erlebt haben und warum ihr Leben so ist, wie es ist. Geschichten sind mächtig – sie formen unsere Identität, unsere Beziehungen und unsere Sicht auf die Welt. Doch während Geschichten uns Halt und Orientierung geben können, sind sie auch oft das größte Hindernis für Veränderung. Solange du an einer alten Geschichte festhältst, bleibt deine Zukunft von der Vergangenheit bestimmt. *Was wäre, wenn du heute beschließen würdest, die Geschichte über dich selbst neu zu schreiben?*

Jeder Mensch trägt innere Erzählungen mit sich, die über Jahre hinweg gewachsen sind. Manche dieser Geschichten sind voller Stolz und Errungenschaften, andere hingegen sind eng mit Leid, Verlust oder Niederlagen verbunden. Vielleicht glaubst du, dass du schon immer Pech in der Liebe hattest, dass du nicht gut genug bist oder dass du nie wirklich Glück hattest. Vielleicht hältst du an einer Vorstellung von dir selbst fest, die auf vergangenen Fehlern basiert, oder du glaubst, dass dich ein früheres Trauma für immer definiert.

Doch was wäre, wenn du erkennen würdest, dass Geschichten nicht die Wahrheit sind? Sie sind nur Interpretationen. Deine Vergangenheit ist nicht mehr als eine Reihe von Ereignissen, die du mit Bedeutung gefüllt hast. Doch du kannst diese Bedeutung jederzeit verändern.

Viele Menschen hängen an ihren Geschichten, weil sie ihnen eine Identität geben. Sie fühlen sich sicher in dem, was sie kennen – selbst, wenn diese Geschichte ihnen schadet. *Die Erzählung darüber, dass „ich immer kämpfen musste", „ich immer übersehen wurde" oder „ich nie genug hatte", ist vielleicht vertraut, aber hält sie dich wirklich dort, wo du sein möchtest?*

Der erste Schritt in die Freiheit ist das Bewusstsein darüber, welche Geschichten du dir selbst erzählst. Stell dir vor, du würdest all deine Überzeugungen über dich selbst aufschreiben. *Was würdest du sehen? Würdest du eine Erzählung voller Möglichkeiten entdecken oder eine Geschichte voller Begrenzungen?*

Viele Menschen tragen eine tiefe Opfergeschichte in sich. Sie glauben, dass äußere Umstände ihr Leben bestimmt haben, dass ihnen Chancen verwehrt wurden oder dass sie durch das Verhalten anderer zu dem Menschen wurden, der sie heute sind. Die Opfergeschichte gibt ihnen das Gefühl, keine Wahl zu haben. Doch das ist eine Illusion.

Es gibt Menschen, die aus den schlimmsten Situationen eine unglaubliche Kraft entwickeln, während andere sich von viel kleineren Rückschlägen zerstören lassen. Der Unterschied liegt nicht in den äußeren Umständen, sondern in der Geschichte, die sie über sich selbst glauben.

Wenn du wirklich Veränderung willst, musst du aufhören, dich über deine Vergangenheit zu definieren. *Bist du bereit, diese Geschichte loszulassen?*

Es gibt Menschen, die sich jahrelang erzählen, dass sie niemals finanziellen Wohlstand erreichen werden, weil ihre Familie schon immer mit Geldproblemen zu kämpfen hatte. Andere erzählen sich, dass sie nicht talentiert genug sind, um ihre Träume zu verwirklichen. Doch all das sind nur Worte, die sie sich selbst immer wieder einprägen. Es sind keine unumstößlichen Wahrheiten.

Jede Geschichte, die du über dich glaubst, ist eine Entscheidung. *Was wäre, wenn du heute eine neue Entscheidung triffst?*

Das bedeutet nicht, dass du deine Vergangenheit leugnen sollst. Es bedeutet, dass du die Macht darüber zurückgewinnst, welche Bedeutung du ihr gibst. Anstatt zu sagen: „Ich habe in der Vergangenheit Fehler gemacht und das zeigt, dass ich nicht gut genug bin", könntest du sagen: „Ich habe aus jeder Erfahrung gelernt und wachse mit jeder neuen Entscheidung."

Doch es geht nicht nur um die Geschichten, die du dir selbst erzählst – es geht auch um die Geschichten, die du von anderen übernommen hast.

Viele Menschen leben nach den Geschichten ihrer Familie, ihrer Kultur oder ihrer Gesellschaft. Sie glauben, dass sie bestimmten Erwartungen entsprechen müssen, dass ihr Leben auf eine bestimmte Weise verlaufen muss oder dass sie sich an die Regeln halten müssen, die andere aufgestellt haben. *Doch wem gehört diese Realität? Wem gehört diese Sichtweise?*

Du kannst dich jederzeit fragen - *Ist diese Geschichte wirklich meine? Oder habe ich sie nur übernommen?* Wenn du siehst, dass viele deiner Überzeugungen nicht wirklich aus dir selbst stammen, sondern von äußeren Einflüssen geprägt wurden, bekommst du die Möglichkeit, sie loszulassen.

Doch es gibt einen Punkt, an dem viele Menschen zögern - die Angst vor der Leere. *Wenn du deine alte Geschichte loslässt, wer bist du dann? Wenn du dich nicht mehr über deine Vergangenheit definierst, was bleibt dann übrig?*

Diese Leere kann beängstigend sein, weil sie ungewohnt ist. Doch sie ist auch deine größte Freiheit. Denn in dieser Leere kannst du bewusst entscheiden, was du stattdessen erschaffen möchtest.

Stell dir vor, du schreibst ein Buch – und du hast die erste Hälfte bereits gefüllt. Es ist ein Buch über deine Vergangenheit, über all das, was du erlebt hast. Doch jetzt hältst du die Feder in der Hand und kannst die zweite Hälfte völlig neu schreiben. Du kannst entscheiden, wer du sein möchtest, was du erleben möchtest, wie du dich sehen möchtest.

Wenn du deine Geschichte bewusst wählst, wird dein Leben sich verändern

Zum Abschluss dieses Portals laden wir dich ein, eine neue Geschichte zu schreiben. Schreibe nicht auf, was du glaubst, was realistisch ist. Schreibe auf, was du wirklich erschaffen möchtest. Erschaffe die Geschichte deines Lebens so, wie du sie wirklich leben willst. Denn du bist nicht das, was dir passiert ist. Du bist das, was du daraus machst.

Portal 9 - Kunst der Integration – Öffne dich, ohne dich zu verlieren

Wir leben in einer Welt voller Gegensätze. Jeden Tag sind wir mit Menschen, Meinungen und Erfahrungen konfrontiert, die unseren eigenen widersprechen. Doch statt diese Vielfalt als Bereicherung zu sehen, neigen viele dazu, sich abzugrenzen. Sie schließen bestimmte Menschen aus ihrem Leben aus, vermeiden schwierige Gespräche oder lehnen Erfahrungen ab, die nicht in ihr Weltbild passen.

Dieses Portal lädt dich ein, die Mauern einzureißen, die du um dich herum errichtet hast. Es zeigt dir, dass du nichts und niemanden ausschließen musst, um deine eigene Wahrheit zu bewahren. Im Gegenteil - je mehr du bereit bist, alles wahrzunehmen und zu integrieren, desto größer wird dein Bewusstsein – und desto freier wirst du.

Die Illusion der Trennung

Viele Menschen glauben, dass sie sich schützen müssen, indem sie sich von bestimmten Menschen oder Situationen fernhalten. Vielleicht hast du selbst schon erlebt, dass du dich von Menschen distanziert hast, weil sie eine andere Meinung vertreten als du, oder dass du dich gegen neue Erfahrungen gewehrt hast, weil sie dich aus deiner Komfortzone herausführen würden.

Doch was wäre, wenn Trennung nicht notwendig wäre? Was wäre, wenn du alles empfangen könntest, ohne dich von irgendetwas oder jemandem definieren zu lassen?

Oft entsteht Widerstand aus Angst – Angst davor, dass eine andere Sichtweise unsere eigene erschüttert, dass eine Begegnung mit jemandem uns verändert oder dass wir uns selbst verlieren, wenn wir uns zu sehr öffnen. Doch diese Angst ist eine Illusion. Wahre innere Stärke entsteht nicht durch Abgrenzung, sondern durch die Fähigkeit, mit allem zu sein, ohne von etwas beherrscht zu werden.

Warum Ausschluss dich schwächer macht

Jedes Mal, wenn du etwas aus deinem Leben ausschließt – sei es einen Menschen, eine Erfahrung oder eine Perspektive, schränkst du deine Möglichkeiten ein. Du baust eine Barriere auf, die nicht nur das „Negative" abhält, sondern auch das „Positive".

Stell dir vor, du hast eine schlechte Erfahrung mit einer Beziehung gemacht und entscheidest daraufhin, nie wieder jemanden so nahe an dich heranzulassen. Du denkst, dass du dich dadurch schützt – doch in Wahrheit verschließt du dich nicht nur vor Schmerz, sondern auch vor Liebe und Verbindung.

Oder vielleicht hast du in der Vergangenheit eine Niederlage erlebt und entscheidest, nie wieder ein Risiko einzugehen. Du glaubst, dass du dadurch Fehler vermeidest – doch in Wirklichkeit versperrst du dir den Weg zu Wachstum und Erfolg.

Jede Barriere, die du aufbaust, hält nicht nur das Schlechte fern, sondern auch das Gute. Je mehr du ausschließt, desto weniger Möglichkeiten stehen dir zur Verfügung.

Empfangen bedeutet nicht, alles zu akzeptieren Eine häufige Fehlinterpretation dieses Prinzips ist die Angst, dass Offenheit bedeutet, alles zu akzeptieren oder gutzuheißen. Doch das ist nicht der Fall.

Empfangen bedeutet nicht, dass du alles in dein Leben einlädst oder dass du allem zustimmen musst. Es bedeutet lediglich, dass du bereit bist, es wahrzunehmen, ohne es automatisch zu bewerten oder dich davon beeinflussen zu lassen.

Stell dir vor, du stehst in einem Raum mit vielen Türen. Wenn du bestimmte Türen verschließt, schränkst du deine Möglichkeiten ein. Doch wenn du sie offenlässt, kannst du entscheiden, durch welche du gehen möchtest. Es bedeutet nicht, dass du jede Tür durchschreiten musst – nur, dass du die Freiheit hast, es zu tun, wenn du es möchtest.

Die Macht des bewussten Empfangens

Wahrer Wandel geschieht, wenn du bereit bist, ALLES zu empfangen – Freude und Schmerz, Licht und Schatten, Erfolg und Misserfolg. Denn nur wenn du alles annimmst, kannst du wirklich frei wählen, was du daraus machst.

Ein Beispiel

Angenommen, du begegnest jemandem, dessen Meinung völlig gegensätzlich zu deiner ist. Die übliche Reaktion wäre, in den Widerstand zu gehen, diesen Menschen abzulehnen oder zu versuchen, ihn zu überzeugen. *Doch was, wenn du stattdessen einfach nur wahrnehmen würdest, ohne zu reagieren? Was, wenn du es als eine Möglichkeit siehst, deine eigene Perspektive zu erweitern oder klarer zu erkennen, was für dich wahr ist?*

Je mehr du übst, alles wahrzunehmen, ohne dich davon bestimmen zu lassen, desto freier wirst du. Du erkennst, dass du nicht gegen etwas kämpfen musst, um du selbst zu sein.

Praktische Übungen zur Integration

Beobachte deine Widerstände - wann immer du merkst, dass du etwas oder jemanden ablehnst, halte kurz inne und frage dich: *„Was ist hier wirklich los? Was macht mich daran so unruhig?"* ist eine gute Frage und dann wirst du auf einmal erkennen, dass es unendlich viele Wege gibt. Oft sind es unbewusste Ängste oder alte Muster, die dich dazu bringen, dich abzuschotten.

Experimentiere mit Offenheit - wähle bewusst Situationen, in denen du dich normalerweise verschließen würdest, und bleibe präsent. Höre zu, ohne zu bewerten. Lasse andere Meinungen zu, ohne sie automatisch als richtig oder falsch abzustempeln.

Lerne, zwischen Wahrnehmen und Annehmen zu unterscheiden - du kannst alles wahrnehmen, ohne es in dein Leben einzuladen. Wenn dir jemand Wut oder Negativität entgegenbringt, kannst du es sehen, ohne es auf dich zu beziehen. Du kannst die Energie spüren, ohne sie zu deiner eigenen zu machen.

Erkenne, dass du durch Integration stärker wirst - je mehr du bereit bist, alles in dein Bewusstsein zu lassen, desto mehr Wahlmöglichkeiten hast du. Und je mehr Wahlmöglichkeiten du hast, desto mehr kannst du dein Leben so gestalten, wie du es wirklich möchtest.

Die Freiheit jenseits der Grenzen

Dieses Portal lädt dich ein, die Mauern der Trennung abzulegen und dich für alles zu öffnen, ohne dich davon kontrollieren zu lassen. Wenn du bereit bist, ALLES wahrzunehmen – ohne Urteil, ohne Angst, ohne Widerstand –, wirst du feststellen, dass du unendlich viel mehr Kraft hast, als du je gedacht hast.

Denn wahre Freiheit liegt nicht darin, sich abzuschotten – sie liegt darin, inmitten von allem zu stehen und dennoch vollkommen du selbst zu sein.

PORTAL 10 - IN DER FRAGE LEBEN – TÜR ZU UNBEGRENZTEN MÖGLICHKEITEN

Hast du jemals das Gefühl gehabt, dass du eine endgültige Antwort auf dein Leben finden musst? Dass es eine richtige und eine falsche Entscheidung gibt, und du verzweifelt versuchst, die richtige zu treffen? Willkommen in der Falle dieser Realität! Wir wurden darauf konditioniert, nach festen Antworten zu suchen, weil wir glauben, dass Stabilität Sicherheit bedeutet. Doch in Wahrheit ist es genau diese Fixierung auf Antworten, die uns in Begrenzung hält.

In der Matrix des Lebens gibt es keine endgültige Antwort, weil sich alles in Bewegung befindet. Die Energie verändert sich, du veränderst dich, das Universum entfaltet sich mit jeder Wahl, die du triffst. Wenn du eine Antwort suchst, schließt du alle Türen zu neuen Möglichkeiten. Sobald du aber in der Frage bleibst, öffnest du den Raum für das Unerwartete, das Überraschende, das Großartige – für das, was du dir jetzt noch nicht einmal vorstellen kannst. *Warum suchen wir nach Antworten?*

Schon als Kinder wurden wir dazu erzogen, dass es für alles eine richtige Antwort gibt. In der Schule mussten wir exakte Lösungen finden, im Leben wurden wir mit Regeln und Normen konfrontiert. Unser Verstand liebt diese Strukturen, weil sie ihm ein Gefühl von Kontrolle geben. Doch Kontrolle ist eine Illusion.

Denke einmal an eine Entscheidung, die du vor Jahren getroffen hast und die sich später als völlig anders herausgestellt hat, als du dachtest. Vielleicht hast du einen Job angenommen, weil er sicher erschien, und dann festgestellt, dass er dich unglücklich macht. Oder du hast eine Beziehung beendet, weil du dachtest, es wäre das Beste – nur um später zu merken, dass du eine neue Möglichkeit übersehen hast.

Was wäre passiert, wenn du damals nicht nach der „richtigen" Antwort gesucht, sondern stattdessen gefragt hättest?

„Welche Möglichkeiten stehen mir hier wirklich offen?"

„Welche Wahl wird mein Leben größer machen?"

„Was ist hier noch möglich, das ich noch nicht gesehen habe?"

Leben in der Frage – Die Tür zu unendlichen Möglichkeiten

Ein Leben in der Frage bedeutet, dass du aufhörst, nach festen Lösungen zu suchen, und stattdessen den Raum für Neues öffnest. Stell dir vor, du bist in einem riesigen Labyrinth. Wenn du dich darauf konzentrierst, nur eine einzige Tür als Ausgang zu sehen, wirst du alle anderen übersehen. *„Welche Tür kann ich hier öffnen?"*

Die Macht der Fragen liegt darin, dass sie die Energie in Bewegung bringen. Sie brechen die Fixierung auf eine einzige Sichtweise auf und erlauben dem Universum, dir Antworten in Form von Möglichkeiten zu zeigen.

Das Drama der falschen Antworten

Viele Menschen leiden unter dem Gefühl, in ihrem Leben Fehler gemacht zu haben. Sie denken: „Wenn ich mich damals anders entschieden hätte, wäre mein Leben besser." *Doch was, wenn es keine falschen Entscheidungen gibt? Was, wenn jede Wahl dich genau dorthin gebracht hat, wo du heute sein musst?*

Ein Leben in der Frage bedeutet, sich selbst von Schuld und Bedauern zu befreien. Statt dich zu fragen, warum du etwas falsch gemacht hast, kannst du dich fragen: *„Was kann ich aus dieser Erfahrung lernen?"*

„Wie kann ich diese Situation jetzt zu meinem Vorteil nutzen?"

Ein Mensch, der in der Frage lebt, erlaubt sich, flexibel zu sein. Er weiß, dass sich jeden Moment eine neue Möglichkeit zeigen kann, die er vorher nicht gesehen hat. Praktische Anwendung – Fragen, die dein Leben verändern.

Hier sind einige kraftvolle Fragen, die du in deinem Alltag nutzen kannst, um aus festgefahrenen Gedanken und Mustern auszubrechen: *Was ist hier sonst noch möglich? Was würde geschehen, wenn ich keine Angst hätte? Welche Wahl habe ich hier, die ich noch nicht erkannt habe?*

Wie kann es noch besser werden? Welche Möglichkeiten sind da, die ich bisher übersehen habe?

Wichtig ist, dass du diese Fragen ohne Erwartung stellst. Suche nicht nach einer sofortigen Antwort – lass die Energie arbeiten. Das Universum wird dir auf unerwartete Weise zeigen, welche Möglichkeiten sich für dich öffnen.

Der Unterschied zwischen Frage und Zweifel

Manche Menschen verwechseln Fragen mit Unsicherheit oder Zweifel. Doch Zweifel halten dich fest, während Fragen dich befreien. Wenn du fragst: *„Bin ich gut genug?"*, dann suchst du nach einer Antwort, die dein Selbstwertgefühl bestätigen soll. Doch wenn du stattdessen fragst: *„Wie kann ich mich in meiner Kraft erleben?"*, dann öffnest du den Raum für Wachstum.

Eine echte Frage fühlt sich weit an, Zweifel fühlen sich eng an. Wann immer du merkst, dass du dich innerlich zusammenziehst, bist du wahrscheinlich in einem Urteil oder einer Antwort gefangen. Stell dir dann eine neue Frage, die dich wieder in die Weite bringt.

Dein Leben als Experiment

Stell dir vor, dein Leben wäre ein riesiges Experiment. Du bist der Wissenschaftler, der herausfinden will, was funktioniert. Wenn etwas nicht klappt, ist es kein Fehler – es ist einfach nur eine weitere Erkenntnis auf dem Weg. Wenn du diesen Ansatz annimmst, wird das Leben spielerisch. Du wirst mutiger, neugieriger und kreativer. Du wirst aufhören, dich von Angst oder Perfektionismus zurückhalten zu lassen.

Was wäre, wenn ich heute aufhören würde, nach Antworten zu suchen – und stattdessen einfach Fragen stelle?

Was würde sich in deinem Leben verändern, wenn du bereit wärst, in der Frage zu leben?

Mit Portal 10 schließen wir die Reise durch die 10 Portale der Bewusst-seinsalchemie. Doch das Ende ist erst der Anfang – denn nun kannst du diese Werkzeuge in dein eigenes Leben integrieren und beobachten, wie sie alles verändern. *Bist du bereit, in die unendlichen Möglichkeiten einzutauchen?*

Ausblick - die Reise geht weiter – Die vier Zwecke und die Matrix der Programm-Codes

Mit den 10 Portalen der Bewusstseinsalchemie hast du eine neue Perspektive auf dein eigenes Leben gewonnen. Du hast Werkzeuge erhalten, um dich aus alten Begrenzungen zu befreien, deine Realität bewusster zu gestalten und Möglichkeiten zu erkennen, wo vorher vielleicht nur Hindernisse schienen. Doch dies ist nur der Anfang – die Reise in die tiefere Matrix deines Seins setzt sich fort.

Im nächsten Buch werden wir uns den vier Zwecken des Lebens widmen – den grundlegenden Kräften, die unsere Existenz lenken und mitbestimmen. Jeder Mensch trägt eine einzigartige Kombination dieser Zwecke in sich, die sich durch verschiedene Lebensphasen entfalten und uns immer wieder vor Herausforderungen und Wachstumschancen stellen.

Wie wirken sie in deinem Leben? Wie beeinflussen sie deine Entscheidungen? Und wie lassen sie sich mit den Programm-Codes verbinden, um dein individuelles Potenzial zu entschlüsseln?

Natürlich bleibt auch hier unser Schwerpunkt auf den Programm-Codes, die wir aus einem neuen Blickwinkel betrachten werden. Wir werden erforschen, wie sie mit den vier Zwecken interagieren.

Der Kreis schließt sich – und öffnet sich erneut

Jede Reise hat einen Anfang und ein Ende – und doch ist jedes Ende nur der Beginn von etwas Neuem. Du hast die 10 Portale der Bewusstseinsal-chemie durchschritten, hast neue Perspektiven entdeckt, Begrenzungen hinter dir gelassen und vielleicht an der ein oder anderen Stelle gespürt, wie sich deine Realität öffnet. Doch wenn eines klar ist, dann dies - Bewusstsein ist kein Ziel, sondern eine ständige Bewegung.

Mit jedem Moment, in dem du dich fragst: *„Welche Möglichkeiten gibt es hier noch?"*, öffnest du ein neues Tor. Mit jeder Wahl, die du bewusst triffst, erschaffst du eine neue Realität. Und mit jeder Erkenntnis wächst das Potenzial für das, was noch möglich ist.

Dieses Buch ist ein Wegweiser, doch die eigentliche Reise liegt bei dir. Vielleicht hast du schon während des Lesens bemerkt, dass sich deine Wahrnehmung verändert hat, dass du bestimmte Situationen anders betrachtest oder dass du mit einem frischen Blick auf dein Leben schaust. Vielleicht sind neue Fragen aufgetaucht, neue Möglichkeiten spürbar geworden oder ein Funken Leichtigkeit hat sich in dein Bewusstsein geschlichen.

Wir danken dir von Herzen, dass du dich mit uns auf diese Reise eingelassen hast. Und wenn dir dieses Buch gefallen hat, wenn es dich inspiriert, berührt oder auf irgendeine Weise bereichert hat, dann freuen wir uns über deine leuchtenden Sterne – in Form einer Bewertung, die anderen Menschen den Weg zu dieser Bewusstseinsalchemie erleichtert. Denn je mehr Licht wir gemeinsam in diese Welt bringen, desto mehr neue Portale können sich öffnen.

Und natürlich geht die Reise weiter! Im nächsten Buch werden wir uns den vier Zwecken widmen, die dein Leben auf tiefer Ebene durchdringen.

Wie wirken sich deine Programm-Codes darauf aus? Welche verborgenen Muster beeinflussen dein persönliches, gesellschaftliches, spirituelles und planetarisches Wirken? Und wie kannst du diese bewusst gestalten, anstatt unbewusst darin gefangen zu sein?

Wir laden dich ein, auch dieses nächste Kapitel der Entfaltung mit uns zu gehen und bis dahin - lebe, wähle, frage, erlaube und erkenne, dass du der Schöpfer deiner eigenen Matrix bist.

SCHÄTZE DER BEWUSSTSEINSALCHEMIE ERÖFFNEN NEUE MÖGLICHKEITEN

Wenn ich auf die letzten Jahrzehnte meiner Arbeit zurückblicke, erfüllt mich tiefe Dankbarkeit für all die Erfahrungen, Begegnungen und Erkenntnisse, die ich sammeln durfte. Diese Reise war nicht immer gradlinig – sie war gefüllt mit Momenten des Staunens, des Zweifelns, des Loslassens und des Neuentdeckens. Jeder Schritt, den ich gegangen bin, hat mich gelehrt, dass Transformation nicht nur ein Ziel ist, sondern ein fortwährender Prozess des Werdens.

Meine Reise begann in einem ganz anderen Bereich – als Friseurin. Schon damals faszinierte mich nicht nur die äußere Schönheit, sondern auch, wie sehr unser äußeres Erscheinungsbild mit unserem inneren Selbst verbunden ist. Als staatlich geprüfte Fachkosmetikerin und medizinische Fußpflegerin konnte ich meine Kunden in Fragen der Ästhetik und des Wohlbefindens beraten. Doch tief in mir spürte ich, dass Schönheit mehr ist als Hautpflege – sie ist ein Ausdruck unseres inneren Gleichgewichts.

Dieses Gefühl führte mich zur Energiearbeit. Schritt für Schritt öffnete ich mich für neue Erfahrungen und Techniken. Ich durfte so gut wie alle Facetten der Energiearbeit kennenlernen und verstehen. Meine 5er-Energie war dabei mein ständiger Begleiter – als ewiger Schüler und Lehrer zugleich. Der Wissensdurst, die Neugierde und die Offenheit für Veränderung waren meine treibenden Kräfte. Ich habe gelernt, dass jeder Mensch in seinem eigenen Tempo wächst und dass es keine universelle Methode gibt, die für alle funktioniert.

Mein Weg führte mich auch an eine Heilpraktikerschule, wo ich mein Wissen über Anatomie vertiefte und in die Welt der Psychologie und Astrologie eintauchte. Diese Disziplinen haben mir gezeigt, wie eng Körper, Geist und Seele miteinander verbunden sind. Die Arbeit mit Chakren und Archetypen eröffnete mir neue Perspektiven, und die Anwendung ätherischer Öle wurde zu einem wichtigen Bestandteil meiner energetischen Praxis. Doch das war nur ein Teil meiner Entwicklung.

Die tiefgreifendsten Veränderungen erlebte ich in den Momenten der Selbsterkenntnis – in der Konfrontation mit meinen eigenen Schatten, im Erkennen meines Lichts und in der Bereitschaft, immer wieder loszulassen und neu zu beginnen.

Diese Schätze sind weit mehr als nur Werkzeuge – sie sind Wegweiser, Spiegel und Brücken zu verborgenen Ebenen des Bewusstseins. Sie entstanden durch die Verbindung aus altem Wissen, moderner Energiearbeit und intuitivem Forschen.

All diese Elemente sind nicht isoliert, sondern fließen zusammen. Sie weben ein Netz aus Möglichkeiten und Erkenntnissen, das heute die Grundlage meiner Begleitung, meiner Ausbildungen und meines gesamten Ansatzes bildet. Es ist eine dynamische Schatzkiste, die sich stetig erweitert, je mehr ich lerne, lehre und wachse.

Doch all diese Erkenntnisse blieben nicht bloß theoretisches Wissen. Die Erfahrungen, die ich über die Jahre sammeln durfte, haben mein eigenes Leben grundlegend verändert. Wir wachsen alle in Systemen auf, die uns von klein auf prägen: das Elternhaus, der Kindergarten, die Schule und die Gesellschaft formen unsere Sicht auf die Welt und auf uns selbst. Oft werden wir in Rollen und Muster gedrängt, die nicht unserer wahren Natur entsprechen. Wir verlieren den natürlichen Zugang zu uns selbst, den wir als Kinder noch hatten.

Erinnerst du dich daran, wie intuitiv du als Kind warst? Du wusstest genau, wann du Hunger hattest, wann du Ruhe brauchtest oder einfach nur wild herumtoben wolltest. Vielleicht hattest du das Glück, Eltern zu haben, die dieses natürliche Empfinden unterstützt haben, doch viele von uns sind in Strukturen aufgewachsen, die feste Zeiten und Regeln vorgaben. Essen zu festen Zeiten, Schlafen nach festgelegtem Rhythmus, Lernen in einem starren Schulsystem – all das hat uns langsam von unserem inneren Kompass entfernt.

Und es geht nicht nur um Essen und Schlaf. Auch unsere emotionalen Bedürfnisse wurden oft übersehen oder falsch interpretiert. Gefühle wie Traurigkeit oder Wut wurden als unangemessen abgetan, anstatt als wichtige Botschaften unseres Inneren anerkannt zu werden. Wir haben gelernt, uns anzupassen, zu funktionieren und uns von unserem Körper und unseren Emotionen zu entfremden.

Die 10 Portale der Bewusstseinsalchemie entstanden aus dem Wunsch heraus, diesen verlorenen Zugang wiederherzustellen. Sie sind nicht nur Werkzeuge, sondern lebendige Begleiter auf dem Weg zurück zu unserem authentischen Selbst. Jedes Portal lädt dich ein, alte Muster zu hinterfragen, neue Perspektiven zu gewinnen und wieder in Verbindung mit deinem Körper und deinem inneren Wissen zu treten. Diese Portale haben mein Leben verändert, weil sie mir gezeigt haben, wie ich mich von den Prägungen meiner Vergangenheit befreien und mein wahres Potenzial entfalten kann.

Doch wie navigieren wir durch diese Portale? Hier kommt der Matrix-Resonanzbefehl ins Spiel.

Der Matrix-Resonanzbefehl ist nicht nur ein Werkzeug, sondern ein kraftvoller Schlüssel, der dich dabei unterstützt, tief verwurzelte Muster und Prägungen zu erkennen und zu transformieren. Er eröffnet dir die Möglichkeit, deine energetische Ausrichtung bewusst zu verändern und dich von alten Fesseln zu befreien. Dieser Befehl ist wie eine Brücke zwischen dem Bewussten und dem Unbewussten, zwischen dem, was war, und dem, was sein kann.

Er entfaltet seine Wirkung auf verschiedenen Ebenen deines Seins und ist in drei unterschiedlichen Ausführungen anwendbar - einen einfachen Resonanzbefehl für den Alltag, der dich dabei unterstützt, dich täglich mit deiner inneren Kraft zu verbinden. Für die tiefere Arbeit mit Menschen haben wir zudem einen intensiven, tiefgehenden Resonanzbefehl entwickelt, der speziell darauf ausgerichtet ist, tief verwurzelte Muster zu transformieren und energetische Prozesse gezielt zu begleiten. Jeder dieser Befehle entfaltet seine Wirkung auf unterschiedlichen Ebenen deines Seins und kann je nach Bedarf flexibel eingesetzt werden.

Dieser Befehl ist mehr als nur Worte – er ist eine energetische Ausrichtung, ein bewusster Impuls, der deine Matrix in Schwingung versetzt und Veränderungen auf tiefster Ebene initiiert. Er wirkt wie ein Katalysator, der festgefahrene Energien in Bewegung bringt und die Kommunikation zwischen Körper, Geist und Seele neu synchronisiert.

Durch seine Anwendung kannst du nicht nur emotionale und mentale Begrenzungen auflösen, sondern auch physische Reaktionen deines Körpers wahrnehmen, die dich auf die tiefer liegenden Ursachen deiner Muster hinweisen.

Der Matrix-Resonanzbefehl öffnet dir die Tür zu einem Raum, in dem Heilung, Transformation und Selbsterkenntnis gleichzeitig stattfinden – ein Raum, in dem du dich mit deinem höchsten Potenzial verbindest und in Einklang mit deiner wahren Essenz kommst.

Licht & Schatten, Ursprung & Leere, Sein & Wandel. Ich erkenne, löse, transformiere, entlasse und kehre zurück in das unendliche Feld der Möglichkeiten. Alle Prägungen, karmischen Muster, implantierten Strukturen, Einschränkungen, Besetzungen, kollektiven Verträge und ungelösten Schatten. Ich verwerfe, entbinde, lösche und erlaube stattdessen die höchste Synchronisierung mit meiner Matrix, meinem Potenzial, meinem Sein. Alles, was dies verhindert, fällt zurück in das Nullfeld der Schöpfung. Ich bin. Ich werde. Ich erschaffe©

Der Matrix-Resonanzbefehl kann in vielen Lebensbereichen angewendet werden. In Kombination mit transformativen Fragen entfaltet er seine volle Kraft und hilft dir, tiefsitzende Programme, Muster und begrenzende Überzeugungen aus deiner Existenz zu sprengen. Ob du dich in einer persönlichen Krise befindest, berufliche Herausforderungen meisterst oder spirituelle Tiefe suchst – dieser Befehl ist ein flexibles Werkzeug, das dich unterstützt, Begrenzungen zu durchbrechen und in Einklang mit deinem wahren Selbst zu kommen.

Und nun möchten wir dir in einer kompakten Form die 10 Portale der Bewusstseinsalchemie vorstellen – jene kraftvollen Schwellen, die dich auf deiner Reise durch die Matrix des Lebens begleiten werden.

MATRIX RESONANZ-BEFEHL

Licht & Schatten, Ursprung & Leere, Sein & Wandel. Ich erkenne, löse, transformiere, entlasse und kehre zurück in das unendliche Feld der Möglichkeiten. Alle Prägungen, karmischen Muster, implantierten Strukturen, Einschränkungen, Besetzungen, kollektiven Verträge und ungelösten Schatten. Ich verwerfe, entbinde, lösche und erlaube stattdessen die höchste Synchronisierung mit meiner Matrix, meinem Potenzial, meinem Sein. Alles, was dies verhindert, fällt zurück in das Nullfeld der Schöpfung©

Ich bin.
Ich werde.
Ich erschaffe©

©BEGEGNUNGSSTÄTTE PHÖNIX ⚕ VEREIN ALTERNATIVE LEBENSWEISEN

BEGEGNUNGSSTÄTTE PHÖNIX-
VEREIN FÜR ALTERNATIVE
LEBENSWEISEN

Liebe Lesende!

Die Begegnungsstätte Phönix - Verein für alternative Lebensformen möchte seinen Mitgliedern ein Forum für ein selbstbestimmtes Leben bieten und den natürlichen Umgang mit der Fauna und der Flora, in Verbindung mit alternativen Gesundheitsthemen, Lebensformen und Lebensweisen fördern. Der Verein unterstützt Menschen, damit sie selbstbestimmt ihr kreatives und schöpferisches Potential entdecken und entfalten können.

Wir bieten Selbstfindungskurse, Retreats, Massagen, Persönlichkeits-entwicklung an, Schulungen zu bestimmten Themen wie Entspannung, gesundheitliche Selbsthilfe usw. Wir führen Buchlesungen durch und sind thematisch breit aufgestellt.

Übernachtungsmöglichkeiten stehen zur Verfügung und bieten einem Zugang zur Natur für die Stärkung des Umwelt- und Gesund-heitsbewusstseins, zur Persönlichkeitsentwicklung sowie zu Möglichkeiten der Freizeitgestaltung durch Sport, Spiel, Gespräche und gemeinsame Aktivitäten zur Verfügung.

Der Verein fördert die Aus- und Weiterbildung seiner Mitglieder und von Coaches für ein glückliches und zufriedenes Leben durch außerschulische und außerberufliche Bildung. Die Mitglieder können eigene Angebote für Vorträge, Lehrgänge und Seminare in den Vereinseinrichtungen anbieten.

Tobias Wolf

Hallo liebe Leser!

Als Kind habe ich gelernt, meiner Intuition zu vertrauen und war öfters der Einzige, der einen bestimmten Standpunkt zu einer Situation vertrat. Nicht weil ich gegen alle war, sondern ich nur meiner Intuition folgte. Während meines Mechatronik-Studiums habe ich weitere wichtige Erkenntnisse gewonnen, die mich genauer hinsehen ließen. Auch die anschließende Selbstausbildung im Trading spielte eine entscheidende Rolle auf dem Weg meiner Selbstfindung. Als tragende Säule zum Erfolg sehe ich heute eine umfassende Persönlichkeitsentwicklung.

2017 erkrankte ich an einer schweren Bronchitis mit hohem Fieber, die mich für vier Wochen komplett außer Gefecht setzte, gefolgt von massivem Haarausfall etwa acht Wochen später. Dies war dann die Initialzündung in mir, mein Leben und meine Ziele neu zu denken. Aus Interesse an alternativer Medizin, Meditationen, Quabbalah, Präastronautik, der persönlichen Weiterentwicklung und des tiefen Verständnisses für spirituelle Zusammenhänge ziehe ich Erfahrungen, die mir einen umfassenderen Blick auf das Leben und die menschliche Existenz geben. Seitdem war ich nicht nur nicht mehr krank, ich habe klare Ziele in allen drei Bereichen und verfolge sie.

Seit einem Jahr bin ich auch als Ausbilder für die Matrix of Fate-Methode tätig. Diese Methode zielt darauf ab, verborgene Muster und Zusammenhänge in der persönlichen Rolle des Menschen zu enthüllen, die das Verständnis für ihr Potenzial grundlegend erweitern können.

Beste Grüße

Tobias Wolf

Tatjana van Eeden

Liebe Seelenreisende!

Mein Name ist Tatjana van Eeden, und ich freue mich sehr, dir ein weiteres Buch aus der faszinierenden Welt der Matrix of Destiny vorstellen zu dürfen. Seit vielen Jahren bin ich leidenschaftlich auf der Suche nach den tiefen Zusammenhängen zwischen Bewusstsein, Energie, Spiritualität und persönlicher Transformation. In meiner Funktion als Autorin, Facilitatorin und Forscherin verfolge ich das Ziel, alte Weisheiten mit modernen Erkenntnissen zu kombinieren und dir wertvolle Werkzeuge für deine individuelle Entfaltung zu bieten.

Meine Reise begann vor Jahrzehnten und war geprägt von der Suche nach den verborgenen Mechanismen des Universums sowie dem Zusammenspiel von Energien, Archetypen und der subtilen Alchemie des Lebens. Diese Entdeckungsreise brachte mir nicht nur tiefgreifende Erkenntnisse, sondern auch praktische Erfahrungen: In meiner Arbeit unterstütze ich Menschen dabei, ihre eigenen Codes zu entschlüsseln, ihr Potenzial zu entfalten und mit Klarheit, Kraft und Bewusstsein ihren Lebensweg zu gestalten.

Ich hoffe, dass dieses Buch dich inspiriert, dir bewusst wird und dich ermutigt, über das Offensichtliche hinauszusehen und die tiefe Weisheit zu entdecken, die bereits in dir liegt. Deine Reise beginnt hier.

Herzlichst,

Tatjana van Eeden

Kontaktinformationen:

E-Mail: changeyourmatrix@habmalnefrage.de
Telefon: 0152-08937129

Scanne den QR-Code, um unseren Matrix-Kanal zu besuchen oder kontaktiere uns direkt über die angegebenen Kontaktdaten:

Scannen Sie den QR-Code, um direkt auf unseren Support auf Telegram zuzugreifen:

Scannen Sie den QR-Code, um direkt auf unsere Website zuzugreifen:

Kontaktinformationen und Meisterausbildung:

Für weitere Informationen über unsere nächste Ausbildung, die am 28. Februar 2025 beginnt, kontaktiere uns gerne:

Wir freuen uns auf deine Kontaktaufnahme und Teilnahme an unserer bevorstehenden Meisterausbildung! Für Fragen und Anfragen stehen wir Dir gerne zur Verfügung.

PS: Unseren QR-Codes kannst du trauen.

Vielen herzlichen Dank

Danke, dass du dieses Buch bis zur letzten Seite gelesen hast. Doch die Reise ist hier nicht zu Ende – sie entfaltet sich weiter, mit jeder Erkenntnis, jedem neuen Impuls, den du auf deinem Weg mitnimmst. Die Matrix ist lebendig, sie atmet, sie wächst – und genau das tun wir auch. Dieses Buch ist nur ein weiteres Echo, ein Türöffner in eine Welt, die noch so viel mehr für dich bereithält.

Während du diese Seiten verinnerlichst, nehmen neue Bücher bereits Form an. Geschichten, die tiefer führen, die verborgenes Wissen sichtbar machen und die Codes der Matrix auf noch feineren Ebenen entschlüsseln. Es sind Bücher, die wie magische Schlüssel wirken – bereit, in deiner Realität neue Räume zu öffnen. Doch nicht nur die Buchreihe wächst. Etwas viel Größeres entfaltet sich gerade – eine Plattform, die nicht nur Wissen speichert, sondern Transformation ermöglicht. Unsere Homepage durchläuft eine Metamorphose, ein kraftvoller Wandel, der etwas völlig Neues erschafft.

Eine Lernplattform, die dich begleitet, dein Wissen vertieft und dir Zugang zu den Geheimnissen der Matrix gibt. Ein Beraterbereich, in dem jene, die den Ruf spüren, andere zu begleiten, sichtbar werden und von einer immer weiter wachsenden Gemeinschaft gefunden werden. Ein Ort, an dem sich die Energie der alten Mystiker mit der Technologie der neuen Zeit verbindet – zugänglich, klar und für all jene offen, die bereit sind, tiefer zu gehen.

Doch es ist mehr als nur eine Neustrukturierung. Es ist eine Neuschöpfung. Wir haben unsere beiden Rechner zusammengeführt, die neun Schlüssel integriert und lassen alles in eine neue Kompatibilität fließen. Die Programme, die energetischen Linien, die Zusammenhänge der Codes – alles fügt sich zu einem größeren Ganzen, zu einem Muster, das noch präziser, noch klarer entschlüsselt werden kann.

Während sich diese neue Realität formt, öffnen wir Schritt für Schritt die Tore. Vielleicht spürst du bereits, dass du ein Teil davon sein kannst. Vielleicht fühlst du den Ruf, tiefer einzutauchen – als Berater, als Lernender, als Mitgestalter. Wenn du spürst, dass deine Energie in dieses Feld gehört, dann gibt es einen Platz für dich. Vielleicht bist du ein Künstler, ein Illustrator, jemand, der Bilder erschaffen kann, die das Unsichtbare sichtbar machen. Vielleicht trägst du Wissen in dir, das geteilt werden will. Vielleicht ist es an der Zeit, dass deine Stimme gehört wird.

Die nächsten Schritte werden magisch, intensiv und voller neuer Möglichkeiten sein. Bleib in Verbindung, denn das, was sich jetzt entfaltet, wird mehr sein als nur ein nächstes Kapitel – es ist eine völlig neue Dimension der Matrix, die sich mit jeder bewussten Wahl öffnet. Und du bist eingeladen, dabei zu sein.